"双循环"背景下开放式创新对制造企业高质量发展的作用机制研究

李小青 著

中国财经出版传媒集团
中国财政经济出版社
·北京·

图书在版编目（CIP）数据

"双循环"背景下开放式创新对制造企业高质量发展的作用机制研究 / 李小青著. -- 北京：中国财政经济出版社, 2025.8. -- ISBN 978-7-5223-3999-3

Ⅰ. F426.4

中国国家版本馆CIP数据核字第2025MG9670号

责任编辑：苏小珺　　　　　责任校对：胡永立
封面设计：兰卡绘世　　　　责任印制：党　辉

"双循环"背景下开放式创新对制造企业高质量发展的作用机制研究
"SHUANGXUNHUAN" BEIJINGXIA KAIFANGSHI CHUANGXIN DUI ZHIZAO QIYE GAOZHILIANG FAZHAN DE ZUOYONG JIZHI YANJIU

中国财政经济出版社 出版

URL：http://www.cfeph.cn
E-mail：cfeph@cfeph.cn

（版权所有　翻印必究）

社址：北京市海淀区阜成路甲28号　邮政编码：100142
营销中心电话：010-88191522
天猫网店：中国财政经济出版社旗舰店
网址：https://zgczjjcbs.tmall.com

涿州汇美亿浓印刷有限公司印刷　各地新华书店经销
成品尺寸：185mm×260mm　16开　20.5印张　451 000字
2025年8月第1版　2025年8月河北第1次印刷
定价：98.00元
ISBN 978-7-5223-3999-3

（图书出现印装问题，本社负责调换，电话：010-88190548）
本社质量投诉电话：010-88190744
打击盗版举报热线：010-88191661　　QQ：2242791300

前　言

　　党的二十届三中全会提出，高质量发展是全面建设社会主义现代化国家的首要任务。微观主体有活力，国家经济发展才有源头活水。制造企业作为关系国计民生的重要支柱，其高质量发展是建设现代化经济体系的主阵地。创新是推动质量变革、效率变革、动力变革的有效方法，是塑造高质量发展新动能新优势的关键途径。党的二十大报告强调，必须坚持创新在我国现代化建设全局中的核心地位，深入实施创新驱动发展战略。但现阶段我国制造企业整体自主创新能力有待提升，大而不强的问题仍然突出。2020 年 5 月 14 日，中共中央政治局常务委员会召开会议，提出要充分发挥我国超大规模市场优势和内需潜力，构建国内国际双循环相互促进的新发展格局。在全球经济格局重构的时代，企业亟须突破封闭式创新模式，利用开放式创新模式突破组织边界，整合内外部资源，重塑企业自主创新能力。由此，在"双循环"背景下为了更有效地利用开放式创新驱动我国制造企业高质量发展，本研究探析了开放式创新的影响因素，并发掘了开放式创新对制造企业高质量发展的影响效应与作用机制。

　　主要研究内容包括：

　　一是开放式创新与企业高质量发展文献研究、概念诠释与理论梳理。采用文献计量学与科学知识图谱相结合的方法，运用 CiteSpace 软件绘制知识图谱，对开放式创新和高质量发展相关文献进行可视化分析，明晰二者的研究现状、热点主题和发展趋势。同时，对开放式创新与企业高质量发展的概念进行界定，并从经济价值和社会价值维度诠释高质量发展的内涵。在此基础上，结合新发展理念和企业作为微观经济主体的特征，从盈利能力、共享能力、绿色能力、发展能力、开放能力和抗风险能力六个维度构建制造企业高质量发展综合评价体系，为后续影响效应和作用机制研究奠定了理论基础。

　　二是企业开放式创新影响因素组态研究。基于"技术（T）—组织（O）—环境（E）"框架，运用知识基础观、动态能力理论、资源编排理论等理论的核心观点，结合文献研究，提取出知识管理能力、信息技术能力、领导风格、战略柔性、环境动态性和环境复杂性六个开放式创新影响要素，构建制造企业开放式创新影响因素构型框架。在此基础上，利用成熟量表对开放式创新及其前因变量进行测度，对调查结果进行信效度分析和共同方法偏差检验，并运用模糊集定性比较分析（fsQCA）方法以及必要条件分析（NCA）

方法，从技术层面、组织层面和环境层面探索出产生高开放式创新水平和非高开放式创新水平的前因组态路径。

三是开放式创新对单一维度制造企业高质量发展的影响研究。企业高质量发展涵盖经济价值和社会价值两个维度。在经济价值维度，研究了开放式创新（广度与深度）对企业全要素生产率的影响以及动态能力的中介作用，并分析了不同产权性质、融资约束和生命周期下二者关系的异质性。在社会价值维度，一方面分析了开放式创新对企业ESG表现的影响，探析了二者关系在不同生命周期、融资约束、经济政策不确定性等方面存在的异质性，发掘了创新效率和分析师关注的中介作用。另一方面将人工智能、开放式创新与共同富裕纳入同一研究框架，分析了三者之间的作用路径，并考察了技术市场活跃度和市场竞争的调节作用。

四是开放式创新对制造企业综合维度高质量发展作用机制研究。首先，分析并检验了人工智能应用对开放式创新的影响，以及二者关系在产权性质、生命周期、行业和地区方面的异质性，探究了内部控制和供应链集中度在人工智能应用与开放式创新间的传导作用，检验了融资约束、市场竞争和知识产权保护的调节作用。其次，探究了双元创新（探索式创新与利用式创新）对制造企业高质量发展的影响，明晰了数字营商环境（数字基础设施环境、数字市场环境、数字金融环境）对双元创新与高质量发展关系的调节作用。再次，研究了开放式创新、双元创新与制造企业高质量发展之间的作用机制，并检验了数字化转型的调节作用。最后，运用多元回归技术和门槛效应模型，检验了数字化转型和开放式创新对制造企业高质量发展的协同影响，基于资源编排过程，考察了数字化转型对高质量发展的作用路径。

五是驱动开放式创新与制造企业高质量发展的对策研究。开放式创新驱动制造企业高质量发展的对策涵盖了企业和政府两个维度。企业端，开放式创新通过高端化、智能化和绿色化三个维度驱动制造企业高质量发展。在高端化路径上，开放式创新帮助企业突破关键核心技术，构建高水平创新资源体系。在智能化转型中，通过整合外部创新资源，加速前沿技术应用，建立开放式数字化创新协作机制。在绿色化发展中，构建绿色技术创新网络，整合环保技术资源，将ESG理念嵌入创新全流程，实现生态价值与经济价值的协同提升。政府端，政府层面需要通过系统性政策设计，构建开放式创新与高质量发展的有机链接机制。重点从创新链条贯通、成果转化、能力提升和风险防控四个维度进行系统性布局。通过建立创新项目库与产业需求库对接平台，设立创新成果转化引导基金，构建技术产权交易平台，建立创新能力诊断中心和创新风险预警平台，政府可以有效促进创新要素流动、降低转化壁垒、提升创新能力、防控创新风险，为制造企业开放式创新提供全方位的制度性支持。

研究取得的创新性成果如下：

一是基于新发展理念构建制造企业高质量发展评价指标体系。不同于以往文献多从单一维度对企业高质量发展进行评价，本研究基于新发展理念，结合企业作为微观经济主体的特征，从盈利能力、共享能力、绿色能力、发展能力、开放能力和抗风险能力六个维度，构建了企业高质量发展综合指标评价体系，丰富了制造企业高质量发展测度研究，并为企业发展质量评价提供了可操作性工具。

二是综合运用模糊集定性比较分析法（fsQCA）与必要条件分析法（NCA），明晰了制造企业开放式创新影响因素的组态路径。不同于已有文献运用传统多元回归技术，分析单一要素对开放式创新影响的局限，本研究从技术、组织、环境三个维度，构建了企业开放式创新影响因素理论框架，并运用 fsQCA 和 NCA 相结合的方法，探究了开放式创新的多重组态路径，分析了不同驱动因素对开放式创新的非对称性影响，能够弥补已有研究的不足。

三是厘清了开放式创新对制造企业高质量发展的作用机制。突破以往研究孤立考察开放式创新或企业高质量发展的局限，本研究同时从单一维度和综合维度，洞察了开放式创新对制造企业高质量发展的影响效应和作用路径，解构了开放式创新通过提升动态能力、提高创新效率、增强双元创新、优化资源编排，进而驱动企业高质量发展的内在作用逻辑，明晰了人工智能应用、数字化转型、数字营商环境等对开放式创新和高质量发展关系的影响，为深入理解开放式创新与企业高质量发展之间关系的"黑箱"开辟了可观察的窗口。

综上所述，本研究综合运用知识图谱分析法、问卷调查法、fsQCA 和多元统计分析法等方法，在梳理开放式创新与企业高质量发展文献的基础上，从单一维度和综合维度对制造企业高质量发展进行诠释和测度，分第一篇、第二篇、第三篇、第四篇、第五篇五个部分，深入研究了制造企业开放式创新影响因素的组态路径、开放式创新对单一维度制造企业高质量发展的影响以及开放式创新对综合维度制造企业高质量发展的作用机制，并提出了加强我国制造企业开放式创新、驱动高质量发展的对策建议与政策保障。本研究在理论层面能够丰富新发展理念下开放式创新对制造企业高质量发展影响的理论框架，推进开放式创新理论、高质量发展理论与创新生态系统理论的融合发展，为国际范围内开放式创新研究贡献中国经验和智慧；在实践层面能够为我国制造企业有效进行开放式创新、驱动高质量发展提供参考，为政府相关部门制定促进企业开放式创新、优化营商环境、驱动高质量发展的政策提供借鉴。

作者

2025 年 4 月

目 录

第一篇 概论篇

第1章 绪论 (3)
1.1 研究背景与研究问题 (3)
1.2 研究目的与研究意义 (10)
1.3 研究内容与研究方法 (12)
1.4 本研究的创新之处 (17)

第2章 开放式创新与高质量发展文献研究 (18)
2.1 开放式创新文献梳理及可视化分析 (18)
2.2 高质量发展文献梳理及可视化分析 (28)
2.3 本章小结 (38)

第3章 概念界定与理论基础 (39)
3.1 开放式创新的内涵与测度 (39)
3.2 高质量发展的内涵与测度 (43)
3.3 开放式创新与高质量发展理论基础 (47)
3.4 本章小结 (52)

第二篇 TOE框架下制造企业开放式创新影响因素组态研究

第4章 开放式创新影响因素提取与模型构建 (55)
4.1 开放式创新影响因素理论分析 (55)
4.2 开放式创新影响因素提取 (57)
4.3 开放式创新影响因素模型构建 (60)
4.4 本章小结 (64)

第5章 开放式创新影响因素研究设计 （65）
5.1 研究方法选择 （65）
5.2 问卷数据收集 （67）
5.3 样本数据分析 （69）
5.4 本章小结 （74）

第6章 开放式创新影响因素定性比较分析 （75）
6.1 数据处理 （75）
6.2 标准化分析结果 （80）
6.3 组态结果与讨论 （82）
6.4 稳健性检验 （87）
6.5 研究结论与对策建议 （88）
6.6 本章小结 （90）

第三篇 开放式创新对制造企业单一维度高质量发展的影响研究

第7章 开放式创新对制造企业全要素生产率的影响研究 （95）
7.1 研究背景与研究问题 （95）
7.2 理论分析与研究假设 （96）
7.3 研究设计 （100）
7.4 实证过程及分析结果 （102）
7.5 研究结论与对策建议 （110）
7.6 本章小结 （112）

第8章 开放式创新对制造企业ESG表现的影响研究 （113）
8.1 研究背景与问题提出 （113）
8.2 理论分析与假设研究 （115）
8.3 研究设计 （117）
8.4 实证过程与结果分析 （119）
8.5 研究结论与对策建议 （125）
8.6 本章小结 （126）

第9章 人工智能应用、开放式创新与制造企业共同富裕 ················· (127)
    9.1 研究背景与研究问题 ··· (127)
    9.2 人工智能与共同富裕文献综述 ································· (128)
    9.3 理论分析与研究假设 ··· (129)
    9.4 研究设计 ··· (133)
    9.5 实证过程与结果分析 ··· (136)
    9.6 异质性分析 ··· (144)
    9.7 研究结论与政策建议 ··· (146)
    9.8 本章小结 ··· (148)

第四篇 开放式创新对制造企业综合维度高质量发展的作用机制研究

第10章 人工智能应用对制造企业开放式创新的影响研究 ················· (151)
    10.1 研究背景及研究问题 ·· (151)
    10.2 理论基础与研究假设 ·· (156)
    10.3 研究设计 ·· (163)
    10.4 实证过程及结果分析 ·· (166)
    10.5 研究结论与启示 ·· (192)
    10.6 本章小结 ·· (195)

第11章 双元创新、数字营商环境与制造企业高质量发展 ················· (196)
    11.1 研究背景与研究问题 ·· (196)
    11.2 理论分析与研究假设 ·· (197)
    11.3 研究设计 ·· (199)
    11.4 实证检验与结果分析 ·· (201)
    11.5 研究结论与启示 ·· (212)
    11.6 本章小结 ·· (213)

第12章 开放式创新、双元创新与制造企业高质量发展 ··················· (215)
    12.1 研究背景与研究意义 ·· (215)
    12.2 理论分析与研究假设 ·· (219)
    12.3 实证研究设计 ·· (224)

12.4 实证过程及结果分析 …………………………………………………（229）
12.5 研究结论与对策建议 …………………………………………………（244）
12.6 本章小结 ………………………………………………………………（247）

第13章 数字化转型、开放式创新与制造企业高质量发展 ……………（249）
13.1 研究背景与研究问题 …………………………………………………（249）
13.2 理论分析与研究假设 …………………………………………………（250）
13.3 实证研究设计 …………………………………………………………（255）
13.4 实证过程及结果分析 …………………………………………………（259）
13.5 研究结论与启示 ………………………………………………………（271）
13.6 本章小结 ………………………………………………………………（272）

第五篇 研究结论与对策建议

第14章 研究结论 …………………………………………………………（275）
14.1 开放式创新驱动因素研究结论 ………………………………………（275）
14.2 开放式创新对制造企业单一维度高质量发展研究结论 ……………（276）
14.3 开放式创新对制造企业综合维度高质量发展研究结论 ……………（277）

第15章 驱动制造企业开放式创新与高质量发展的对策建议 …………（279）
15.1 驱动制造企业开放式创新的对策建议 ………………………………（279）
15.2 通过开放式创新驱动制造企业高质量发展的对策建议 ……………（281）
15.3 促进制造业开放式创新和高质量发展有效衔接 ……………………（283）
15.4 强化政府制度支撑，形成协同推进的良性营商生态 ………………（285）

参考文献 ……………………………………………………………………（289）

第一篇

概 论 篇

第1章 绪论

1.1 研究背景与研究问题

1.1.1 实践背景

1.1.1.1 高质量发展是全面建设社会主义现代化国家的首要任务

党的二十大报告指出，高质量发展是实现中国式现代化的本质要求，是全面建设社会主义现代化国家的首要任务。党的二十届三中全会强调，高质量发展是全面建设社会主义现代化国家的首要任务。必须以新发展理念引领改革，立足新发展阶段，深化供给侧结构性改革，完善推动高质量发展的激励约束机制，塑造发展新动能新优势。这凸显了高质量发展在建设中国式现代化进程中的战略性、全局性和长远性意义。当前我国经济已经从"数量追赶"转向"质量追赶"阶段，高质量发展是一种以高效率、公平和可持续为目标的充分均衡的发展观（张军扩，2019）。推动高质量发展既关乎基本实现现代化，也关乎建设社会主义现代化强国，是党中央在我国发展的历史转折关口提出的引领新时代现代化建设的重大战略。

高质量发展是实现中国式现代化的本质要求，微观主体有活力，高质量发展才有源头活水。进入新发展阶段，我国的经济实力、科技实力、综合国力和人民生活水平都跃上新台阶。根据国家统计局公布的数据，2023年我国GDP总量达到126.05万亿元人民币，较2022年同比增长5.2%，稳居世界第二位，这意味着我国经济发展基础坚实、速度较快、动力充沛。但在经济发展稳中向好的同时，发展不平衡不充分的问题也不容忽视。一方面，在经济发展模式转型的关键时期，劳动力成本上升、资源环境约束增大以及粗放式发展的方式难以为继，错综复杂的国际经济环境对我国贸易格局、产业链、供应链带来较大冲击。另一方面，数字经济时代，人们的消费需求更加高端化、个性化和多样化，要求供给需求在新的水平上实现均衡。不充分不平衡是发展质量不高的体现，影响着中国式现代化的进程。

从以往的国际经验来看，自20世纪60年代以来，在全球100多个中等收入经济体中，仅有十几个国家或者地区成为高收入经济体，这些高收入经济体跨越"中等收入陷阱"的关键在于其在经历高速增长阶段后实现了经济发展从量的扩张到质的提升。因此，量积累到一定阶段，必须转向质的提升，这就要求必须把发展质量问题摆在更为突出的位置。与此同时，新一轮科技革命和数字化浪潮使得制造企业的发展范式发生深刻变革，面临较重的技术更迭压力和更高要求的市场响应能力。制造企业作为国计民生的重要支柱，其高质量发展是建设现代化经济体系的主阵地。为持续创造竞争优势，制造企业亟须探索超越传统发展范式的战略路径，创造全新的组织管理与价值创造模式。但现阶段制造业面临劳动力加速外流、生产效益遭受挤压等多重困难，资源短缺、技术水平不足、质量效益不高等问题亟待解决。因此，制造企业如何实现高质量发展、寻求新的经济增长点成为政府和企业关注的重要问题。

1.1.1.2 开放式创新成为驱动制造企业高质量发展的重要途径

我国在推进高质量发展战略过程中面临的一个重大挑战，即如何在缓解资源约束的同时创造新的经济增长点。创新是引领经济发展的第一动力，是建设现代化经济体系的战略支撑和驱动高质量发展的关键途径。习近平总书记强调："推进中国式现代化，科技要打头阵，科技创新是必由之路。"创新作为民族进步的灵魂和国家繁荣的关键，在《中华人民共和国国民经济和社会发展第十四个五年规划和2035年远景目标纲要》中被赋予了首要任务的重要地位。制造企业作为国民经济发展的重要主体和市场机制的作用对象，是创新的知识生产和成果转化的中心，更是推进创新的中坚力量。专利申请数量作为衡量创新成果最直接的指标之一，代表了企业的科技创新能力，也反映了企业进行创新活动的积极性。从图1-1专利申请数量可以看出，近十年我国企业科技创新能力不断提升，成为驱动经济高质量发展的强大引擎。

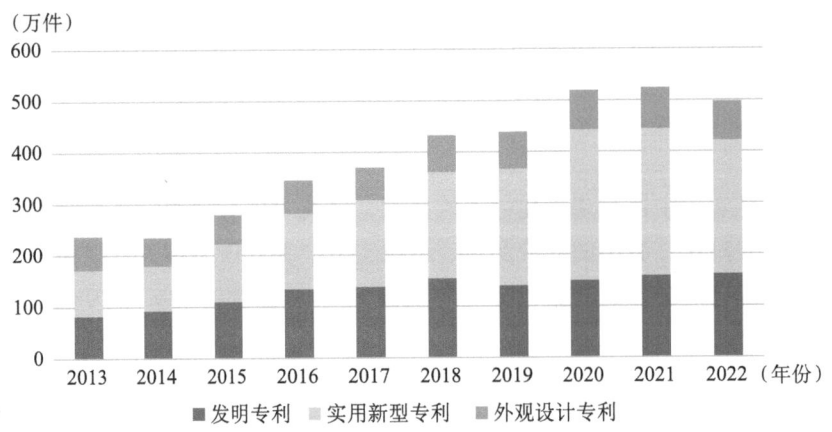

图1-1 专利申请数量

然而，在传统的封闭式创新模式中，创新活动一般是在企业内部进行的，具有研发成本高、转化率低、失败率高等局限。在数字经济背景下，企业外部市场环境发生了巨大变化。信息不对称性的弱化降低了企业获取信息资源的成本，知识信息可得性的增强使得创新资源变得越来越稀缺，单个企业难以垄断某种特定的创新资源。市场竞争的升级促进了各研究领域知识的交叉融合，在知识和技术的复杂化发展的同时加速产品周期循环，传统的封闭式创新已经无法满足企业构建持续竞争优势，倒逼企业向外生长，寻求外部知识、技术资源以实现创新水平突破和竞争优势塑造。开放式创新能够打破组织边界，利用外部创新资源，与多元主体共享知识和信息、共担创新成本和风险，具有降低研发成本、加快研发进程、获取前瞻性创新成果等优势。一方面，企业可利用开放式创新获取跨界创新的资源，打破现有技术体系和市场格局，在突破式创新上实现飞跃式进步；另一方面，企业可以通过开放式创新融合外部知识，分担创新风险，提高组织韧性，促进渐进式创新能力不断提升。

国外诸多世界500强企业已经将开放式创新理念转化为实践，如宝洁公司的"C&D"模式、施耐德电气的概念验证方案、IBM的"开放创新"计划、微软的Azure云平台服务等，均获益于合作创新模式。我国企业中，海尔很早就开始探索开放式创新，并于2009年搭建了海尔开放创新平台——HOPE（Haier Open Partnership Ecosystem），经过多年的发展，海尔在HOPE平台的支撑下，建立了覆盖全球主要技术高地的"10+N"开放创新资源网络，为公司技术难题和产品发展提供解决方案，并寻找新产业机会进行投资和孵化。华为作为国内通信产业的领导者，依托价值网进行开放式的知识学习和储备，与全球产业组织积极合作，在近800个学术、标准、联盟、开源等产业组织中担任超过450个关键职位，促进产业组织间深度协作、标准互认，切实解决产业难点、断点和堵点，构筑经济发展的原创动能。开放式创新日益成为企业追求高质量发展的重要途径与现实选择。

1.1.1.3 数智化转型是企业实现高质量发展的重要方向

随着数字技术的不断发展，数智化转型已成为我国企业不可逆转的趋势和不可回避的重要课题。数智化转型最初由国际商业机器公司于2012年提出，核心在于利用数字技术重塑客户价值主张，并提升客户的互动和协作体验。2015年全国两会《政府工作报告》提出的"中国制造2025"计划中，指明了促进制造业数字化、网络化、智能化的发展道路。2024年党的二十届三中全会审议通过的《中共中央关于进一步全面深化改革、推进中国式现代化的决定》强调，"推动制造业高端化、智能化、绿色化发展"。2024年7月发布的《中共中央 国务院关于加快经济社会发展全面绿色转型的意见》提出，"支持企业用数智技术、绿色技术改造提升传统产业"。随着新一轮科技革命的深入推进，以人工智能为代表的新一代数字技术成为我国经济高质量发展的重要驱动力量。人工智能是以计算机科学为基础，模拟、延伸和扩展人的智能的技术科学，其市场规模在逐年扩大（见图1-2）。

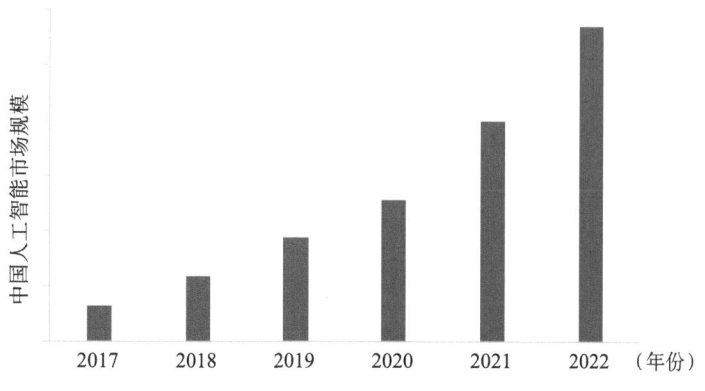

图1-2 人工智能发展趋势

企业可以通过应用人工智能技术来优化要素结构、提升技术能力，带来创新机遇，驱动高质量发展。如恒烁半导体股份有限公司通过应用人工智能来提高智能制造和智能物流的效率和质量，强生公司通过人工智能识别和自动化处理跨部门的复杂流程，并进行不断优化。在数字经济背景下，数智化是形成数字生产力的重要途径。以大数据、云计算、物联网、人工智能等为代表的数智技术在生产领域的广泛应用，是当前发展数字生产力的关键内容与核心驱动力。发展数智化为特征的数字生产力带动生产方式产生重大变革，使得生产过程更加智能化、高效化、精准化，能够快速响应市场需求变化，提高资源利用效率，降低企业生产成本。例如，通过数字化技术，智能制造可以实现生产设备互联互通与自动化控制，大幅提高生产效率和产品质量。发展数智化为特征的数字生产力催生新业态、新模式，能够促进企业活跃度提升与产业结构升级。我国是制造业大国，传统制造业作为现代化产业体系的基底，其增加值约占全部制造业比重的80%，在经济转型发展中占据重要地位。在数字经济与实体经济深度融合背景下，作为实体经济的重要组成部分，传统制造业实现数智化、绿色化深度融合与协同发展，将成为经济高质量发展的重要引擎。

1.1.1.4　"双循环"新发展格局是重塑制造企业开放式创新的战略抉择

2020年5月14日，中共中央政治局常务委员会召开会议，提出要"充分发挥我国超大规模市场优势和内需潜力，构建国内国际双循环相互促进的新发展格局"。此后，习近平总书记曾多次在企业家座谈会等重要场合强调，我国需逐步乃至加快形成以国内大循环为主体、国内国际双循环相互促进的新发展格局。这一重大战略部署为制造企业突破创新能力弱、大而不强的困境，重构创新生态提供了新机遇。随着技术复杂度的提升与知识迭代速度的加快，知识流动和交互变得更为广泛和频繁，制造企业仅依靠自身资源进行封闭式创新难以在复杂激烈的竞争环境实现高质量发展。在"双循环"新发展格局下，开放式创新成为制造企业链接内外循环，跨越组织边界获取资源，进而实现高质量发展的重要战略抉择。

从国内循环来看，超大规模市场的潜力、完备的产业体系以及不断升级的消费需求，能够为制造企业转型升级提供内生动力。例如，新能源汽车企业通过收集国内用户数据，快速迭代电池技术与智能驾驶系统，再将优化后的产品推向国际市场，形成"国内需求驱动—全球技术反哺"的良性循环。同时，国家实验室、制造业创新中心等平台的建立，推动了产学研深度融合，降低了企业创新成本，使关键技术攻关更具协同性。从国际循环来看，开放式创新意味着以全球视野整合技术、人才和资本。例如，宁德时代联合国内高校、材料企业成立创新联合体，同时与宝马、特斯拉等国际车企共建技术标准，形成"国内基础研究—国际应用验证"的双向创新链。可见，在"双循环"新发展格局下，开放式创新既是经济高质量发展的必然要求，也是中国从"制造大国"迈向"制造强国"的关键跃迁。由此，基于"双循环"背景构建良好的开放式创新生态，有助于我国制造企业实现从"跟随创新"到"引领创新"的历史性跨越。

1.1.2 理论背景

1.1.2.1 制造企业开放式创新的影响因素及组态路径有待破解

开放式创新范式强调企业通过与其他企业合作来提高其创新绩效。关于开放式创新的影响因素，现有文献从多个层面进行了探讨。

从外部视角来看，部分研究认为合作关系及政策支持是影响企业开放式创新的重要因素。例如，Du等（2014）研究了不同创新合作关系对研发项目财务绩效的影响，指出针对不同类型的合作关系采取适当的管理方式有助于开放式创新项目取得更好的绩效。岳鹄等（2018）和Brockman等（2018）认为，合作伙伴的差异性和作为非正式文化规范的社会信任对创新产出具有重要意义。杨震宁和赵红（2020）考察了组织间创新网络中的竞合关系对开放式创新的影响，发现保持适当深度的合作关系有利于企业进行开放式创新，而竞争关系将产生负面影响。陈朝月和许治（2018）研究了政府研发资助与开放式创新的关系，指出混合型政府研发资助相对于单一型政府研发资助所产生的效益更高。而曾江洪等（2022）则着眼于不同类型的财税政策，发现事前的创新补贴能够帮助企业扩大创新合作范围，而事后的税收激励措施能够为企业带来创新资源、增加创新动力，均有助于开放式创新绩效的提升。此外，探讨了作为非正式文化规范的社会信任是否可以成为合作伙伴之间关系治理的有效机制，从而取得更好的合作结果，得出社会信任是影响企业开放式创新效率的关键因素的结论。

从内部视角来看，部分学者聚焦于企业自身的具体能力与特定技术，分析开放式创新的影响因素。例如，Cheng等（2016）着眼于知识动态能力，指出企业开放式创新实践的有效性取决于其知识获取与知识共享的能力。李辉（2019）以知识密集型服务企业为研究对象，证明探索式学习能力对企业的内向型开放式创新具有正向作用，利用式学习能力则对企业外向型开放式创新有着正向作用。Trantopoulos等（2017）研究发现，开放式创新背景下，企业信息技术能力对其内外部的知识交流发挥了显著影响。张龙鹏和汤志伟（2018）从交易成本视角出发，证实了信息技术应用对于推动企业开放式创新的重要意义，并对其影响机制进行了深入探索。周飞等（2018）通过对珠三角战略性新兴产业的研究，发现资源组拼行为促进了企业的内向型开放式创新。近年来，随着新一轮科技革命加速深入演进，有研究聚焦新兴的数字技术，证明了数字化转型、数字化能力对企业开放式创新具有显著正向影响，但并未辨明具体的人工智能技术能否以及如何在其中发挥关键作用。

不管是内部还是外部视角，学者们对于开放式创新影响因素的研究多采用传统的多元回归技术，探析某一方面因素如何直接或经由中介、调节机制对开放式创新产生影响，忽略了关于多维因素组合对开放式创新的影响，难以从整体视角把握影响开放式创新的组态路径。

1.1.2.2 开放式创新对企业高质量发展的影响效应及作用机制亟待厘清

企业是构建双循环新格局、推动经济高质量发展的微观主体，学者在企业微观层面的讨论集中于企业高质量发展影响因素研究。考虑到企业外部成长环境的影响，李蕾和刘荣增（2022）引入协同创新作为中介变量，探究制造业和服务业的产业融合与制造业高质量发展之间的关系，结果证实了产业融合可以显著促进制造业高质量发展，且协同创新的中介效应显著。李佳霖等（2021）的实证检验结果发现，在多元化战略的负向中介作用下，金融发展与企业高质量发展之间呈现倒"U"型关系。贾丽桓和肖翔（2021）通过实证检验得出，有效的资本市场开放有助于提升企业研发投入水平，并且降低企业委托代理成本和机会主义行为风险，通过以上两条路径间接促进企业实现高质量发展。基于企业内部管理角度，夏冰和吴能全（2020）认为，提高混合所有制企业公司治理水平与混合所有制企业高质量发展存在正相关作用。也有学者探讨技术创新对企业发展质量的影响，如陈丽姗和傅元海（2019）通过研究得出，不同融资约束水平对技术创新与企业发展质量之间关系的影响是动态变化的。张鑫宇和张明志（2021）则以自主创新水平作为中介变量建立了要素错配对制造企业发展质量的影响框架。霍春辉等（2021）立足于制造企业资源的角度，分析了企业内部难以复制的异质性资源短缺的现状，强调实现互补性资源引进对企业技术突破至关重要。

学者们关于高质量发展影响因素的探讨为本研究奠定了重要理论基础，但对开放式创新如何影响企业高质量发展的研究比较鲜见，且缺乏系统性和整体性。开放式创新能够促进外部知识和技术等资源的流通，有助于企业提升创新活动水平以及捕捉新的创新机会，进而加强核心竞争力，促进企业高质量发展从而推动经济高质量增长。然而，不同维度开放式创新对企业高质量发展会产生什么影响，二者之间的作用机制是什么，在不同的边界条件下开放式创新对企业高质量发展的影响是否存在差异，这些问题在理论层面仍然缺乏明晰的解释。此外，开放式创新是一把"双刃剑"，在长期以来"外循环"主导的发展模式下，我国企业过度依靠开放式创新导致自主创新能力不足，在全球价值链中陷入"低端锁定"困境。构建以国内大循环为主体、国内国际双循环相互促进的新发展格局，是以习近平同志为核心的党中央作出的重大战略决策，高质量发展是构建新发展格局的内在要求，科技创新是构建新发展格局的战略支撑。在"双循环"新发展格局下，如何通过有效的开放式创新促进制造企业高质量发展，成为亟待政府、业界与学界解决的重大理论与现实议题。

1.1.2.3　数字化转型与开放式创新对企业高质量发展的协同作用有待深入分析

企业高质量发展是企业塑造持续成长能力和价值创造能力的目标状态和发展范式，涵盖经济价值获取和社会价值实现两个层面的要求（黄速建等，2018；肖红军，2020）。数字经济背景下，数字化转型有助于企业利用数字技术优化组织架构、改进业务模式和重塑价值创造方式（Vialal，2019），为制造业高质量发展带来了新契机。然而，数字化转型是一把"双刃剑"。一方面，数字化转型能够发挥数字技术泛生性、开放性与普惠性优势，解决制造企业面临的技术突破困难、组织运营成本沉重和销售渠道不畅等问题，有助于重构制造业全球供应链（王静，2022）。另一方面，数字化转型初期企业需要投入大量资金搭建数字基础设施，数字化改造负担的固定成本较高，抬升了平均信息决策成本（刘政等，2020），产生"数字悖论"现象（Hajli，2015）。因此，数字化转型究竟促进还是阻碍了制造企业高质量发展，成为亟待澄清的重要理论问题。

从本质上来看，数字化转型赋能企业高质量发展可视作一个资源编排过程。根据资源编排理论，有效整合、捆绑和利用资源是企业获取竞争优势的关键（Sirmon 等，2007）。若能通过数字化转型提高各类资源的交换、组合和集成效率，便可发挥数字价值创造源对企业发展的驱动作用，通过资源编排驱动企业成长。数字时代，数字技术的开源特性显著提高了知识信息的流动速度和价值共创的合作广度，自我封闭隔绝的发展模式已不可取，以开放式创新加快资源成果转化逐渐得到企业重视。开放式创新强调突破组织内部资源界限，利用广泛的外部合作网络实现创新发展（Laursen 和 Salter，2006），这成为影响数字化转型经济效果的重要因素。探索适宜中国本土制造企业的开放式创新模式，在商业生态系统中建立高质量的知识技术链接，才能充分释放数字化转型对企业高质量发展的积极作用。现有研究虽然指出企业数字化转型可以通过管理和配置资源赋能价值创造（张媛等，2022），但对于数字化转型驱动企业高质量发展中资源编排的作用路径及其边界条件却缺乏深入研究。因此，在资源编排视域下，数字化转型影响企业高质量发展的内在机理是什么？不同程度的开放式创新如何影响数字化转型与企业高质量发展之间的关系？这些问题成为亟待破解的重要科学问题。

1.1.3 研究问题

基于上述研究背景，本研究立足"开放式创新对制造企业高质量发展的作用机制研究"这一科学问题，围绕"哪些因素驱动制造企业进行开放式创新""开放式创新对制造企业高质量发展的影响效应和作用机制是什么"两个核心问题展开研究。研究问题一聚焦于从组态视角系统挖掘企业开放式创新的驱动因素，探讨企业开放式创新水平不同的原因，属于"是什么"的问题。研究问题二侧重于利用大样本数据，实证检验开放式创新对企业高质量发展的影响效应与作用机制，关注开放式创新如何才能有效驱动企业高质量发展，属于"怎么做"的问题。

如此研究的原因在于：在开放式创新的背景下，讨论其对企业高质量发展的影响，需要以开放式创新实践为基础。在知识经济全球化的背景下，开放式创新被广泛认为是企业获取新知识、新技术和市场机会的关键途径，也是企业价值创造的重要来源。现实情境中，由于资源、能力、市场环境和组织结构等各种因素的影响，不同企业的开放式创新水平存在显著差异，因此需要深入探究这些差异的原因。已有研究虽然分析了组织文化、合作伙伴关系、市场动态等对开放式创新的影响，但往往缺乏从组态视角对这些多重驱动因素的综合考量。与专注于单一驱动因素的线性回归传统研究方法不同，组态视角认为企业开放式创新水平的高低是多种内外部因素相互作用和协同的结果，这更贴近现实情况，有助于全面揭示企业开放式创新的复杂性，从而得到更加切实有效的组态路径。

关于开放式创新所带来的影响，虽然学者们肯定了开放式创新对企业发展的重要作用，但尚缺少实证研究对这一论述进行大样本检验。同时，这种论述多是探讨这种影响的表现和结果，忽视了对开放式创新为什么以及如何对企业高质量发展产生影响的深入研究。在数字经济背景下，探索开放式创新对企业高质量发展的影响效应、作用路径和边界条件，能够形成关于开放式创新对企业高质量发展作用机制更全面的解释。

1.2 研究目的与研究意义

1.2.1 研究目的

本研究的研究目的主要体现在以下两个方面。

一是基于组态视角系统识别企业开放式创新的前置驱动因素。如前所述，企业开放式创新行为并非受单一因素影响，其形成过程是多因素协同作用的结果。和传统的多元回归技术相比，模糊集定性比较分析方法基于集合论思想和组态思维，能够将定性分析与定量分析有效联结，从集合的角度考察前因条件及条件组合与结果的关系，从而解释现象背后的复杂因果关系。鉴于此，本研究拟运用定性比较分析方法挖掘影响企业开放式创新的条件组合构型，识别影响企业开放式创新的充分条件、必要条件、核心条件和边缘条件，洞察多个前因条件对企业开放式创新的组态效应，为企业有效提升开放式创新水平提供参考。

二是明晰开放式创新对企业高质量发展的影响效应与作用机制。开放式创新是高质量发展的动力之源，但也面临一系列治理难题。本研究首先明晰开放式创新对高质量发展的影响效应，在此基础上，基于资源基础理论、动态能力理论、知识基础观、制度理论等，找到二者关系的中介作用机制和调节作用机制，为企业有效提升开放式创新水平、赋能高质量发展提供对策建议。通过深入分析开放式创新与企业高质量发展之间的内在联系，本研究为企业制定创新战略、优化资源配置、提升竞争力提供理论依据和实践指导。

1.2.2 研究意义

1.2.2.1 理论意义

第一，丰富了本土情境下制造企业开放式创新理论研究成果。本研究将开放式创新融入制造企业高质量发展研究中，探索构建了开放式创新驱动制造企业高质量发展的理论框架；并基于新发展理念，结合企业作为微观经济主体的特征，从盈利能力、共享能力、绿色能力、发展能力、开放能力、抗风险能力六个维度构建了企业高质量发展综合评价指标体系；在此基础上，理论分析并实证检验了不同维度开放式创新（广度和深度）对制造企业高质量发展的影响效应及作用机制，有助于从创新驱动视角挖掘制造企业高质量发展的前置驱动因素，为开放式创新与企业高质量发展的理论研究成果贡献了中国经验和智慧。

第二，从组态视角拓展了企业开放式创新驱动因素的认知边界。本研究基于 TOE 框架，构建了开放式创新影响因素理论模型，并采用模糊集定性比较分析方法（fsQCA），探究了开放式创新不同影响因素的组态效应，有助于从非对称性视角诠释企业开放式创新驱动因素的全貌。通过创新性地将 fsQCA 与开放式创新研究相结合，推进了 fsQCA 在开放式创新研究领域的应用，同时从理论上解释了企业开放式创新水平生成路径多样性的问题。

第三，深化了对数字经济背景下开放式创新与企业高质量发展关系的理解。本研究基于数字经济背景，实证检验了人工智能应用对企业开放式创新和共同富裕的影响，探究了数字化营商环境对双元创新与高质量发展关系的调节作用，厘清了数字化转型和开放式创新对企业高质量发展的协同影响。有助于推进技术创新理论、高质量发展理论与创新生态系统理论的融合发展，为政府部门助力制造企业突破"低端锁定"困局、驱动高质量发展提供理论指导。

1.2.2.2 实践意义

第一，能够为制造企业提高开放式创新水平提供参考。数字经济的快速发展驱动微观企业转型升级，转变新的发展模式，以适应新的市场环境。企业在创新的过程中，不仅面临着日益激烈的竞争压力，还要克服内部和外部的多重障碍。因此，识别和理解开放式创新的内外部驱动因素变得至关重要。本研究基于组态视角提取出的开放式创新内外驱动因素构型组合，能够帮助我国制造企业在创新过程中立足自身发展和创新环境协调不同因素条件，探索符合自身的开放式创新路径，使企业在创新实践中注重内外部因素的综合协调，以组态协调思维推进开放式创新。

第二，能够为新发展理念下企业通过开放式创新赋能高质量发展提供借鉴。开放式创新不仅关乎创新效率的提升，也是企业实现高质量发展的关键。本研究基于新发展理念构建的企业高质量发展综合评价指标体系能够为制造企业进行发展质量评价提供可操作性工具。本研究深入探讨了开放式创新对企业高质量发展的影响效应和作用机制，企业可以借鉴本研究成果，识别和利用外部创新资源，构建开放的创新网络，以及通过合作共享，降低研发成本，提高创新成功率，从而实现持续增长和价值创造。

第三，能够为政府部门优化数字营商环境、促进高质量发展提供指导。党的十九大以来，我国将营商环境建设工作放在重要位置，持续优化营商环境已成为国家层面关注的重点议题，在数字经济赋能发展方式转型升级中发挥基本支撑功能。数字经济时代，数字营商环境会对企业的生产、分配、交换、消费等环节产生深远影响，是驱动制造企业高质量发展的重要突破口。本研究能够为各级政府部门围绕基础设施、政务服务、数据运行和平台信息四个关键点靶向发力，建设"升级版"营商环境，助推经济高质量发展的政策提供支持。

1.3 研究内容与研究方法

1.3.1 研究内容

本研究围绕"开放式创新对制造企业高质量发展作用机制"这一核心问题展开层层递进研究。包括第一篇、第二篇、第三篇、第四篇、第五篇五个部分。第一篇为概论篇,包括第 1 章绪论、第 2 章开放式创新与高质量发展文献研究、第 3 章概念界定与理论基础。第二篇为 TOE 框架下制造企业开放式创新影响因素组态研究,包括第 4 章开放式创新影响因素提取与模型构建、第 5 章开放式创新影响因素研究设计、第 6 章开放式创新影响因素定性比较分析。第三篇为开放式创新对制造企业单一维度高质量发展的影响研究,包括第 7 章开放式创新对制造企业全要素生产率的影响研究、第 8 章开放式创新对制造企业 ESG 表现的影响研究、第 9 章人工智能应用、开放式创新与制造企业共同富裕。第四篇为开放式创新对制造企业综合维度高质量发展的作用机制研究,包括第 10 章人工智能应用对制造企业开放式创新的影响研究、第 11 章双元创新、数字营商环境与制造企业高质量发展、第 12 章开放式创新、双元创新与制造企业高质量发展、第 13 章数字化转型、开放式创新与制造企业高质量发展。第五篇为研究结论与对策建议,包括第 14 章研究结论、第 15 章驱动制造企业开放式创新与高质量发展的对策建议。

各章具体内容如下:

第 1 章:绪论。首先介绍了开放式创新和高质量发展的现实背景和理论背景,基于研究背景提出研究问题;其次阐述了研究目的、理论意义和实践意义;再次对研究内容进行梳理、对研究方法进行介绍;最后指出了本研究的创新之处。

第 2 章:开放式创新与高质量发展文献研究。首先对开放式创新和高质量发展相关文献进行可视化分析,把握开放式创新和企业高质量发展的研究热点及趋势;在此基础上分别对开放式创新和高质量发展的驱动因素进行梳理和回顾,指明未来研究的方向。

第 3 章:概念界定与理论基础。基于对当前研究文献的梳理,界定开放式创新与企业高质量发展的内涵与测度,并结合制造企业作为微观经济主体的特征,结合新发展理念构建了企业高质量发展评价体系,最后介绍本研究所基于的相关理论及其适用性。

第 4 章:开放式创新影响因素提取与模型构建。首先结合知识基础观、动态能力理论和资源编排理论对开放式创新的影响因素和理论基础进行分析;在此基础上通过文献分析以及知识图谱分析法,提取出制造企业开放式创新的影响因素;最后结合知识图谱分析结果与理论基础,构建开放式创新影响因素组态模型。

第 5 章:开放式创新影响因素研究设计。首先确定研究方法,筛选研究样本;其次根据成熟量表进行前因变量的测量、调研问卷设计与发放,并基于问卷调查数据对样本特征进行描述性分析,对量表的信度和效度进行检验;最后概述 fsQCA 方法的具体分析过程,为下一章开放式创新影响因素定性比较分析奠定基础。

第6章：开放式创新影响因素定性比较分析。首先进行数据处理，包括数据校准、必要条件分析、构建真值表；其次进行标准化检验，分析导致高水平和非高水平开放式创新的标准化结果；最后基于标准化分析结果进行组态路径的分析与讨论，并进行稳健性检验。

第7章：开放式创新对制造企业全要素生产率的影响研究。本章理论分析实证检验开放式创新对企业全要素生产率的影响以及动态能力的中介作用，并从产权性质、融资约束、生命周期三个方面，分析企业特征对开放式创新与全要素生产率关系的异质性影响，挖掘出开放式创新对全要素生产率的作用效果在不同微观组织间存在差异的原因。

第8章：开放式创新对制造企业ESG表现的影响研究。本章基于资源基础观和利益相关者理论的双重视角，探究开放式创新对企业ESG表现的影响。通过引入创新效率、分析师关注度两个中介变量，明晰开放式创新对企业ESG表现的作用路径。最后检验开放式创新与ESG表现之间的关系在不同生命周期、融资约束程度及经济政策不确定性影响下的差异。

第9章：人工智能应用、开放式创新与制造企业共同富裕。基于技术可供性理论分析人工智能应用对企业共同富裕的影响效应，从组织学习能力视角探究开放式创新在此过程中的中介作用，并进一步探讨技术市场活跃度和市场竞争等市场因素在其中的调节作用。

第10章：人工智能应用对制造企业开放式创新的影响研究。本章理论分析并实证检验人工智能应用对开放式创新程度（广度和深度）的影响，并分析融资约束、市场竞争、知识产权保护的调节作用，以及内部控制、供应链集中度的传导机制作用。在此基础上进一步讨论人工智能应用对开放式创新的影响在不同产权性质、生命周期、行业、地区企业中的异质性。

第11章：双元创新、数字营商环境与制造企业高质量发展。本章理论分析并实证检验双元创新对企业高质量发展的影响，具体表现为厘清不同类型双元创新（探索式创新与利用式创新）对企业高质量发展的影响。并以主效应为基础，进一步明晰数字营商环境（数字基础设施环境、数字市场环境和数字金融环境）对双元创新与企业高质量发展关系的调节作用。

第12章：开放式创新、双元创新与制造企业高质量发展。本章理论分析并实证检验开放式创新（广度和深度）对制造企业高质量发展的影响，考察了双元创新（探索式创新与利用式创新）对开放式创新与高质量发展关系的中介作用，探究了数字化转型的调节作用。

第13章：数字化转型、开放式创新与制造企业高质量发展。本章首先分析并检验了数字化转型对制造企业高质量发展影响的主效应；其次基于资源编排理论，从提高吸收能力、增强配置能力、拓展网络能力三个方面，探析了数字化转型对企业高质量发展的作用路径；最后进一步考察不同开放式创新门槛效应下，数字化转型对企业高质量发展的影响。

第 14 章：研究结论。本章对前面各章节的研究结果进行详尽梳理与全面总结，将分散在不同章节中的研究成果汇集起来，以便能够清晰地把握整个研究的脉络和结论。

第 15 章：驱动制造企业开放式创新与高质量发展的对策建议。在对开放式创新与高质量发展的影响效应和作用机制进行深入研究的基础上，本章旨在提出针对性的对策建议，以促进制造企业在开放式创新方面的实践，并推动其实现高质量发展。

1.3.2 研究方法

基于上述研究内容，本研究运用以下多种方法展开研究工作。

1.3.2.1 文献研究法

文献研究法是开展科研工作不可或缺的一种手段。在研究初始阶段，从中国知网（CNKI）数据库、Web of Science 核心数据集的 SCI 和 SSCI 数据库对开放式创新和高质量发展相关研究成果进行检索、归纳和整理。接下来，运用可视化软件 CiteSpace 对收集的文献资料进行计量分析，识别数字化创新和高质量发展的研究热点与演化趋势，准确把握数字化创新和高质量发展领域的最新研究动态。在此基础上，结合研究问题，对企业开放式创新的驱动因素与经济后果，以及高质量发展的驱动因素相关文献进行深入梳理，根据文献研究结果总结现有研究存在的不足，指明未来进一步研究的方向。

1.3.2.2 问卷调查法

问卷调查法是一种使用由一系列问题构成的问卷来收集数据的方法，主要用于衡量人的行为和态度。在企业开放式驱动因素组态效应研究部分，本研究主要通过问卷调查的方式收集研究数据。在问卷设计阶段，对各前因变量和结果变量的测量，大多参考了由国外学者编制的成熟量表，并将其与中国数字化发展情境和企业数字化创新实践相结合，进行中英文互译和相应修改。对未能搜集到测量项目的变量进行测量开发，对已有量表的条目根据研究需要进行修订。通过问卷星平台、电子邮件、微信群等方式线上发放和回收问卷，以获取一手数据，为验证模型做好数据准备。

1.3.2.3 定性比较分析方法

定性比较分析方法（QCA）于 1987 年由 Ragin 开创性提出，其认为影响特定结果产生的因素是相互依赖而非独立作用，聚焦于探析条件组态与结果间的因果复杂性，近年来在战略管理、创新管理研究中得到越来越多的应用。QCA 方法将传统的定性和定量方法相结合，突破相关关系的对称性思维限制，基于集合论视角对前因与结果之间的联系展开逻辑性的分析，挖掘可能会产生相同结果的多个相关因素的联合效应，识别哪些条件是结果的充分或必要条件，能够弥补传统回归分析倾向于探索特定因素边际"净效应"的局限，更加符合管理实际和研究逻辑。QCA 方法根据数据类型可以分为 csQCA、mvQCA 和 fsQCA，其中 fsQCA 方法具备多重并发性、因果非对称性和结果等效性的特点，且在处理连续变量时更具优势。因此从研究问题出发，本研究选用 fsQCA 方法开展研究。

1.3.2.4 必要条件分析法

必要条件分析方法（Necessary Condition Analysis，NCA）旨在探索导致某个特定结果的必要条件。NCA分析方法基于包络上线（CE）与回归上线（CR）分析得到条件的效应值，即在多大程度上必要条件可以约束结果变量，并通过瓶颈表进一步展示实现特定水平结果所需的必要条件水平。与fsQCA相比，NCA制定了一个定量的必要条件，即表示条件的哪个水平对于结果的哪个水平是必要的。必要条件分析法与定性比较分析法形成重要互补，能够更精细地揭示条件在什么水平上变成某一结果变量的必要条件，有助于深入理解复杂系统中各因素之间的关联机制。

1.3.2.5 多元统计分析方法

多元统计分析又称多元回归技术，是一种从数理统计学中发展起来的综合分析方法，由于能够从多个相互关联的对象和指标中分析其统计规律，该方法很适合管理科学研究。开放式创新对企业高质量发展的影响效应与作用机制，是本研究的主要研究内容。为了探索这一问题的一般性规律，本研究在基于理论演绎提出研究假设、构建研究模型基础上，遵循"获取样本观测数据→估计模型→检验模型"的思路，首先通过描述性统计分析各变量的基本特征；然后采用Pearson相关性分析研究主要变量之间的相关系数，判断各主要变量之间是否存在多重共线性；接下来运用多元回归技术，分别对开放式创新对企业高质量发展影响的主效应、中介效应、门槛效应和调节效应假设进行验证，并运用倾向得分匹配（PSM）、工具变量法、安慰剂检验等统计分析方法进行稳健性检验；最后从"特殊"的样本中推理出关于总体的一般结论。

1.3.3 技术路线图

本研究的技术路线如图1-3所示。

图 1-3 技术路线

1.4 本研究的创新之处

本研究的创新之处主要体现在以下几个方面。

一是基于新发展理念，结合制造企业作为微观经济主体的特征，构建了制造企业高质量发展综合评价指标体系。不同于以往文献多从全要素生产率等单一维度对企业高质量发展进行评价，本研究基于新发展理念，并结合企业作为微观经济主体的特征，从盈利能力、共享能力、绿色能力、发展能力、开放能力和抗风险能力六个维度，构建了企业高质量发展综合指标评价体系，为企业发展质量评价提供了可操作性的工具。

二是综合运用模糊集定性比较分析法（fsQCA）与必要条件分析法（NCA），明晰了制造企业开放式创新影响因素的组态路径。不同于已有文献运用传统多元回归技术，分析单一要素对开放式创新线性影响的局限，本研究从技术、组织、环境三个维度，构建了企业开放式创新影响因素理论框架，运用 fsQCA 和 NCA 相结合的方法，探究了开放式创新的多重组态路径，分析了不同驱动因素对开放式创新的非对称性影响，能够弥补已有研究的不足。

三是厘清了开放式创新对制造企业高质量发展的作用机制。本研究突破以往文献孤立考察开放式创新或企业高质量发展的局限，同时从单一维度和综合维度，洞察了开放式创新对制造企业高质量发展的影响效应及作用路径，解构了开放式创新通过提升动态能力、提高创新效率、增强双元创新、优化资源编排驱动企业高质量发展的作用逻辑，明晰了人工智能应用、数字化转型、数字营商环境等对开放式创新和高质量发展关系的影响，为数字经济背景下深入理解开放式创新与企业高质量发展之间关系的"黑箱"开辟了可观察的窗口。

第 2 章　开放式创新与高质量发展文献研究

本章主要采用文献计量和科学知识图谱相结合的方法针对开放式创新与高质量发展进行文献研究。文献计量法以文献体系和文献计量特征为对象，采用数理统计学方法对某一领域的研究进行量化分析，通过对相关文献按照年份进行数量统计分析，来挖掘研究发展的结构和演进规律并探讨发展动态和趋势。科学知识图谱具有直观、定量、高效和知识发现等优点，是一种将多种现代学科与网络技术相结合的分析方法，利用引文可视化分析技术有助于挖掘某一研究领域科学发展的动态趋势。CiteSpace 是由陈超美教授开发的一个 Java 应用程序，用于分析和可视化共同引用网络，被国内外学者广泛应用。因此，本章借助 CiteSpace 软件分别对开放式创新和高质量发展相关文献进行可视化分析，使该研究领域的发展和演化以知识图谱的形式直观地显现出来，从而准确识别该研究领域的热点演进及发展趋势。

2.1　开放式创新文献梳理及可视化分析

自 21 世纪初萌芽至今，开放式创新（Open Innovation）作为一种全新的创新理念和模式，逐渐成为学者关注的研究重点，有关开放式创新的相关研究不断深化和变迁。2006 年，开放式创新理论开始引入中国，随着中国企业对外开放和创新需求的增加，开放式创新研究在国内逐渐兴起。然而，综合国内外开放式创新研究可以看出，当前该领域存在以下问题：第一，该领域研究成果较多，国内外开放式创新研究文献庞大繁杂，仅依靠阶段性总结和传统文献分析难以客观分析国内外该领域的热点变迁及发展趋势。第二，中国企业开放式创新研究起步较晚，与国外相比，存在着研究主题趋同、研究思路创新性不足等问题，需要在与国外研究的对比中明确自身特点，认清自身不足，从而得以提升和发展。

鉴于此，本章采用文献计量方法，运用 CiteSpace 可视化工具，对 2003—2024 年 WOS 及 CNKI 数据库中国内外开放式创新研究进行可视化分析。

2.1.1　研究设计

国际研究方面，在 Web of Science 核心数据库检索界面中设置数据库类型为 SSCI，主题词为"open innovation"，文献类型为"article"，年限为 2003—2024 年，精确检索到相关文献 7668 篇；国内研究方面，在 CNKI 检索界面中以"主题＝开放式创新"进行检索；数据检索时间范围设置为 2003—2024 年，来源类别选择北大核心和 CSSCI（包括扩展版),共检索到相关文献 1349 篇。

2.1.2 开放式创新年度发文总量趋势分析

为了从整体上把握国内外开放式创新研究的文献数量变化及时序规律,本章对国内 1349 篇相关文献及国外 7668 篇相关文献进行时序数量对比,具体如图 2-1 所示。

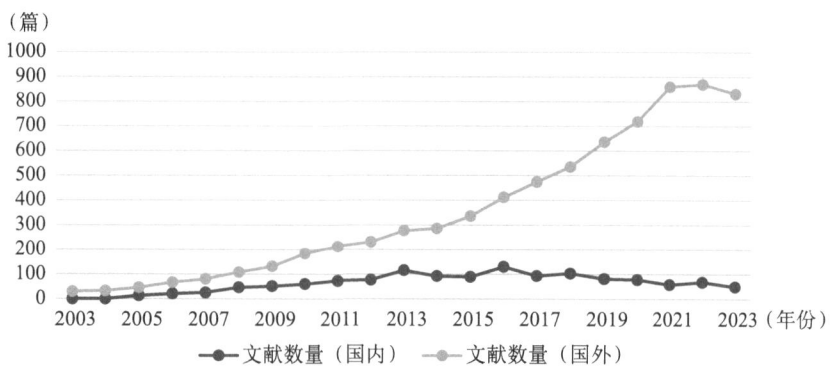

图 2-1 国内外开放式创新文献数量趋势

从整体上看,开放式创新研究领域文献总发表数量呈现逐年递增的趋势,其中,国外相关领域的文献增速较快,前期呈现指数增长趋势,国内相关领域的文献增速较慢,相对较为平缓,这说明有关开放式创新的研究主题在国内外均受到学者关注并不断升温。从时序上看,国外开放式创新相关文献发表数量可划分为三个阶段:2003—2008 年,国外开放式创新研究相对较少,且增长较为缓慢;2009 年是国外开放式创新研究的重要节点,该年份之后,开放式创新领域研究迅速增长,2022 年稍有回落,而国内该领域研究始终增速较慢,甚至 2018 年后开始逐渐回落。从文献总量上看,国外该领域文献数量在 2009 年后远超国内该领域文献研究数量。

2.1.3 开放式创新研究主题与热点分析

2.1.3.1 基于关键词共现的研究主题分析

运行 CiteSpace,设置 Node Type 为 Keyword,时间范围为 2003—2024 年,时间切片 (Year Per Slice) 设置为 1,阈值选择标准 (Selection Criteria) 为 Top50,修剪 (Pruning)、选择路径找寻 (Pathfinder) 与修剪切片网络 (Pruning Sliced Networks),其他条件设置保持默认,分别将 CNKI 与 Web of Science 核心数据库中的开放式创新研究数据导入,最终得到国内外开放式创新研究关键词词频及中心度列表 (见表 2-1)、关键词共现图谱 (见图 2-2 和图 2-3)。其中,国内开放式创新研究关键词共现图谱共有 702 个结点,1272 条连线,网络密度为 0.0052,Q 值为 0.6114 (>0.3),Mean Silhouette 值为 0.927 (>0.4);国外开放式创新研究关键词共现图谱共有 661 个结点,4877 条连线,网络密度为 0.0224,Q 值为 0.3543 (>0.3),Mean Silhouette 值为 0.6938 (>0.4),这表明该共现图谱聚类结构合理,各聚类同质性较好。

表 2-1　　CNKI 和 Web of Science 收录开放式创新研究文献关键词词频分布

关键词	词频	中心度	关键词	词频	中心度
open innovation	580	0.02	开放式创新	725	1.16
performance	329	0.02	创新绩效	96	0.04
research and development	274	0.02	创新能力	52	0.14
innovation	260	0.14	开放式创新社区	38	0.04
knowledge	237	0.04	创新	35	0.12
management	198	0.09	吸收能力	29	0.01
absorptive capacity	196	0.06	开放式	28	0.05
impact	194	0.02	协同创新	22	0.01
technology	187	0.05	中小企业	22	0.02
firm	160	0.03	开放式服务创新	20	0.01

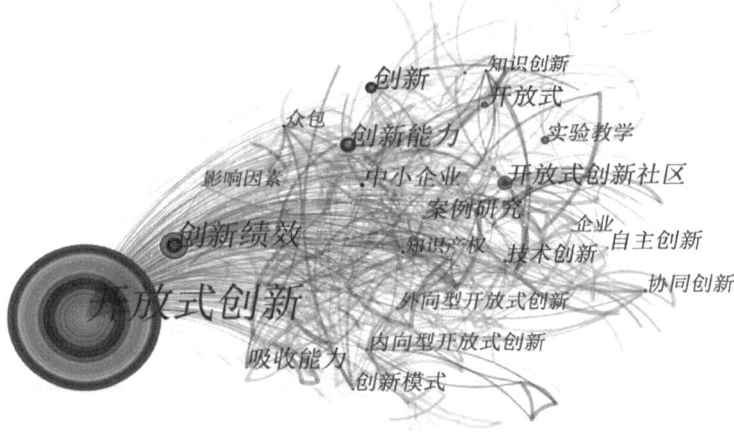

图 2-2　CNKI 收录开放式创新研究关键词共现图谱

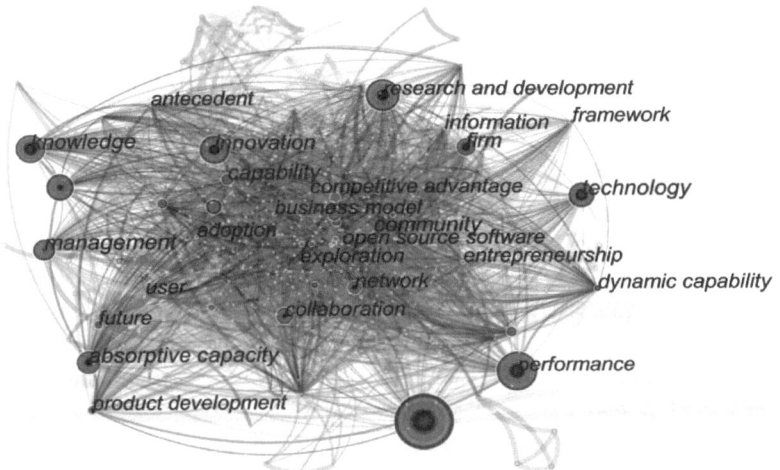

图 2-3　Web of Science 收录开放式创新研究关键词共现图谱

从表2-1的高频关键词排序及图2-2、图2-3的关键词共现图谱可以得出以下结论，从国内研究来看，第一，注重从数字化视角考察开放式创新带给企业创新绩效的影响（王会文和吴春琼，2023），其关键词包括"开放式创新""创新绩效"等；第二，较为注重中小企业的开放式创新模式，这是因为中小型制造企业在制造业中占有相当高的比重，其创新发展是提升中国制造业竞争力的重要保证（瞿孙平等，2022），其关键词是"中小企业""吸收能力""创新能力"等；第三，开始注重对开放式创新社区的挖掘，开放式创新社区中包含的用户智慧是提升企业创新质量的良性驱动力量（吉海颖等，2022），关键词包括"开放式创新社区""协同创新"等。

而从国外研究来看，第一，较为重视多角度下开放式创新与企业绩效之间的关系，关键词包括"open innovation""performance"等；第二，致力于研究企业的开放式创新与知识管理能力之间的联系，关键词有"knowledge""management"等；第三，开放式创新和吸收能力是基于公司可以利用外部产生的知识来提高其创新绩效这一思想的两个概念，研究致力于证实二者对开放式创新的互补性，关键词包括"absorptive capacity""innovation"等。

2.1.3.2 基于关键词聚类的研究热点分析

为更好地认识国内外开放式创新的热点主题分布的异同，深化主题共现关系，本章在关键词共现图谱的基础上依据关键词相似度对其进行聚类，通过LLR算法从关键词中提取名词性术语对聚类进行命名，由此得到国内外开放式创新研究主题聚类，具体如图2-4和图2-5所示。其中，国内开放式创新研究共包括12个主要聚类，国外开放式创新研究共包括12个主要聚类（聚类排序越靠前，聚类规模越大），主要聚类总结如表2-2所示。

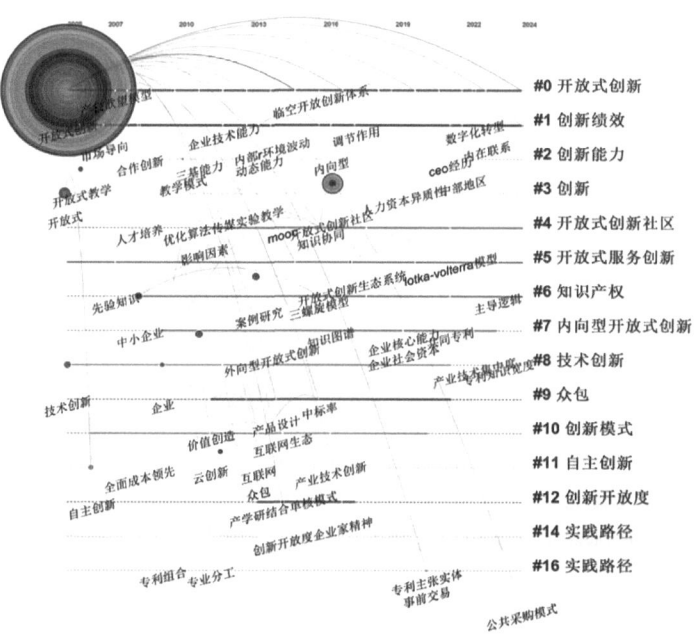

图2-4 CNKI收录开放式创新研究关键词聚类时间线

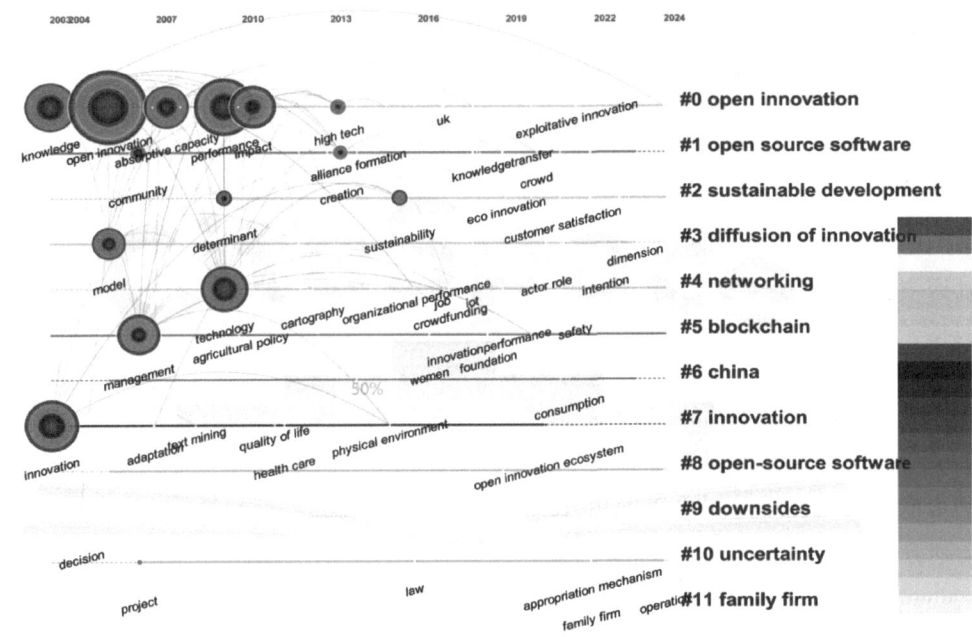

图 2-5 Web of Science 收录开放式创新研究关键词聚类时间线

表 2-2 国内外开放式创新研究关键词聚类总结（前12）

聚类	国内	国外
#0	开放式创新	open innovation
#1	创新绩效	open source software
#2	创新能力	sustainable development
#3	创新	diffusion of innovation
#4	开放式创新社区	networking
#5	开放式服务创新	blockchain
#6	知识产权	china
#7	内向型开放式创新	innovation
#8	技术创新	open-source software
#9	众包	downsides
#10	创新模式	uncertainty
#11	自主创新	family firm

通过对国内外开放式创新研究关键词聚类时间线图分析可知，国内外开放式创新研究有一些类似主题聚类，如创新、创新绩效等，但更多的是有所区别的主题聚类，以下将分别从国内、国外两个视角深入分析其主题聚类。

国内研究方面：第一，互联网思维推动企业开放式创新与 Web 技术应用的深度融合。

作为新兴的开放式创新应用模式，开放式创新社区（OIC）成为企业界和学者关注的焦点。我国现有研究通过案例分析各企业的知识创造与吸收能力，探究组织知识创造能力提升（王新春等，2016）。夏恩君等（2014）通过实地调研对企业开放式创新社区网络创新绩效的影响因素进行了识别，寻找提升企业开放式创新绩效的路径。根据聚类可视化结果可知，#4聚类（开放式创新社区）包括关键词"知识共享""协同创新""创新驱动""社区网络"等，由此可以看出该聚类的重点在社区网络视角下的知识共享对创新绩效的影响。

第二，内向型开放式创新对于企业创新过程和创新产出的积极作用已经得到理论界和企业界的广泛认同，但在内向型开放式创新对企业突破性创新绩效作用的理解上仍存在争议（吕一博等，2020）。张振刚等（2017）经过实证研究华南地区317家企业发现，内向型开放式创新对企业根本性创新绩效有着显著的正向促进作用，揭示了知识产权保护对企业创新过程的作用机制。陈志明等（2015）运用问卷调查的方式发现，实际吸收能力在内向型开放式创新和创新绩效中起中介调节作用，潜在吸收能力起显著的负向调节作用。#7聚类（内向型开放式创新）包括关键词"技术吸收能力""突破性创新能力""企业创新绩效"等，由此可以看出该聚类的重点在探究技术吸收能力作为中介因素如何调节内向型开放式创新对企业创新绩效的作用。

第三，在知识经济时代，技术创新逐渐发展为复杂非线性的系统活动，在开放式创新模式下，技术创新活动可以跨越传统的企业边界，降低创新成本和风险，加快企业产品研发及技术创新速度，有助于提高企业经营绩效（高慧和丁秀好，2022）。刘力钢和董莹（2018）在开放式创新背景下分析了企业政治关联、跨界搜寻和技术创新的关系，表明企业政治关联、跨界搜寻均可以作为外部渠道促进企业技术创新。曹勇和张诗瑶（2012）发现，在开放式创新环境下，穿越"专利丛林"和实施产业技术标准的需求催生了现代专利池的发展，因此从创新激励、制度约束、交易费用、技术传播和知识溢出等四个方面阐述了专利池对技术创新的积极影响。#8聚类（技术创新）包括关键词"民营企业""专利分析""专利情报""专利战略"等，可以看出该聚类的重点在开放式创新环境下专利效用对技术创新的影响。

国外研究方面：第一，可持续发展理念已经融入国外的日常生活，国外研究从不同行业入手，Venturelli等（2022）基于对意大利食品行业的领先公司进行案例研究，有助于理解开放式创新如何有效地推动战略更新和创新活动，以实现食品行业的可持续发展目标。Vecchio等（2024）对不发达的能源和电力行业公司进行研究，分析突出了开放式创新、数字技术和可持续发展战略方法之间的关系，旨在让利益相关者参与进来并创造共享价值的开放式领导引导着可持续发展。由此，#2聚类（sustainable development）包括关键词"stakeholders""green innovation""sustainable business model"等。

第二，区块链技术引发了新一波的创新热潮，其相关公共政策的概念化创新政策本身对全球化背景下开放式创新系统的运作和理解具有重要意义（Allen等，2019）。Schmeiss等（2019）利用区块链技术通过交互的标准化提供了设计新颖治理机制的独特方式，实现最大程度的开放以创造联合创新的可能。Patrickson等（2021）发现区块链技术有望实现高效的交易、更强的贸易问责制以及为创意企业增加/直接支付，这些新生技术已经在各种创造性创新过程中得到应用，同时该新生技术也鼓励开放式创新。由此，#5 聚类（blockchain）包括关键词"framework""organizational culture""alliance capability"等。

第三，尽管开放式创新努力越来越重要，但企业选择开放式创新合作伙伴的过程并没有得到很好的理解。以资源稀缺和控制欲为特征的家族企业是如何处理这些过程的？Casprini 等（2017）通过介绍并讨论意大利一家提供高科技测量解决方案的家族企业 Loccioni 进行探索性案例研究的结果，在开放式创新和家族企业研究之间建立了一个联系，用一个基于经验的模型说明了家族企业的特殊能力如何帮助克服在执行开放式创新战略中获取和转移知识的关键障碍。Cepeda – Carrion 等（2022）以 113 家西班牙家族企业为样本，通过实证检验证实了吸收能力在社交媒体使用和开放式创新之间的纽带作用至关重要，同时也表明从社交媒体在促进开放式创新和发展家族企业背景下知识管理的动态能力方面带来的所有潜力中受益是一个挑战。由此，#11 聚类（family firm）包括关键词"development investment""geography"等。

2.1.4 开放式创新研究发展趋势分析

发展趋势是指某领域研究中最为前沿、最具潜力的研究主题，追踪发展趋势有助于把握研究方向，为未来研究提供指导，因此，本章在关键词共现与聚类的基础上继续运行 CiteSpace，通过"Burstness"进行突变率检测，根据关键词的频次变动，确定国内外开放式创新研究的发展趋势。在 CiteSpace 中设置 MinimumDuratio 值为 2，为深入分析国内外开放式创新领域的最新趋势，本章根据活跃时间排序得到最新关键词突现如图 2 – 6 和图 2 – 7 所示。

Keywords	Year	Strength	Begin	End	2003—2024年
开放式创新社区	2003	8.51	2017	2024	
开放式创新平台	2003	3.59	2017	2024	
开放式服务创新	2003	4.97	2016	2022	
实验教学	2003	9.87	2007	2012	
开放式	2003	8.53	2005	2010	
创新模式	2003	4.32	2009	2014	
创新	2003	5.31	2005	2009	
案例研究	2003	4.38	2016	2020	
知识产权	2003	3.57	2014	2018	
创新开放度	2003	3.25	2014	2018	
自主创新	2003	7.66	2006	2009	
众包	2003	4.57	2013	2016	
扎根理论	2003	3.51	2019	2022	
协同创新	2003	3.15	2016	2019	
创新能力	2003	9.47	2008	2010	
开放式教学	2003	4.91	2009	2011	
数字化转型	2003	4.64	2022	2024	
外向型开放式创新	2003	4.28	2018	2020	
开放教育	2003	3.61	2012	2014	

图 2 – 6 国内研究开放式创新引文突现高频关键词

Keywords	Year	Strength	Begin	End	2003—2024年
community	2003	5.62	2006	2014	
user	2003	6.14	2010	2017	
market orientation	2003	4.43	2010	2016	
open source software	2003	6.38	2009	2014	
mediating role	2003	6.74	2020	2024	
alliance	2003	5.44	2008	2012	
science	2003	5.22	2013	2017	
paradox	2003	4.87	2020	2024	
sustainable development	2003	4.87	2020	2024	
moderating role	2003	4.44	2020	2024	
barrier	2003	3.87	2020	2024	
covid-19	2003	5.19	2021	2024	
commercialization	2003	4.47	2009	2012	
economics	2003	3.7	2011	2014	
sustainability	2003	6.67	2022	2024	
technology	2003	6.11	2009	2011	
technological innovation	2003	4.84	2020	2022	
resource based view	2003	4.09	2016	2018	
market	2003	3.96	2012	2014	
innovation management	2003	3.83	2018	2020	
public sector	2003	3.8	2017	2019	
openness	2003	3.71	2018	2020	
resilience	2003	3.69	2019	2021	
social capital	2003	4.01	2017	2018	
future	2003	3.7	2015	2016	

图 2-7 国外研究开放式创新引文突现高频关键词

通过图 2-6 分析可知，国内首次出现开放式创新概念是在 2005 年，但大多研究较为浅显，持续到 2010 年有少许如"开放式""创新""自主创新"等高频关键词的研究出现，早期受关注较为显著。2011 年后，关于开放式创新的领域正在不断扩大，2013 年起引文突现高频关键词呈现出爆发趋势，关注度变强，研究热点具有吸引力，很多高频关键词都在这一时期突现，如"知识产权""创新开放度""众包"等，并且有很多热点被学者们引用且持续研究至今。而近年来较为受关注的关键词是"开放式创新社区""开放式创新平台""数字化转型"，其起源时间较晚，国内文献关注不多。2013 年，开放式创新社区网络的相关研究开始崭露头角，夏恩君等通过实证检验进行社区网络创新绩效的相关研究，但并不透彻，视角局限；之后，刘静岩等（2020）基于社会网络视角，构建开放式创新社区下的关系模型，剖析了社区网络内部各维度间的联系，探讨了用户创新参与行为对企业社区创新绩效的影响，并以小米 MIUI 社区为例增强说服力。2017 年，梁乙凯等首次运用创新采纳理论揭示了开放式创新平台在组织中的采纳与扩散，分析了影响开放式创新平台组织采纳的关键因素，是该关键词出现在国内开放式创新领域的第一篇文献，之后不断涌现出关于开放式创新平台用户研究、平台机制影响、中介能力等的相关研究。数字化转型与开放式创新的结合出现较晚，2022 年 11 月，贾西猛等首次提出企业数字化转型对开放式创新的影响，基于 2010—2019 年中国上市公司数据，分析并实证检验数字化转型如何影响企业开放式创新活动。随后，数字化转型、开放式创新不断紧跟国家政策转变，并与实体经济高质量发展等研究深度融合。

通过图 2-7 分析可知，国外的开放式创新起源开始于 2003 年，由亨利·切萨布鲁夫首次提出，后续研究较少，2006 年时开始围绕"community"进行较高频率地研究，高频关键词直到 2010 年开始大量涌现，诸如"open source software""market orientation""technology"等。其中，也有不少关键词出现年限较短，可以看出研究强度不高，例如"resilience""social capital""future""openness"等。2020 年，"mediating role"开始频繁出现在开放式创新研究领域的各个文献之中，Papa 等（2020）对 129 家不同行业的公司进行抽样调查，并利用最小二乘回归模型检验假设，以人力资源管理作为中介角色，得出结论为知识获取对开放式创新绩效有积极影响，人力资源管理调节了知识获取与开放式创新绩效之间的关系。Roh 等（2021）利用 2014—2016 年韩国制造业的数据，提出一个比较开放式创新的直接作用和中介作用的结构模型，研究发现企业知识产权和政府支持显著影响开放式创新、绿色工艺创新和绿色产品创新，而开放式创新在这三者之间起中介作用。自响应世界环保首要要求以来，"sustainable development"也逐渐成为与开放式创新密不可分的关键词之一。Ahmad 等（2020）分析了新兴经济体中自然资源、技术创新、经济增长以及由此产生的生态足迹之间的联系，自然资源和经济增长会增加和扩大生态足迹，而技术创新有助于减缓这一现象导致的环境退化，此结果是为了实现可持续发展目标而提升技术创新的重要性。Sadiq 等（2023）收集了越南运输行业雇员样本的原始数据，探究了创新文化对共享经济的这些效益和可持续发展目标成就之间关联的中介影响，最终发现在创新文化作为中介的情况下，分享经济利益的决定因素与可持续发展目标显著相关。除此之外，还有"moderating role""barrier""sustainability"等关键词研究强度较高，且到 2024 年一直高频出现，较为活跃。

2.1.5 开放式创新可视化分析研究结论与展望

2.1.5.1 开放式创新可视化分析研究结论

第一，在研究热点方面，根据关键词共现及词频分布可知，国内开放式创新研究近年来注重从数字化视角入手，考察该背景下开放式创新给企业绩效带来的影响，同时，数字化转型也是未来开放式创新领域的研究趋势之一，从 2022 年研究初始兴起直到 2024 年已经达到鼎盛之势；国内将开放式创新的研究大多集中在中小企业身上，通过实证和案例分析对中小企业的开放式创新模式进行研究，对于提升中国制造业能力发展有很大的帮助；国内对开放式创新社区网络及开放式创新服务都有深刻研究，扩展了对开放式创新社区用户行为研究的理论深度，但目前在开放式创新社区中，社区整体凝聚力不强，难以促进相似用户间多次互动，用户创新参与行为产生的创新知识难以为企业所用。从国外研究来看，同样是研究开放式创新与企业绩效之间的关系，但与国内不同的是它基于多视角多平台多维度；同时还注重知识管理能力与吸收能力对开放式创新的互补作用，以期在一定程度上提高创新绩效。

第二，根据关键词聚类深化共现及词频分析，国内开放式创新研究中，创新绩效、技术创新、开放式创新社区等成为比较重要的研究聚类，而在国外的开放式创新研究中，开源软件、可持续发展、区块链、网络化成为比较重要的研究聚类。根据关键词聚类时间线图分析，从研究内容上看，国内将互联网技术和开放式创新进行融合研究，通过对不同企业的案例分析探讨开放式创新社区网络创新绩效的影响因素，同时还深入到不同种类的创新模式，诸如内向型与外向型开放式创新，研究吸收能力在此类企业中的中介调节作用；国外从不同行业入手，进行可持续发展背景下的开放式创新领域研究，较多研究集中于家族企业中，主要是探索吸收能力和社交媒体在其中的中介作用。

第三，在研究趋势方面，一方面，国内外开放式创新研究均在扩展实证研究，从研究对象、研究方法等多个方面不断进行丰富。另一方面，国内开放式创新研究开始重点关注开放式创新社区和平台、数字化转型，预期未来会围绕此领域展开更深刻的研究，而国外开放式创新研究则开始将中介角色、可持续发展、悖论等相关概念引入该研究领域，计划未来从更深层次与开放式创新建立链接。

2.1.5.2 开放式创新未来研究展望

回顾过去近十年，我国学者在开放式创新领域已取得了诸多高质量的研究成果。然而，通过对比国内外相关研究，本研究认为我国在该领域的研究仍可从以下三个方面进一步改进和提高：

第一，拓宽开放式创新的研究范围和视角。现有研究主要聚焦于中小企业，通过实证和案例分析探讨其开放式创新模式，研究视角较为单一，未充分考虑不同类型企业、行业特性及跨行业合作的多样性。因此，未来研究应从多视角、多平台、多维度出发，深入探索开放式创新的多元化应用。首先，应扩大研究范围，关注大型企业和跨国公司在全球化与数字化背景下如何利用全球资源进行开放式创新。其次，研究应涵盖高科技、制造业、能源等技术密集型行业，探讨行业特性对开放式创新模式的影响。在高质量发展背景下，未来的研究应进一步拓展开放式创新的研究情境，深化理论探索与实践应用。

第二，加强开放式创新基本理论和方法的研究。未来的研究应进一步完善开放式创新的基本理论和方法，构建符合中国情境的理论框架。当前，开放式创新的理论体系多以西方发达国家为研究基础，并不完全适用于中国的社会经济环境。因此，未来研究应着重于探索符合中国情境的开放式创新理论，进一步细化其基础理论范畴和理论逻辑。首先，应深入剖析开放式创新中的关键要素，如外部知识的获取机制、跨界合作的模式及其管理机制等，以适应中国市场环境、产业政策和企业文化的具体需求。其次，应关注中国特有的创新生态系统，探讨国家政策、地方政府支持以及企业间合作等因素如何在不同情境下影响开放式创新的实施和效果。同时，应推动理论与实践相结合，通过实证研究验证理论的适用性，进一步完善开放式创新理论体系，并为中国企业的创新实践提供切实可行的战略指导。

第三，注重学科交叉，拓宽研究视野。在数字经济和人工智能的背景下，开放式创新的研究将面临前所未有的机遇与挑战。未来的研究应注重学科交叉，打破传统学科的边界，融合管理学、计算机科学、信息技术、经济学等多个领域的理论与方法，拓宽研究视野。例如，数字化技术和人工智能在产品创新、服务创新及商业模式创新中的应用，可以为开放式创新提供新的动力和路径。与此同时，跨学科的合作将有助于更好地理解开放式创新中的复杂性与动态性，探索多方合作机制、创新网络的结构和演化等方面的理论问题。未来的研究不仅应关注开放式创新的技术层面，还应深入探讨其背后的组织行为、文化因素及政策环境，以促进创新成果的有效转化和扩展。因此，应进一步整合不同学科的理论框架，推动开放式创新研究的融合转型，为企业和社会的可持续发展提供更多实用性和前瞻性的理论指导。

2.2 高质量发展文献梳理及可视化分析

新时代我国经济发展的基本特征是由高速增长阶段转向高质量发展阶段。立足新发展阶段，构建以国内大循环为主体、国内国际双循环相互促进的新发展格局，推动经济高质量发展，是当前和今后全党和全国人民必须抓紧抓好的工作。高质量发展指能够很好满足人民日益增长的美好生活需要的发展，是创新成为第一动力、协调成为内生特点、绿色成为普遍形态、开放成为必由之路、共享成为根本目的的发展（赵剑波等，2019）。"十四五"时期经济社会发展要以推动高质量发展为主题，这是党的十九届五中全会根据我国发展阶段、发展环境、发展条件变化做出的科学判断。

高质量发展是2017年12月习近平总书记在中央经济工作会议中的重点部署，已有研究以中文文献为主，经历了从对高质量发展进行理论阐释到驱动因素分析不断推进的过程。近年来，虽然部分学者对高质量发展的研究现状进行了回顾，但主要采用定性方式展开讨论，关于高质量发展的研究主题及发展趋势缺乏较为系统的研究，尤其缺少对关键词共现的可视化分析。如安淑新（2018）重点分析了促进经济高质量发展的路径，余泳泽和胡山（2018）对中国经济高质量发展的现实困境与基本路径进行了阐释。相比定性分析，运用文献计量学与知识图谱相结合的方法进行定量分析，能够更加客观地反映我国学者在高质量发展领域的研究热点及趋势，明确"双循环"背景下高质量发展的未来研究方向。

鉴于此，本章采用文献计量学与科学知识图谱相结合的方法，采用CiteSpace软件绘制知识图谱，对2017—2024年发表在CSSCI源期刊的高质量发展相关文献进行可视化分析，以了解我国学者关于高质量发展研究的基本现状，把握当前研究热点主题并分析"双循环"背景下高质量发展的未来研究趋势。本章有助于拓展和深化双循环背景下高质量发展领域的研究成果，同时对于通过高质量发展优化经济体制机制、探索现代化经济体系的演变逻辑与发展方向，也具有重要的理论价值与借鉴意义。

2.2.1 研究设计

由于"高质量发展"是党的十九大报告首次提出的，因此我国学者关于"高质量发展"的研究主要开始于2017年。本章以中国知网（CNKI）数据库作为主要文献来源，按照"（主题=高质量发展）并且（CSSCI = Y）"进行检索，时间设定为2017—2024年，限定类型为学术期刊，最终筛选出国内文献11952篇。

以筛选出的11952篇文献为研究样本，本章主要基于研究概况、热点和趋势三个维度，借助关键词共现、突现词分析等分析手段，对高质量发展研究领域的文献进行可视化计量分析，验证和完善以往学者基于定性综述得出的研究结论，同时从定量和动态视角反映高质量发展研究的研究热点及发展趋势。具体包括：(1) 年度发文量统计分析，阐述发文量的总体变化趋势；(2) 核心作者和研究机构分析，挖掘该领域的研究主力及合作关系；(3) 期刊分布与学科构成分析，识别该领域的核心期刊以及主要研究方向；(4) 关键词共现分析，通过梳理分析高频关键词对应文献归纳研究热点；(5) 关键词突现分析，根据关键词时间分布和突现强度，探究研究发展趋势和前沿动态。

2.2.2 高质量发展研究总体发展统计分析

2.2.2.1 年度发文总量趋势分析

本章对高质量发展研究的年度发文数量进行了统计分析（见图2-8）。从文献发表的时间数据来看，自2017年中国共产党第十九次全国代表大会首次提出"高质量发展"的论断以来，学术界关于"高质量发展"的研究已经取得了丰硕成果。"高质量发展"首次出现于2017年10月，并在当年涌现出5篇文献。2018年3月5日，时任国务院总理李克强作国务院政府工作报告时强调，"按照高质量发展的要求，协调推进'四个全面'战略布局，坚持以供给侧结构性改革为主线，统筹推进稳增长、促改革、调结构、惠民生、防风险各项工作"；从这一时期开始，我国高质量发展领域的发文数量迅速增加，进入了发文数量快速增长期。2020年10月，党的十九届五中全会提出，"十四五"时期经济社会发展要以推动高质量发展为主题。随着党和国家对高质量发展的高度重视，相关领域研究也受到学术界的密切关注。从图2-8中可以看出，2017—2020年，我国学者关于高质量发展的研究成果呈现稳定增长的趋势，到2020年年度发表量已超过千篇。2023年，国家发展改革委等部门联合印发了《关于深入实施创新驱动发展战略的若干意见》，提出要深入实施创新驱动发展战略，推动高质量发展。此外，国家还发布了《关于加快建设全国统一大市场的意见》，旨在通过建设全国统一大市场，促进经济高质量发展。2020—2024年，国内学者们持续积极地响应国家战略，发表关于高质量发展的研究成果数量增速明显，为推进我国经济高质量发展提供了理论基础。

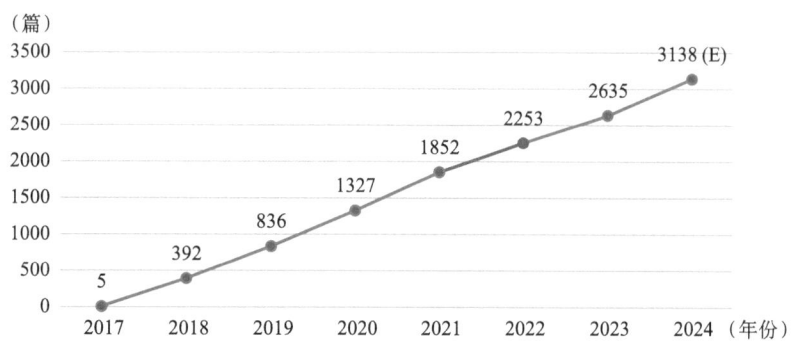

图2-8 高质量发展领域发文量总体趋势（2017—2024年）

2.2.2.2 核心作者与研究机构分析

对作者的发文数量及合作情况进行统计分析有助于识别出高质量发展研究领域中的核心作者及合作关系。本章运用 CiteSpace 软件生成作者合作知识图谱如图 2-9 所示。图 2-9 中连线代表作者间存在合作关系，连线的粗细表示作者间合作强度的高低，节点大小表示作者发文量的多少。由图 2-9 可以看出，在高质量发展研究领域国内已形成了较为固定的研究学者合作群体。但合作网络中各节点之间连线较少，合作密度较低，呈现为多个小网络独立分布的态势。各学者之间充分建立合作关系能够更加广泛和快速地了解到前瞻性研究，资源共享也能够快速推进学界对于新兴领域的探索。

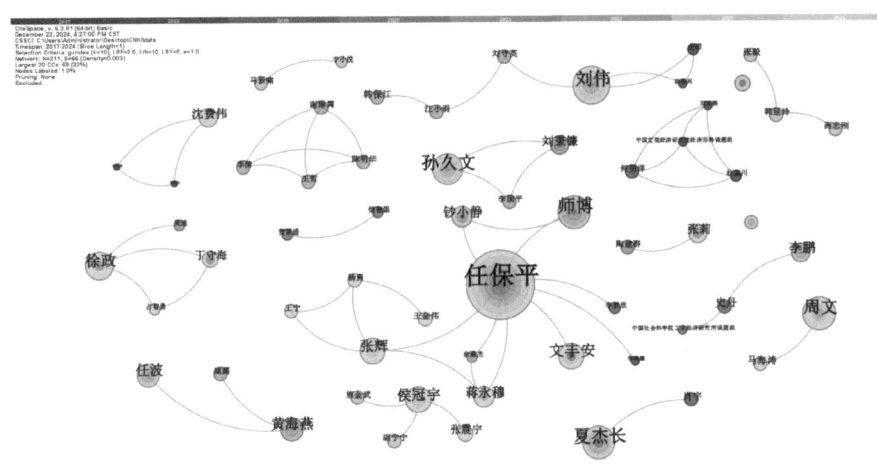

图 2-9　主要学者合作网络图谱（2017—2024 年）

另外，本章进一步选取发文量排名前 30 的作者进行分析（见表 2-3），发现西北大学的任保平（127 篇）发文量最多，其次是中国人民大学的刘伟（33 篇）和中国社会科学院财经战略研究院的夏杰长（33 篇），中国人民大学的孙久文（30 篇），这些作者的发表量达 30 篇及以上，其余学者发表量均大于等于 8 篇。以上作者作为高质量发展的研究主力，分别从不同角度对高质量发展进行了开创性研究。如任保平主要对经济高质量发展进行理论解读，并对黄河流域、西部地区等区域的高质量发展路径进行分析；夏杰长主要探讨数字技术、数据要素等赋能高质量发展的作用机理和路径，已有文献均为深入推进高质量发展研究奠定了前期基础。

表 2-3　　　　国内高质量发展研究高产作者及其发文量（2017—2024 年）

排名	作者	发文量	排名	作者	发文量
1	任保平	127	6	周文	24
2	刘伟	33	7	徐政	18
3	夏杰长	33	8	文丰安	18
4	孙久文	30	9	侯冠宇	15
5	师博	28	10	张辉	15

续表

排名	作者	发文量	排名	作者	发文量
11	任波	14	21	蒋永穆	11
12	黄海燕	14	22	陆岷峰	11
13	刘志彪	13	23	刘波	10
14	沈坤荣	13	24	陈亮	10
15	张占斌	12	25	李强	9
16	朱德全	12	26	王世伟	9
17	钞小静	12	27	何立峰	8
18	刘洋	11	28	刘秉镰	8
19	李鹏	11	29	张莉	8
20	沈克印	11	30	沈费伟	8

对文献的研究机构进行分析，能够了解高质量发展领域核心研究力量的分布情况以及合作程度。本章使用 CiteSpace 软件生成研究机构合作知识图谱（见图 2-10），并将具体信息列示于表 2-4。从表 2-4 中可以看出，位于研究机构发文量前 10 的依次是西北大学经济管理学院（177 篇）、中国社会科学院工业经济研究所（107 篇）、南开大学经济学院（96 篇）、中国社会科学院财经战略研究院（92 篇）、中国人民大学经济学院（87 篇）、中国社会科学院经济研究所（81 篇）、北京大学经济学院（72 篇）、西安交通大学经济与金融学院（70 篇）、中国人民大学应用经济学院（68 篇）、西北大学中国西部经济发展研究院（60 篇）。其中，西北大学在高质量发展研究领域的成果较为突出，任保平教授等学者发表的研究成果阐明了经济高质量发展的内涵和逻辑机理，并从培育新动能、壮大战略性新兴产业以及增进人民福祉等多个方面详细阐述。任保平教授认为只有准确理解高质量发展的核心要义与政策取向，才能贯彻落实经济高质量发展在高质量发展研究领域起到的

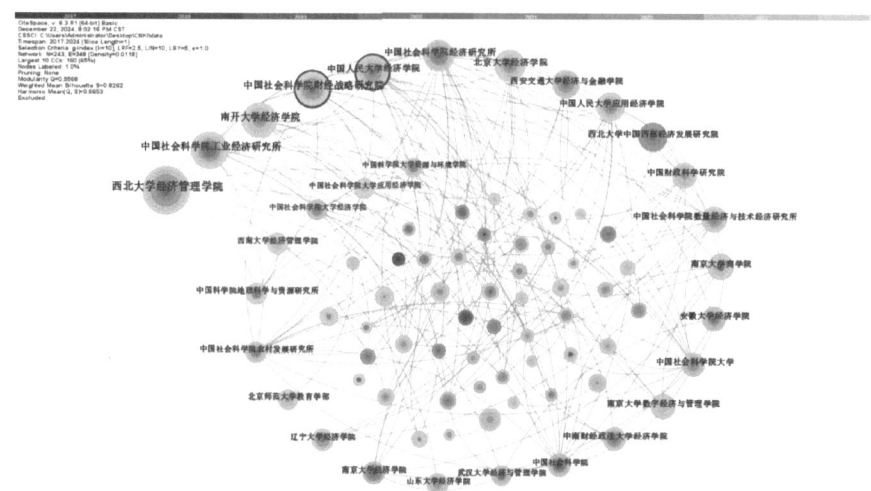

图 2-10 主要研究机构合作网络图谱（2017—2024 年）

表 2-4　　国内高质量发展研究主要机构及其发文量（2017—2024 年）

排名	机构名称	发文量
1	西北大学经济管理学院	177
2	中国社会科学院工业经济研究所	107
3	南开大学经济学院	96
4	中国社会科学院财经战略研究院	92
5	中国人民大学经济学院	87
6	中国社会科学院经济研究所	81
7	北京大学经济学院	72
8	西安交通大学经济与金融学院	70
9	中国人民大学应用经济学院	68
10	西北大学中国西部经济发展研究院	60
11	中国财政科学研究院	56
12	中国社会科学院数量经济与技术经济研究所	50
13	南京大学商学院	50
14	安徽大学经济学院	47
15	南京大学数字经济与管理学院	45
16	中国社会科学院大学	45
17	中南财经政法大学经济学院	43
18	中国社会科学院	42
19	武汉大学经济与管理学院	41
20	山东大学经济学院	41

引领作用。此外，各机构之间具有较强的连通性，表现为一个联动的有机整体。机构间充分建立合作关系能够更加广泛和快速地了解到前瞻性研究，资源共享也能够快速推进机构对于新兴领域的探索。

2.2.2.3　期刊分布与学科构成分析

本章提取了国内高质量发展主题研究发表论文数排名前 10 的重要期刊，并将期刊载文量和影响因子列于表 2-5。其中，《统计与决策》以 360 篇的发文量位居榜首，《人民论坛》以 354 篇的发文量紧随其后；《宏观经济管理》载文 240 篇；其余期刊发文量都在 100 篇以上。由此看出，经济类、社科类期刊在高质量发展的研究中发挥了重大作用。

表 2-5　　高质量发展主题研究相关期刊载文量（2017—2024 年）

排名	期刊	载文量	复合影响因子	综合影响因子	刊物级别
1	统计与决策	360	5.024	2.622	核心 &CSSCI
2	人民论坛	354	2.718	1.458	核心 &CSSCI

续表

排名	期刊	载文量	复合影响因子	综合影响因子	刊物级别
3	宏观经济管理	240	3.447	2.194	核心 &CSSCI
4	出版广角	184	1.328	0.756	核心 &CSSCI
5	经济地理	180	8.835	6.275	核心 &CSSCI
6	中国高等教育	133	2.048	1.353	核心 &CSSCI
7	改革	121	16.504	12.394	核心 &CSSCI
8	环境保护	114	3.296	2.218	核心 &CSSCI
9	科技与出版	113	1.857	1.452	核心 &CSSCI
10	经济纵横	111	6.233	4.275	核心 &CSSCI

图 2-11 列示了文献的学科构成情况，可以发现高质量发展领域研究主要集中在经济学领域，经济体制改革方向的文献高达 3946 篇，占比 33%；另外，表 2-5 中的部分期刊，如《宏观经济管理》《经济地理》《经济纵横》等，也表明高质量发展是经济管理类期刊关注的重要选题方向。表 2-5 和图 2-11 也从侧面说明，高质量发展研究主要以经济学为理论依据，同时需要管理学、社会学和数学等其他学科的理论支撑。在新时代社会主义现代化建设进程中，对高质量发展的研究需要结合不同学科领域的理论和方法，多角度、多主题深入开展研究工作，以更好地推进高质量发展的理论研究，拓展研究成果的深度和广度。

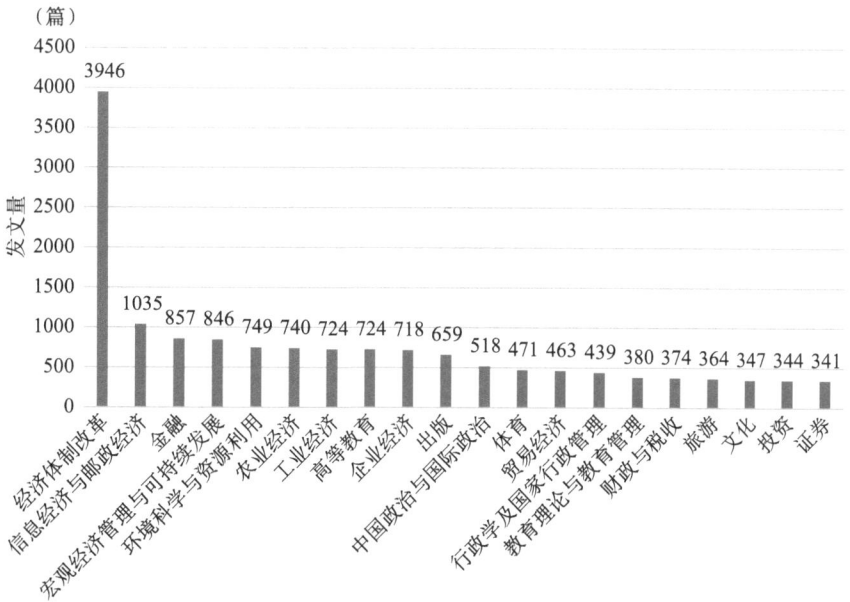

图 2-11 高质量发展主题研究主要学科构成 (2017—2024 年)

2.2.3 高质量发展研究热点与趋势分析

2.2.3.1 研究热点关键词共现分析

关键词是打破纷繁复杂的表象,抽离出最本质核心内容的工具。通过关键词共现分析,可以考察某一领域的研究热点、厘清研究的重点和方向。本章运用 CiteSpace 软件对高质量发展研究领域的相关文献进行了关键词共现分析,得到关键词共现图谱(见图 2-12),并提取共现频次 100 以上的关键词列示于表 2-6。

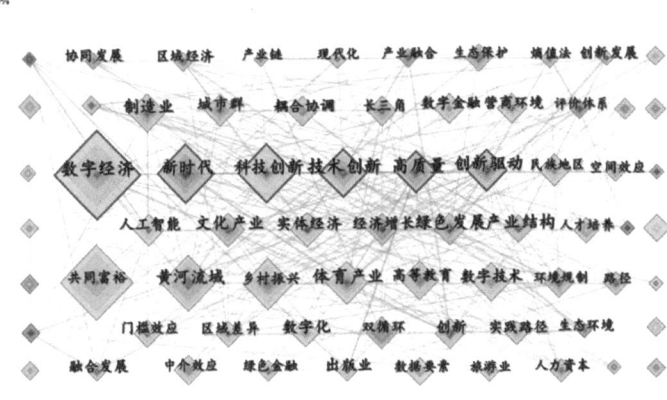

图 2-12 高质量发展关键词共现图谱(2017—2024 年)

表 2-6 高质量发展研究高频关键词(2017—2024 年)

关键词	次数	中心度	关键词	次数	中心度
数字经济	507	0.11	技术创新	142	0.13
共同富裕	343	0.07	高质量	117	0.11
新时代	226	0.12	制造业	117	0.07
黄河流域	218	0.08	创新驱动	112	0.11
科技创新	205	0.10	高等教育	110	0.03
乡村振兴	195	0.04	数字技术	102	0.06
体育产业	149	0.08	实体经济	101	0.03

图 2-12 中节点的大小代表关键词出现的频次,节点之间的连线表示共现强度。中心度代表着节点在网络中的媒介能力,是测度节点在网络中重要性的指标,关键词的中心度越大,影响程度越大。表 2-6 中"数字经济"的中心度最高,中心度比较靠前的还有"新时代""科技创新""技术创新""高质量""创新驱动"为前 6 大强中心度关键词。由表 2-6 可得,"数字经济"出现频次最高为 507 次,出现频次不少于 100 次的关键词还有"共同富裕""新时代""黄河流域""科技创新""乡村振兴""体育产业""技术创

新""高质量""制造业""创新驱动""高等教育""数字技术""实体经济"。这些关键词均代表了高质量发展的热点话题。

2.2.3.2 研究热点关键词突现分析

突现词是在某个时间段内频率快速增长的关键词,突现检测可用来了解该领域的研究热点和预测该领域的研究趋势。本章运用 CiteSpace 软件生成 2017—2024 年高质量发展研究领域的突现词(见表 2-7),以此可清晰看出高质量发展领域研究热点的持续时间和演化趋势。

表 2-7　　　　Top25 高质量发展主题研究突现词(2017—2024 年)

Keywords	Strength	Begin	End	2017—2024 年
新时代	26.32	2017	2020	
经济增长	15.58	2018	2021	
改革开放	12.46	2018	2020	
转型升级	9.41	2018	2021	
创新驱动	9.29	2018	2020	
中国经济	7.57	2018	2020	
绿色发展	7.53	2018	2020	
经济发展	7.44	2018	2021	
产业升级	6.49	2018	2020	
实体经济	5.82	2018	2019	
创新	5.17	2018	2020	
制度创新	4.93	2018	2021	
文化产业	6.07	2019	2021	
一带一路	5.38	2019	2021	
大数据	5.15	2019	2020	
新基建	7.92	2020	2021	
生态保护	5.69	2020	2022	
新经济	5.12	2020	2021	
生态环境	4.72	2020	2022	
熵权法	4.65	2020	2021	
国家治理	4.44	2020	2021	
碳中和	7.56	2021	2022	
综合评价	5.58	2021	2022	
碳达峰	5.25	2021	2022	
地区差异	4.35	2022	2024	

表 2-7 显示,2017—2018 年突现强度最大的关键词是"新时代",并且"新时代""改革开放"与"创新驱动"等关键词突现到 2020 年也还未结束。究其原因,党的十九

大报告中明确提出中国特色社会主义进入了新时代，最鲜明的特征是我国经济由高增长阶段转向高质量发展阶段。此外，创新驱动发展战略对推动经济发展、增强国家核心竞争力具有重要意义。新时代以来，党和政府为落实创新驱动发展战略做出一系列重要部署，科技工作的重点逐渐转变为以自立自强为中心。2018年全国两会，"大力推进高质量发展"列为当年工作的首项重点。从"新常态"到"高质量发展"，从"供给侧结构性改革"到"三大攻坚战"，这些政策和战略的实施，推动了中国经济结构的重大变革，促进了经济的高质量发展。

2019—2021年强度最高的突现词分别是"文化产业""新基建"和"碳中和"，这一时期中国的政策导向和社会发展需求共同推动了这些领域的发展。2019年政府工作报告中强调了推动文化产业持续健康发展的重要性。文化和旅游部发布的《"十四五"文化产业发展规划》中明确了到2025年，文化产业体系和市场体系将更加健全，文化产业结构布局不断优化，文化供给质量明显提升，文化消费更加活跃，文化产业规模持续壮大。2020年发布的"新基建"政策白皮书强调了实施创新驱动发展战略，推动经济高质量发展的重要性。2021年，中共中央、国务院发布《关于完整准确全面贯彻新发展理念做好碳达峰碳中和工作的意见》，对努力推动实现碳达峰、碳中和目标进行全面部署，标志着中国在推动经济社会发展全面绿色转型方面的决心和行动。

2022年的突现词"地区差异"突现到2024年也还未结束，这与国家政策的持续关注和推动区域协调发展密切相关。政策层面，中国一直在努力实现宏观经济治理体系的完善，以促进各地区的差异性得到充分考虑和利用，引导资金和产业在区域间合理流动和分布。例如，财政、货币、就业等总量政策在制定时，都会深入考虑各地区的发展现状、产业结构、资源禀赋等具体状况，以实现政策叠加联动，推动区域协调发展。此外，国家还通过各种政策措施，如优化区域发展格局、壮大绿色环保产业、加强生态系统保护修复等，来解决发展不平衡不充分的问题，促进基本公共服务均等化，推动区域优势互补、城乡融合发展。这些政策的实施和持续关注，使得"地区差异"这一议题在2024年依然具有高度的突现性。

2.2.4 高质量发展可视化分析研究结论与展望

2.2.4.1 高质量发展可视化分析研究结论

本章以CSSCI来源期刊中11952篇高质量发展领域的文献为基础，运用CiteSpace软件从多角度进行了可视化分析，得出以下研究结论：

第一，就研究概况而言，自2017年"高质量发展"概念首次提出以来，相关研究呈现显著增长，尤其在政策导向和社会需求的双重推动下，数字经济、共同富裕、新时代等议题成为研究的焦点。这些热点不仅反映了学术界对国家战略的积极响应，也体现了对经济社会发展现实问题的深刻关注。研究的集中趋势表明，高质量发展已成为经济学、管理学等多个学科共同关注的交叉领域，其研究深度和广度均在不断拓展。

第二，就核心作业与研究机构分布而言，西北大学的任保平教授以其高产的研究成果成为该领域的领军人物，其研究涵盖了经济高质量发展的理论解读和区域发展路径分析等多个维度。其他如中国人民大学的刘伟教授、中国社会科学院财经战略研究院的夏杰长教授等，也通过其高质量的研究成果对该领域的发展做出了重要贡献。这些核心作者的研究不仅推动了学术界对高质量发展理论的深化，也为政策制定和实践提供了理论支撑。同时，西北大学经济管理学院、中国社会科学院工业经济研究所等机构的研究成果，显示了这些机构在高质量发展研究中的领先地位和影响力。

第三，就期刊分布与学科构成而言，研究主要集中在经济类、社科类期刊，表明高质量发展是一个多学科交叉的研究领域。这些期刊的载文量和影响因子的分析进一步凸显了高质量发展研究的学术价值和社会影响力。学科构成的分析显示，经济学是高质量发展研究的主要学科基础，但同时也需要管理学、社会学等其他学科的理论和方法支持。这种跨学科的研究趋势为高质量发展的全面理解和深入分析提供了多角度的视野。

第四，就关键词可视化分析而言，学术研究热点与国家政策导向紧密相关。政策的制定和实施直接影响了学术界的研究重点，而学术研究也为政策的制定和评估提供了理论依据和实证支持。关键词研究热点分析揭示了高质量发展的多维度特征，包括经济、社会、文化、环境等多个方面。这表明高质量发展不仅仅是经济增长模式的转变，还涉及社会结构、文化发展、环境保护等多个层面的协调发展。

2.2.4.2　高质量发展未来研究展望

面对新的发展形势和环境，形成以国内大循环为主体、国内国际双循环相互促进的新发展格局已成为我国经济发展的内在要求，也是"十四五"乃至未来更长时期推动我国高质量发展的重大战略决策（黄群慧，2021）。因此在双循环背景下如何实现高质量发展，仍需开展深入探究。本章结合新发展格局与数字经济发展需求，将高质量发展领域未来的重点研究方向总结如下。

第一，新发展理念下微观企业高质量发展研究亟待加强。随着国内外经济形势的变化，构建"双循环"新发展格局成为实现高质量发展的必然要求。目前已有研究大多聚焦于宏观层面的经济高质量发展，基于新发展理念对微观企业高质量发展的内涵、测度方法进行阐释的研究尚不够丰富。驱动微观企业的高质量发展是释放我国经济高质量发展活力，实现内循环为主、外循环赋能、双循环畅通的必由之路，因此基于新发展理念针对微观企业高质量发展的研究亟待加强。

第二，创新对高质量发展的作用机制值得深入探讨。创新是我国经济高质量发展的重要驱动力，尤其在"双循环"新发展格局下，解决关键核心技术问题、提升自主创新能力成为实现高质量发展的重要途径（陈劲和阳镇，2021）。现有研究虽强调实现高质量发展需要科技创新驱动，但在"双循环"新发展格局下，如何通过创新驱动企业高质量发展？值得深入探讨。

第三，数字经济背景下高质量发展的提升途径需引起重视。随着大数据、互联网、物联网、人工智能等数字技术的普及，数字经济已成为驱动经济高质量发展的新动力。当前学者主要针对数字经济赋能及其对经济高质量发展的影响效应开展研究。数字经济背景下如何实现经济（或企业）高质量发展？具体提升路径是什么？这些问题尚未得到解决，需引起重视和深入探索。

2.3 本章小结

本章通过应用 CiteSpace 软件对开放式创新与高质量发展相关研究进行文献梳理与可视化分析，深入探讨了两者的研究热点与研究趋势。在开放式创新方面，国内外研究均显示了对该领域的持续关注，特别是在数字化、中小企业创新模式、开放式创新社区等方面。高质量发展的研究则集中在数字经济、共同富裕、新时代等议题上，反映了学术界对国家战略的积极响应。本章的文献计量和科学知识图谱分析揭示了开放式创新和高质量发展的研究热点和趋势，为研究奠定了文献基础，据此提出的研究结论和未来展望也为后续的实证研究提供了研究方向。

第3章 概念界定与理论基础

本章对开放式创新与高质量发展的内涵进行诠释,并阐明两个核心概念的测度方法。考虑到数据可获取性,对于开放式创新,本研究从广度和深度两个方面进行测度。对于企业高质量发展,分别从单一维度和综合维度两个方面分别进行测度。单一维度包括三个指标,即企业全要素生产率、企业ESG表现和企业共同富裕。综合维度则基于新发展理念以及企业作为微观经济主体的特征,从盈利能力、共享能力、绿色能力、发展能力、开放能力、抗风险能力六个方面构建综合评价指标体系。最后介绍了后文研究所涉及的相关理论。

3.1 开放式创新的内涵与测度

3.1.1 开放式创新的内涵

基于日渐活跃的技术创新实践,Chesbrough于2003年首次提出开放式创新(Open Innovation)的概念,认为企业在创新实践变革中,将从外部搜集获取的优质创新资源与企业内部已有资源进行深度整合与优势互补,能够实现创新资源的富集效应,加速产品研发,优化业务流程,从而提高企业的综合竞争力。开放式创新是相对封闭式创新(Closed Innovation)而言的一种创新范式,封闭式创新是指传统上大多数工业企业专注于内部研发新技术,并将其应用于自己的产品的过程。Chesbrough(2003)认为开放式创新与封闭式创新在创新原则之间存在着显著差异,具体如表3-1所示。

表3-1 封闭式创新原则与开放式创新原则

封闭式创新原则	开放式创新原则
行业专家为本企业服务	并非所有的行业专家在本企业任职,要利用企业外部专家的专业知识以及资源
企业进行内部研发以及运营并从中获利	外部研发可创造重大价值,内部研发存在较大的研发成本
企业自身发现的新技术,率先推向市场	企业不必为了从中获利而进行研发活动
企业将新技术商业化就会取得竞争优势	建立良好的商业模式优于先进入市场
企业自身创造了行业中最多最好的想法进而取得竞争优势	企业充分利用内外部资源获得竞争优势
企业控制自主知识产权	企业通过出售自主知识产权获利,而且购买外界知识产权

在技术转让日益强化的背景下，传统的封闭式创新已经难以满足企业发展的需要，而开放式创新强调应模糊企业与外部环境之间的边界，使创新的相关要素更容易在两者之间流动。Chesbrough（2003）提出开放式创新概念后，国内外学者开始从多样化的角度深入探讨开放式创新的内涵和外延，开放式创新概念的演变如表3-2所示。

表3-2　　　　　　　　　　　　开放式创新概念演变

开放式创新概念	来源
创意可源于企业内部或者外部，亦可经由企业或者经由外部资源进入市场	Chesbrough（2003）
开放式创新需要企业开放其坚实的边界，以便于外界有用知识的流入，由此为合作伙伴、客户或者供应商与企业之间的合作创新制造机会。开放式创新还包括对创意和知识产权的开发，以便于比竞争对手更快地将其推向市场	Gassmann和Enkel（2004）
开放式创新是指利用有目的的知识流入和流出，分别加速内部创新和扩大外部创新市场	Chesbrough（2006）
开放式创新模式是指广泛利用外部知识及资源来实现和维持企业创新	Laursen和Salter（2006）
开放式创新指有意识地探索和利用企业内部以及外部的创新资源将其与企业自身能力相结合，并通过多渠道来广泛利用此类资源	West和Gallagher（2006）
开放式创新指企业系统地依靠企业内部以及外部的动态能力完成技术获取以及技术开发等技术管理任务的创新过程	Lichtenhaler（2008）
开放式创新被定义为企业系统地在组织边界内外进行知识探索、保留以及利用的创新过程	Lichtenhaler（2011）
开放式创新是企业跨越组织边界进行有目的知识流动管理，使其符合组织商业模式的过程	Chesbrough等（2014）

从知识资源的角度出发，企业在开放式创新活动中积极建立潜力伙伴间的合作关系和资源互补共享，从而缓解既有的资源约束条件。Chesbrough（2003）认为，开放式创新是指企业通过与上下游等组织间建立交互合作联系而拓展创新市场的模式，而在这一过程中，组织边界的不断突围能够帮助企业获取外部创新资源或者促进内部知识技术的商业化。Joel和Gaalagher（2006）提出开放式创新是一种企业整合内外部资源的辅助体系，以期抓住创新机会实现商业价值。国内学者杨武（2006）认为开放式创新活动提高了外部资源的可得性和可利用性，为企业提供了节省时间和资源等成本并实现技术创新的机会。陈珏芬（2009）则强调开放式创新活动对于企业的核心价值在于实现内外部资源的互补效应。研究至此，陈劲和刘振（2011）指出，若要落实开放式创新模式对企业研发的实践，需要组织间降低外部信息流入和内部信息流出的门槛和标准。夏恩君和宋剑锋（2015）进一步提出了构建开放式企业创新网络的思路，这一点也契合开放式创新吸纳外部资源和合作者的核心。

从动态创新过程的角度来看，开放式创新是知识、技术、资金等资源流入和流出的动态交互过程。Chesbrough 和 Kardon（2006）细化了开放式创新的定义，认为开放式创新是企业旨在盘活内部技术和资源，提高创新效率和扩大市场份额，而进行的目的性非常强的知识流入和知识流出。基于资源流动方向，开放式创新可以分为内向型开放式创新、外向型开放式创新以及耦合型开放式创新三类。外向型开放式创新主要指企业内部知识、技术或其他研发成果主动流出企业，实现资源交互或商业化目的；内向型开放式创新主要是指企业对汇集的外部创新资源的内化吸收过程，企业主动向外生长，实现资源在企业间的重新配置和互相补充；耦合型即为兼具内向型和外向型的双向开放式创新。Lichtenthaler（2011）则将开放式创新模式系统化，认为开放式创新涵盖了企业创新活动的多个环节，如企业内部知识的对外开放以及外部知识流入企业内部后的沉淀和吸收等系统性行为。在此之外，还有学者从哲学的角度认识开放式创新。王雎和曾涛（2011）的研究表明，企业想要顺利达成开放式创新，前提是开放式环节中的各个主体是达成认知一致的，否则无法实现目标协同，无法完成交互创新活动，着重强调了企业对创新活动的认知行为。虽然目前学者对开放式创新的定义非常多元化，没有达成一致见解，但是学界一致认可开放式创新指企业整合有利于创新的内外部知识、信息及资源的过程，该过程被认为有助于企业内部创新并提升其核心竞争力。

3.1.2 开放式创新的测度

目前对于开放式创新的测量大概有三类方式最为常见，分别为从开放广度与开放深度衡量开放式创新、将开放式创新分为内向型开放式创新与外向型开放式创新进行测量、将开放式创新作为整体进行研究。

首先是从开放广度与开放深度衡量开放式创新，代表性文献有 Laursen 和 Salter（2006）、马文甲和高良谋（2016）。在衡量开放广度时，首先将企业的外部知识来源进行分类，如用户、供应商、竞争者等共计 10 类。如果企业在创新过程中与这 10 类中的任一组织合作则记为 1，无合作则记为 0，最后加总得到开放式广度，数量越大表示广度越大，反之亦然。开放深度则用企业与这 10 类外部知识来源主体间的合作重要性来代表。

其次是将开放式创新分为内向型开放式创新与外向型开放式创新进行测量，此类研究关注双向开放式创新的影响，主要采用量表进行测量。引用较多的有 Chesbrough 和 Schwartz（2007）开发的包含 6 个题项的量表，之后 Naqshbandi（2016）对此量表进行了修改和调整，增加了 4 个题项，共计 10 个题项（见表 3-3）。此外，池睿等（2022）借鉴周飞（2019）、张振刚等（2014）、Chesbrough（2003）的研究，分别用 5 个问项来测量内向型开放式创新和外向型开放式创新，该量表也得到了广泛使用（见表 3-3）。

最后是将开放式创新作为整体进行计量，最常见的是 Brockman（2018）的测量方法，基于企业间的联合申请专利量进行衡量，将其作为开放式创新的代理变量，使用每个企业每年联合申请专利数量加 1 并取对数进行测量。

表 3-3　开放式创新量表题项

开放式创新量表题项	来源文献
（1）内向型开放式创新。 ①组织不断审视外部环境以获取诸如技术、信息、理念、知识等各类投入要素； ②在开发新产品时，组织积极从外部寻找知识和技术资源（如研究团体、高校、供应商、客户、竞争对手等）； ③组织认为利用外部资源（如研究团体、高校、供应商、客户、竞争对手等）来补充自身研发力量是有益的； ④组织经常引入外部开发的知识和技术，并将其与组织自身的研发工作相结合； ⑤组织会向其他公司、研究团体或高校寻求技术和专利； ⑥组织会购买外部知识产权以用于组织自身的研发工作。 （2）外向型开放式创新。 ①一般来说，在组织中所有技术都会进行外部商业化（即出售给外部公司）； ②在组织里，外部技术商业化仅限于那些内部不使用的技术； ③在组织里，外部技术商业化仅限于相对成熟且已得到验证的技术； ④在组织里，外部技术商业化仅限于非核心技术。	Naqshbandi（2016）
（1）内向型开放式创新。 ①经常关注外部环境并引入外部技术、信息、概念或知识等； ②在新产品或技术开发的过程中，经常通过外部途径获取支持（如消费者、供应链伙伴、研发组织等）； ③认为利用外部的知识和技术能够较好地促进公司研发； ④经常将外部开发的知识和技术嵌入到公司研发中； ⑤从其他企业、研发机构或大学搜寻技术和专利。 （2）外向型开放式创新。 ①为了推进技术商业化，经常寻求外部组织或机构合作（如联盟合作、部分技术转让等）； ②会将公司内部没能完成的研发项目进行外部合作或转让（如联盟伙伴等）； ③相信由外部组织进行商业化有利于提升公司的研发绩效； ④为了拓展市场，会积极参与其他组织和机构的新产品或项目的商业化活动等； ⑤会出售知识产权以获取商业价值。	池睿等（2022）

在数字经济时代，企业的创新活动更加依赖于外部资源和合作，因此，对开放式创新的测度也需要更加细致和深入。本章从广度和深度两个维度来衡量开放式创新，能够反映企业在开放式创新中的参与程度和合作深度。一方面是开放式创新广度（$Breadth$），本章将其定义为企业在开放式创新活动中获取外部资源的渠道数量或合作主体数量；另一方面

是开放式创新深度（$Depth$），本章将其定义为企业在开放式创新活动中与外部实现合作交流的频数。参考现有文献（谢子远和王佳，2020），开放式创新拟从专利联合申请情况的角度进行度量，具体体现为，开放式创新广度由企业联合申请专利涉及的合作伙伴数量衡量，开放式创新深度由企业与合作伙伴联合申请专利数量衡量。

3.2 高质量发展的内涵与测度

3.2.1 高质量发展的内涵

高质量发展是 2017 年 10 月习近平总书记在党的十九大报告中首次提出的新表述，这一概念是涵盖宏观层面与微观层面的总括性理念，而其终归要依靠企业高质量发展来落实。

3.2.1.1 宏观层面的经济高质量发展的内涵

宏观层面的高质量发展指经济高质量发展，认为高质量发展是创新驱动型经济的增长方式。自党的十九大正式给出"我国经济已由高速增长阶段转向高质量发展阶段"的重要结论后，学界以"高质量发展"这一概念为中心进行了众多研究。金碚（2018）从经济学基础理论出发，认为可以将高质量发展视为经济社会发展的科学方式或合理结构，能够有效地满足人民需求。张俊山（2019）提出，一国的经济越是能满足全社会、最广大劳动人民生存与发展的物质资料需求，就越能说明其经济发展具有较高的质量。任保平（2018）认为高质量发展超越以经济提速为单一目标导向的发展要求，是一种高标准的质量状态，其理论核心为增强供给有效性，在社会、生态与个人等层面实现全方位现代化。

此外，后续有众多研究尝试立足中国本土现实情境，以新发展思想阐释高质量发展。如李梦欣和任保平（2019）认为高质量发展是实现新发展理念基础之上的拓展，二者具有一致性和同步性。张军扩指出实现高质量发展除包含经济体量增长的要求以外，还强调进一步优化产业结构、保护生态环境及完善社会治理。夏杰长（2022）以中国式现代化为研究视角，提出高质量发展指在数实融合中着重夯实并拓展实体经济，加快两业融合质量与效率。此外，部分文献（如任保平和李禹墨，2018；陈再齐、李震和杨志云，2019）以中国社会基本矛盾转化为切入点，提出高质量发展应结合经济、社会以及生态效益进行统筹考虑，即是一种创新驱动的包容性增长、普惠式增长。高培勇等（2020）则指出加强经济与社会协同发展、重视防御性与进取性治理是提升发展质量的关键。

3.2.1.2 微观层面企业高质量发展的内涵

尽管"高质量发展"起源于宏观层面，但聚焦于微观层面对企业高质量发展进行明确定义是后续开展相关研究的基础，具有重要意义。黄速建等（2018）将企业层面的高质量发展表述为一种目标状态或发展范式，主要内涵包括塑造卓越的持续成长能力，创造高水平、高层次、高效率的经济社会价值。在此基础上，肖红军（2020）总结出追求企业高质量发展的七大表现，集中体现为企业在内生动力、生产效率、产品服务、消费市场选择、组织结构、营销管理与企业名誉方面拥有较强的综合实力。

聚焦于微观企业本身，学者们对分属不同类型企业的高质量发展进行了针对性研究。对于小微企业，锁箭等、杨梅和李先军指出提高发展质量是企业在商业规模扩张、细分市场投入、新型技术构建与内在能力塑造等方面多管齐下的结果。针对民营企业，王欣（2022）提出转向高质量模式关键在于进一步深化改革、推动技术创新与转型升级三个部分，以此帮助企业突破路径依赖、走质效型发展道路。从多种所有制共同发展角度，中国社会科学院工业经济研究所课题组认为，高质量发展是各类企业在筑牢自身基本能力的基础上形成良好竞合关系的高级形态，从而实现生态协同和共生共建的高阶范式。已有文献对高质量发展的理论阐释表明，企业高质量发展的内涵丰富，具备包容集成、动态综合的特征，既可以被认定为企业希望达成的最终目标状态，也可以解释为企业发展的过程范式。

因此，本研究认为，对企业高质量发展概念的诠释可以从两个角度分析入手，即达到高质量发展的状态以及高质量发展的过程。从状态性概念来看，企业达到高质量发展是指企业追求高水平、高层次、高效率的经济价值和社会价值创造，以及塑造卓越的企业持续成长和持续价值创造素质能力的目标状态或发展范式（黄速建等，2018）。从过程性概念来看，企业高质量发展是企业在发展过程中实现高水平的经济价值，创造高附加值且实现高效率运行。提高生产效率是当前阶段企业实现高质量发展的一个关键特征，环境、社会及治理的优化也是企业实现高质量发展所需关注的特征（张柳钦等，2023）。

3.2.2 高质量发展的测度

学者们关于企业高质量发展的测度主要包括单指标法和多指标法两种方式。一方面，学者们利用劳动生产率（Martino 和 Roberto，2015）、经济增加值（陈丽姗和傅元海，2019）和全要素生产率（刘和旺等，2020）等单一指标对企业高质量发展进行测度。另一方面，也有学者从不同视角构建企业高质量发展的综合评价指标。例如，陈太义等（2020）从创新行为与质量行为两个方面对企业高质量发展进行衡量；董志愿和张曾莲（2021）从企业创造水平与管理水平测度企业高质量发展；马宗国和曹璐（2020）统筹结合绩效、创新、绿色、合作、社会5个层次建立评价指标体系；黄速建等（2018）认为衡量企业高质量发展需兼顾综合性与切实性，从经济价值获取、持续成长、健康稳定发展和社会价值创造等层面构建指标体系；肖红军（2020）指出，增强盈利能力、发展动力、抗风险能力及社会影响力是提升企业综合竞争力的关键，也是构成高质量发展的重要方面。为了准确、全面地对企业高质量发展进行测度，本研究先从经济价值与社会价值单一维度对企业高质量发展进行解读，在此基础上，结合新发展理念和企业作为微观经济主体的特征，从整体视角构建企业高质量发展综合评价指标。

3.2.2.1 单一维度层面

在单一维度层面，本研究从经济价值和社会价值维度对高质量发展进行诠释。经济价值层面，考虑到企业全要素生产率是衡量投入转化为最终产出总体效率的关键指标，能够直接反映企业经济价值,因此,将企业全要素生产率作为评估企业高质量发展的经济价值维度指标。社会价值层面,引入 ESG 这一基于可持续发展理念的评价指标。ESG 涵盖了环境、社会和治理三个方面的协调发展,是衡量企业社会价值的重要依据。另外,共同富裕作为高质量发展的核心目标,也是衡量高质量发展成效的重要标准,体现了社会价值的最终实现。因此,本研究将企业 ESG 表现与企业共同富裕作为评估企业高质量发展的社会价值维度指标。

企业全要素生产率、ESG 表现与共同富裕具体计算方法如下:

(1) 企业全要素生产率(TFP)。现有文献主要采用 OP 法、LP 法、OLS 法等测度方法计算全要素生产率。其中,OP 法放弃了存在数据缺失的样本,结果可能存在一定偏差。而 Levinsohn 和 Petrin(2003)提出了 LP 法以解决这一偏差问题,使用该方法的计量结果相对更加可靠。基于此,本章选取 LP 法对全要素生产率进行测度。

$$\ln y_{i,t} = \beta_0 + \beta_1 \ln l_{i,t} + \beta_2 \ln k_{i,t} + \beta_3 \ln m_{i,t} + \ln tfp_{i,t} + \varepsilon_{i,t} \qquad (3-1)$$

其中,i 表示企业,t 表示年份,y 表示以企业的主营业务收入测度的总产出,l 表示以企业员工人数测度的劳动要素投入,k 表示以企业拥有的固定资产测度的资本要素投入,m 则表示以企业购入商品和接受劳务支付的现金测度的企业中间品投入和企业资本性支出。

(2) 企业 ESG 表现(ESG)。目前国内外存在数量众多的评级机构,而各大机构对于 ESG 的评价指标、标准、背景存在较大差异,现有研究对于 ESG 评价指标的选取也并未达成一致。本章借鉴李瑾(2021)的研究,选取华证 ESG 评级度量企业 ESG 表现。华证 ESG 评级以环境、社会、治理三大支柱作为一级指标,选定 14 个主题、26 个关键指标构造了本土化的 ESG 评价体系。评级从低到高分为"C – AAA"共九档,对此变量分别赋值为"1—9"以构建本章被解释变量 ESG,即评级为 C 赋值为 1,评级为 CC 赋值为 2,以此类推。

(3) 企业共同富裕(CP)。本章参考梁孝成等(2024)的研究,采用国泰安企业共同富裕研究数据库中的共同富裕评级以度量被解释变量企业共同富裕。该指标在现有研究度量方法与实践经验的基础上,结合"构建初次分配、再分配、三次分配协调配套的制度体系"的政策要求,构造了完整的企业共同富裕评价体系。从企业初次分配、再分配、三次分配三个维度出发,选定了员工保障、顾客共享、股东共享、税收贡献、公益慈善等 9 项指标分别进行评分,据此加权计算企业共同富裕评分并确定评级。评级从低到高分为"C – AAA"共九档,对此变量分别赋值为"1—9"以构建本章被解释变量 CP,即评级为 C 赋值为 1,评级为 CC 赋值为 2,以此类推。

3.2.2.2 综合维度层面

考虑到仅从经济价值与社会价值等单一维度解读企业高质量发展无法体现企业高质量发展的丰富内涵与多维特征,难以从整体性与全局观的视角考量企业发展水平。因此,构建科学全面的企业高质量发展评价体系尤为重要。党的二十大报告强调,高质量发展是全面建设社会主义现代化国家的首要任务,驱动高质量发展必须坚定不移地贯彻创新、协调、绿色、开放、共享的新发展理念。可见,新发展理念是高质量发展阶段所要坚持的宗旨。如前所述,企业高质量发展指企业塑造持续成长能力和价值创造能力的目标状态和发展范式,涵盖经济价值获取和社会价值实现两个层面的要求,其中,经济价值显著表示经营绩效卓越,社会价值创造表示和利益相关者共享成果,符合绿色发展理念。持续创造价值表示企业发展前景可观且执行开放合作战略,有能力抵抗形势变化带来的风险。基于对企业高质量发展内涵的深入诠释,结合微观企业本身的价值创造属性、可持续发展要求、运营目标及社会影响,本研究在参考已有文献的基础上,从盈利能力、共享能力、绿色能力、发展能力、开放能力、抗风险能力六个维度,构建企业高质量发展综合评价指标体系。

(1) 盈利能力。企业的高质量发展体现在盈利能力提升上(周志龙等,2021)。盈利能力提升带来的竞争力为企业转型升级、实现价值链攀升提供充足的资本支撑(郑飞等,2022),支撑企业高质量发展。借鉴已有文献(夏冰和吴能全,2020),采用成本费用利润率、净利润率和总资产周转率这3个指标测量企业盈利能力。

(2) 共享能力。企业获得高质量发展的基本宗旨是实现多方利益共享,即不仅要提高自身发展水平,同时还要倡导和促进全社会的发展繁荣(任晓猛等,2022)。企业需要保障员工权益,与利益相关方共享收益,为社会做贡献,从而实现共同创造价值和分享价值的局面,实现高层次的互利共赢(朱叶和孙明贵,2023)。借鉴已有文献(张涛,2020),采用内部收入差距、税负贡献水平和管理层持股能力这3个指标测量企业共享能力。

(3) 绿色能力。企业高质量发展的要求是绿色发展(张丹等,2023)。企业要构建一种能够实现节约资源和保护环境的生产模式,优化生产流程以提升效率,降低原材料的使用量,致力于营造更友好的生态环境,在整个生命周期中,始终坚持贯彻绿色理念(田丹和丁宝,2023)。借鉴已有文献(周志方和代益香,2024),采用环保能力受认可度(是否通过ISO14001认证)、环保合规能力(是否有环境违法事件和是否为重点污染监控单位)这2个指标测量企业绿色能力。

(4) 发展能力。企业高质量发展的支柱力量是发展能力(王欣,2022)。强大的发展能力意味着企业可以在不断变化的外部环境中持续获取竞争优势(锁箭等,2021),具有较好的发展潜力,未来发展前景广阔。借鉴已有文献(李甜甜和李金甜,2023;李慧聪等,2019),采用总资产增长率、净利润增长率和无形资产增长率这3个指标测量企业发展能力。

(5) 开放能力。企业要实现高质量的发展,开放合作是必经之路(孙桂生等,2024)。除了通过企业内部产生价值,还可以通过外部环境创造价值(黄速建等,2018)。高水平的开放下,企业可以与其他方合作,拓展经济发展空间,提高发展水平(马宗国和曹璐,2020),持续保持对外开放的态势,是实现企业高质量发展以创造价值的重要途径之一。借鉴已有文献,采用吸收国际资本能力(前十大股东中是否有外资参股、外资参股比例)和对外投资比例这2个指标测量企业开放能力。

(6) 抗风险能力。企业实现高质量发展的重要特征是抗风险能力强(曲立等,

2021)。复杂多变的内外部环境为企业的发展带来了挑战,动荡的环境要求企业注重风险管理,提高对风险的抵抗能力以期实现高质量发展(Atuahene 和 Xusheng,2024)。较强的抗风险能力可以将风险控制在同持续发展和实现企业价值相适应的合理水平,推动企业高质量发展(赵燕和梁中,2022)。借鉴已有文献(张涛,2020),采用流动比率、经营现金流量比率和产权比率这3个指标测量企业抗风险能力。

企业高质量发展评价体系中各项指标的定义和说明如表3-4所示。基于各级指标,本研究进一步使用熵权法对企业高质量发展进行评价。

表 3-4　　　　　　　　　　企业高质量发展评价体系

一级指标	二级指标	指标说明
盈利能力	成本费用利润率	利润总额/成本费用总额×100%
	净利润率	净利润/营业收入×100%
	总资产周转率	营业收入/平均资产总额
共享能力	内部收入差距	高管薪酬总额/应付职工薪酬
	税负贡献水平	实际所得税/营业收入
	管理层持股能力	企业管理层是否持股,是为1,否则为0
绿色能力	环保能力受认可度	通过ISO14001认证为1,否则为0
	环保合规能力	有环境违法事件为1,否则为0
		重点污染监控单位为1,否则为0
发展能力	总资产增长率	(资产总计本期期末值-资产总计上年同期期末值)/资产总计上年同期期末值
	净利润增长率	(当期净利润-上期净利润)/上期净利润
	无形资产增长率	(无形资产净额本期期末值-无形资产净额上年同期期末值)/无形资产净额上年同期期末值
开放能力	吸收国际资本能力	前十大股东中有外资参股为1,否则为0
		前十大股东中外资参股比例
	对外投资比例	期末投资总额/期末总资产
抗风险能力	流动比率	流动资产/流动负债
	经营现金流量比率	经营现金流量净额/流动负债
	产权比率	负债总额/所有者权益总额

3.3　开放式创新与高质量发展理论基础

3.3.1　技术创新理论

技术创新理论(Technical Innovation Theory)最早由熊彼特在《经济发展理论》中提

出。他认为创新是企业家对生产要素的重新组合，是由于技术的应用而导致的生产函数的变动，包括创造新技术、新产品、新工艺流程以及新服务内容等。基于技术创新理论，创新是经济发展差异性的重要原因之一，也是经济增长和社会发展的驱动力。与此同时，熊彼特的理论从某种意义上拓展了对创新的定义，即创新并不局限于某种技术或工艺发明，更是一种周而复始的循环引入机制，当引入对原体系有震荡乃至颠覆影响的、生产实际中的发明时，才算创新。熊彼特认为创新是经济增长和发展的动力，能够帮助企业大幅拉升绩效。创新的实质是构造一种用于生产创造的新函数，可通过重组变换函数中的生产要素等变量来实现。其目的是把以往未存在过的生产要素或生产条件配置纳入价值创造系统，以期获得经济学视角下的企业经济利润。熊彼特将创新解释为一种经济活动，涵盖五种情况，包括依靠产品研发、技术开发应用、消费市场开拓升级、丰富原料供应渠道和形成科学生产组织的方式建立新模式（Schumpeter，1912）。

熊彼特提倡用动态观来看待问题，重视变化和发展，并把创新作为经济发展的内生要素。同时熊彼特首次提出"企业家精神理论"，认为企业家是创新的供给主体，在创新过程中起到了关键作用，其职能是实现"创新"，引入"新组合"。熊彼特创新理论的提出为世界各国制订经济计划和培育助力企业成长提供了重要指引。具有较高的创新水平代表企业本身有高水平的生存能力，表示企业已经拥有了足够的经济硬实力和强劲的未来发展能力作为基本支撑。创新背后包含的隐性实力能够激励和吸引企业及时优化生产运营流程、加快基础设备等方面的更新换代，为产品服务、管理模式创新奠定基础，从而实现构建自身核心竞争力，并向外界传递企业发展态势良好这一积极信号。以此观点进行延伸，熊彼特进一步提出世界各地也应完善所辖区域内或区域间商业经营所应遵循的规则制度，构建有效的创新生态体系，培育微观组织接续创新、合作共进的意愿和实力。

企业引入开放式创新模式是一种更深刻的创新。在熊彼特的阐述中，创新要求不断引入对原有生产体系产生震荡效应的创新发明，这一机制要不停地运转。从这个角度出发，开放式创新模式正符合这一机制的要求：通过创造一个外部交互网络帮助企业搜集和获取知识、技术等关键性创新资源，实现企业间资源要素或人才要素的优化配置，便于企业在降低资源获取和整合成本的同时培养核心竞争优势，从而提升企业高质量发展水平。

3.3.2 资源基础理论

资源基础理论（Resourse Based View，RBV）是由 Birger 在 1984 年发表的《企业的资源基础观》中提出的，标志着企业核心竞争力理论的兴起。他认为企业是各种有形资源与无形资源的集合体，异质性且难模仿的资源可以转化为独特的能力，这些独特的资源与能力是企业拥有持久竞争优势的源泉。此后，Peteraf（1993）又在此基础上对企业维持竞争优势的条件进行细分，分为事前隔离机制和事后隔离机制，要求资源要达到具备异质性且企业间流动受限、不可轻易复制或模仿的目标，并且认为这部分资源也会导致企业间的绩效差异。由此可知，资源基础理论对于企业发展方向具有指导意义，认为企业的核心竞争优势在于是否拥有高异质度的、稀缺的且难以模仿的营利性资源，以及将其商业化落地的转化能力，这对提升企业绩效具有积极作用。

资源基础理论的关键贡献在于阐述了盈利企业长期可持续发展的内在差异性，根据资源基础理论，企业管理的战略任务应当包括积极创造、获取和配置优质的异质性资源，培养企业的竞争优势，以谋求最大化的经营回报。但是现实中企业的生存环境存在诸多不确定性和复杂性因素，如何获得这部分资源并没有得到解释，相对弱势的企业依靠内部力量创造资源的成本昂贵且难度很大，在这种情境下，开放式创新模式巧妙地提供了问题解决的思路，企业可以通过选择与外部组织建立知识或资源交互网络来学习和获取优质资源，并将其与内部资源进行整合和吸收，从而获得竞争优势，促进企业绩效和高质量发展水平的提升。

3.3.3 动态能力理论

20 世纪 80 年代初期，外部动态环境对企业战略管理和发展的影响力越来越强，这让传统的核心能力理论遇到了发展瓶颈，即无法解释动态市场背景下，企业应如何获取并维持竞争优势。Teece 于 1994 年首先提出了动态能力的观点，认为动态能力是一种难以复制和模仿的能力，能够驱动企业永续经营。具有动态能力的企业能够不断调整发展战略，通过资源的吸收与整合不断提升自身创新水平，从而获得新知识和新技术以提升效率，帮助企业在复杂、变化且不确定的市场环境中获得持续竞争优势。1997 年，Teece 进一步提出了包括生产要素、资源、组织管理、核心才能、动态能力、产品六个方面的动态能力的战略框架。

Teece 认为，动态能力主要包括机会感知能力、整合利用能力和变革重构能力三个部分。机会感知能力是能够获取即时的信息，寻找改善其生产过程和运营策略的有效途径。整合利用能力是指企业经营过程中，对内部与外部的资源进行集成、消化与创新，从而产生联结与协作的效果。变革重构能力是指企业在面对不断改变的外部条件时，利用内外部的各种要素来进行转型与创新。其本质是企业资源之间复杂互动而升级和重构的核心能力，能够帮助企业应对不断变化的环境，获得和保持竞争优势（Wang 和 Ahmed，2007），而不仅是拥有这些资源。具体来说，动态能力涵盖企业当前所拥有的知识技术、互补资产与顾客基础等特定禀赋，涉及协调综合、学习配置方式等组织管理过程以及未来成长轨迹等发展路径。2000 年，Eisenhardt 和 Martin 发表研究成果，将动态能力概括为以配合或引起商业市场革新为目的，设立在改变资源基础上的组织过程和战略过程。此外，Winter 认为动态能力指组织通过建立一种集体活动模式，有系统地产生、扩大和改变组织惯例，是一种能够提升公司业绩的稳定而可学习的有效模式。为探究其具体能力组成情况，有学者指出适应能力、吸收能力和更新能力三个部分是动态能力的主要组成要素。

综上所述，动态能力理论在一定程度上是资源基础论的继承与发展，但在动态市场环境中，动态能力更强调改变企业能力的能力，即考察企业在复杂且极具不确定性的环境中整合、吸收和重新分配内外部资源的能力（Wang 和 Ahmed，2007）。首先，动态能力崇尚建立开拓性学习能力。开拓性学习能力侧重于变革和创造性毁灭能力，实现突破性创新，从而在长期内帮助企业获得持续竞争优势。此外，动态能力也具有开放性，因为其本质就是企业整合内外部知识和资源的成果，注重建立从企业外部获取和学习知识的能力。也正因为动态能力具备开放性和开拓性，相比核心能力理论它更具备灵活性且难以复制，有助于企业提升突破性创新绩效，获取异质性的、不可复制的核心竞争优势，提升企业高质量发展水平。

3.3.4 资源编排理论

资源编排理论是从资源基础观衍生出来的一种动态资源管理理论，强调管理者在运用资源创造价值过程中展现出的能动作用。Hansen 等（2004）提出现有的资源理论研究大多忽略了如何利用资源创造竞争优势，企业如何利用资源方面的策略与企业拥有资源类型同样关键。更重要的是，只有当资源被有效编排和管理时，才能真正实现资源创造竞争优势的价值。作为上述研究的补充，Sirmon 等（2011）基于过程视角正式提出"资源编排理论"，将资源管理与资产编排相关研究进行融合，认为企业在获取竞争优势的过程中，关键在于其对有价值、稀缺、不可模仿且难以替代的资源进行编排的能力，而不仅是简单地占有资源。

Paul 等（2018）明确指出资源编排理论的核心是资源投资与资源部署。基于这一理论基础，他们进一步提出"构建—捆绑—撬动"系统性资源编排框架。其中，资源建构强调企业通过从外部获取优质资源，结合内部积累资源，同时剥离掉无价值资源，从而调整资源存量结构。资源集束主张提升资源的稳定化、丰富化和开拓化，能够有效提升企业的核心能力或形成新的能力，其中，稳定化是指对企业既有能力所进行的调适与巩固，以确保其稳定发挥与持续发展；丰富化是对企业既有能力进行拓展与组合，以丰富其内涵与提升综合效能；而开拓化是通过部署新资源，旨在创造出全新的能力，推动企业实现更广阔的成长空间与发展潜力。资源撬动主张通过有效调动与精准部署各项能力，进而深入发掘并开发市场潜在机遇，从而为社会与企业创造更多价值。Sirmon 等（2007）指出只有系统性地协调并实践这三个阶段，才能实现为消费者创造价值的目标，并有效应对不确定的竞争环境。

3.3.5 知识基础观

知识基础观（Knowledge-Based View，KBV）将企业视为一个知识处理系统，强调企业核心能力的根本在于其内部的隐性知识。这种知识以人为载体，通过各种手段，如文本、技术系统、言传身教等来实现部分和完全共享，进而整合与创新，生成具有经济价值的新知识。企业因此面临双重任务：一方面，需要对内部个人知识进行整合与创新，以创造新的专门知识；另一方面，需有效从外部获取所需知识。知识基础观提供了一个开放且动态的视角，以重新审视企业的知识本质，并深化对竞争优势来源的理解。

知识基础观的核心假设在于，资源和能力的优势源自专业知识的有效获取与整合。这一理论对管理学研究产生了深远影响，促进了动态能力、关系视角和资源依赖等理论概念和研究视角的发展。不同学者对知识基础观的界定存在差异。例如，Curado 等（2006）认为企业的知识是其最宝贵的资源，企业异质性和竞争力的根源在于其独特的知识体系。Sullivan 等（2011）则认为，卓越的知识创造和转移能力能够为企业带来跨市场的竞争优势，而知识的积累与整合能够增强企业家识别和利用机会的能力，从而推动企业的发展和扩张。于飞等（2017）提出，创新实际上是企业将外部专业知识内化、重构，并最终转化为产品和服务的过程。在此过程中，企业的知识库通过外部知识搜索与吸收以及内部知识转化与重组两个关键过程，对企业创新产生影响。知识基础观强调了企业在知识获取、整合、创新方面的能力，这些能力是企业竞争优势的关键来源。

在数字经济背景下，传统资源的获取方式已无法满足企业提升竞争力的需求，新知识的创造与扩散应用成为关键。为了获取知识资源，塑造竞争优势，维系市场地位，企业面临两大核心任务：一是深度整合与创新企业内部的个人知识，通过建立知识共享平台、鼓励跨部门合作等方式，打破知识孤岛，促进知识的流动与碰撞，从而创造出高价值的专业知识；二是在外部开放式创新环境中，积极引入知识和技术资源，与高校、科研机构、同行业企业等建立战略合作伙伴关系，实现资源共享与优势互补，将外部知识与企业原有的创新资源深度融合，形成独特的核心竞争力。依据知识基础观，人工智能应用和数字化转型能够帮助企业整合内部知识体系，建立外部知识链接，并将知识资源持续不断地转化为企业开放式创新的强大动力，使企业能够在复杂多变的环境中有效驱动高质量发展。

3.3.6　制度理论

制度理论认为，制度是环境的一部分，强调特定组织如何形成和发展，并获得"合法性"。一个组织的合法性源于其所处环境的特点和动态性，当其面临外部制度环境的压力，去寻求一种"合法性"以维持自身的发展时，其行为方式和组织结构也会随之改变，呈现出"制度同形"的表现。由于深受制度环境的体制约束，企业的创新活动受到内部和外部环境的综合影响，企业数字化创新面临的主要外部制度环境包括市场制度和政府制度，企业内部制度则包括创新的组织制度、信息制度、人力资源制度等，企业内外部制度环境的良好耦合有助于提高企业的数字化创新水平，因此，挖掘外部制度环境对企业数字化创新的影响具有必要性。

数字经济背景下，数字技术的飞速发展是驱动企业创新和高质量发展的关键因素，若想提升自主创新能力，就必须密切关注外部环境的改变。人工智能、区块链、互联网、物联网等数字技术作为一种全新的生产要素，能够推动异质性资源的融合，带来更加灵活的创新组织和管理机制，拓展企业创新边界，提高不同主体的创新参与度。数字平台及生态系统以数字技术为基础，具有灵活性、开放性、可供性的特征，能够为创新活动整合不同的参与者和资源，数字基础设施的发展不仅能够实现企业间的资源互补，而且有助于推动企业产品和流程的创新。基于制度理论，企业在运用数字技术进行创新活动时，必然会受到制度环境的影响，制度和市场环境的变革则为技术环境作用的发挥提供支撑，在"十四五"规划提出"加快数字发展，构建数字中国"的背景下，我国将迎来新一轮推动数字化创新发展的政策支持，如何把握好制度机遇是实现高水平科技创新的重要途径。

完善的制度环境能够为企业创新活动的实施与发展提供保障，政府对数据的开放和数字化投资等方面的扶持，也有助于推动企业创新。同时，中国作为最大的发展中国家，拥有巨大的国内市场，创新的开展需要依靠市场导向。市场竞争压力会促使企业通过开放式创新获得竞争优势，市场需求的变化和升级会为企业开放式创新提供指引。作为企业外部环境中的一个重要因素，制度环境可以影响企业的创新行为，同时驱动动态能力的形成。根据制度理论，营商环境可看作企业日常经营、开发创新乃至寻求高质量发展时所处的制度环境，既是企业获取外部资源的场所，又对企业行为起限制和约束作用。生态系统内的微观企业需要得到物质、人力等资源的持续供给来维持自身的生存发展。各类企业的开办、运营乃至衰落均会遭到人文环境的影响、政务环境的支持、市场环境的牵引、法律环境的支撑。提高政府行政效率能够减少市场主体在交易和审批程序中的费用和时间成本，合理的市场秩序与法治环境对于抑制寻租行为具有积极作用。因此，良好的营商环境为企业推进科研活动等再生产行为缓解了资金压力、提供了发展空间，有助于支持企业突破发展壁垒，为企业通过开放式创新促进高质量发展提供了有力保障。生态系统理论在交易成本、制度逻辑基础上，加强了营商环境内涵释义，揭示了优化营商环境之于开放式创新与企业高质量发展的重要意义。因此，本研究将制度理论作为研究开放式创新对企业高质量发展作用机制的理论基础。

3.4 本章小结

本章首先对企业开放式创新与高质量发展进行概念界定，在对比分析了学术界对其定义的基础上，总结并提炼本研究对于开放式创新与高质量发展的定义，并进一步厘清了开放式创新与高质量发展的测度方法。对于开放式创新，本研究从开放广度和开放深度两个维度进行衡量，以反映企业在开放式创新中的参与程度和合作深度。对于高质量发展，本研究构建了一个包含盈利能力、共享能力、绿色能力、发展能力、开放能力、抗风险能力六个维度的综合评价指标体系，以全面衡量企业的高质量发展水平。此外，本章对技术创新理论、资源基础理论、动态能力理论、资源编排理论、知识基础观、制度理论进行了详细阐述，为后续揭示开放式创新与高质量发展之间的内在联系提供了理论指导和参考。

第二篇

TOE 框架下制造企业开放式创新影响因素组态研究

　　对开放式创新的影响因素的探究囿于分析框架与统计回归方法的限制，研究结论并不一致。如贾西猛等（2022）提出数字化转型可提升企业创新的开放广度和开放深度，而廖筠等（2024）则指出企业数字化转型和创新开放度之间呈倒"U"型关系，这在某种程度上反映了企业开放式创新的前因研究具有高度复杂性。模糊集定性比较分析方法（fsQCA）能够从组态视角识别多因素间联系而产生的不同组合路径，适用于分析此类复杂因果关系。如梁玲玲等（2022）、马晓飞和杜中文（2023）分别应用 fsQCA 方法探析了数字技术和制度环境对企业开放式创新的影响。然而 fsQCA 方法存在其弊端，其在进行必要性分析时，仅能定性地得出要素是否为结果的必要条件。NCA 方法则可以在定性分析的基础上，定量地分析出要素在多大程度上是结果的必要条件，二者结合能够更好地说明复杂因果问题（杜运周等，2021）。基于现实背景和理论背景，本篇采用 fsQCA 与 NCA 相结合的方法，基于 TOE 框架，从组态视角探析技术（Technology，T）、组织（Organization，O）和环境（Environment，E）因素影响企业开放式创新的复杂因果机制。

第4章 开放式创新影响因素提取与模型构建

结合本章研究开放式创新前因组态的目的,本章以知识基础观、动态能力理论以及资源编排理论为探讨开放式创新前因要素的理论基石,首先基于文献梳理和关键词共现提取开放式创新影响因素,在此基础上引入 TOE 框架,构建企业开放式创新影响因素构型框架。

4.1 开放式创新影响因素理论分析

4.1.1 知识基础观与开放式创新

知识基础观(Knowledge-Based View,KBV)在支持企业发展的重要因素是资源的基础上,进一步说明知识才是核心资源(Varadarajan,2020),即知识因其特有的价值性、稀缺性以及难以模仿性成为企业重要的战略资源(Arend 和 Lévesque,2010)。企业可通过知识搜索、知识积累和新旧知识间的相互碰撞创建独属于企业的知识库,并可以不断更新知识库提升创新能力,获得持续竞争力。

知识是创新的基础,创新是知识创造的过程以及应用(Nonaka,1994)。企业是知识的集合与载体,在企业进行创新活动时,只有将创新成果转化成知识才能被企业吸收、学习、转化以及利用。全球竞争加剧的时代背景下,传统意义上的资源已无法满足企业提升竞争力的迫切要求,新知识的创造以及扩散应用成为关键。在知识经济时代,知识存量以及扩散程度已然成为衡量企业竞争力的关键尺度。在开放式创新环境中,企业可通过与高校的合作形成产学合作关系,促使企业创新成果的商品化,产生"知识资本化"效应(张庆华等,2014)。企业创新绩效的提升往往伴随着学习能力的提升,在知识基础观下,企业创新能力提升是一个学习过程,需要引入外部知识以及技术等资源,并与企业原有的创新资源相互影响融合,形成独特的优势。

4.1.2 动态能力理论与开放式创新

动态能力理论是对企业能力理论的发展,是企业战略管理领域的重要理论之一。Teece 等(1997)在早期的能力理论的基础上,从整合管理的角度出发,将动态能力定义为企业整合、构建以及重新配置企业内外部资源以适应复杂多变的外界环境的能力。Teece 等（2018）学者在之后的研究中，又对动态能力理论进行了完善以及补充，指出动态能力理论是企业利用内外部资源进行机会开发以适应外部环境的理论保障。动态能力与作用于某一生产环节，完成管理以及运行的普通能力不同，是一种涉及更高级别活动的高阶能力。它包括感知、捕捉和转化能力，为企业引导其他资源提供支撑（Teece 等，2018）。此后，动态能力理论成为探究企业如何形成竞争优势的理论来源，架构起企业利用资源与设定战略的桥梁。企业可通过感知机会与威胁、捕捉外界机会并重新配置资源，将有限的资源分配给符合企业战略的生产及经营活动，获得竞争优势。

开放式创新作为企业进行创新活动的一种选择，目的在于提升企业创新能力。创新能力在本质上来说就是动态能力的一种，企业需要以内外部环境的动态变化为依据，及时整合企业内外部资源来寻求创新的协同效应。目前企业面临较为激烈的竞争环境，能够根据外界环境灵活地协调配置资源的企业往往能成为赢家。对于制造企业而言，能否成为高适应能力的企业，快速识别市场机会，并优化企业资源配置进而抓住市场机遇，是其能否获得竞争优势的关键。所以，动态能力理论成为研究制造企业开放式创新前因的重要理论视角。

4.1.3　资源编排理论与开放式创新

资源编排理论认为企业的持续竞争优势来源于企业资源、企业能力以及管理者能力的有机组合。资源编排理论强调资源形成能力，即资源是能力的基础，能力源自资源的整合，二者在企业管理者的动态管理之下对企业绩效产生影响，由此形成企业自身的持续竞争力。资源编排的流程包括构建资源组合、捆绑资源形成能力、利用能力创造价值三个阶段，解决了资源的来源、转化和利用问题，形成了企业的资源转化为生产力产出的完整路径。此外，有学者将资源编排视为一种资源管理能力，即企业整合、配置和部署外部知识资源以开发和探索创新的内部能力（Cheng，2014；Sirmon 等，2007；Sirmon，2011；Queiroz 等，2018）。以往研究表明，资源编排能力对企业能否适应不断变化的市场以及提高创新能力至关重要。一方面，资源编排能力有利于减少企业的内部冲突以及增加资源的互补性（Wang 等，2020）；另一方面，资源编排能力有助于企业转化外部来源的新知识以此来促进自身的创新力（Teece，2007）。

制造企业在进行长期科研投入时面临显著风险，因此迫切需要有效利用外部资源以实现开放式创新。鉴于资源有限的现实约束，许多制造企业采取聚焦策略，致力于专业化发展。在此过程中，提升开放式创新能力成为关键，这要求企业对有限资源进行精心配置，以实现其最大效用。资源编排是企业推进能力提升的关键环节，它能够帮助制造企业运用资源管理思维进行资源的组合与优化配置，从而克服资源短缺的局限，增强开放式创新的能力。因此，制造企业在推进开放式创新的过程中，必须对资源进行合理编排，研究其开放式创新的影响因素也需要资源编排理论的支持。

4.2 开放式创新影响因素提取

4.2.1 开放式创新影响因素文献检索与分析

前文对企业开放式创新前因的相关理论进行了分析说明,为进一步分析开放式创新前因研究的现状以及为本章研究制造企业开放式创新影响因素提供理论支撑,本章进行了相关文献检索以及分析。

由于本章研究的重点在于开放式创新的前因,因而在 CNKI 全文数据库采用高级检索,设定字符串为 [("影响因素"和"开放式创新")或("对开放式创新的影响")或("驱动"和"开放式创新")]进行组合搜索。为保证搜索结果质量,仅对 CSSCI 学术期刊进行检索,时间设置为 2014—2024 年,得到 253 条记录。类似的,在 Web of Science 的核心合集设定字符串 [("impact on" AND "open innovation") OR ("influence * on" AND "open innovation") OR ("influence factors" AND "open innovation")],文章来源设定为"Article"和"Review",时间同样设定为 2014—2024 年,得到 531 条记录。

本章探究开放式创新的影响因素即将开放式创新作为结果变量,需要剔除将开放式创新作为自变量研究的文献以及重复和无关文献。之后,阅读文献的标题以及摘要,对检索的文献进行剔除,共保留 58 篇相关文献,其中国内文献 31 篇,国外文献 27 篇。样本发表时间如表 4-1 所示。

表 4-1 样本研究发表时间分布表

时间	样本数(篇)	比例(%)
2014	4	6.90
2015	4	6.90
2016	2	3.45
2017	6	10.34
2018	5	8.62
2019	3	5.17
2020	7	12.07
2021	2	3.45
2022	6	10.34
2023	9	15.52
2024	10	17.24

本章对搜索到的 58 篇文献内容进行详细研读,梳理出文献中所有提到的影响开放式创新的相关因素,将所有的影响因素进行统计,合并同义词汇或属于同义范畴的词汇,若影响因素出现记为 1,未出现记为 0。之后,使用 Excel 软件对所得频数结果进行汇总,由

于本章研究对象仅有 58 篇，所以对出现频数大于等于 2 的影响因素进行展示。影响因素频数统计如表 4-2 所示。根据结果，频数排名前 5 位的影响因素有吸收能力、环境动态性、信息技术、知识管理以及知识搜索。

表 4-2　　　　　　　　　　　　影响因素频数统计表

序号	影响因素	频数
1	吸收能力	13
2	环境动态性	11
3	信息技术	7
4	知识管理	6
5	知识搜索	6
6	知识整合	6
7	战略柔性	3
8	制度环境	3
9	合作环境	3
10	人工智能	2
11	协同合作	2
12	知识转移	2
13	高管工作经历	2
14	知识产权保护	2
15	智力资本	2
16	数字化	2

4.2.2　基于关键词共现图谱的影响因素提取

为进一步为研究开放式创新影响因素提供支撑，采用知识图谱分析法，使用 CiteSpace 6.4.R1 软件对 58 篇文献进行分析，由于软件对于来自 CNKI 数据库的文件存在限制，所以主要对文献的关键词共现进行分析。关键词是对文章内容的高度概括，能够体现文章研究的主题以及中心内容。关键词在文献中出现的频次能够说明该领域的研究热点，关键词的频次越高，越能体现出该领域研究的热点以及主题（张顺等，2020）。

首先是对 31 篇国内文献进行分析，最后形成的关键词共现图谱如图 4-1 所示。该图包含 100 个节点，218 条连线，并且显示了共现频次达到 8 以上的关键词节点标签。节点的大小代表关键词出现频次的多少，从图 4-1 可以看出，频次出现最高的关键词为开放式创新，符合检索"开放式创新影响因素"的事实，其次是环境动态性、创新绩效、知识管理能力等。根据表 4-3，出现频次较高的关键词，其中心性也较高，更突出了研究的热点。

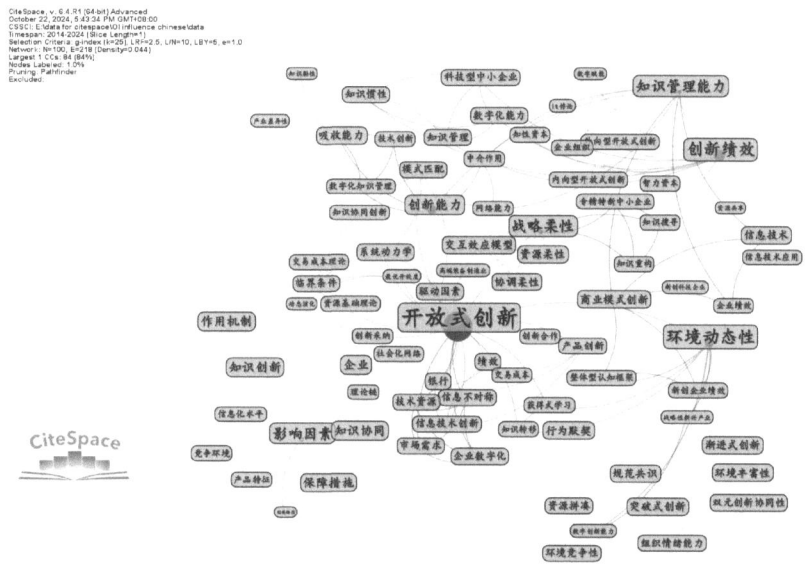

图 4-1 国内筛选文献关键词共现图谱

之后对 27 篇国外文献进行分析,最后形成的关键词共现图谱如图 4-2 所示。该图包含 228 个节点,680 条连线,并且显示了共现频次达到 3 以上的关键词节点标签。由于国外文献分析数量有限,而且关键词较为分散,所以关键词共现图谱以频次为主进行显示。结合图 4-2 以及表 4-3 可以看出频次出现最高的关键词为开放式创新(open innovation),其次是吸收能力(absorptive capacity)、影响(impact)、环境动态性(environmental dynamism)、企业绩效(firm performance)。

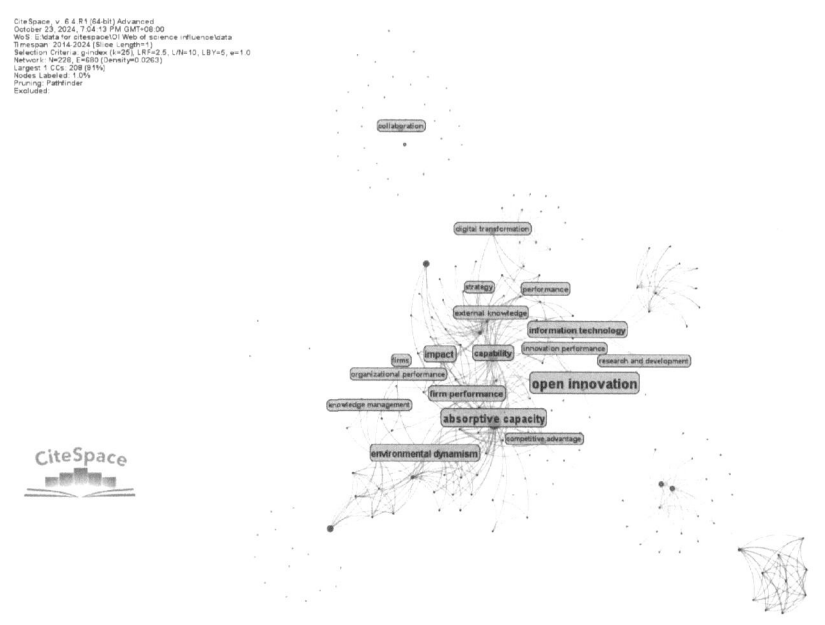

图 4-2 国外筛选文献关键词共现图谱

表 4-3　　　　　　　　　国内外筛选文献关键词共现分析

序号	关键词	频次	中心性	序号	关键词	频次	中心性
1	开放式创新	16	1.09	1	open innovation	18	0.78
2	环境动态性	5	0.40	2	absorptive capacity	9	0.14
3	创新绩效	4	0.31	3	impact	6	0.16
4	知识管理能力	3	0.16	4	environmental dynamism	6	0.51
5	创新能力	3	0.25	5	firm performance	5	0.40
6	影响因素	3	0.13	6	information technology	5	0.16
7	战略柔性	3	0.19	7	capability	5	0.05
8	吸收能力	2	0.07	8	performance	4	0.16
9	商业模式创新	2	0.04	9	external knowledge	4	0.08
10	信息技术	2	0.07	10	strategy	3	0.03
11	信息技术能力	2	0.01	11	organizational performance	3	0.05

4.3　开放式创新影响因素模型构建

根据上文开放式创新影响因素文献检索的频数统计以及关键词共现分析，选取频次出现较多，即研究作为热点的知识管理能力、信息技术能力、战略柔性以及环境动态性作为本章研究制造企业开放式创新的影响因素。此外，相关研究发现，领导风格也是影响企业创新的重要因素，如马喜芳等（2024）指出变革型领导风格对员工创造力起到积极的促进作用进而提升企业创新能力；类似地，Hammond 等（2011）也指出领导风格是影响企业员工创新的重要因素。与环境动态性相似的环境复杂性强调企业面临外界环境的多样性，同样被学界认为是影响企业创新的前因要素之一。如许治等（2022）指出环境复杂性负向调节大数据能力与组织创新之间的关系，而李婉红和王帆（2023）则研究发现环境复杂性在企业智能化与数字创新之间起正向调节关系。

综上所述，本章将知识管理能力、信息技术能力、战略柔性、环境动态性、领导风格以及环境复杂性作为研究制造企业开放式创新的影响因素。根据 TOE 框架，知识管理能力、信息技术能力描述的是企业技术相关的能力可以归类为技术层面的影响因素；领导风格、战略柔性被视为用于分析组织内部层面的变量，属于组织层面的前因要素；而环境动态性以及环境复杂性是对于企业所处外界环境的说明，可被划分为环境层面的研究变量，以下是对于三个影响层面以及涉及变量的详细理论分析。

4.3.1　技术层面因素

4.3.1.1　知识管理能力

知识基础观指出，知识是企业获得竞争优势的关键资源，同时开放式创新强调模糊组织的边界，与外界环境进行知识以及资源的交互共享。目前学界认为知识被分为显性知识与隐性知识，具有数量众多、种类丰富的特点（喻登科和陈淑婷，2024）。制造企业对于创新有着专业化、精细化的要求，需要从外界获取知识资源，但是知识量庞大以及冗杂是客观存在的现实问题。为了更好地利用知识资源，需要对这些知识进行有效管理来发挥其作用，避免知识爆炸的风险。此外，知识和技术作为企业战略资源被视为企业取得竞争优势的强有力的依靠（Lai和Lin，2012）。创新技术有利于企业产品以及服务的升级，而企业的知识资源是影响技术创新的关键，因此对知识资源进行部署和利用即知识管理至关重要。知识管理能力被认为是组织通过协调知识转移行为，在知识共享基础上整合组织内外部知识的能力（Tanriverdi，2005），因而，本章尝试从知识转移、知识共享、知识整合三个维度来度量知识管理能力。

首先，制造企业可以借助知识转移来吸收自身缺乏但必需的知识，弥补知识缺口，填补知识空白，有利于其创新产出，促进开放式创新的发展；其次，知识共享是团队进行创新的重要来源，是制造企业进行开放式创新的重要过程（吴洁等，2020）；最后，企业需要对从外界吸收的知识进行整合并内化为自身知识体系，之后将其应用于实际活动，提升研发效率，提高开放式创新水平。

4.3.1.2 信息技术能力

资源编排理论强调企业在利用内外部资源时，需要对其进行合理编排、有效配置。信息技术能力可经由信息系统来重构资源进而影响组织，是企业内部资源的有效整合（Ross和Beath，1996）。企业通过利用信息技术能力统筹部署信息技术资源以及其他企业内部资源来应对复杂多变的外界环境（Bharadwaj，2000）。企业开放式创新在竞争日益激烈的商业环境中具有必要性，但亦面临挑战，信息技术能力在企业进行开放式创新过程中发挥着重要作用。

首先，信息技术能力作为创新的驱动因素可以帮助组织管理内部知识以及寻求有助于创新的外部知识，从而影响创新绩效。一方面，企业利用信息技术能力来搜索外界可用的知识以及资源，由此拓展组织的创新资源；另一方面，信息技术能力可对搜寻的新知识进行高质量地整合从而为创新提供机会。其次，信息技术能力可作为能动器与其他资源相结合促进创新的发展。例如，信息技术能力依托其中央信息库使得组织的不同业务部门共享信息，可提升组织沟通效率，有利于创造价值的实现。基于信息技术的应用，企业的新产品从研发到投入生产直至销售终端均可进行数字化呈现，在整个过程中员工不受地域以及时间的限制来观测以及整合相应的工作任务，有效地促进了创新的商业化（Gordon等，2008）。

4.3.2 组织层面因素

4.3.2.1 领导风格

资源编排理论指出，企业在资源编排过程中具有协同性、权变性以及动态性，其中权变性指的是企业在资源编排流程中与领导者思维以及风格是否匹配（张青和华志兵，2020）。开放式创新作为一个涉及企业方方面面的系统性工程，需要资源的大量投入。在此过程中，企业领导者作为资源编排的权力拥有者应积极发挥相应作用，这对企业的创新效果来说至关重要。不同领导者之间由于个体差异存在不同的领导风格，已有研究证明领导风格会直接对员工创新行为产生影响（雷星晖等，2015）。目前，学界将领导风格分为交易型领导风格以及变革型领导风格。交易型领导风格强调领导者与员工之间合约履行义务的公平交换，注重权变奖励以及例外管理，即以是否完成任务目标给予奖惩措施。变革型领导风格则强调领导者通过自身的魅力、价值观、号召力等内在特质激励员工完成工作任务（McCleskey，2014）。

企业强调实施价值共创战略，需要调动员工创新的积极主动性，好的领导风格对员工创新提升存在积极影响，进而有利于企业提升开放式创新水平。交易型领导风格以任务目标为准判断奖惩与否，清晰界定任务范围以及责任划分，促进员工的创造力，为其选择有效的工作流程提供驱动力（冯彩玲和张丽华，2014）变革型领导风格通过领导自身的特质增强员工的认同感，在领导者提出创新期望时，员工会更愿意提出自身的新想法。而且，变革型领导为员工创造的学习与发展机会在一定程度上会减轻员工对突破现状进行创新的顾虑，有利于产生更高水平的创新行为（Gong等，2009）。

4.3.2.2 战略柔性

战略柔性是指企业配置部署乃至重置资源进行战略调整以应对动态环境变化的反应能力，其作为一种重要的动态能力被学界公认为是改变企业无效战略以及克服组织惯性来应对外界复杂环境的利器（Shimizu 和 Hitt，2004；Zhou 和 Fang，2010；林亚清和赵曙明，2013）。开放式创新要求企业对内外部资源进行利用，在此过程中需要企业应对环境变化，战略柔性强调资源使用的灵活性，体现了企业在面对此情景时进行决策调整的柔性（万骁乐等，2022）。Sanchez（1995）战略柔性细分为资源柔性以及协调柔性两部分。资源柔性强调对企业现有资源的利用以及潜在资源的挖掘，呈现更为静态的特征；而协调柔性呈现更为动态，强调企业将柔性的资源应用于替代性战略时的协调能力。一方面，资源柔性对企业资源的合理配置及部署可为企业提供夯实的资源基础，提升其对外界环境的适应力；另一方面，协调柔性可让企业在面对外界环境的突发变化时及时调整组织内部资源，协调企业各部门来发挥协同效应，推进企业创新（Zajac，2001）。

4.3.3 环境层面因素

4.3.3.1 环境动态性

环境动态性描述了企业所处外部环境变化速度与方向的不确定性以及不可预测性（Miller 和 Friesen，1983），具体来说包括技术动态性以及市场动态性两个方面（Sheng 等，2011）。技术动态性反映的是行业内技术变化的频率以及技术更新换代引发的产品或服务的迭代情况，即技术更新速度越快，企业所处环境的技术动态性就会越高。而市场动态性则是对客户需求以及偏好变化速度的说明，随着顾客对产品或服务提出更高的或者更新的要求时，市场动态性也会变得更高（王宏起等，2024）。

在开放式创新情境下，高的环境动态性意味着知识资源的快速更新，企业将会更加开放，主动接收外来的新信息以及新资源，为企业的发展寻求机会。企业因其自身资源条件的限制，在此种情况下更容易采取行为去合理编排资源以及优化配置资源，形成新的资源整合方式。企业可利用新的资源整合形式抓住新的细分市场的机会,实现对普通资源的创造性应用,提升自身的创新能力。而在低的环境动态性下,企业利用原有的市场优势或者低成本战略就能够满足巩固市场地位的需要,长此以往企业会产生市场依赖,更有甚者会引发组织惰性,此时企业倾向于维持现状而非积极进行开放式创新寻求企业新的增长点或者形成新的竞争优势(傅颖等,2021)。

4.3.3.2 环境复杂性

与环境动态性重点描述的"时间维度",即强调环境变化的频率与幅度有所不同,环境复杂性则强调环境组成要素的数量、分布以及多样化,反映组织间的互动与联系,是"空间维度"的表达。环境复杂性指的是企业发展过程中外部环境因素数量的多少,也就是当企业面临环境复杂度降低时,需要处理的环境因素数量会减少,面临的压力也会降低(韵江和宁鑫,2024)。

当环境复杂程度较高时,企业进行开放式创新面临着较多的竞争对手以及较为复杂的合作伙伴,需要更加注重对外界环境信息以及知识的搜集和处理,探索新的市场以及机会。市场竞争的加剧对企业的创新也提出了更高的要求,其亟须开发新产品来保住市场地位,提升竞争优势来应对环境的复杂性。而当环境复杂程度较低时,企业所在行业集中水平较高,而且有着较为成熟的市场规则,这就使企业面临的行业竞争压力变小,对开放式创新的需求也会减少。此时,企业更倾向于实施现有策略维持企业现状。

4.3.4 构型框架

综上所述,本章基于知识基础观、动态能力理论和资源编排理论,结合影响因素文献分析结果以及关键词共现分析结果,应用 TOE 框架,对制造企业开放式创新影响因素进行研究。其中从环境层面提取知识管理能力和信息技术能力、组织层面提取领导风格和战略柔性、环境层面则为环境动态性以及环境复杂性作为前因变量。据此,本章构建了制造企业开放式创新影响因素研究模型,如图 4-3 所示。

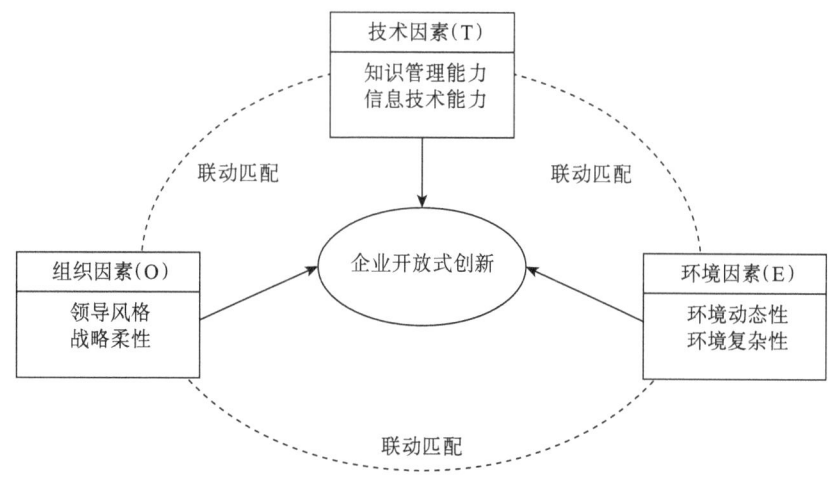

图 4-3 企业开放式创新影响因素构型框架

4.4 本章小结

在本章中,主要进行开放式创新影响因素的提取和研究模型的构建。首先,将知识基础观、动态能力理论和资源编排理论与开放式创新影响因素结合分析,为模型构建奠定理论基础。其次,通过文献检索以及分析,采用知识图谱分析法对检索文献进行关键词共现分析,根据分析结果,通过引用 TOE 框架提取开放式创新影响因素。最后,结合对技术、组织、环境层面影响因素的理论分析,基于组态视角构建企业开放式创新影响因素构型框架。

第 5 章　开放式创新影响因素研究设计

本章的重点在于开放式创新影响因素研究设计。首先阐述采用模糊集定性比较分析（fsQCA）与必要条件分析（NCA）的合理性及其适用范畴，其次利用成熟量表对开放式创新及其影响因素进行量化，并借助对制造企业的问卷调查搜集相关数据，并对数据的可靠性和效度进行评估，最后概述 fsQCA 方法的具体分析过程，为第 6 章组态分析奠定基础。

5.1　研究方法选择

5.1.1　模糊集定性比较分析（fsQCA）及其适用性分析

定性比较分析（Qualitative Comparative Analysis，QCA）由美国社会学家 Ragin 于 1987 年提出，此种方法以集合论、布尔运算和组态理论为基础，从现实的案例中抽取条件组态以及结果变量进行分析，由此发现案例中隐藏的因果机制以及实现路径（Ragin，2008）。基于组态理论，定性比较分析可以分为两种，分别为清晰集定性比较分析（csQCA）以及模糊集定性比较分析（fsQCA）。清晰集主要用于研究二分变量，以存在或不存在为判断标准将案例归为"0"或"1"，而模糊集则将集合赋予不同的隶属分数，允许部分隶属的出现，既包含定性的区分，又表明了定量的程度，更能反映实际情况。在研究开放式创新的前因组态时，fsQCA 方法可以通过建立模糊分类规则以及模糊关系矩阵来探究不同前因变量之间的联系以及交互作用。fsQCA 方法的具体操作步骤如图 5-1 所示。

fsQCA 结合了定性分析与定量分析的优势。与传统定量研究相比，fsQCA 主要有以下三个特点。首先，相比于定量研究中采取的聚焦于变量层面的"净效应"分析思维，fsQCA 更加强调用整体的认识和组合的思维去把握案例研究。其次，相比于定量研究基于概率论探索自变量与因变量的相关关系，fsQCA 使用了集合论中关于必要条件和充分条件的理论对案例进行分析。最后，相比于定量研究主要进行大样本研究，而 fsQCA 主要进行中小样本研究，但也适用于大样本的量化分析。而相比传统定性研究，fsQCA 方法运用布尔运算方法简化了对多重因果关联组合的研究，基于集合论思想的充分必要条件分析也更贴合实际情况。

综上所述，本章采用模糊集定性比较分析（fsQCA）的原因如下：第一，因果关系的复杂性。开放式创新的影响因素是一个复杂的系统性过程，是多重前因要素并发的结果。

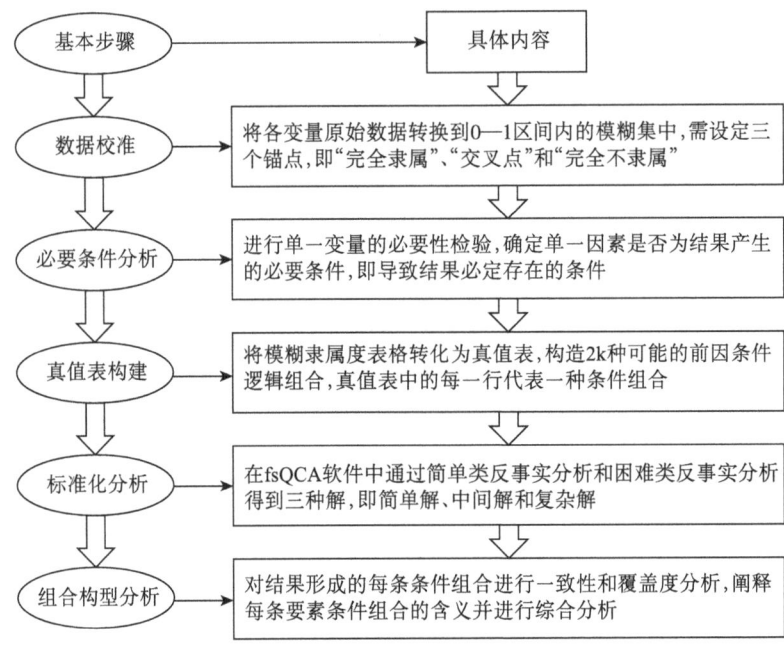

图 5-1 fsQCA 具体操作步骤

fsQCA 方法相较于其他方法在处理这类问题上具有优势;第二,因果路径的非对称性。在开放式创新过程中,不同前因要素对开放式创新影响的方向和程度均存在差别,fsQCA 方法适合解决因果路径的非对称性问题;第三,路径等效性。影响开放式创新的路径可能有很多,不同前因要素组合下的不同路径可能会产生相同的结果,即殊途同归的不同路径,这也符合企业开放式创新的现实情况。

5.1.2 fsQCA 与必要条件分析(NCA)相结合的方法及其适用性

必要条件分析法(NCA)是 2016 年杜尔教授(Jan Dul)提出的一种识别和检验必要非充分条件的研究方法(Dul, 2016)。在传统的因果分析时,大多对充分条件即导致结果出现的条件进行研究,而缺少对必要条件的分析。但是充分条件和必要条件在研究因果关系时应居于同等地位,必要条件的优先级甚至高于充分条件。因为如果必要条件不存在的话,结果也一定不会发生。必要条件分析可以作为现有分析方法的补充,用于复杂因果关系的研究,可以更为全面地解释结果出现的原因,为研究提供新视角。

虽然 fsQCA 方法能识别必要关系,但是仅是定性地陈述某个条件对结果来说是不是必要,无法定量地说明必要的程度,NCA 方法则可以弥补此方面的不足(Dul 等,2020)。这使 NCA 与 fsQCA 的结合具有了更大价值(杜运周等,2020)。因此,本章选用 fsQCA 和 NCA 相结合的方法。首先用 NCA 方法检验各前因要素是否以及在多大程度上为产生高水平开放式创新的必要条件。再用 fsQCA 方法探索开放式创新的前因组态,最后检验 fsQCA 方法分析结果的稳健性。

5.2 问卷数据收集

5.2.1 问卷设计

通过文献梳理以及影响因素识别，本章以 TOE 框架为基础在组态视角下探究企业开放式创新的前因条件，具体来说，技术层面选取了知识管理能力、信息技术能力；组织层面选取了领导风格、战略柔性；环境层面为环境动态性、环境复杂性。本章采用调查问卷的形式收集数据，主要目的是对开放式创新以及其前因变量进行测量。测量量表基于国内外成熟量表并结合开放式创新的特点对题项进行了适当调整，之后进行了预调研对量表题项进行优化，以期保证问卷的信度以及效度。最终的调查问卷包含四个部分，分别为：

（1）标题和引导语。说明进行此次调查的原因、目的、数据将如何使用以及做出保密承诺；

（2）企业基本信息。包括企业性质、企业成立年限、企业规模以及企业所处行业；

（3）受访者信息。包括性别、年龄、受教育程度、工作经验以及职位层级；

（4）问卷主体，即研究变量的衡量。包括开放式创新、知识管理能力、信息技术能力、领导风格（交易型领导风格、变革型领导风格）、战略柔性、环境动态性、环境复杂性的具体测量题项，采用李克特 5 级量表，问卷填写者从"1—非常不同意到 5—非常同意"根据事实进行选择。

5.2.2 变量测量

根据本章的研究模型，需要测量的变量包括技术层面的知识管理能力、信息技术能力；组织层面的领导风格、战略柔性；环境层面的环境动态性、环境复杂性以及开放式创新。为了测量结果的信度以及效度，本章对前因变量的测量均建立在已有的成熟量表之上，并结合本章研究背景进行合理地调整修改。量表修改过程步骤包括：（1）阅读国内外经典文献获得概念的原始量表；（2）对英文量表进行翻译并调整语序使之符合中文表达习惯；（3）邀请研究人员以及相关从业者对量表的测量题目进行筛选。为保证问卷调查的科学性，所有问项均采用李克特五点计分法（1—5 分别表示"非常不同意""不同意""不确定""同意""非常同意"）。

（1）开放式创新（*OI*）。参考 Naqshbandi（2016）、任之光等（2020）的研究，将开放式创新分成内向型开放式创新以及外向型开放式创新进行测量，结合本章研究内容修改调整后，最终量表包含 10 个题项，如"贵公司不断地扫描外部环境，以获取技术、思想、知识等资源；在新产品研发时，贵公司积极寻找外部知识技术和资源来补充内部研发；贵公司相信由外部组织进行商业化有利于提升公司的研发绩效"等。

（2）知识管理能力（*KMC*）。测量量表主要参考了 Quaddus 和 Xu（2005）、黄蕴洁和刘冬荣（2010）的研究，分为知识转移、知识共享与知识整合三个维度。修订后，知识转移和知识共享分别用4个问题项来测量，知识整合用3个问题项来测量，共包含11个问题项，如"贵公司引进外部知识的速度快；贵公司拥有完善的知识传播平台；贵公司员工能够得到较多的有关工作技能的培训和教育"等。

（3）信息技术能力（ITC）。参考殷国鹏和陈禹（2009）、Bharadwaj 等（2000）的研究对信息技术能力进行测量，共包含5个问题项，如"贵公司IT平台可满足员工之间的信息共享、沟通交流等；贵公司IT系统实现与供应商、客户等外部伙伴之间的电子化连接；贵公司IT部门对于系统日常故障的分析原因按程序处理"等。

（4）领导风格（LS）。参考 Bass 等（1985）提出的 MLQ－5X 量表，将领导风格分为交易型领导风格以及变革型领导风格进行测量，分别为4个题目，如"贵公司领导让员工清楚地知道完成目标时可以得到的奖励；贵公司领导很关注员工不规范的行为和例外错误；贵公司领导建议员工从新角度思考如何完成任务"等。

（5）战略柔性（SF）。参考 Sanchez（1995）和 Teece 等（1997）的研究，将战略柔性分为资源柔性以及协调柔性进行测量，分别为4个题项，如"同一种资源在贵公司内部各部门之间的共享程度很高；贵公司有非常通畅的内部沟通渠道和机制；贵公司能够积极、主动地对外部竞争作出反应"等。

（6）环境动态性（ED）。参考 Miller 和 Friesen（1983）以及张颖等（2020）的研究，从技术动态性、市场动态性两方面对环境动态性进行衡量，每个维度分别以3个题项测量，如"我们公司所在行业的技术变化迅速；我们公司所在行业的产品和服务更新速度快；我们公司客户的需求变化速度很快；我们公司的客户总是倾向于寻找新产品"等。

（7）环境复杂性（EC）。关于环境复杂性的测量本章根据 Azadegan 等（2013）、Mikalef 等（2019）开发的量表，共包含4个测量条目，分别为"我们公司所在市场中涉及的不同客户群体的种类非常多；我们公司所在市场中涉及的不同客户群体的客户需求差异很大；我们公司所在市场中销售的产品/品牌数量非常多；我们公司的生产需要很多的技术"。

5.2.3 数据收集情况

本章在正式调研之前进行了预调研，根据预调研收集数据的情况对最终问卷量表的题项进行修改和调整，以期提升问卷质量。预调研问卷回收时间为7天，共计回收130份，剔除无效问卷后得到有效问卷108份，有效回收率为83.08%。之后对预调研数据进行分析，结果显示问卷信效度良好，因而在细微调整后进行正式问卷发放。

本章的问卷发放主要采用线上发放，调查对象主要为企业管理人员以及相关部门（研发部、市场部、销售部等）员工。问卷发放时间为20天，共计回收问卷350份。回收后需对数据进行合理筛选，首先剔除答题时间过短的问卷；之后剔除答案均为同一项的问卷；最后剔除明显事实与逻辑不相符的问卷。最终得到有效问卷306份，有效问卷回收率为87.43%。

5.3 样本数据分析

5.3.1 数据描述性分析

根据表5-1，本次调查的样本企业的基本特征为：企业性质主要是国有企业以及民营企业，大多企业成立年限在10年以上、规模超500人，所处行业涵盖了软件和信息技术服务业，通信设备制造业，新能源、新材料产业，生物医药产业以及化工行业等行业。表5-2数据说明，在306位被调查者中，男女性别占比均在50%左右，说明性别比差异不大；年龄层次大多在26—40岁，说明调查参与者以青壮年为主；本科及以上学历的被试者占比约75%，说明被试者受教育程度较高；工作经验在4—15年占比较多，说明调查对象工作经验较为丰富。总体而言，本次调查的样本符合研究的需要。

表 5-1　　　　　　　　　　样本企业的基本特征

人口统计变量	特征描述	频数	百分比（%）	累百分比（%）
企业性质	国有企业	66	21.6	21.6
	民营企业	136	44.4	66.0
	中外合资	49	16.0	82.0
	外商独资	34	11.1	93.1
	其他	21	6.9	100
企业成立年限	3年以下	23	7.5	7.5
	4—6年	41	13.4	20.9
	7—9年	48	15.7	36.6
	10—12年	53	17.3	53.9
	13—15年	34	11.1	65.0
	16—20年	25	8.2	73.2
	20年以上	82	26.8	100
企业规模	50人以下	29	9.5	9.5
	50—100人	31	10.1	19.6
	100—200人	38	12.4	32.0
	200—500人	48	15.7	47.7
	500—1000人	51	16.7	64.4
	1000—2000人	25	8.2	72.5
	2000—5000人	41	13.4	85.9
	5000人以上	43	14.1	100

续表

人口统计变量	特征描述	频数	百分比（%）	累百分比（%）
企业所处行业	软件和信息技术服务业	27	8.8	8.8
	通信设备制造业	51	16.7	25.5
	新能源、新材料产业	113	36.9	62.4
	生物医药产业	33	10.8	73.2
	化工行业	29	9.5	82.7
	其他行业	53	17.3	100

表 5-2　　样本人员的基本特征

人口统计变量	特征描述	频数	百分比（%）	累百分比（%）
性别	男	155	50.7	50.7
	女	151	49.3	100.0
年龄	25 岁及以下	40	13.1	13.1
	26—30 岁	67	21.9	35.0
	31—35 岁	69	22.5	57.5
	36—40 岁	54	17.6	75.2
	41—45 岁	28	9.2	84.3
	46—50 岁	23	7.5	91.8
	51—55 岁	11	3.6	95.4
	55 岁以上	14	4.6	100
学历	大专以下	28	9.2	9.2
	大专	51	16.7	25.8
	本科	142	46.4	72.2
	硕士	63	20.6	92.8
	博士及以上	22	7.1	100
工作经验	1 年以内	12	3.9	3.9
	1—3 年	36	11.8	15.7
	4—5 年	52	17.0	32.7
	6—10 年	96	31.4	64.1
	11—15 年	71	23.2	87.3
	16—20 年	21	6.9	94.2
	20 年以上	18	5.8	100
职位层级	普通员工	169	55.2	55.2
	基层管理人员	50	16.3	71.5
	中层管理人员	71	23.2	94.7
	高层管理人员	16	5.3	100

5.3.2 量表信效度检验

5.3.2.1 信度分析

信度反映问卷题项与测量数据的精密度以及内部一致性,信度指标越高,证实问卷越值得被信赖。Cronbach's α 系数是最普遍的信度验证指标,一般而言,Cronbach's α 系数应大于 0.7,如果大于 0.9 则说明量表内部一致性非常高。本章采用 SPSS27.0 对变量的量表题项进行信度分析,结果如表 5-3 所示,本章的总体 Cronbach's α 系数为 0.966,说明问卷在总体上具备良好的一致性与可靠性。本章所采用的 7 个测量量表的 Cronbach's α 系数均在 0.8 以上,在 0.865 到 0.930 的范围内,说明各量表均具有较好的一致性。

表 5-3　　　　　　　　　　　信度检验

变量	题项数	部分 Cronbach's α 系数	总体 Cronbach's α 系数
知识管理能力（KMC）	10	0.921	
信息技术能力（ITC）	5	0.879	
领导风格（LS）	8	0.916	
战略柔性（SF）	8	0.913	0.966
环境动态性（ED）	6	0.865	
环境复杂性（EC）	4	0.930	
开放式创新（OI）	10	0.921	

5.3.2.2 效度分析

效度分析用来验证问卷设计结构是否合理,即验证量表的准确性以及有效性。效度分析主要包括内容效度以及结构效度。内容效度反映的是问卷所测结果与预期所测结果之间的相关程度,结构效度则反映量表题项是否能够有效地解释构建的概念模型,并可细分为收敛效度以及区分效度。本章量表采用前人多次验证分析的量表并结合自身研究内容进行修正,这在一定程度上可以保证问卷的内容效度。为了验证结构效度,本章采用探索性因子分析以及验证性因子分析方法。

(1) 探索性因子分析。探索性因子分析主要采用 KMO 值和 Bartlett 球形检验来判断量表是否适合进行因子分析。KMO 值可检测量表题项之间的相关性,其范围通常在 0—1,KMO 值越接近 1 则说明量表题项的相关性越强,也证明越适合进行因子分析。通常,KMO 值若大于 0.7 则说明适合进行因子分析;若大于 0.8 则说明很适合进行因子分析。Bartlett 球形检验可用来说明量表的问项之间是否相互独立,当显著性小于 0.05 时,说明数据在一定程度上相互独立可以进行因子分析。本章利用 SPSS27.0 软件进行分析,结果如表 5-4 所示。本章总体量表的 KMO 值为 0.953,大于 0.7 的标准下限,同时 Bartlett 球形检验在 0.05 水平上显著,说明本章可进行因子分析。

表 5-4　　　　　　　　　总体量表 KMO 和 Bartlett 球形检验结果

	KMO 取样适切性量数	0.953
Bartlett 球形检验	近似卡方	969.620
	自由度	33
	显著性	0.000

（2）验证性因子分析。验证性因子分析验证测量数据显示的各变量共同因子以及测量题项的载荷情况与预期合计因子的理论模型是否相符。本章主要从结构效度、聚合效度和区分效度进行分析。

结构效度。结构效度用来说明量表测量结果与预设理论之间的契合程度。本章使用 Amos23.0 进行验证性因子分析，结构效度检验结果如表 5-5 所示，各项指标均符合其适配值，说明模型拟合结果良好。

表 5-5　　　　　　　　　　结构效度（模型拟合度）

	CMIN/DF	RMSEA	GFI	CFI	IFI	TLI
实测值	1.429	0.038	0.815	0.946	0.946	0.943
适配值	<3	<0.05	>0.8	≥0.9	≥0.9	≥0.9

聚合效度。聚合效度用来验证各变量的测量题项是否可充分代表其描述的变量。本章通过标准化因子载荷量（Estimate）、平均变异萃取量（AVE）以及组合信度（CR）来验证量表的聚合效度。如表 5-6 所示，各变量题项的标准化因子载荷量均大于 0.6，说明各题项代表性较高；AVE 值大于 0.5，CR 值大于 0.7，说明聚合效度良好。

表 5-6　　　　　　　　　　　聚合效度

变量	路径	Estimate	AVE	CR
开放式创新（OI）	IOI1 <---OI	0.704	0.5434	0.9224
	IOI2 <---OI	0.756		
	IOI3 <---OI	0.731		
	IOI4 <---OI	0.783		
	IOI5 <---OI	0.762		
	OOI1 <---OI	0.770		
	OOI2 <---OI	0.676		
	OOI3 <---OI	0.733		
	OOI4 <---OI	0.741		
	OOI5 <---OI	0.709		

续表

变量	路径	Estimate	AVE	CR
知识管理能力（KMC）	KT1 <--- KMC	0.683	0.5358	0.9292
	KT2 <--- KMC	0.725		
	KT3 <--- KMC	0.740		
	KS1 <--- KMC	0.686		
	KS2 <--- KMC	0.736		
	KS3 <--- KMC	0.752		
	KS4 <--- KMC	0.769		
	KI1 <--- KMC	0.776		
	KI2 <--- KMC	0.735		
	KI3 <--- KMC	0.712		
信息技术能力（ITC）	ITC1 <--- ITC	0.756	0.5931	0.8793
	ITC2 <--- ITC	0.770		
	ITC3 <--- ITC	0.759		
	ITC4 <--- ITC	0.795		
	ITC5 <--- ITC	0.770		
领导风格（LS）	ALS1 <--- LS	0.760	0.5737	0.9150
	ALS2 <--- LS	0.749		
	ALS3 <--- LS	0.732		
	ALS4 <--- LS	0.722		
	FLS1 <--- LS	0.764		
	FLS2 <--- LS	0.787		
	FLS3 <--- LS	0.788		
	FLS4 <--- LS	0.755		
战略柔性（SF）	RF1 <--- SF	0.784	0.5702	0.9138
	RF2 <--- SF	0.768		
	RF3 <--- SF	0.751		
	RF4 <--- SF	0.750		
	CF1 <--- SF	0.776		
	CF2 <--- SF	0.730		
	CF3 <--- SF	0.743		
	CF4 <--- SF	0.737		
环境动态性（ED）	TD1 <--- ED	0.788	0.620	0.9074
	TD2 <--- ED	0.760		
	TD3 <--- ED	0.806		
	MD1 <--- ED	0.784		
	MD2 <--- ED	0.789		
	MD3 <--- ED	0.798		
环境复杂性（EC）	EC1 <--- EC	0.795	0.637	0.8752
	EC2 <--- EC	0.808		
	EC3 <--- EC	0.788		
	EC4 <--- EC	0.801		

区分效度。区分效度用于描述各变量之间的差异性,结果如表 5-7 所示,表中对角线值为 AVE 值,其余数量为变量之间相关系数。由表中数据可知,各变量之间显著相关($p < 0.01$),相关系数均小于对应的 AVE 平方根,这说明各变量之间具有相关性且区分度明显,即量表有较好的区分效度。

表 5-7　　区分效度

	KMC	ITC	LS	SF	ED	EC	OI
KMC	**0.5358**						
ITC	0.525**	**0.5931**					
LS	0.514**	0.627**	**0.5737**				
SF	0.462**	0.540**	0.591**	**0.5702**			
ED	0.578**	0.491**	0.539**	0.537**	**0.620**		
EC	0.433**	0.524**	0.543**	0.571**	0.518**	**0.637**	
OI	0.446**	0.489**	0.482**	0.584**	0.533**	0.527**	**0.5434**
AVE 平方根	0.7320	0.7701	0.7574	0.7551	0.7874	0.7981	0.7372

注：** 表示 $p < 0.01$,斜对角线数值为该因子 AVE 值,其余为相关系数。

5.3.3　共同方法偏差检验

本章通过问卷调查方式获得数据,而且关键变量数据均出于此,可能会受到共同方法偏差的影响,主要通过三种方法进行共同方法偏差检验。

首先是 Harman 单因子检验法,将量表所有题项进行未经旋转的主成分因子分析,共得到 7 个特征值大于 1 的因子,且第一个因子解释的变异量为 36%,小于 50% 的临界值(赵红丹,2021)。其次进行单因子模型拟合,各项指标均无法达到适配值,说明单因子模型拟合效果较差(CMIN/DF = 4.347；RMSEA = 0.105；GFI = 0.412；CFI = 0.571；IFI = 0.574；TLI = 0.554)。最后采用非可测潜在方法因子检验方法,将加入共同方法因子的模型和原始模型比较,尽管加入方法因子的模型数据(CMIN/DF = 1.337；RMSEA = 0.033；GFI = 0.835；CFI = 0.959；IFI = 0.960；TLI = 0.955)优于原始模型,但 CFI 比原始模型仅增加了 0.013,低于 0.050 的标准(Gong 等,2022),说明不存在严重的共同方法偏差问题。

5.4　本章小结

本章主要进行数据收集以及初步处理。首先,说明了选择模糊集定性比较分析(fsQCA)方法以及必要条件分析(NCA)方法的原因及其适用性,并对 fsQCA 的具体步骤进行说明。其次,根据已有的成熟量表对开放式创新及其前因变量进行测度,并通过问卷调研的方法收集数据。最后,对数据的信度以及效度进行分析并进行了共同方法偏差检验,验证数据的有效性,为后续对开放式创新前因进行组态分析做好数据支撑。

第6章 开放式创新影响因素定性比较分析

本章在第5章基础上,首先对问卷调查所获数据进行处理,包括进行数据校准、执行必要条件分析、构建真值表,在此基础上使用 fsQCA4.1 软件对研究数据进行标准化分析,识别影响开放式创新的构型组合,进而找到导致高水平开放式创新和非高水平开放式创新的组态路径,并对实证结果的稳健性进行验证,结合相关理论对组态结果进行分析。

6.1 数据处理

6.1.1 数据校准

数据校准是进行模糊集定性比较分析的前提,指将原始数据赋予给定集合隶属值的过程(Pappas 和 Woodside, 2021)。本章采用直接校准法对数据进行校准,校准点的选择应基于实质性的知识或者现有文献认定的外部标准,当缺乏外部标准时,学者们更倾向于选择基于样本百分位数的校准方法(De 等, 2020)。参考 Fiss (2011) 的研究,将前因变量以及结果变量的完全隶属、交叉点以及完全不隶属的3个校准锚点分别设定为问卷原始数据的上四分位数(75%)、中位数与下四分位数(25%),并通过 fsQCA4.1 软件中 Calibrate 函数对各变量进行校准,校准结果如表 6-1 所示。非高开放式创新水平的校准通过取高开放式创新水平的非集实现(杜运周等, 2020)。

表 6-1　　数据校准结果

变量			模糊集校准点		
			完全隶属值	交叉点	完全不隶属值
条件变量	技术因素	知识管理能力（KMC）	4.200	3.650	2.200
		信息技术能力（ITC）	4.200	3.400	2.000
	组织因素	交易型领导风格（ALS）	4.250	3.750	2.250
		变革型领导风格（FLS）	4.250	3.750	2.250
		战略柔性（SF）	4.125	3.438	2.125
	环境因素	环境动态性（ED）	4.167	3.667	2.333
		环境复杂性（EC）	4.250	3.500	2.250
结果变量		开放式创新（OI）	4.000	3.600	2.200

6.1.2 必要条件分析

本章同时应用 fsQCA 的必要条件检验以及 NCA 方法进行必要条件分析,来保证分析结果的精确性和科学性。NCA 方法不仅能够分析特定条件是否为结果的必要条件,还能够分析特定条件在多大程度上是结果的必要条件,即必要条件的效应量(effect size)。在 NCA 方法中效应量也被称为瓶颈水平(bottleneck level),表示必要条件产生特定结果时需达到的最低水平。

本章使用上线回归法 CR 以及上线包络分析法 CE,这两种方法来计算开放式创新前因变量的效应量。效应量的取值范围为 0—1,若效应量小于 0.1,说明效应量处于低水平;若效应量在 0.1—0.3,说明其处于中等水平;效应量越接近于 1,则说明效应越大即水平越高(Dul, 2016)。NCA 方法确定必要条件时必须同时满足两个条件:一是效应量(d)不小于 0.1;二是蒙特卡洛仿真置换检验结果显示效应量是显著的(Dul, 2016)。本章的 NCA 必要条件分析结果如表 6-2 所示。

根据表 6-2,本章研究的 7 个前因变量,即知识管理能力、信息技术能力、交易型领导风格、变革型领导风格、战略柔性、环境动态性以及环境复杂性,其效应量均小于 0.1,p 值大于 0.05,7 个前因变量均不是开放式创新的必要条件。

表 6-2　　　　　　　　　　　NCA 方法必要条件分析结果

前因条件[a]	方法	精确度	上限区域(ceiling zone)	范围	效应量(d)[b]	p 值[c]
知识管理能力	CR	100%	0.000	1	0.000	1.000
(KMC)	CE	100%	0.000	1	0.000	1.000
信息技术能力	CR	100%	0.000	1	0.000	1.000
(ITC)	CE	100%	0.000	1	0.000	1.000
交易型领导风格	CR	100%	0.000	1	0.000	1.000
(ALS)	CE	100%	0.000	1	0.000	1.000
变革型领导风格	CR	96.70%	0.000	1	0.000	1.000
(FLS)	CE	100%	0.000	1	0.000	1.000
战略柔性	CR	94.50%	0.013	1	0.013	0.115
(SF)	CE	100%	0.002	1	0.020	0.323
环境动态性	CR	96.70%	0.019	1	0.019	0.221
(ED)	CE	100%	0.008	1	0.028	0.231
环境复杂性	CR	99.3%	0.015	1	0.005	0.367
(EC)	CE	100%	0.009	1	0.007	0.212

注:a. 校准后模糊集隶属度值。b. $0.0 \leq d < 0.1$:"低水平"; $0.1 \leq d < 0.3$:"中等水平"。c. NCA 分析中的置换检验(permutation test, 重抽次数 = 10000)。

表 6-3 展示了 NCA 的瓶颈水平分析结果,即为实现某一水平(%)的预期结果需要前因条件的最低水平(%)(李永发等,2024)。要达到 80% 的开放式创新水平,需要 0.77% 水平的战略柔性,0.15% 水平的环境动态性和 0.83% 水平的环境复杂性,而其他几个前因变量不存在瓶颈水平。

表 6-3　　　　　　　　　　NCA 方法瓶颈水平(%)分析结果[a]

OI	KMC	ITC	ALS	FLS	SF	ED	EC
0	NN	NN	NN	NN	NN	NN	NN
10	NN	NN	NN	NN	NN	NN	NN
20	NN	NN	NN	NN	NN	NN	NN
30	NN	NN	NN	NN	NN	NN	0.01
40	NN	NN	NN	NN	0.15	NN	0.22
50	NN	NN	NN	NN	0.29	NN	0.47
60	NN	NN	NN	NN	0.47	NN	0.64
70	NN	NN	NN	NN	0.62	NN	0.72
80	NN	NN	NN	NN	0.77	0.06	0.83
90	NN	NN	NN	NN	0.91	0.15	0.93
100	NN	NN	NN	NN	1.00	0.32	1.00

注:a. CR 方法,NN = 不必要。

之后采用 fsQCA 方法检验必要条件,结果如表 6-4 所示,单个条件必要性的一致性小于 0.9,说明本章研究的 7 个前因变量不存在产生高开放式创新水平的必要条件,这与 NCA 分析结果相一致,说明了必要条件检验结果的稳健性。

表 6-4　　　　　　　fsQCA 方法单个条件的必要性检验结果

变量	高开放式创新水平(OI)		非高开放式创新水平(~OI)	
	一致性	覆盖度	一致性	覆盖度
知识管理能力(KMC)	0.668339	0.672248	0.503526	0.490991
~知识管理能力(~KMC)	0.493950	0.506486	0.663880	0.659922
信息技术能力(ITC)	0.735641	0.738382	0.425839	0.414362
~信息技术能力(~ITC)	0.416536	0.428029	0.731135	0.728346
交易型领导风格(ALS)	0.662241	0.692193	0.442053	0.447924
~交易型领导风格(~ALS)	0.471813	0.465893	0.696228	0.666479
变革型领导风格(FLS)	0.690931	0.718285	0.438497	0.441925
~变革型领导风格(~FLS)	0.463177	0.459721	0.720470	0.693237
战略柔性(SF)	0.700381	0.752186	0.381204	0.396888
~战略柔性(~SF)	0.438427	0.422251	0.761979	0.711435
环境动态性(ED)	0.778268	0.765896	0.379954	0.362486
~环境动态性(~ED)	0.352188	0.369448	0.754615	0.767402
环境复杂性(EC)	0.773741	0.780049	0.365870	0.357580
~环境复杂性(~EC)	0.362774	0.371116	0.774949	0.768539

6.1.3 真值表构建

模糊集定性比较分析研究在进行必要条件分析后,需要构建真值表,具体操作为将校准后的数据进行 CSV 格式的数据编码,之后导入 fsQCA4.1 软件通过"Truth Table Algorithm"命令构建真值表。根据定性比较分析方法的原理,多个前因条件构型的组态组合数量与研究选择的条件数成对数关系,即如果一个模糊集存在 k 个前因条件,那么可以构造 2^k 种不同的条件组合,真值表中的每一行代表一种条件构型组合。本章涵盖了开放式创新的 7 个前因变量,在理论上存在的前因组合有 2^7 = 128 种,但在实际中,并非全部的案例均满足所有的组态构型,某些组态构型可能不存在相对应的案例,即逻辑余项。因此需要对涵盖所有组态构型的真值表进行简化,目前主要通过布尔代数实现此过程,得出导致结果出现或者不出现的组态构型结果(Rai 等,2019)。

真值表的构建需要恰当地设置案例频数阈值与一致性阈值。案例频数阈值为分析中需要考虑的最小案例数量,当案例频数阈值降低时,组态结果的覆盖度会增加;而当案例频数阈值提升时,组态结果的一致性会增加。案例频数阈值的设定与研究的样本规模息息相关,一般来说,当样本规模较小时,案例频数阈值设置为 1;当样本规模较大时,案例频数阈值应当提升并至少保留 75% 的总案例。本章的数据数量为 306,样本规模较大,参考 Ragin(2008)的研究,将案例频数阈值设定为 2,保留了 80% 以上的案例。一致性阈值是因果条件组态与每个结果相关联的最低可接受水平,在以往的研究中,有 0.75 和 0.8 两种普遍认可的一致性阈值,本章参考 Pappas(2021)的建议将一致性阈值设定为 0.8。当研究案例的一致性阈值超出设定范围 0.8 时,真值表中作为结果变量的高开放式创新水平设置为 1(OI = 1),反之则为 0。此外,为减少矛盾组态的发生,根据 Jacqueminet(2020)的研究,PRI 一致性阈值设为 0.55,并将低于 0.55 的结果变量赋值为 0。通过 fsQCA4.1 软件进行运算,最后高开放式创新水平组态的真值表共得到 19 种组合情况,高开放式创新水平的组合共有 8 种;非高开放式创新水平组态的真值表共得到 19 种组合情况,非高开放式创新水平的组合共有 8 种;详情如表 6-5 和表 6-6 所示。

表 6-5　　　　　　　　高开放式创新水平(OI)组态的真值表

KMC	ITC	ALS	FLS	SF	ED	EC	OI	raw consist	PRI consist	SYM consist
1	1	1	1	1	1	1	1	0.972203	0.961501	0.961501
1	0	0	0	1	1	1	1	0.982957	0.946651	0.946651
1	1	0	1	0	0	0	1	0.970182	0.898505	0.898504
0	1	1	1	1	0	0	1	0.950296	0.849462	0.849462
0	1	1	1	0	1	1	1	0.933620	0.826549	0.826549
1	1	0	1	0	0	0	1	0.941271	0.806338	0.806338
1	0	1	1	1	1	1	1	0.914118	0.779456	0.791411
1	1	1	1	0	0	0	1	0.843269	0.575370	0.575370

续表

KMC	ITC	ALS	FLS	SF	ED	EC	OI	raw consist	PRI consist	SYM consist
1	1	0	0	0	1	1	0	0.834313	0.496429	0.496429
0	1	1	1	1	0	0	0	0.828402	0.445657	0.445657
1	0	1	1	0	1	1	0	0.881125	0.435114	0.756637
1	0	1	1	0	0	1	0	0.842526	0.429571	0.429571
0	0	1	1	0	0	0	0	0.753438	0.407915	0.407914
0	1	0	0	1	1	1	0	0.839347	0.354083	0.354083
1	0	0	0	1	0	0	0	0.753804	0.335822	0.335822
1	0	0	0	0	0	0	0	0.722197	0.297550	0.297550
1	1	0	0	0	0	0	0	0.753165	0.269663	0.269663
1	0	0	0	0	1	1	0	0.727741	0.166044	0.166044
0	0	0	0	0	0	0	0	0.287877	0.030513	0.030513

表 6-6　　　　　非高开放式创新水平（~OI）组态的真值表

KMC	ITC	ALS	FLS	SF	ED	EC	~OI	raw consist	PRI consist	SYM consist
0	0	0	0	0	0	0	1	0.977587	0.969487	0.969487
1	0	0	0	0	0	0	1	0.945792	0.833956	0.833956
0	0	0	0	0	0	1	1	0.908861	0.730337	0.730337
1	0	0	0	0	0	1	1	0.882326	0.702451	0.702451
1	0	1	0	0	1	0	1	0.875519	0.664179	0.664179
1	0	0	0	0	0	1	1	0.911932	0.645917	0.645917
0	0	0	0	1	1	0	1	0.830133	0.592086	0.592086
0	0	1	0	1	1	1	1	0.881412	0.570429	0.570429
0	1	1	1	1	0	0	0	0.862046	0.544343	0.554343
1	1	0	0	0	1	1	0	0.836663	0.503572	0.503572
0	1	1	1	0	0	0	0	0.787630	0.424630	0.424630
1	0	0	0	1	1	1	0	0.690589	0.205439	0.208589
0	0	1	1	0	1	1	0	0.755473	0.193662	0.193662
0	1	1	1	1	1	1	0	0.683678	0.173451	0.173451
1	1	1	1	1	1	0	0	0.719527	0.150538	0.150538
1	0	1	1	0	1	1	0	0.819010	0.139949	0.243363
0	1	1	1	1	0	1	0	0.736033	0.101496	0.101496
0	1	0	0	0	1	1	0	0.697570	0.053349	0.053349
1	1	1	1	1	1	1	0	0.305772	0.038499	0.038499

6.2 标准化分析结果

真值表构建完成后，使用 fsQCA4.1 软件对研究数据进行标准化分析。此过程会产生组态结果的三种解，即复杂解（complex solution）、简单解（parsimonious solution）和中间解（intermediate solution）。其中复杂解的输出过程较为复杂并且存在普适性较差的缺陷，因而本章主要对标准化分析产生的简单解与中间解进行展示与分析。

6.2.1 高开放式创新水平标准化结果

通过 fsQCA4.1 软件对产生高开放式创新水平的前因组态进行标准化分析，得到简单解和中间解，结果如表 6-7 和表 6-8 所示。表中"~"表示"非"，"*"表示"与"。高开放式创新水平的简单解结果如表 6-7 所示，共包含四条前因组态路径，结果的覆盖度为 0.741，一致性为 0.847。简单解的结果将与中间解的结果相结合形成最终的组态构型结果。

表 6-7　　　　　　　　　　　　高开放式创新水平（OI）简单解

Model: OI = f (KMC, ITC, ALS, FLS, SF, ED, EC)			
Algorithm: Quine - McCluskey			
- - - PARSIMONIOUS SOLUTION - - -			
frequency cutoff: 2			
consistency cutoff: 0.843269			
	raw coverage	unique coverage	consistency
KMC * ~ITC * SF * ED	0.481	0.283	0.894
ITC * FLS * ~EC	0.383	0.074	0.888
~KMC * ALS * EC	0.271	0.093	0.834
KMC * ITC * ~SF	0.200	0.071	0.851
solution coverage: 0.741			
solution consistency: 0.847			

中间解的前因条件组态是研究最终结果的关键。模糊集定性比较分析在条件组态分析时的依据包括："总体覆盖度"的值越接近于 1，则说明输出的前因变量条件组合解释度越高；"总体一致性"的值若大于 0.75 且越接近于 1，则代表呈现的前因变量条件组合与案例数据之间的联系越紧密（张明等，2019）。表 6-8 高开放式创新水平的中间解，共包含五条前因组态路径，每一条路径的一致性高于 0.8，结果的覆盖度为 0.723，一致性为 0.905，说明运行结果真实有效。将中间解的五条路径与简单解的四条路径结合以区分最终组态路径的核心条件和边缘条件，若某条件变量在简单解与中间解中同时出现，则为核心条件，在组态路径中起重要影响作用；若只出现在中间解中，则为边缘条件，起辅助作用（杜运周和贾良定，2017）。

表 6-8　　　　　　　　　　　　高开放式创新水平（OI）中间解

Model: OI = f (KMC, ITC, ALS, FLS, SF, ED, EC)

Algorithm: Quine – McCluskey

- - - INTERMEDIATE SOLUTION - - -

frequency cutoff: 2

consistency cutoff: 0.843269

	raw coverage	unique coverage	consistency
KMC * ~ITC * SF * ED * EC	0.447	0.250	0.914
KMC * ITC * FLS * ~SF * ~ED * ~EC	0.384	0.265	0.973
~KMC * ALS * SF * EC	0.209	0.045	0.889
~KMC * ITC * ALS * ED * EC	0.160	0.004	0.935
KMC * ITC * FLS * ~SF * ~ED	0.154	0.040	0.983

solution coverage: 0.723

solution consistency: 0.905

6.2.2　非高开放式创新水平标准化结果

模糊集定性比较分析方法具有结论非对称性的特点，即产生高开放式创新水平的路径与产生非高开放式创新水平的路径并非简单的相反关系。因而，需要对产生非高开放式创新水平的前因组态路径进行分析研究，作为主要结论的辅助。与分析高开放式创新水平的前因组态相同，使用 fsQCA4.1 软件进行分析，得出产生非高开放式创新水平的简单解与中间解，结果如表6-9和表6-10所示。表中的表中"~"表示"非"，"*"表示"与"。表6-9为非高开放式创新水平的简单解，共包含三条前因组态路径，结果的覆盖度为0.764，一致性为0.885。同高开放式创新水平的简单解一致，简单解需要结合中间解作为最终的前因组态路径进行汇报。表6-10为非高开放式创新水平的中间解，共包含五条组态路径，每一条路径的一致性均高于0.8，结果的覆盖度为0.749，一致性为0.915，运行结果真实有效。

表 6-9　　　　　　　　　　非高开放式创新水平（~OI）简单解

Model: ~OI = f (KMC, ITC, ALS, FLS, SF, ED, EC)

Algorithm: Quine – McCluskey

- - - PARSIMONIOUS SOLUTION - - -

frequency cutoff: 2

consistency cutoff: 0.875519

	raw coverage	unique coverage	consistency
~ITC * ~FLS * ~SF	0.592	0.079	0.832
~SF * ~EC	0.508	0.035	0.856
~KMC * ~ITC * SF	0.199	0.031	0.805

solution coverage: 0.764

solution consistency: 0.885

表 6-10　　非高开放式创新水平（~OI）中间解

Model: ~OI = f (KMC, ITC, ALS, FLS, SF, ED, EC)
Algorithm: Quine - McCluskey
- - - INTERMEDIATE SOLUTION - - -
frequency cutoff: 2
consistency cutoff: 0.875519

	raw coverage	unique coverage	consistency
~ITC * ~ALS * ~FLS * ~SF * ~ED	0.428	0.378	0.937
KMC * ~ITC * ~FLS * ~SF * ~EC	0.377	0.224	0.848
~KMC * ITC * ~FLS * SF * ED	0.225	0.154	0.912

solution coverage: 0.749
solution consistency: 0.915

6.3　组态结果与讨论

6.3.1　高开放式创新水平组态分析

本章采用 fsQCA 研究方法，使用 fsQCA4.1 软件对研究数据进行处理，结果得出五种驱动企业产生高开放式创新水平的前因要素组合。参考 Ragin（2008），用"●"表示前因条件出现，用"⊗"表示前因条件不出现，用空白表示前因条件可有可无。在高开放式创新水平中间解的五种组态结果中，同时存在于中间解和简单解的前因条件，用"●"或"⊗"表示，代表核心条件，即该条件和结果之间具有很强的因果关系；仅存在于中间解的前因条件用"•"或"⊗"表示，代表边缘条件，即该条件和结果之间具有较弱的因果关系。表 6-11 展示了导致高开放式创新水平产生的因素组合。数据显示，这五种组态的总体一致性为 0.905，高于 0.8 的一致性要求，解的可靠性较高。总体覆盖度达到 0.723，说明结果得出的 5 个前因组态构型可以解释约 72% 的案例，解释力度较高。

表 6-11　　高开放式创新水平的条件组态

| 条件组态 | H1 | H2 | H3 | | H4 |
			H3a	H3b	
知识管理能力（KMC）	●	•	⊗	⊗	●
信息技术能力（ITC）	⊗	●		•	●
交易型领导风格（ALS）			●	●	
变革型领导风格（FLS）		●			•
战略柔性（SF）	●	⊗	•		⊗
环境动态性（ED）	●	⊗		•	⊗

续表

条件组态	H1	H2	H3		H4
			H3a	H3b	
环境复杂性（EC）	•	⊗	●	●	
原始覆盖度	0.447	0.384	0.209	0.160	0.154
唯一覆盖度	0.250	0.265	0.045	0.004	0.040
一致性	0.914	0.973	0.885	0.935	0.983
总体覆盖度	0.723				
总体一致性	0.905				

注：● = 核心条件存在；⊗ = 核心条件缺失；• = 边缘条件存在；⊗ = 边缘条件缺失；空白表示前因条件可有可无。

针对表6-11中呈现的五种前因条件组态，本章将具有相同核心条件的组态进行分组，共得到四种不同类型的条件组态，即组态H1、H2、H3、H4。其中，组态H3中包含H3a、H3b两种路径。

6.3.1.1 全能平衡型

组态H1包括一条路径即KMC * ~ITC * SF * ED * EC（知识管理能力 * ~信息技术能力 * 战略柔性 * 环境动态性 * 环境复杂性），其中知识管理能力、战略柔性和环境动态性存在以及信息技术能力缺乏为核心条件，环境复杂性存在为边缘条件。组态H1的一致性为0.914；原始覆盖度为0.447，表明该路径能够解释约45%的企业产生高开放式创新水平的案例。此条路径在五条前因组态路径中具有最高的原始覆盖度，表明大部分的被调研企业通过此条路径实现高水平开放式创新。在这一组态路径中，技术、组织与环境层面均含有一条核心驱动条件，因此将该组态命名为全能平衡型。

此路径表明，在动态复杂的外界环境中，企业作为创新的主体能首先感知到环境的变化，由此调整企业行为以适应环境，这需要企业具备良好的战略柔性水平。动态复杂的环境还意味着新知识、新资源的不断涌现，外部知识库的种类极大丰富，也需要企业具备良好的知识管理能力为提升其开放式创新能力提供条件。具体来说，企业的自身特点决定了其研发投入较高的现状，在快速变化的环境中，战略柔性可发挥其缓冲器作用，保证企业在研发新产品后顺利进行产品迭代，降低此类型行为的风险；同时，企业运用其知识管理能力对出现的新知识、新信息进行搜索并与自身所需资源相整合有助于新的创新点的产生，为企业进行开放式创新提供动力。

6.3.1.2 技术与组织能力联合驱动型

组态H2包含一条路径即KMC * ITC * FLS * ~SF * ~ED * ~EC（知识管理能力 * 信息技术能力 * 变革型领导风格 * ~战略柔性 * ~环境动态性 * ~环境复杂性），其中，信息技术能力与变革型领导风格存在以及环境复杂性缺失为核心条件，知识管理能力存在与战略柔性缺失、环境动态性缺失为边缘条件。组态H2的一致性为0.973；原始覆盖度为0.384，表明该路径能够解释约38%的企业产生高开放式创新水平的案例。此路径因为技术层面与组织层面均存有一条核心条件，呈现出技术与组织能力联动的特征，因此命名为技术与组织能力联合驱动型。

此路径表明，在外界环境较为稳定时，企业可凭借自身的变革型领导风格佐以信息技术能力以及知识管理能力，即使在战略柔性缺失的情况下依然可实现高水平的开放式创新。具体而言，在外界环境较为和谐稳定时，变革型领导更能发挥其洞察力，能够通过对下属的激励和关怀影响员工的工作态度甚至于信念及价值观，让他们更好地完成组织目标并在此过程中产生强大的归属感，满足员工高层次的需求（宋端雅和李金生，2018）。由此，提升员工的主观能动性，为创新构想的诞生创造条件。同时，在稳定的环境中，企业可利用信息技术能力搜索外界知识并进行知识转移将其内化为自身资源，之后依托信息系统来促进各部门的交流，赋予知识整合灵活性以及有效性。

6.3.1.3 交易型领导风格主导的环境驱动型

组态 H3 包含两条路径即 H3a 和 H3b，路径 H3a：~KMC * ALS * SF * EC（~知识管理能力 * 交易型领导风格 * 战略柔性 * 环境复杂性）中知识管理能力缺失、交易型领导风格和环境复杂性存在为核心条件，战略柔性存在为边缘条件，表明企业在复杂的外界环境中无论是否具备良好的知识管理能力，在交易型领导的支持下佐以战略柔性可以产生高水平的开放式创新。而路径 H3b：~KMC * ITC * ALS * ED * EC（~知识管理能力 * 信息技术能力 * 交易型领导风格 * 环境动态性 * 环境复杂性）中同样以知识管理能力缺失、交易型领导风格和环境复杂性存在作为核心条件，而信息技术能力及环境动态性存在为边缘条件，表明企业在面临动态复杂环境时，交易型领导能够统筹信息技术能力即使在知识管理能力缺乏的状况下仍然能够实现高开放式创新水平。

组态 H3 包含的两条路径的一致性均大于 0.8，而且两条路径共覆盖了约 37% 的研究案例，此组态以交易型领导风格以及环境复杂性作为核心条件，因而命名为交易型领导风格主导的环境驱动型。具体来说，外界环境的复杂动态变化给员工的工作业绩造成了很大的不确定性，使其在工作中面临较大的压力。为了避免工作出现失误或者其他潜在风险，也为了降低面对复杂事务的不安感，员工更倾向于依赖设定明确奖惩目标的交易型领导。同时，交易型领导风格强调契约关系，以权变奖励和例外管理为特点，员工完成职权范围内的工作任务之后就会得到奖励，具有时效性，员工会感受到组织给予的重视及关注，更容易调动积极性投入开放式创新活动。

6.3.1.4 技术驱动型

组态 H4 包含一条路径即 KMC * ITC * FLS * ~SF * ~ED（知识管理能力 * 信息技术能力 * 变革型领导风格 * ~战略柔性 * ~环境动态性），其中，知识管理能力与信息技术能力存在以及战略柔性缺失为核心条件，变革型领导风格存在以及环境动态性缺失为边缘条件。组态 H4 的一致性为 0.983；原始覆盖度为 0.154，说明其能解释 15% 左右的产生高开放式创新水平的案例。在此条路径中，技术层面的知识管理能力以及信息技术能力均为核心条件，呈现出技术驱动的特点，因而命名为技术驱动型。

这条路径说明，当企业面临较为稳定的外界环境时，企业能够依托自身的技术条件在变革型领导的指挥下在战略柔性缺失情况下,一样能够实现高水平的开放式创新。具体来说,变革型领导在企业中起着"激励者"的作用,在阐述企业未来发展的目标的同时能够激励员工为实现此目标而奋斗。此时,员工能容易将自身未来与企业发展联系起来,寻求提升企业创新能力的途径。同时,企业的技术层面即知识管理能力能够保障企业在稳定的环境中积极进行知识搜寻,寻找到适合企业自身发展的资源,之后通过信息技术能力及资源整合,这为企业部署提升技术体系和提高开放式创新能力提供了条件。

6.3.2 非高开放式创新水平组态分析

模糊定性比较分析具有因果非对称性的特点,产生高开放式创新水平的原因与非高开放式创新水平的原因并非完全对立,因而需要对产生非高水平开放式创新的组态路径进行探究,本章主要是对产生非高开放式创新水平的组态结果进行阐述。结果如表 6-12 所示,共得出三种产生非高开放式创新水平的组态路径,三种组态路径的总体一致性为 0.915,高于 0.8 的一致性标准,说明结果可靠;总体覆盖率为 0.749,说明约有 75% 导致非高水平开放式创新的案例得以解释。

表 6-12 非高开放式创新水平的条件组态

条件组态	NH1	NH2	NH3
知识管理能力（KMC）	⊗	●	⊗
信息技术能力（ITC）	⊗	⊗	⊗
交易型领导风格（ALS）	⊗		
变革型领导风格（FLS）	⊗	⊗	⊗
战略柔性（SF）	⊗	⊗	●
环境动态性（ED）	⊗		•
环境复杂性（EC）		⊗	
原始覆盖度	0.428	0.377	0.225
唯一覆盖度	0.378	0.224	0.154
一致性	0.937	0.848	0.912
总体覆盖度		0.749	
总体一致性		0.915	

注：● = 核心条件存在；⊗ = 核心条件缺失；• = 边缘条件存在；⊗ = 边缘条件缺失；空白表示前因条件可有可无。

以下是对于产生非高开放式创新水平的三条组态路径的详细阐述：

6.3.2.1 综合缺失型

组态 NH1 包含一条路径即 ~ITC * ~ALS * ~FLS * ~SF * ~ED（~信息技术能力 * ~交易型领导风格 * ~变革型领导风格 * ~战略柔性 * ~环境动态性),其中信息技术能力、变革型领导风格以及战略柔性缺失为核心条件,交易型领导风格和环境动态性缺失为边缘条件。组态 NH1 的一致性为 0.937;原始覆盖率为 0.428,说明可以解释约 43% 的企业产生非高开放式创新水平的案例。此条路径在三条前因组态路径中具有最高的原始覆盖度，表明大部分的被调研企业因为此条路径产生了非高水平的开放式创新。在这一组态路径中，技术、组织与环境层面均有一条核心驱动条件缺失，因此将该组态命名为综合缺失型。

此路径表明，企业在稳定的环境中如果无法形成有效的领导风格缺乏信息技术能力以及不具备良好的战略柔性则无法实现开放式创新。企业若无法形成鲜明的领导风格，作为企业基础的员工则无法得到有效管理，整个企业的运行会受到严重的影响。此时，企业处于无序的混乱状态，也就无法形成信息技术能力，更无法通过信息系统实现各部门的有效交流，不利于创新想法的产生。虽然处于相对稳定的环境中，战略柔性仍可助力企业发掘现有资源的潜在能力，从而为企业分析新的市场需求以及技术图谱贡献力量。如果战略柔性缺失，企业将失去此种助力，更不利于开放式创新活动的开展。

6.3.2.2　组织能力与环境共同缺失型

组态 NH2 包含一条路径即 KMC * ~ITC * ~FLS * ~SF * ~EC（知识管理能力 * ~信息技术能力 * ~变革型领导风格 * ~战略柔性 * ~环境复杂性），其中战略柔性以及环境复杂性缺失为核心条件，知识管理能力存在、信息技术能力和变革型领导风格缺失为边缘条件。组态 NH2 的一致性为 0.848；原始覆盖率为 0.377，表明此路径可解释约 38% 的产生非高开放式创新水平的案例。此条路径因为在组织层面以及环境层面均存在核心条件缺失，因而命名为组织能力与环境共同缺失型。

该路径表明，在较为和谐的环境中，企业如果缺乏战略柔性以及信息技术能力加之变革型领导缺乏的条件下，就算具备良好的知识管理能力也无法助力企业进行开放式创新活动。在外界环境相对和谐稳定时，企业会倾向于维持现状，而非积极进行创新活动为企业寻找新的创新点、增长点，这对企业的战略柔性是十分不利的。即使企业在此时通过知识管理能力搜寻外界知识并进行知识转移内化，也无法弥补信息技术能力欠缺以及无变革型领导发挥激励作用的劣势，企业的开放式创新活动必定会受到不利影响。

6.3.2.3　技术能力缺失型

组态 NH3 包含一条路径即 ~KMC * ~ITC * ~FLS * SF * ED（~知识管理能力 * ~信息技术能力 * ~变革型领导风格 * 战略柔性 * 环境动态性），其中知识管理能力与信息技术能力缺失以及战略柔性存在为核心条件，变革型领导风格缺失以及环境动态性存在为边缘条件。组态 NH3 的一致性为 0.912；原始覆盖率为 0.225，表明此条路径可以解释约 23% 的产生非高开放式创新水平的案例。因为此条路径技术层面的知识管理能力与信息技术能力缺失为核心条件，呈现出技术能力缺失的特点，因而命名为技术能力缺失型。

此路径表明，在动态环境中，企业若不具备良好的知识管理能力以及信息技术能力，同时领导者没有形成变革型领导风格的话，即使具备良好的战略柔性也无法产生高水平的开放式创新。动态的外界环境对企业来说意味着较大的竞争压力，需要形成良好的战略柔性来应对变化迅速的外界环境，但是，此时外界产生压力的同时也具备丰富的知识以及信息资源，如果企业缺乏知识管理能力以及信息技术能力则无法利用丰富的外界资源助力企业开放式创新，形成竞争优势。

6.4 稳健性检验

模糊集定性比较分析的稳健性检验是在基于集合论的逻辑下对变量进行重新分析来检验结果的一致性以及普适性。在进行变量选取以及赋值标准的选择等过程中掺杂着一定的主观性,因而进行稳健性检验是必要的。目前常用的方法有:调整案例频数阈值(如从1提高至2);改变条件变量的校准标准(如将隶属度从0.9,0.5,0.1调整为0.75,0.5,0.25);提高一致性阈值(如将一致性阈值从0.8提高至0.85)等。在进行稳健性检验的过程中,以下两个方面是分辨结果是否稳健的要点:一是分析结果与原组态结果的覆盖率以及一致性的差距,若差距不大则说明原结果稳健;二是检验后的结果与原组态结果之间是否为包含关系,即检验后的结果是否为原始结果的子集,若是则说明原结果稳健(张明和杜运周,2019)。

本章采用了降低频数阈值以及提高一致性阈值的方法对结果进行稳健性检验。首先,将案例频数阈值由2降低到1,产生的结果如表6-13所示。结果的总体覆盖度为0.735,相较于原来的覆盖度0.723略有上升;而结果的总体一致性为0.892,相较于原来的一致性0.905略有下降。虽然组态结果与原结果相比多出一条路径,但是组态H1'的核心条件与原组态H1一致,而且组态H1'是组态H1的子集,其余组态结果并未发生明显变化。然后,将一致性阈值由原来的0.8调整为0.85,运行结果如表6-14所示。结果的总体覆盖度为0.723,总体一致性为0.905,且组态路径与原组态结果完全一致,无发生任何变化。以上结果均表明研究结论具有稳健性,通过稳健性检验。

表6-13 降低案例频数阈值的稳健性检验结果

条件组态	H1'		H2'	H3'		H4'
	H1a'	H1b'		H3a'	H3b'	
知识管理能力(KMC)	●	●	•	⊗	⊗	●
信息技术能力(ITC)	⊗	⊗	●		•	
交易型领导风格(ALS)	⊗	•		●	●	
变革型领导风格(FLS)			●			●
战略柔性(SF)	●	●	⊗	•	⊗	⊗
环境动态性(ED)	●	●	⊗		•	⊗
环境复杂性(EC)	•		⊗	●		
原始覆盖度	0.313	0.158	0.384	0.209	0.160	0.154
唯一覆盖度	0.116	0.127	0.265	0.045	0.004	0.040
一致性	0.901	0.908	0.973	0.885	0.935	0.983
总体覆盖度	0.735					
总体一致性	0.892					

注:●=核心条件存在;⊗=核心条件缺失;•=边缘条件存在;⊗=边缘条件缺失;空白表示前因条件可有可无。

表 6-14　　提高一致性阈值的稳健性检验结果

条件组态	H1''	H2''	H3'' H3a''	H3'' H3b''	H4''
知识管理能力（KMC）	●	•	⊗	⊗	●
信息技术能力（ITC）	⊗	●		•	●
交易型领导风格（ALS）			●	●	
变革型领导风格（FLS）					•
战略柔性（SF）	●	⊗	•	⊗	⊗
环境动态性（ED）	●	⊗		•	⊗
环境复杂性（EC）	•	⊗	●	●	
原始覆盖度	0.447	0.384	0.209	0.160	0.154
唯一覆盖度	0.250	0.265	0.045	0.004	0.040
一致性	0.914	0.973	0.885	0.935	0.983
总体覆盖度			0.723		
总体一致性			0.905		

注：● = 核心条件存在；⊗ = 核心条件缺失；• = 边缘条件存在；⊗ = 边缘条件缺失；空白表示前因条件可有可无。

6.5　研究结论与对策建议

6.5.1　研究结论

本章基于 TOE 框架，结合 fsQCA 和 NCA 方法，从组态视角分析了知识管理能力、信息技术能力、领导风格（交易型领导风格、变革型领导风格）、战略柔性、环境动态性以及环境复杂性对制造企业开放式创新的前因组态路径，主要研究结论如下：

（1）企业的开放式创新是多重前因要素共同作用的结果，不存在单一必要条件。研究采用 NCA 方法发现，在知识管理能力、信息技术能力、领导风格、战略柔性、环境动态性以及环境复杂性等前因要素中的任何一个单一变量均未构成企业开放式创新的必要条件，此结果亦经 fsQCA 的必要条件检验证实，证明了企业开放式创新存在复杂因果机制。

（2）前因条件的不同组合产生的不同路径均可产生高开放式创新水平。研究经由 fsQCA 分析得出推动企业开放式创新的前因组态包括全能平衡型、技术与组织能力联合驱动型、交易型领导风格主导的环境驱动型和技术驱动型四种组态，说明企业需要统筹协调技术、组织以及环境三个层面的资源为实现高水平的开放式创新助力。

（3）导致高开放式创新水平和非高开放式创新水平的前因路径并非完全对立，体现了因果非对称性。研究发现导致企业非高开放式创新水平的路径有 3 条，分别为：综合缺失型、组织能力与环境共同缺失型以及技术能力缺失型。以综合能力缺失型为例，在此类组态中以信息技术能力、变革型领导风格以及战略柔性缺失作为核心条件；而在产生高开放式创新水平的全面平衡型组态中则是以知识管理能力、战略柔性以及环境动态性存在为核心条件，这说明二者之间并非是对立的，而是非对称的。

本章的理论贡献有：（1）打开了 TOE 框架下多重前因组态影响开放式创新水平的"黑箱"。本章基于组态理论引用 TOE 框架，从技术、组织、环境三个维度探讨了制造企业实现开放式创新的多重并发、联动匹配的前因组态，并对比此三个层面在开放式创新方面的差异来更好地说明 TOE 框架下企业实现开放式创新的影响因素，加深对开放式创新背后复杂因果关系的认识。（2）打破了传统方法在探究开放式创新前因要素方面的局限。本章采用模糊集定性比较分析方法（fsQCA）分析了导致高开放式创新水平产生的前因构型组合，深入剖析了其本质原因。现有的实证研究大多是使用回归分析方法解释自变量 X 与因变量 Y 之间的净效应，研究单一因果关系或者内部的作用机制。虽然对内部作用机制进行了探究但是无法解释哪些前因要素的组合可以产生高水平的开放式创新。而 fsQCA 则可以弥补上述局限性，能够回答哪些要素的组合可以导致结果的出现。（3）拓展了探究开放式创新前因的研究领域。多数的研究只关注高水平开放式创新是如何产生并如何发挥作用的，本章基于模糊集定性比较分析（fsQCA）的因果非对称性，在探索出四种产生高开放式创新水平的组态构型后，也分析了导致非高水平的开放式创新的前因组态。通过二者的对比，产生高开放式创新水平的组态构型与导致非高开放式创新水平出现的组态构型并非完全相同，证实了开放式创新的前因要素组合存在因果非对称性，使开放式创新影响因素的研究更为完整。

6.5.2　对策建议

基于本章的研究结论为制造企业提升开放式创新水平提供以下建议：

（1）发挥要素间的协同效应，以组态思维合理部署资源。通过对企业开放式创新的技术、组织和环境三个层面的前因要素分析，可以看出企业开放式创新的复杂性。一方面，企业不能寄希望于某一类要素的提升来产生高水平的开放式创新，也无法对众多影响开放式创新的要素进行全部关注，应该基于组态视角寻找到与企业自身资源条件最为符合的构型组合，提升资源利用率。另一方面，产生高开放式创新水平的路径并非仅有一条，而是存在多条路径产生"殊途同归"的效应。企业可以根据内外部资源来适应外界环境，找到真正适合企业自身的提升开放式创新水平的路径。

（2）以技术条件作为关键资源，为开放式创新赋能。通过对制造企业产生高开放式创新水平的四种组态路径组合进行分析，技术层面的要素在路径 H1、路径 H2 以及路径 H4 中均为核心条件。知识管理能力与信息技术能力的组合一方面能够及时捕捉到外界的新知识、新信息，进行知识资源的收集，拓宽企业的知识资源面；另一方面可通过知识转移与资源编排，使得搜集的资源内化为企业可利用的有效资源，为新的创新点的出现提供助力。此外，技术层面的能力应用可以提高企业内部各部门之间的沟通效率，避免信息的无效传递。在新的创意产生时，企业各部门可及时进行适用性评估，为创新的商业化巩固基础。

（3）关注外界环境变化，形成适配环境的有效领导风格。分析高开放式创新水平的组态路径，可以看出在不同的环境条件下，企业提升开放式创新水平时需要的领导风格是不同的。在路径 H2 中，环境处于较为和谐稳定的状态，变革型领导的长期激励以及愿景导向使企业员工在追随领导完成工作任务的同时更容易产生归属感，更愿意为企业贡献自身创新想法助力企业提升开放式创新水平。而路径 H3 中，企业处于动态复杂的环境中，此时交易型领导可运用自身的领导角色进行即时的奖惩政策，为员工提供明确的工作目标，以自身的"交易"属性"抚平"外界环境的动态变化。因而，企业在寻求提升开放式创新水平时要注重领导与外界环境的匹配性。

本章采用必要条件分析（NCA）与模糊集定性比较分析（fsQCA）结合的方法，对企业的开放式创新影响因素进行了组态分析，回答了提出的研究问题并为企业在实践中提升开放式创新水平提供了参考。但是因为个人能力有限，仍然存在一些不足，需要后续的研究完善：

第一，在变量选择上，本章通过文献研究法以及知识图谱分析法选择了 7 个前因变量，但是还有很多可能对企业开放式创新产生影响的变量未被纳入考量。因而，未来可以探究其他变量之间对企业开放式创新的协同影响。

第二，在研究方法上，虽然模糊集定性比较分析（fsQCA）方法适用于解释如开放式创新前因要素等问题的复杂因果现象，但是此方法存在只研究核心问题的静态关系的弊端。企业在不同的生命周期阶段进行开放式创新活动时受到的影响因素是否不同，需要进行分析。未来研究可以使用动态 QCA 的方法，选择对样本案例进行追踪研究，考察企业的不同生命周期阶段实现高开放式创新水平的不同路径组合。

6.6 本章小结

本章按照 fsQCA 方法的步骤对研究的样本数据进行了数据校准、必要条件检验、构建真值表以及标准化分析。在进行必要条件检验时，本章引入了 NCA 方法对研究必要条件进行补充。在标准化分析数据后，得出了企业开放式创新影响因素的组态结果并对组态结果进行了稳健性检验。产生高开放式创新水平的组态路径共五条，而导致非高开放式创新水平出现的路径有三条，具体如表 6-15 所示。通过对每条路径的详细阐述可知企业的开放式创新并非只受到单一因素的影响，而且开放式创新不同前因要素的组合具有因果非对称性。

表 6-15　　　　　　　　　企业开放式创新水平前因组态结果汇总

结果	组态类型	前因条件组态	对应路径
高开放式创新水平	全能平衡型	**知识管理能力** * **信息技术能力** * 战略柔性 * **环境动态性** * 环境复杂性	H1
	技术与组织能力联合驱动型	知识管理能力 * **信息技术能力** * **变革型领导风格** * ~战略柔性 * ~环境动态性 * 环境复杂性	H2
	交易型领导风格主导的环境驱动型	~知识管理能力 * **交易型领导风格** * 战略柔性 * **环境复杂性**	H3a
		~知识管理能力 * 信息技术能力 * **交易型领导风格** * 环境动态性 * **环境复杂性**	H3b
	技术驱动型	知识管理能力 * **信息技术能力** * **变革型领导风格** * ~战略柔性 * ~环境动态性	H4
非高开放式创新水平	综合缺失型	~信息技术能力 * ~交易型领导风格 * **变革型领导风格** * ~战略柔性 * ~环境动态性	NH1
	组织能力与环境共同缺失型	知识管理能力 * ~信息技术能力 * ~变革型领导风格 * ~**战略柔性** * ~环境复杂性	NH2
	技术能力缺失型	~知识管理能力 * ~信息技术能力 * ~变革型领导风格 * **战略柔性** * 环境动态性	NH3

注：标注粗体为核心条件，未标注为边缘条件。

第三篇

开放式创新对制造企业单一维度高质量发展的影响研究

本篇从经济价值和社会价值两个方面，分别分析开放式创新对企业全要素生产率、ESG 表现和共同富裕的影响，共包括三章内容。第 7 章为开放式创新对制造企业全要素生产率的影响研究，根据社会网络理论、动态能力理论和资源基础理论，分别探究了开放式创新深度、开放式创新广度与制造企业全要素生产率之间的关系，并深入分析动态能力在其中的中介作用。第 8 章为开放式创新对制造企业 ESG 表现的影响研究，聚焦当下"碳达峰、碳中和"的时代主题，研究开放式创新与企业 ESG 表现之间的关系，并从内外部两个视角分别探究了企业创新效率和分析师关注在其中的中介作用。第 9 章为人工智能应用、开放式创新与制造企业共同富裕，在数字化、智能化背景下，将人工智能纳入研究框架，从人工智能对企业开放式创新深度与开放式创新广度的积极影响入手，探究了开放式创新与制造企业共同富裕之间的内在机理，在此基础上，进一步分析了技术市场活跃度和市场竞争在其中的调节作用。

本篇深入剖析了开放式创新对制造企业单一维度高质量发展的影响，从经济价值和社会价值两个维度丰富了开放式创新与企业高质量发展间的作用路径，为制造企业兼顾经济效益与社会责任，从而实现高质量发展提供重要的理论参考。

第7章 开放式创新对制造企业全要素生产率的影响研究

在经济价值获取方面,全要素生产率是衡量企业高质量发展的重要指标之一,其反映了投入转化为最终产出的总体效率,能够衡量各要素在生产过程中的使用效率和强度(鲁晓东等,2012),逐渐成为企业在市场中保持竞争力的关键支撑。众多学者的研究结论指出,市场中微观主体的技术创新意愿和能力可以促进全要素生产率的提高(殷晶晶等,2023),为开放式创新的生产率促进效应提供了初步的理论依据。而作为当前情境下逐渐占据主流地位的创新范式,开展开放式创新实践、提高创新开放程度是否有助于制造企业全要素生产率的提升?二者之间的具体的影响效应和作用机制还值得进一步探究。

本章选取 2013—2020 年沪深 A 股所有制造业上市公司为研究样本,基于创新理论与动态能力理论,探究了开放式创新对制造企业全要素生产率的影响以及动态能力在其中的中介作用,进一步分析了开放式创新与全要素生产率之间的关系在不同情境下的异质性,旨在从企业的经济价值获取角度为开放式创新促进制造企业高质量发展提供经验证据。

7.1 研究背景与研究问题

党的二十大报告强调,要加快实施创新驱动发展战略,着力提高全要素生产率,推动高质量发展。然而,完全依托内部资源进行的封闭式创新难度大、周期长,为了降低研发过程的不确定性、弥补单一企业创新资源缺口,跨越组织边界进行开放式创新成为微观企业的现实选择。然而,开放式创新是一把"双刃剑",在长期以来以"外循环"为主导的发展模式下,我国制造企业曾过度依靠开放式创新,导致自主创新能力不足,在全球价值链中陷入"低端锁定"困境。面对新发展格局下日益复杂化、动态化的竞争环境,开放式创新对企业发展具有怎样的意义?理论层面有待进一步验证。

开放式创新意味着企业突破组织边界,获取、整合内外部资源与创意进行创新研发,并通过内外部多重路径实现创新产品的商业化,其概念最早由 Chesbrough(2003)提出。Laursen 和 Salter(2006)将开放式创新划分为广度与深度两个方面,这种测度方法为其他学者的后续研究提供了重要参考。自开放式创新的概念提出二十余年以来,国内外学者已在该领域取得了丰富的研究成果,有大量文献围绕着开放式创新对企业的影响展开,但结论尚未达成共识。大多数研究表明,开放式创新对企业具有积极意义,会在创新绩效、企业价值、企业成长等多个角度使企业获益。也有部分学者得出了相反的结论,或认为过度的开放会对企业绩效产生负面影响，使二者呈现倒"U"型关系。尽管现有文献已经呈现出了开放式创新在不同情境下，对企业各类绩效指标的差异化影响，但研究成果还未涉及开放式创新导致的技术进步和效率改善为企业带来的总体生产率增长。为此，有必要考察开放式创新与全要素生产率之间的关系。相对于其他指标，明确这一作用将有助于从更全面和长远的角度解答开放式创新对企业发展的意义问题。

全要素生产率是衡量企业高质量发展的重要指标之一，反映了投入转化为最终产出的总体效率，能够衡量各要素在生产过程中的使用效率和强度。市场中微观主体的技术创新意愿和能力被视为全要素生产率增长的关键因素，也有众多学者为此提供了实证证据。如Kijek和Matras-Bolibok（2019）基于欧盟202个地区的截面数据，通过空间滞后模型证明区域创新绩效对全要素生产率产生了正向影响；郭南芸和黄典（2021）采用中国工业企业的面板数据，证明了企业创新行为对工业全要素生产率的显著促进作用。然而，相关文献中仅有少数研究考察了合作的创新形式，如Cincera（2003）的早期研究证明企业参与跨国研发合作促进了生产率的增长，为开放式创新的生产率促进效应提供了初步理论依据。作为当前情境下逐渐占据主流地位的创新范式，开展开放式创新实践、提高创新开放程度是否有助于企业全要素生产率提升？其具体影响效应及作用机制值得进一步探究。

近年来，随着科技革命和产业变革的兴起，企业面临的外部环境愈发复杂多变。在这一背景下，具备动态的应变能力对企业的生产经营至关重要。在剧烈变化的外部环境下，动态能力是开放式创新发挥效用的根本保证。本章利用2013—2020年沪深A股制造业上市公司数据，实证检验开放式创新对企业全要素生产率的影响，以及动态能力对二者关系的中介作用，并探讨不同产权性质、融资约束和生命周期下，开放式创新与全要素生产率关系的异质性。本章的边际贡献在于：第一，基于创新网络理论考察开放式创新对企业全要素生产率的影响效应，丰富和拓展了开放式创新的经济后果评估，也为企业全要素生产率驱动因素研究提供理论支持和经验证据。第二，从动态能力的角度剖析了开放式创新对企业全要素生产率的传导路径，为理解开放式创新与全要素生产率之间的作用机制提供了新的解释。第三，基于异质性视角，在区分企业产权性质、融资约束，以及生命周期的基础上，探讨开放式创新对全要素生产率影响的差异性，为企业因地制宜地制定开放式创新战略、驱动全要素生产率提升提供决策参考。

7.2 理论分析与研究假设

1991年，Freeman基于社会网络理论提出了创新网络概念，将其定义为一种市场和组织相互渗透的形式，形成机制主要是企业间分包、研发合作、技术投资等创新合作关系（Freeman，1991）。一般来说，单个企业自身的资源远远不足以支撑其发展，企业需要的关键资源广泛嵌入在外部社会网络中（Powell等，1996），通过纳入外部资源与合作者构建的创新网络可以成为企业开展创新活动的载体，加速企业创新并快速适应新的市场环境

（杨震宁等，2021）。随着企业开放成为趋势，企业创新网络逐渐演变成开放式的创新网络（Zobel 等，2020），开放式创新与企业创新网络的有机融合也逐渐成为创新网络理论研究的新方向（鲁若愚等，2021）。在此背景下，本章致力于探究开放式创新的经济后果，并基于 Laursen 和 Salter 所提出的开放度概念，从开放式创新广度与开放式创新深度两个方面考察创新开放程度（Laursen 等，2006）。

7.2.1　开放式创新与企业全要素生产率

开放式创新可以使企业的边界模糊化，通过开放式创新所构建的创新网络破除了创新资源跨边界自由流动的瓶颈，实现合作伙伴之间资源的精准对接与高效集成（陈劲等，2006），这极大提高了企业获取资源、利用知识的效率。开放式创新广度主要反映了企业在开放式创新中获取创新资源的来源或渠道的数量，企业提升开放式创新的广度可以参与到更大的创新网络中去。总体来说，企业提升开放式创新广度从以下几个方面对全要素生产率产生积极影响。

第一，开放式创新广度提高意味着企业在开放式创新网络中接触的外部组织的类型更为丰富，拓展了企业的创新边界。当企业不再局限于自己所拥有资源的限制，开始与各类外部组织建立紧密联系，这些组织可能涵盖了上下游供应商、同行业竞争对手等利益相关者。上下游供应商则凭借其对产业链细分环节的精准掌控，协助企业优化原材料供应流程、提升零部件质量，或是拓展产品的市场分销渠道；即便是同行业竞争对手，在特定的开放式创新场景下，双方也能通过联合研发项目等形式，实现优势互补，共同攻克行业共性难题，分摊高昂的研发成本；随着企业与不同的外部组织深度协作，市场中的资源如同拥有了敏锐的"导航系统"，精准地朝着效率更高的生产部门流动汇聚。一方面，在技术研发前端，企业得以获取那些原本分散于各个角落、因信息不对称或组织壁垒而难以企及的优质资源；另一方面，在产品商业化后端，通过与渠道商、营销机构等的合作，企业能够将创新成果以更快的速度、更优的方式推向市场。在此过程中，行业技术突破和产品创新演化的持续推进也促使生产要素在企业内部重新进行分配。企业资源配置不断得到优化，全要素生产率随之提升（黄勃等，2022）。

第二，网络范围扩大意味着企业能够突破地理与行业的限制，从而获取更全面的知识与前沿技术等创新资源。企业不再局限于自身所处的狭小圈子，通过积极拓展开放式创新网络，来自外部的多样化知识为技术研发注入磅礴的源动力。而"知识"对于企业创新而言是至关重要的，由知识碰撞可能会引发创意涌动，一方面，在产品设计环节，全新的理念促使企业打破传统思维定式，设计出功能更强大、更贴合用户需求且独具差异化竞争优势的产品。另一方面，在生产制造过程中，前沿技术的引入推动企业采用更先进的生产工艺，如 3D 打印技术、智能制造生产线等，极大地缩短产品生产周期、降低生产成本、提高生产精度，全方位地实现生产效率的显著改善，使企业在激烈的市场竞争中立于不败之地。总之，企业内部知识体系得到有益补充，同时内外部知识的结合与碰撞进一步激发了企业的新创意与新理念（Czarnitzki 等，2012），有助于企业通过技术进步实现生产效率的改善。

第三，在当今复杂多变且竞争激烈的商业环境中，信息作为一种至关重要的战略资源，深刻影响着企业的生产经营轨迹与发展兴衰。开放式创新广度更高的企业拥有广泛的信息来源，更容易获取关系企业生产经营的关键信息与经验。通过与上下游产业链伙伴建立深度合作关系，得以穿透供应链各环节之间的信息壁垒，例如，上游供应商熟知原材料的市场价格波动趋势、新型材料的研发进展以及供应能力的动态变化，而下游经销商则紧握终端消费者的需求偏好、市场容量的季节性变化以及竞争对手产品在销售端的实时反馈。开放式创新广度更高的企业借助紧密的协作机制，可以及时调整生产规模应对市场波动，最大程度降低因信息不对称带来的经营风险。这有助于企业明确自身发展方向、降低研发不确定性与试错成本，从而减少生产研发中的资源损耗，提高生产效率（蔡双立等，2022）。

基于以上分析，本章提出如下假设：

H1a：提高开放式创新广度有助于提升企业全要素生产率。

7.2.2 开放式创新深度与企业全要素生产率

开放式创新深度反映了企业与外部创新资源合作的紧密程度，企业通过提升开放式创新深度可以加强与网络中其他成员的合作关系。企业深入开展创新合作，提高创新开放深度对全要素生产率具有积极影响。

第一，深入的创新合作有助于组织间形成信任关系，促进组织间的强连接。当组织间彼此信赖，信息得以顺畅流通，在合作研发新产品的进程中，抑制了诸如隐瞒关键信息、单方面违约等机会主义行为，如此一来，企业自然不必再投入大量人力、物力进行过度搜索，反复甄别合作对象的诚信度，从而降低因过度搜索导致的运营成本与监管成本（蔡双立等，2022）。与此同时，随着信任纽带的加固，开放式创新网络的稳定性显著增强。无论是面对政策法规、市场需求还是技术革新冲击等外部环境的不确定性造成的风险，稳固的创新网络都能帮助企业迅速调整创新策略，灵活调配资源，确保创新进程不受大的干扰。这有效降低了外部环境不确定性引发的诸多风险，从而保障企业对创新资源的吸收、利用与创新成果转化效率，带动企业整体效率提升（赵红，2020）。

第二，这种基于价值共创的信任关系赋予了网络成员进行隐性知识交换的动机。隐性知识通常隐匿于个体的经验、技能、思维模式以及组织的文化、流程、默契之中，具有难以模仿、难以复制的特点，竞争对手难以通过常规手段进行窃取。而较高的创新开放深度有助于企业以干中学的方式获取技术型和认知型的隐性知识。企业知识体系得到进一步完善，且员工能够通过隐性知识的分享将其转化为技术资源，促进企业知识价值最大化（周燕等，2023）。因此，提高创新开放深度有助于企业利用外部知识与资源提升技术水平，进一步改善生产效率。

基于以上分析，本章提出如下假设：

H1b：提高开放式创新深度有助于提升企业全要素生产率。

7.2.3　开放式创新与企业动态能力

近年来，随着科技革命和产业变革的兴起，企业面临的外部环境愈发复杂多变。在这一背景下，具备动态的应变能力对企业的生产经营至关重要。动态能力指企业对内外部资源进行整合、构建和再配置的能力（David 等，1994），参考龚一萍（2011）的研究，本章将动态能力视作涵盖了资源整合、学习吸收与变革创新三个维度的综合能力，并基于以上三个维度探讨开放式创新对动态能力的影响。其中，资源整合能力是企业结合外部环境变化对资源进行协调配置的能力，学习吸收能力指企业利用从外部获取与内部积累的知识资源创造新知识的能力，变革创新能力则是企业重构传统模式和惯例、不断自我更新与突破的能力。企业积极开展广泛、深入的创新合作，提高开放式创新广度、深度对企业动态能力的构建与发展具有积极的促进作用。

首先，扩大创新开放程度为企业在动态环境下协调与整合资源提供了指导。广泛的创新合作拓宽了企业的信息来源，为企业掌握产品市场需求变动、预测行业技术发展趋势提供基础，提高了企业结合环境变化调整资源规划的能力。而更深入的创新合作容易形成高质量信任关系，使企业在获取较多资源的同时承担较低的交易成本，从而帮助企业实现资源配置的布局优化和动态更新，促进资源整合的动态能力提升（Mark 等，2010）。其次，创新合作关系促进了组织间的人才交流，这种跨组织的人才流动，为企业注入了源源不断的发展活力，尤为突出的是有利于企业引入那些具备前沿视野、精湛技能的高素质员工（徐茜，2020）。员工素质的改善能够以前所未有的深度和广度实现外部多元化知识挖掘与内部专业化知识渗透。一方面，高素质员工凭借自身广泛的学术与社交网络，能够敏锐地捕捉到来自不同领域、不同地域的多元化知识信息，并将这些前沿知识引入企业以拓宽企业的知识视野；另一方面，他们依托扎实的专业背景，将引入的外部知识与企业内部长期积累的专业化知识有机融合，渗透到产品研发、生产制造、市场营销等各个环节，并在竞争中及时创新、更新现有核心知识，学习吸收的动态能力得以提升。最后，在开放式创新模式下，企业通过与合作伙伴的分工降低了风险承担水平与研发总成本（锁箭等，2021）。研发风险降低有助于激发企业的自主创造精神（张昊等，2023），而成本降低使企业有更充足的资本投入研发活动，促使其及时更新创新研发战略（Chen 等，2018），企业自我突破与持续创新的动态能力得以提升。基于以上分析，本章提出如下假设：

H2a：提高开放式创新广度有助于提升企业动态能力。
H2b：提高开放式创新深度有助于提升企业动态能力。

7.2.4　开放式创新、动态能力与企业全要素生产率

根据 Teece 动态能力理论的思想，动态能力能够加速企业从创新成果到商业利益的转化过程，是企业持续竞争优势的重要来源（Teece 等，1999）。在当今瞬息万变的社会环境中，市场格局风云变幻，技术迭代日新月异，企业面临着前所未有的机遇与挑战。本章坚定地认为，动态能力已然成为企业在这场激烈角逐中实现技术进步与革新的核心关键因

素。具备动态能力的企业，能够凭借自身敏锐的市场洞察力、高效的数据收集与分析体系，精准探知外部环境的变化，并且，企业能够迅速且灵活地做出针对性反应，及时优化内部流程、调配资源，全方位促进企业生产效率的提升改善，为自身的持续发展筑牢根基。

首先，从资源整合角度来看，具备较高动态能力使企业能够快速反应，在复杂的管理情境下依循效率最大化目标迅速且精准地对人力、物力、财力等各类资源进行统筹调配，从而形成有价值的资源组合，有效规避了因资源错配而导致的效率低下、成本增加等问题，切实防止资源配置扭曲与全要素生产率损失，为企业的稳健前行保驾护航。其次，从学习吸收角度来看，高度不确定性的背景下，不断学习新知识的能力在企业适应外部环境的过程中发挥着重要作用（高慧等，2022）。这一维度的动态能力有助于企业扩展知识结构，提高对市场中知识资源与发展机会的敏感性，并将其价值内化吸收为发展动力（Jiao 等，2021）。最后，从创新变革角度来看，动态能力提高了由创新资源到成果产出的转化效率，以此响应新的市场趋势与消费需求、优化内部管理流程与规范，使企业得以保持领先于竞争对手的较高的生产率水平。因此，动态能力使企业外部获取与内部积累的资源能够在复杂环境下得到更高效的利用。而提高开放式创新广度、深度在获取外部信息与资源的同时驱动了动态能力的形成与提升，从而更好地发挥创新资源的经济价值。

基于此，本章提出如下假设：

H3a：提高开放式创新广度通过提升动态能力驱动企业全要素生产率提升。

H3b：提高开放式创新深度通过提升动态能力驱动企业全要素生产率提升。

7.3 研究设计

7.3.1 样本选取与数据来源

本章选取 2013—2020 年沪深 A 股所有制造业上市公司作为初始研究样本，构建面板回归模型以研究开放式创新对企业全要素生产率的影响。参考以往文献对相关数据进行如下处理：（1）剔除 ST 类上市公司数据；（2）剔除数据缺失值、极端值及异常值；（3）对除虚拟变量外的其他相关变量进行 1% 和 99% 水平的缩尾处理。经筛选，最终得到涵盖 2108 家企业的 12271 个有效样本。解释变量开放式创新数据通过专利数据库收集整理，企业全要素生产率设计变量及控制变量主要来自 CSMAR 数据库。

7.3.2 变量定义及测量

7.3.2.1 被解释变量：全要素生产率

现有文献主要采用 OP 法、LP 法、OLS 法等测度方法计算全要素生产率。其中，OP 法放弃了存在数据缺失的样本，结果可能存在一定偏差。而 Levinsohn 和 Petrin（2003）提出了 LP 法以解决这一偏差问题，使用该方法的计量结果相对更加可靠。基于此，本章选取 LP 法对全要素生产率进行测度。测算方法见第 3 章公式 (3-1)。

7.3.2.2 解释变量：开放式创新

本章参考赵红（2020）通过使用广度与深度两个维度测度企业开放式创新，以反映企业内部整合与利用外部资源的强度。其中，开放式创新广度体现企业通过开放式创新建立合作联系的外部创新源数量，使用企业联合申请专利涉及的合作单位数量进行度量；开放式创新深度则反映了企业开放式创新中与外部创新源交流合作的频率，使用企业与其他单位联合申请的专利数量进行度量。

7.3.2.3 中介变量：动态能力

本章参考龚一萍（2011）从资源整合、学习吸收与变革创新三个维度衡量企业的动态能力。具体而言，使用总资产周转率度量企业资源整合能力，以大专以上员工的比例度量组织学习能力，以研发支出占比度量创新能力。由于企业研发支出数据大量缺失，本研究使用无形资产与总资产比率代替度量。使用熵值法对各维度指标赋权，计算企业的综合动态能力指标。

7.3.2.4 控制变量

借鉴龚一萍（2011）现有研究，本章控制了其他因素对全要素生产率可能带来的影响，具体变量定义如表 7-1 所示。此外，本章还控制了模型中不随时间、企业所在省份及行业变化的其他不可观测因素。

表 7-1 变量定义及说明

变量类型	变量名称	变量符号	说明
被解释变量	全要素生产率	TFP	以 LP 法计算的企业全要素生产率
解释变量	开放式创新广度	$Breadth$	ln（企业创新涉及合作单位数量 +1）
	开放式创新深度	$Depth$	ln（企业与合作单位合作创新频次 +1）
中介变量	动态能力	DC	以熵值法计算的企业动态能力
控制变量	企业规模	$Size$	ln（员工人数）
	企业成长能力	$Growth$	营业收入增长率
	企业盈利能力	ROA	资产回报率
	财务杠杆	$Leverage$	资产负债率
	研发投入水平	RD	研发投入占营业收入比率
	营商环境	$Envir$	城市经济竞争力指数
	股权集中度	$Top10$	前十大股东持股比例
	经济发展水平	$lnGdp$	ln（地区 GDP）
	年份	$Year$	年份虚拟变量
	省份	$Province$	省份虚拟变量
	行业	$Industry$	行业虚拟变量

7.3.3 模型构建

基于上述分析，本章构建以下固定效应回归模型以检验企业开放式创新对全要素生产率的影响：

$$TFP_{i,t} = \beta_0 + \beta_1 Breadth_{it} + \beta_2 Controls_{i,t} + \sum Year + \sum Province + \sum Industry + \varepsilon_{i,t} \quad (7-1)$$

$$TFP_{i,t} = \beta_0 + \beta_1 Depth_{it} + \beta_2 Controls_{i,t} + \sum Year + \sum Province + \sum Industry + \varepsilon_{i,t} \quad (7-2)$$

其中，i 表示企业，t 表示年份，$Controls$ 表示所有控制变量，β_0 为常数项，其他变量符号如表7-1所示。

为考察开放式创新对企业全要素生产率影响的作用路径，本章参考温忠麟等（2004）的方法，在主效应回归模型的基础上构建了以下中介效应模型进行实证检验：

$$DC_{i,t} = \beta_0 + \beta_1 Breadth_{i,t}(Depth_{i,t}) + \beta_2 Controls_{i,t} + \sum Year + \sum Province + \sum Industry + \varepsilon_{i,t} \quad (7-3)$$

$$TFP_{i,t} = \beta_0 + \beta_1 Breadth_{i,t}(Depth_{i,t}) + \beta_2 DC_{i,t} + \beta_3 Controls_{i,t} + \sum Year + \sum Province + \sum Industry + \varepsilon_{i,t} \quad (7-4)$$

式（7-3）和式（7-4）中 DC 表示中介变量动态能力。式（7-3）用于检验开放式创新对中介变量动态能力的影响，式（7-4）在主效应回归模型的基础上加入中介变量，考察回归中开放式创新广度、深度系数与主效应模型相比是否降低。若系数有所下降且动态能力变量系数显著，可认为中介效应有效，开放式创新通过提高企业动态能力驱动全要素生产率提升。

7.4 实证过程及分析结果

7.4.1 描述性统计

描述性统计结果如表7-2所示。全要素生产率（TFP）均值为9.013，标准差为0.989，与黄勃等（2023）的结果基本一致。开放式创新广度（$Breadth$）平均值为0.750，标准差为0.589，深度（$Depth$）平均值为0.666，标准差为1.242，标准差与均值相比较高，说明我国企业当前开放式创新实践水平存在较大的差距，有待进一步普及开放式创新模式以及引导企业参与开放式创新。

表7-2　描述性统计结果

变量	Mean	SD	Min	Median	Max
TFP	9.013	0.989	6.924	8.917	11.821
Breadth	0.750	0.589	0.000	0.693	2.708
Depth	0.666	1.242	0.000	0.000	5.313
DC	0.101	0.048	0.015	0.092	0.596
Size	0.004	0.089	-0.033	0.001	8.659

续表

变量	Mean	SD	Min	Median	Max
Growth	0.044	0.062	-0.209	0.041	0.214
ROA	0.388	0.186	0.059	0.379	0.863
Leverage	0.048	0.049	0.000	0.039	1.516
RD	0.351	0.259	0.043	0.298	1.000
Envir	0.585	0.141	0.244	0.593	0.883
Top10	10.719	0.743	7.446	10.835	12.599
lnGdp	0.004	0.089	-0.033	0.001	8.659

7.4.2 开放式创新对企业全要素生产率主效应回归结果

根据 Hausman 检验结果，本章选择多维固定效应模型检验开放式创新对企业全要素生产率的影响，结果如表 7-3 所示。第（1）、第（4）列为不控制任何因素的回归结果，第（2）、第（5）列加入了各控制变量，第（3）、第（6）列进一步控制了年份、省份及行业固定效应。结果表明，各模型中开放式创新广度及深度系数均为正且在 1% 水平上显著，加入所有控制变量后系数分别为 0.080 及 0.051，表明企业与外部创新源进行广泛、深入的合作有助于提高企业全要素生产率，假设 H1a、假设 H1b 得到支持。

表 7-3　　　　　　开放式创新对企业全要素生产率主效应回归结果

Variables	(1)	(2)	(3)	(4)	(5)	(6)
Breadth	0.142***	0.059***	0.080***			
	(13.63)	(7.42)	(9.44)			
Depth				0.057***	0.229***	0.051***
				(11.71)	(6.16)	(12.29)
Size		0.461***	0.556***		0.462***	0.550***	0.461***
		(55.33)	(105.85)		(55.51)	(104.53)	(55.33)
Growth		0.003	-0.023		0.003	-0.028
		(0.11)	(-0.44)		(0.11)	(-0.55)
ROA		1.846***	3.003***		1.843***	3.002***
		(29.85)	(34.93)		(29.77)	(35.08)
Leverage		0.652***	1.084***		0.649***	1.080***
		(19.02)	(33.12)		(18.93)	(33.13)
Lev		-1.601***	-1.995***		-1.598***	-1.997***
		(-17.71)	(-18.87)		(-17.66)	(-18.99)
RD		0.326***	0.128***		0.330***	0.128***
		(16.32)	(4.29)		(16.49)	(4.33)
Envir		-0.312***	0.023		-0.318***	0.031
		(-7.00)	(0.65)		(-7.13)	(0.89)
Top10		0.175	0.006		0.176***	0.006
		(24.57)	(0.32)		(24.75)	(0.42)

续表

Variables	(1)	(2)	(3)	(4)	(5)	(6)
lnGdp		0.107***	0.066*		0.103***	0.107***
		(3.62)	(1.93)		(3.48)	(3.64)
Constant	8.907***	3.327***	4.056***	8.975***	3.336***	4.120***
	(1056.61)	(33.73)	(24.28)	(1972.87)	(33.75)	(24.73)
Year	NO	NO	YES	NO	NO	YES
Industry	NO	NO	YES	NO	NO	YES
Province	NO	NO	YES	NO	NO	YES
N	12271	12271	12271	12271	12271	12271
R^2	0.018	0.434	0.743	0.013	0.433	0.745
F	185.73***	865.93***	3035.13***	137.09***	862.58***	3062.34***

注：*、**、***分别表示在10%、5%、1%水平上显著，括号内为t值，本章下同。

7.4.3 开放式创新对全要素生产率主效应稳健性检验

7.4.3.1 反向因果关系检验

在开放式创新促进企业全要素生产率提升的同时，生产效率的改善也可能反过来使得企业更愿意开放外部合作以取得创意与资源，即开放式创新与企业全要素生产率之间存在潜在的反向因果关系。为解决这一问题，本章使用工具变量法对主效应进行稳健性检验。本章选取企业所属行业的新产品开发项目数量（$Newproject$）作为工具变量，原因在于：创新产品与资源对于同行业企业而言具有更高的实用价值，能够为企业开展广泛、深入的创新合作提供强烈动机，因此行业新产品开发项目数量与企业开放式创新水平存在一定的正相关关系，而与各企业全要素生产率无直接关联，满足了工具变量的外生性要求，且在第一阶段回归检验中，F值分别为162.37与159.20，均大于10，通过弱工具变量检验，因此可作为工具变量进行两阶段最小二乘回归。由表7-4第（1）~（4）列可得，第一阶段工具变量及第二阶段广度、深度系数均在1%水平上显著为正，说明开放式创新正向作用于企业全要素生产率，验证了本章主效应检验结果。本章还将所有解释变量滞后一期进行了回归，第（5）、第（6）列显示主效应回归结果依然稳健。

表7-4 两阶段最小二乘及滞后变量检验

Variables	2SLS				Lagged	
	(1)	(2)	(3)	(4)	(5)	(6)
	Breadth - stage 1	Breadth - stage 2	Depth - stage 1	Depth - stage 2	TFP	TFP
$Breadth$		0.864***		0.476***	0.080***	
		(4.75)		(4.51)	(8.60)	
$Depth$						0.053***
						(12.19)

续表

Variables	2SLS				Lagged	
	(1)	(2)	(3)	(4)	(5)	(6)
	Breadth-stage 1	Breadth-stage 2	Depth-stage 1	Depth-stage 2	TFP	TFP
Newproject	0.035***		0.064***			
	(6.87)		(5.90)			
Constant	-1.568***	4.481***	-3.494***	4.791***	4.217***	4.289***
	(-14.07)	(20.19)	(-14.85)	(16.17)	(24.20)	(24.68)
Controls	YES	YES	YES	YES	YES	YES
N	12271	12271	12271	12271	10076	10076
R^2	0.107	0.505	0.105	0.450	0.746	0.748
Wald chi2		16928.32***		15235.04***		
F	162.37***		159.20***		2550.35***	2577.49***

7.4.3.2 样本自选择问题

由于参与开放式创新的企业自身条件有一定差异，且借助开放式创新促进动态能力与生产效率提高是企业自主选择的结果，为了控制样本自选择问题可能带来的影响，本章采用倾向得分匹配（PSM）及 Heckman 两阶段模型，以降低样本自选择误差。首先，基于无放回的 1∶1 最近邻匹配对样本进行 PSM 回归，所得结果如表 7-5 第（1）、第（2）列所示。可以发现，开放式创新广度与深度系数分别为 0.089 和 0.048，且均在 1% 水平上显著为正，表明在控制样本自选择问题后，开放式创新对企业全要素生产率的影响依然稳健。其次，选取 Heckman 两阶段模型进一步控制不可观测因素的影响，检验结果如表 7-5 第（3）~（6）列所示。在第（3）、第（4）列的第二阶段回归结果中，逆米尔斯比率显著为正，说明主效应存在一定自选择问题，采用 Heckman 两阶段模型回归结果有效。开放式创新广度、深度均对企业全要素生产率发挥显著正向促进作用（广度：$\beta = 0.179$，深度：$p < 0.01$；$\beta = 0.056$，$p < 0.01$），说明本章结论稳健。

表 7-5　　　　　　　　PSM 及 Heckman 两阶段模型检验

Variables	PSM		Heckman			
	(1)	(2)	(3)	(4)	(5)	(6)
	TFP	TFP	Breadth-stage1	Breadth-stage2	Depth-stage1	Depth-stage2
Breadth	0.089***			0.179***		
	(7.22)			(14.78)		
Depth		0.048***				0.056***
		(8.75)				(13.74)
Newproject			0.080***		0.058***	
			(5.15)		(3.55)	

续表

Variables	PSM		Heckman			
	(1)	(2)	(3)	(4)	(5)	(6)
	TFP	TFP	Breadth-stage1	Breadth-stage2	Depth-stage1	Depth-stage2
IMR				-0.107***		-0.034***
				(-11.38)		(-5.05)
Constant	4.106***	4.438***	-89.490***	4.171***	-45.77***	4.207***
	(17.16)	(19.77)	(-7.33)	(25.06)	(-3.77)	(25.14)
Controls	YES	YES	YES	YES	YES	YES
N	5160	6600	12271	12271	12271	12271
R^2	0.761	0.737	0.055	0.746	0.066	0.745
LR chi2			750.31***		987.36***	
F	1374.27***	1524.41***		2773.39***		2764.19***

7.4.3.3 安慰剂检验

虽然本章控制了企业因素和环境因素所造成的影响，但还可能存在其他未被观测或随机因素影响研究结果的有效性。为排除相关因素及模型设定问题，本章通过 500 次随机抽样生成实验组并对样本进行稳健性检验。进行 500 次回归所得广度、深度系数及 T 值分布分别如图 7-1、图 7-2 所示，可见系数及 T 值均在 0 值附近呈正态分布，偏度未显著异于 0，说明不存在本章构造的虚拟处理效应，回归结果基本不受遗漏变量或其他随机经济因素影响。

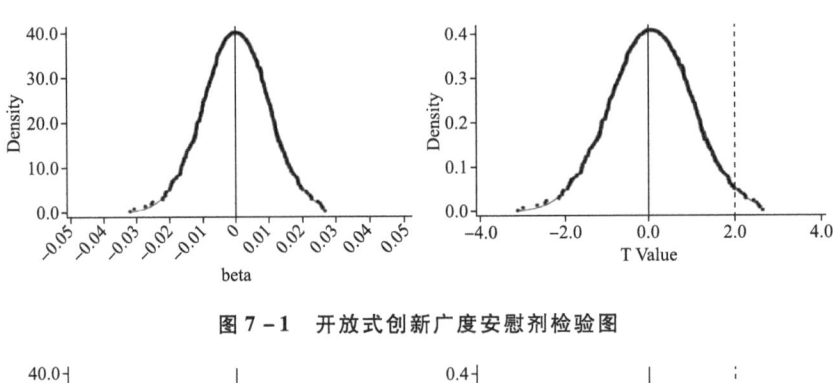

图 7-1　开放式创新广度安慰剂检验图

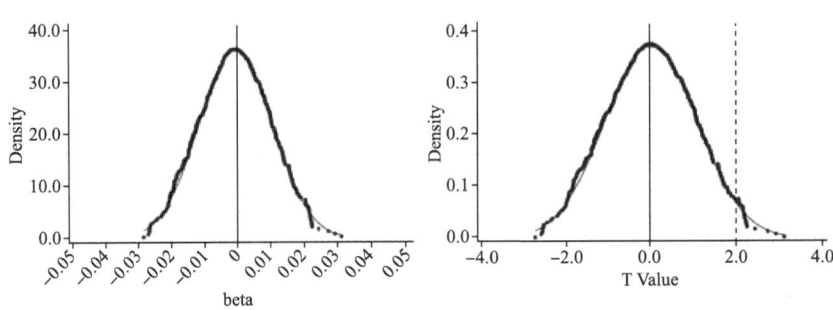

图 7-2　开放式创新深度安慰剂检验图

此外，本部分还参考鲁晓东和连玉君（2012）的研究，使用以 OP 法、OLS 法测度的全要素生产率代替以 LP 法测度的全要素生产率作为自变量，再次对主效应进行检验，结果仍与原假设结论一致，说明主效应稳健性较强。

7.4.4 动态能力中介作用检验过程及结果分析

在主效应检验中，证明了开放式创新对企业全要素生产率的积极影响，下文将针对动态能力在开放式创新与高质量发展关系中发挥的作用进行进一步检验。表 7-6 中，第（2）、第（3）列及第（5）、第（6）列为企业动态能力中介作用检验结果。第（2）、第（4）列显示，企业开放式创新广度、深度系数分别为 0.008 与 0.004（$p<0.01$），证明开放式创新有助于企业动态能力提升，假设 H2a、假设 H2b 得到支持。第（3）、第（6）列反映了加入中介变量动态能力后开放式创新与企业全要素生产率之间的关系，可见开放式创新广度、深度及动态能力系数依然与企业全要素生产率显著正相关，与主效应相比广度、深度系数均有所降低，分别为 0.049 与 0.034（$p<0.01$），证明动态能力在开放式创新与全要素生产率间发挥中介作用。以上回归结果表明，实施开放式创新战略、与外部单位交流合作，有助于培养企业吸收、整合、重构外部资源的动态能力，进而助力企业提升全要素生产率，假设 H3a、假设 H3b 得到支持。

表 7-6　　　　　　　　　动态能力的中介作用检验

Variables	(1)	(2)	(3)	(4)	(5)	(6)
	TFP	DC	TFP	TFP	DC	TFP
Breadth	0.080***	0.008***	0.049***			
	(9.44)	(11.82)	(5.97)			
Depth				0.051***	0.004***	0.034***
				(12.85)	(12.63)	(8.78)
DC	0.556***		3.846***	0.551***		3.806***
	(103.68)		(35.52)	(102.51)		(35.18)
Constant	4.056***	0.082***	3.756***	4.120***	0.087***	3.805***
	(24.28)	(5.99)	(23.55)	(24.73)	(6.36)	(23.88)
Controls	YES	YES	YES	YES	YES	YES
N	12271	11705	11705	12271	11705	11705
R^2	0.743	0.290	0.770	0.745	0.291	0.771
F	3035.129***	166.700***	3038.542***	3062.343***	169.153***	3053.513***

为明确动态能力在开放式创新与企业全要素生产率间的中介作用，本章采用 Sobel 检验与 Bootstrap 检验两种方法进行进一步检验，结果如表 7-7 所示。Sobel 检验中，Z 值均大于 1% 水平上的临界值 2.58，说明存在显著中介效应。在 1000 次重复抽样的 Bootstrap 检验结果中，置信区间均不含 0，支持了动态能力在开放式创新与企业全要素生产率间的部分中介作用。即企业提高开放式创新有利于提升自身动态能力，进而提高企业的全要素生产率。

表 7-7　　　　　　　动态能力中介作用的 Sobel 检验及 Bootstrap 分析

解释变量		效应值	Sobel Z 检验	Bootstrap 标准误	Bootstrap 95% CI (P) 下限	Bootstrap 95% CI (P) 上限	占总效应比重
Breadth	总效应	0.099	11.003***	0.009	0.081	0.117	0.361
	直接效应	0.064	7.399***	0.009	0.046	0.081	
	间接效应	0.036	11.501***	0.003	0.030	0.042	
Depth	总效应	0.063	14.743***	0.004	0.055	0.071	0.303
	直接效应	0.044	10.774***	0.004	0.036	0.051	
	间接效应	0.019	12.904***	0.001	0.016	0.022	

7.4.5　开放式创新对全要素生产率主效应异质性分析

7.4.5.1　产权性质

国有企业是国有经济的核心载体，其逻辑决策、功能定位等与一般企业有所差别。中国大型国有企业在信贷市场中占据优势地位，受国家科技优惠政策支持，从而具备更高的研发创新效率。中小型民营企业的国家支持力度不足，知识产权保护、管理制度体系不完善，限制了其技术创新对企业生产率的贡献。基于此，依据企业实际控制人是否为政府，将企业分为国有企业和非国有企业进行分组回归，以检验开放式创新对企业全要素生产率的影响在不同产权性质背景下的异质性。从表 7-8 的回归结果可见，相对于非国有企业（$\beta = 0.069$，$p < 0.01$），国有企业中开放式创新广度对全要素生产率促进作用相对更强（$\beta = 0.079$，$p < 0.01$），开放式创新深度对全要素生产率的影响在不同产权性质间并无显著差异。其可能的原因在于，和非国有企业相比，国有企业受政府等利益相关者的资助与支持更多，能更有效地利用来自多元化创新源的知识与技术，以强化开放式创新广度对全要素生产率的积极影响。

表 7-8　　　　　　　　　　产权性质异质性分析

Variables	国有企业		非国有企业	
	(1)	(2)	(3)	(4)
Breadth	0.079***		0.069***	
	(5.28)		(6.88)	
Depth		0.044***		0.044***
		(6.20)		(9.37)
Constant	3.751***	3.814***	4.154***	4.437***
	(14.27)	(14.51)	(21.01)	(21.26)
Controls	YES	YES	YES	YES
N	3176	3176	9093	9093
R^2	0.791	0.791	0.712	0.713
F	799.14***	802.99***	1950.61***	1963.76***

7.4.5.2 融资约束

已有研究表明，融资约束是制约企业创新驱动发展进程的一大难题，企业生产效率改善易受融资约束抑制。企业将外部流入的知识转化为创新成果，并实际应用于生产流程的技术改革与管理计划实施需要取得资金支持。若在技术应用阶段无法得到及时且充足的外部融资，很可能会阻碍企业的发展建设实践，因而造成创新资源的浪费。参考 Hadlock 和 Pierce（2010），依据 SA 指数分组检验开放式创新对企业全要素生产率的作用效果在不同融资约束条件下的异质性。从表 7-9 的回归结果可以看出，在低融资约束背景下，开放式创新广度与深度对企业全要素生产率均具有显著的积极影响，且回归系数相对较高，说明对于融资约束程度较低的企业而言，开放式创新对企业全要素生产率有更明显的提升作用。

表 7-9　　　　　　　　　　　融资约束异质性分析

Variables	高融资约束		低融资约束	
	(1)	(2)	(3)	(4)
Breadth	0.058***		0.112***	
	(5.19)		(8.75)	
Depth		0.040***		0.063***
		(6.20)		(9.37)
Constant	4.008***	4.057***	4.153***	4.231***
	(16.53)	(16.77)	(18.20)	(18.59)
Controls	YES	YES	YES	YES
N	6420	6420	5851	5851
R^2	0.702	0.703	0.785	0.786
F	1254.09***	1263.40***	1666.73***	1682.01***

7.4.5.3 生命周期

生命周期理论认为，企业发展会经历从成长、成熟到衰退几个阶段。处于生命周期不同阶段的企业会呈现不同的发展特征，其生产经验、创新潜力、经营综合能力也存在差异，均会影响开放式创新效用的发挥。本章借鉴 Anthony 和 Ramesh（1992）的研究，根据综合得分判别法将企业划分为成长期、成熟期、衰退期三组，检验企业生命周期异质性。表 7-10 为分组检验结果，开放式创新广度、深度系数均显著为正，可见开放式创新对处于生命周期各阶段的企业全要素生产率均有显著促进作用，且成长期企业的开放式创新对企业全要素生产率的影响更强（广度：$\beta = 0.145$，$p < 0.01$；深度：$\beta = 0.078$，$p < 0.01$）。可能的原因包括：成长期的企业处于资产扩张的上升通道中，亟须快速提高生产效率、发掘竞争优势；然而囿于自身的规模体量，企业难以保证资源获取，需更多地依靠开放式创新模式引入外部的成熟技术。开放式创新在企业技术进步中占据着重要地位，对企业全要素生产率的提升发挥着更强的效用。

表 7-10　　　　　　　　　　　生命周期异质性分析

Variables	成长期		成熟期		衰退期	
	(1)	(2)	(3)	(4)	(5)	(6)
Breadth	0.145***		0.095***		0.087***	
	(7.82)		(5.86)		(6.66)	
Depth		0.078***		0.059***		0.047***
		(9.25)		(7.73)		(7.64)
Constant	4.081***	4.191***	3.882***	3.985***	3.693***	3.741***
	(11.18)	(11.55)	(11.83)	(12.16)	(14.83)	(15.03)
Controls	YES	YES	YES	YES	YES	YES
N	2995	2995	3923	3923	5334	5334
R^2	0.694	0.697	0.719	0.721	0.745	0.746
F	532.12***	539.49***	909.28***	918.42***	1500.40***	1506.11***

7.5　研究结论与对策建议

7.5.1　研究结论

本章基于 2013—2020 年沪深 A 股制造业上市公司面板数据，理论分析并实证检验了开放式创新对企业全要素生产率的影响以及动态能力的中介作用，进一步分析了开放式创新与全要素生产率之间的关系在不同情境下的异质性。本章主要得出了以下几方面的研究结论：

第一，企业能够通过实施开放式创新战略嵌入外部创新网络，开放式创新广度的提高使其参与网络的范围扩大，有助于企业优化资源配置、促进技术进步、降低研发不确定性与试错成本，进而提升企业的全要素生产率；而深度的提升使网络中的合作关系增强，有助于抑制创新网络中的机会主义行为、促进隐性知识交换，进而促进企业全要素生产率的提升。第二，与外部创新源合作的开放式创新有助于在资源整合、学习吸收及变革创新三个维度上提高企业的动态能力，而动态能力可以促使企业精准探知并及时应对外部环境的变化，进而促进企业提升全要素生产率。第三，和民营企业相比，国有企业中的开放式创新对全要素生产率的影响相对更强，对开放式创新深度的影响则无显著差异；企业受融资约束程度较低、现金流相对充裕时，更能充分发挥开放式创新的积极作用；如果对企业的不同生命阶段进行比较，那么成长期的企业更善于利用开放式创新提高全要素生产率。

本章的理论贡献在于：第一，不同于以往研究主要聚焦创新绩效或企业价值，本章立足全要素生产率来考察开放式创新的经济后果，证明了开放式创新对生产效率的促进作用。在实践层面，本章能够为企业在新发展理念下突破封闭式创新局限，通过跨越组织边界进行开放式创新、促进高质量发展提供借鉴和参考。在理论层面，本章通过将网络嵌入与开放式创新相结合,能够为学界理解开放式创新的积极效应提供新见解,是对已有开放式创新研究的丰富和拓展。第二,超越以往文献从吸收能力、组织学习等角度分析开放式创新作用机制的局限,本章将开放式创新、动态能力和全要素生产率纳入整合分析框架,基于创新理论和动态能力理论的核心观点,系统揭示企业如何通过增强开放式创新广度和深度来提升其适应环境和管理变化的动态能力,以及动态能力如何驱动企业全要素生产率提升这一作用路径,为打开开放式创新与经济后果之间关系的"黑箱"开辟了一个可观察的窗口。第三,为破解既有文献关于开放式创新经济后果的争议,本章在主效应研究基础上,基于匹配范式研究框架,从产权性质、融资约束、生命周期三个方面,分析了企业特征对开放式创新与全要素生产率关系的异质性影响,挖掘出开放式创新对全要素生产率的作用效果在不同微观组织间存在差异的原因,为进一步理解开放式创新的"双刃剑"效应提供了新洞见。

7.5.2 政策建议

基于上述结论,从企业和政府层面提出如下政策建议。

第一,企业应积极寻求与外部各类创新主体之间的互动,通过构建和维持创新合作关系形成可利用的开放式创新网络,为全要素生产率提升提供源头活水。为此,企业一方面需要加强创新研发和外部搜寻的经费投入,选择具备丰富经验与技术能力的员工组建开放式创新管理团队,与合作伙伴共同维护创新网络的公正性和安全性,从而畅通网络中的人才流、技术流、信息流,加快技术成果落实。另一方面,鉴于开放式创新对全要素生产率的作用效果在不同性质、不同特征的企业中存在异质性,故企业应结合自身实际进行合理规划。对于国有、融资约束程度较低或处于初创期的企业,管理者更应当在战略上使企业从自主研发模式转向合作研发、联合申请专利的开放式创新模式,与外部组织达成广泛、深入的合作。

第二,作为将开放式创新实践转化为全要素生产率的中介机制,动态能力应得到企业的充分重视。为了在充满不确定性的外部环境中保障创新合作有序进行,企业需积极塑造和培育资源整合、学习吸收及变革创新的动态能力,及时地对企业的经营策略和发展方向进行调整以适应市场环境的动态变化,从而最大程度地挖掘开放式创新的经济价值。具体而言,企业可采取以下措施:一是通过建立信息共享系统,实现对外部环境变化的动态监测,增强风险意识;二是挖掘和吸纳更多知识型、技能型和创新型人才,优化人员配置结构、增强学习能力;三是通过完善人员培训和激励政策提升员工学习能力、营造全员创新的良好氛围,加速企业创新成果的转化。

第三,各级政府部门应持之以恒地贯彻创新驱动发展战略,坚持企业在创新中的主体地位,并采取措施为企业及其他创新主体的开放式创新实践提供制度保障与政策支持。一方面,政府可通过建设合作创新交流交易平台,强化其中的知识产权保护制度以保障合作过程的高效性和公平性,维护合作参与者的合法权益;另一方面,企业应完善技术咨询、技术服务和资金补助措施,为更多企业参与开放式创新实践提供支持,从而在更大范围内构建开放式创新网络。此外，在制定或调整资助政策时，企业应提高针对性，加强对非国有企业开放式创新的扶持力度，最大程度地激活市场中各类创新要素的活力，全面实施创新驱动发展战略。

7.5.3 研究局限与未来展望

本章构建了"开放式创新—动态能力—全要素生产率"的研究框架，并在此基础上探索了开放式创新对全要素生产率影响的异质性，但仍存在一定局限性。首先，限于样本数据的可获得性，本章基于专利数据对企业开放式创新程度进行刻画，而实际的开放式创新成果还包括一些未形成专利的共同研发项目。因此，未来可以考虑采用问卷调查方法，更加全面地对企业开放式创新活动进行度量。其次，开放式创新对企业全要素生产率的影响机制较为复杂，也可能通过动态能力以外的其他路径作用于全要素生产率，二者的关系也会受到诸多外部因素的影响，未来可在这一方向上开展进一步研究，以对开放式创新与全要素生产率的关系形成更为全面的认知。

7.6 本章小结

本章首先基于创新网络理论分析开放式创新对企业全要素生产率的影响效应，并从动态能力视角探究开放式创新对企业全要素生产率的作用路径。其次，利用2013—2020年沪深A股制造业上市公司数据进行实证检验，研究发现：开放式创新能够有效促进企业全要素生产率提升，动态能力在开放式创新对全要素生产率影响中发挥部分中介作用。异质性分析发现，相对于非国有企业，在国有企业中，开放式创新广度对企业全要素生产率的促进作用更强；在融资约束程度较低、生命周期处于成长期的企业中，开放式创新对企业全要素生产率的促进作用更加显著。最后，运用工具变量法、安慰剂检验等方法检验了实证结果的稳健性，结果保持一致。本章全面分析开放式创新对企业全要素生产率的影响，为企业和政府从创新驱动视角推动企业高质量发展提供参考和借鉴。

第 8 章 开放式创新对制造企业 ESG 表现的影响研究

在社会价值实现方面,ESG 作为基于可持续发展理念的关于环境、社会和治理协调发展的综合性评价指标(谢红军等,2022),是当下的一大研究热点,ESG 表现也逐渐成为衡量企业高质量发展的重要依据。目前,关于创新对企业可持续发展的积极作用学术界已达成共识(李瑞雪等,2022),开放式创新意味着企业能够跨越组织边界获取整合资源进行研发创新(高良谋等,2014),可以弥补企业内部资源的短缺,而制造企业能否通过实施开放式创新驱动企业 ESG 表现的提升以及其中的作用机制,亟待从理论和实践层面进行验证。

本章以 2013—2020 年中国 A 股制造业上市公司为研究样本,基于资源基础观和利益相关者理论,分析并验证了开放式创新对企业 ESG 表现的影响效应。在此基础上,以创新效率和分析师关注为中介变量,探寻了开放式创新对 ESG 表现的作用路径,旨在从企业的社会价值实现角度为开放式创新促进制造企业高质量发展提供经验证据。

8.1 研究背景与问题提出

党的二十大报告强调,要"加快构建新发展格局,着力推动高质量发展"。作为一种更加全面、均衡的发展观,高质量发展以满足人民群众日益增长的对美好生活的全方位需要为目标,不仅要实现经济的可持续增长,还要构建更加和谐稳定的社会与绿色低碳的生态环境。ESG 是一种新的可持续发展理念,强调环境(Environment)、社会责任(Social Responsibility)、公司治理(Governance)的协调发展,力图在创造企业利益的同时维护社会公众利益。中国政府高度重视 ESG 理念并积极引导企业 ESG 实践。2022 年 4 月,国务院国资委成立社会责任局并明确提出,"抓好中央企业社会责任体系构建工作,指导推动企业积极践行 ESG 理念"。政策引领下,越来越多的企业开始将 ESG 纳入生产经营战略,ESG 理念在国内资本市场得到了广泛普及。践行 ESG 理念尽管无法明显改善企业短期财务状况,但长期来看能够帮助企业降低信贷风险与融资成本,提高财务绩效与市场价值(Weber,2014;Nekhili 等,2021)。经济高质量发展背景下,提升 ESG 表现已经成为微观企业实现可持续发展的重要途径。

在 ESG 研究领域,学者们大多将 ESG 作为解释变量,研究环境、社会、治理及相关信息披露对企业财务绩效、风险水平、资本成本等的影响(Xie 等,2019;Wong 等,

2021）。关于ESG的驱动因素，现有文献主要从企业所处的市场环境、董事会配置、所有权属性等角度进行探析。如Cai等（2016）发现区域经济发展水平、公民自由与政治权利对企业社会绩效具有重要影响。Baraibar-Diez等（2019）研究表明，采取激励高管的可持续薪酬政策对ESG评分能够产生积极影响，企业内部社会责任委员会对二者之间的关系具有正向调节作用。Cucari（2018）以意大利上市公司为样本，分析了董事会成员年龄、性别多样性对企业ESG披露的作用。张敬明（2019）与Dicuonzo（2022）分别研究了创新投入对企业社会责任与ESG的影响，但主要局限于封闭式创新，关于开放式创新对ESG影响的文献比较缺乏。

和传统的封闭式创新相比，开放式创新意味着企业突破组织边界，获取、整合外部创新资源进行技术研发，通过内、外部多重路径实现创新产品商业化（Chesbrough和Crowther，2006）。开放经济时代下，开放式创新模式正在逐步取代传统创新模式，成为我国许多企业的重要战略选择。例如，小米通过对用户开放研发创新，使其能够最大化地贴合广泛用户需求，海尔则构建了特有的开放式创新生态体系，实现整体降本增效。在开放式创新过程中，企业与顾客、供应商、研究机构及竞争对手等外部利益相关者进行合作，有益于新思想的加速流动与企业发展所需资源的获取，提升企业竞争力与可持续发展能力。开放式创新领域研究中，学者们主要聚焦开放式创新对企业财务绩效与创新绩效的影响效应及作用机制展开探讨，关于开放式创新对环境、社会及治理表现等非财务绩效产生的影响，现有研究较少涉及。Battisti（2022）等将大企业对初创企业的风险投资视作一种特定形式的开放式创新，研究了该行为对ESG评分的影响，发现有价值、稀缺、不可复制且不可替代的资源有助于企业提升ESG表现。基于风险投资项目获取稀缺资源的作用，Battisti（2022）提出希望提高社会责任绩效的企业有必要将开放式创新与ESG纳入同一战略框架中予以实施。然而关于开放式创新如何影响企业ESG表现？二者之间的作用路径如何？现有研究尚缺乏明确解释，亟待从理论层面予以厘清。

鉴于此，本章以2013—2020年沪深A股上市公司作为研究样本，理论分析并实证检验开放式创新对企业ESG表现的影响效应，并以创新效率和分析师关注为中介变量，探寻开放式创新对ESG表现的作用路径，在此基础上进一步分析开放式创新对ESG表现的影响在不同企业生命周期、融资约束程度、经济政策不确定性方面存在的异质性。本章的创新之处在于：第一，基于资源基础观和利益相关者理论的双重视角，探究开放式创新对企业ESG表现的影响，能够弥补现有文献主要从企业特征角度探析ESG表现驱动因素的不足；第二，通过引入创新效率、分析师关注度两个中介变量，分别从企业内部、外部两个角度，明晰了开放式创新对企业ESG表现影响的作用路径，为打开开放式创新与企业ESG表现之间的"黑箱"提供了可观察的窗口；第三，厘清了开放式创新与ESG表现之间的关系在不同生命周期阶段、融资约束程度及经济政策不确定性影响下的差异，为政府因地制宜制定促进企业开放式创新与ESG活动的政策提供理论支持与决策参考。

8.2 理论分析与假设研究

8.2.1 开放式创新与企业 ESG 表现

开放式创新是指企业在利用内部资源的同时，也能够利用外部资源进行创新及商业化活动（Chesbrough 等，2006），旨在融合内部与外部创新元素，有意识地与客户、供应商、其他企业、大学以及研究机构等外部伙伴进行知识交流，进而突破企业内部资源的限制，促进企业内部创新。资源基础观认为企业对资源的管理是创造可持续竞争优势的关键要素之一，企业绩效取决于可获得资源的异质性（Barney 等，1991）。而利益相关者理论认为，企业为确保自身生存与发展，进行决策时有必要考虑所有利益相关者的利益（Freeman 等，2017），管理者应该兼顾股东价值与利益相关者价值，满足各方利益相关者在法规遵从、消费者满意度、可持续发展等领域的期望，达成利益相关者利益最大化目标（Jensen 等，2002）。基于资源基础观和利益相关者理论，本章认为开放式创新对企业 ESG 表现的影响主要体现在以下几个方面：

首先，开放式创新为企业提升 ESG 表现提供了资源基础。开放式创新的本质为外部创新资源的获取与利用（陈钰芬，2009），开放式创新推动企业与外部组织构建创新网络，通过与外部关联伙伴合作，增强了企业获取互补资源的能力，促进了隐性和显性知识的交流与共享。知识在内外部的快速流动使企业能够以较低的成本获取不可模仿、不可替代的资源，并提高内部原有资源的利用效率。整合的创新资源有助于企业创新效率提升，加速环保研发与环境标志认证取得，提高产品与服务质量管理水平，优化治理结构与人员配置，进而提升企业 ESG 表现。除此之外，将相关成本分摊给不同渠道合作伙伴来降低研发活动的风险，是开放式创新的主要优势之一。开放式创新带来的研发能力增强与成本降低，不仅为环境保护提供了技术支持，还能够使企业获得更多的经济利益。由于企业良好的 ESG 表现有助于降低融资成本和股票波动性、提升投资效率和企业价值，因此企业更愿意将通过开放式创新所产生的经济利益投入 ESG 建设中。

其次，利益相关者理论强调，企业经营不应将股东财富的最大化视为唯一目标。在当前企业间关联日益紧密的背景下，若企业以最大化利润为驱动，可能损害利益相关者的权益，进而破坏与其他组织的合作关系、陷入经营困境。当前，各类企业纷纷致力于在股东及其他利益相关者之间寻求平衡，保障他们的合法权益，以实现企业的持续稳定发展。开放式创新的实现基于企业与多个利益相关者的相互作用、相互影响（陈劲等，2006），创新合作为企业构造了更加广泛的利益相关者网络，与此同时，共同参与开放式创新的合作企业及其利益相关者对焦点企业的关注也相应提高。因为环境污染、拒绝履行社会责任、公司治理缺陷都会导致内外部利益相关者的权益受损（Jones 等，1995），长久以来将阻碍企业可持续发展，为确保与利益相关者的关系并获得其信任，参与开放式创新的企业将更加重视在环境和社会责任方面的表现。因此管理者可能借助良好的 ESG 表现，通过财务分析师等途径向外界传达企业经营状况良好的信号，满足利益相关者对外部环境与社会问题的关注，维护关系资本（Falco等，2024）。

基于以上分析，本章认为更高程度的开放式创新能够为企业带来丰富的物质、财务和知识资源，提高企业与利益相关者间的信息传递效率，促使企业加大ESG投资力度、披露更多ESG信息，最终提升企业ESG表现。因此，提出假设1。

H1：企业开放式创新程度越高，越有助于提升ESG表现。

8.2.2 开放式创新对企业ESG表现的作用路径

开放式创新可能通过提升内部资源整合效率、增强外部利益相关者压力来影响企业的ESG表现，而其中的具体作用机制还需要更进一步探究。本章认为，开放式创新程度的提高通过企业内部、外部两条路径作用于ESG表现。一方面，开放式创新可能通过内部的创新资源积累提升创新效率，赋能企业提升ESG表现；另一方面，开放式创新将吸引外部利益相关者的关注，从而倒逼企业ESG表现的提升。

从企业内部视角来看，和传统的封闭式创新相比，在开放式创新模式下，企业通过突破组织边界可以获取到更丰富的外部知识与资源（赵红等，2020）。依据资源基础理论，这些多元化的创新资源可以为企业培育独特竞争优势提供支持，促进企业创新效率提升。一方面，从外部引进的创意与技术能够帮助企业夯实自身的创新基础，吸引更多创新要素，同时节约企业内部研发所需的时间与资金，加快企业创新速度。另一方面，企业在与外部创新资源的动态合作中，通过发挥自有的资源与能力优势以及利用外部资源弥补内部缺陷，降低创新面临的不确定性，从而提高创新效率（陈钰芬等，2008）。Mcwilliams和Siegel（2011）指出，企业的社会责任问题只能通过产品和服务的创新来解决。创新是促进企业可持续发展的重要手段（Amina等，2018），企业需要高效率的创新产出以及时响应市场对可持续发展的要求。与局限于挖掘内部资源的封闭式创新相比，开放式创新能够集百家之长，实现对创新资源的高效利用与技术成果转化，为企业应对环境与道德危机提供解决之道，赋能企业提升ESG表现。

从企业外部视角来看，强调企业与外部组织交流合作的开放式创新模式，以及要求环境、社会、治理协调发展的ESG理念，与"创新、协调、绿色、开放、共享"的新发展理念高度契合，受到社会公众广泛关注。市场压力假设认为，外部的信息中介会通过公众影响企业，导致管理者在压力下改变其自身的行为。财务分析师是关注企业表现的外部单位之一，通过挖掘、解读企业信息，对其未来价值和盈利能力形成预测并出具报告，已经成为资本市场的重要参与者。借由跟踪创新型的企业，分析师可以向市场提供高收益的投资推荐，有益于其个人与机构获利（徐欣等，2010）。因此，开放式创新程度的提高也将吸引更多分析师对企业进行长期跟踪与报告。鉴于目前政府对企业ESG信息披露尚未制定统一标准，利益相关者获取企业承担环境责任、社会责任情况的信息具有一定难度。分析师的关注和追踪报道能够为投资者了解企业ESG表现提供有意义的增量信息，缓解企业与外部利益相关者之间的信息不对称（Frankel等，2004），此时企业ESG相关信息传播效率更高，造成的社会影响也更显著。在开放式创新中取得成效并受到更多分析师关注的情况下，企业在环境保护、社会责任、公司治理领域采取的行动亦更容易被外界识别，利益相关者的压力与维护自身声誉的需要倒逼企业采取措施提升 ESG 表现。因此，基于组织内部与外部视角，本章认为创新效率、分析师关注度在开放式创新与企业 ESG 表现的关系中发挥中介作用，据此在主效应基础上提出假设 H1a、假设 H1b。

H1a：企业开放性创新程度越高，越有助于提高创新效率，提升 ESG 表现。

H1b：企业开放式创新程度越高，越能够吸引更多的分析师关注，提升 ESG 表现。

开放式创新与企业 ESG 表现概念模型如图 8-1 所示。

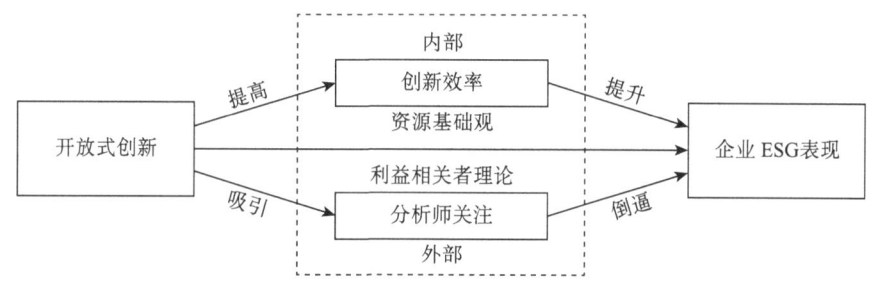

图 8-1 开放式创新与企业 ESG 表现概念模型

8.3 研究设计

8.3.1 样本选取与数据来源

本章选取 2013—2020 年中国 A 股制造业上市公司作为研究样本，构建面板回归模型以研究开放式创新对企业 ESG 表现的影响。本章对相关数据进行了如下处理：（1）剔除金融行业数据；（2）剔除 ST 类上市公司数据；（3）剔除数据缺失样本；（4）对除虚拟变量外的其他相关变量进行 1% 和 99% 水平的缩尾处理。最终得到涵盖 1970 家企业 8 年间的非平衡面板数据。企业 ESG 表现使用华证 ESG 评级指标度量，专利授权数量等信息来自中国研究数据服务平台（CNRDS），上市公司财务数据来自 CSMAR 数据库。

8.3.2 变量定义及测量

8.3.2.1 被解释变量：ESG 表现

目前国内外存在数量众多的评级机构，而各大机构对于 ESG 的评价指标、标准、背景存在较大差异，现有研究对于 ESG 评价指标的选取也并未达成一致。本章借鉴李瑾（2021）的研究，选取华证 ESG 评级度量企业 ESG 表现。华证 ESG 评级以环境、社会、治理三大支柱作为一级指标，选定 14 个主题、26 个关键指标构造了本土化的 ESG 评价体系。评级从低到高分为"C—AAA"共九档，对此变量分别赋值为"1—9"以构建本章被解释变量 ESG，即评级为 C 赋值为 1，评级为 CC 赋值为 2，以此类推。

8.3.2.2 解释变量：企业开放式创新

本章借鉴 Wang 和 Bin（1997）、高良谋和马文甲（2014），使用开放式创新广度和深度两个指标衡量企业开放式创新。开放式创新广度指企业在创新过程中有合作关系的外部单位数量，用企业联合申请专利涉及的合作伙伴数量进行度量；开放式创新深度指企业在创新过程中与外部单位合作程度高的数量，用企业与合作伙伴联合申请的专利数量进行度量。

8.3.2.3 中介变量：创新效率与分析师关注度

本章所研究的中介变量包括企业创新效率与分析师关注度。其中创新效率能够反映企业创新投入和创新产出之间的关系，以企业发明专利数量与研发投入之比进行度量，具体计算公式如表 8-1 所示。关于分析师关注度，借鉴杨金坤（2021）的研究，使用企业当年分析师跟踪总人数对数值进行度量。

表 8-1 变量定义及说明

变量类型	变量名称	变量符号	说明
被解释变量	ESG 表现	ESG	根据沪深 A 股上市公司的华证 ESG 评级赋值为 1—9
解释变量	开放式创新广度	$Breadth$	企业申请专利涉及的合作伙伴数量
	开放式创新深度	$Depth$	企业与合作伙伴联合申请的专利数量
中介变量	创新效率	IE	ln（发明专利总数+1）/ln（研发投入+1）
	分析师关注	$Analyst$	ln（分析师跟踪总人数+1）
控制变量	总资产报酬率	ROA	净利润/总资产平均余额
	企业成长性	$Growth$	企业总资产同比增长率
	财务杠杆	Lev	负债总额/资产总额
	企业规模	$Size$	ln（企业资产总额）
	董事会规模	$Board\ Size$	ln（董事会总人数）
	现金比率	$Cash$	现金及现金等价物总额/资产总额
	独立董事占比	$Inde$	独立董事人数/董事会总人数
	两权合一	$Dual$	总经理兼任董事长则取 1，否则取 0
	年份	$Year$	年份虚拟变量
	行业	$Industry$	行业虚拟变量

8.3.2.4 控制变量

借鉴 Enrico 等（2022）、Tan 等（2022）的研究，本章选取了如下控制变量以控制可能影响企业 ESG 表现的其他因素，具体如表 8-1 所示。此外，采用了行业固定效应和时间固定效应以控制模型中不随行业和时间变化的其他不可观测因素。

8.3.3 模型构建

基于上述分析，本章构建以下基准回归模型以检验企业开放式创新对 ESG 表现的影响：

$$ESG_{i,t} = \alpha_0 + \alpha_1 Breadth_{i,t} + \alpha_2 X_{it} + \gamma_i + \delta_t + \varepsilon_{i,t} \quad (8-1)$$

$$ESG_{i,t} = \beta_0 + \beta_1 Depth_{i,t} + \beta_2 X_{i,t} + \gamma_i + \delta_t + \varepsilon_{i,t} \quad (8-2)$$

其中，i 表示企业，t 表示年份，X 表示控制变量，γ_i 和 δ_t 分别表示行业固定效应和时间固定效应，$\varepsilon_{i,t}$ 表示随机误差项，其他变量符号如表 8-1 所示。

在主效应基准回归模型的基础上，参考温忠麟等（2004）的方法，构建以下中介效应模型，从提高创新效率与分析师关注度两条路径，考察开放式创新影响企业 ESG 表现的作用机制。

$$Median_{i,t} = \alpha_0 + \alpha_1 Breadth_{i,t}(Depth_{i,t}) + \alpha_2 X_{i,t} + \gamma_i + \delta_t + \varepsilon_{i,t} \quad (8-3)$$

$$ESG_{i,t} = \beta_0 + \beta_1 Breadth_{i,t}(Depth_{i,t}) + \beta_2 Median_{i,t} + \beta_3 X_{i,t} + \gamma_i + \delta_t + \varepsilon_{i,t} \quad (8-4)$$

式（8-3）和式（8-4）中，$Median$ 代表创新效率（IE）和分析师关注度（$Analyst$），式（8-3）考察开放式创新广度、深度与中介变量的关系；式（8-4）在主效应检验的基础上加入中介变量，考察开放式创新广度、深度的系数相较主效应模型是否有所降低，若系数降低且中介变量的系数显著，则可以认为存在中介效应，即开放式创新通过提高创新效率、吸引分析师关注，促进企业 ESG 表现的提升。

8.4 实证过程与结果分析

8.4.1 开放式创新与企业 ESG 表现主效应回归及稳健性检验

8.4.1.1 开放式创新对企业 ESG 表现基准模型回归结果

根据 Haumsan 检验结果，本章采用多维固定效应模型检验企业 ESG 表现与开放式创新之间的关系，并使用公司层面聚类稳健标准误减少扰动项异方差对回归结果的影响。表 8-2 中列（1）、列（2）控制了年份与行业的固定效应，回归结果显示，开放式创新广度与深度对企业 ESG 表现有显著促进作用。列（3）和列（4）加入了可能影响企业 ESG 表现的其他控制变量，回归结果显示，企业开放式创新广度、深度的系数均为正且在 1% 水平下显著，验证了假设 H1，即开放式创新程度的提高有助于企业提升 ESG 表现。

表 8-2　开放式创新与企业 ESG 表现主效应回归结果（N = 12280）

变量	（1）	（2）	（3）	（4）
Breadth	0.280*** (9.38)		0.141*** (5.28)	
Depth		0.139*** (9.38)		0.048*** (3.52)
IE			2.104*** (8.33)	0.035*** (7.52)
Analyst			-0.163*** (-4.71)	0.047*** (5.67)

续表

变量	(1)	(2)	(3)	(4)
ROA			-0.370**	0.547***
			(-0.7503)	(103.34)
Growth			0.305***	-0.029
			(16.02)	(-0.56)
Lev			0.339	2.999***
			(2.91)	(35.19)
Size			0.397***	1.068***
			(2.77)	(32.95)
Board Size			0.548***	-2.036***
			(1.50)	(-19.35)
Cash			-0.105***	0.103***
			(-3.43)	(3.52)
Inde			0.548	0.012
			(1.501)	(0.35)
Dual			-0.105***	0.006
			(-3.43)	(0.37)
Constant	6.112***	6.261***	4.245***	4.320***
	(196.84)	(307.63)	(12.28)	(12.48)
Year/Industry	Yes	Yes	Yes	Yes
Adj. R^2	0.069	0.070	0.177	0.174
F	87.927***	87.982***	64.845***	61.672***

注：*、**、***分别表示在10%、5%、1%水平上显著，括号内为t值，本章下同。

8.4.1.2 开放式创新对企业 ESG 表现主效应稳健性检验

(1) 内生性检验。由于个体的选择行为存在非随机性，可能有不可观测的因素影响企业开展 ESG 实践，因此需要进行检验以降低样本自选择误差。本章首先采用倾向得分匹配法（PSM）进行检验。使用全部控制变量作为协变量对样本进行无放回的1:1最近邻匹配，对匹配后的样本进行回归检验，结果如表4列（1）和列（2）所示。结果显示开放式创新广度、深度系数在1%的水平下显著为正，且 R^2 值有所上升，证明开放式创新有助于提升企业 ESG 表现。

鉴于开放式创新作用于 ESG 表现的同时，也可能受 ESG 表现影响，主效应中的因果关系还需要进一步证实。为了降低双向因果问题导致的内生性，本章使用工具变量法进行内生性检验。考虑到信息传递、区域竞争等因素，企业开放式创新可能受地理位置相近的其他单位影响，而 ESG 表现与其他企业开放式创新并不具备直接联系，因此本章使用样本企业注册地所在省份当年各上市公司的开放式创新广度平均值与深度平均值作为工具变量，进行二阶段最小二乘回归（2SLS）。表8-3列（3）和列（4）报告了第一阶段回归结果,列(5)和列(6)报告了第二阶段回归结果。由列(3)和列(4)可知,工具变量与开放式创新广度、深度显著正相关,且 F 值分别为 248.704 和 209.551,均大于 10,表明不存在弱工具变量问题,工具变量选择合理。第二阶段回归中,广度的系数在 1% 水平下显著为正,深度的系数在 5% 水平下显著为正,与前文结论基本一致,表明本章研究结论稳健。

表 8-3　PSM 与工具变量检验

变量	(1) ESG	(2) ESG	(3) Breadth	(4) Depth	(5) ESG	(6) ESG
Breadth	0.134***				0.651***	
	(3.60)				(5.84)	
Depth		0.039***				0.190**
		(3.61)				(3.11)
A_Bre			0.003***			
			(15.77)			
A_Dep				0.004***		
				(14.48)		
Constant	4.067***	4.251***	-0.184	-1.54**	4.61***	4.84***
	(7.84)	(9.63)	(-1.28)	(-6.09)	(21.32)	(21.59)
Year/Industry	Yes	Yes	Yes	Yes	Yes	Yes
N	2124	5192	12280	12280	12280	12280
Adj. R^2	0.246	0.185			0.059	0.112
F	35.798***	44.539***	248.704***	209.551***	201.341***	211.572***

(2)安慰剂检验。为了进一步排除其他不可观测或随机因素对回归结果的影响,明确开放式创新与 ESG 的因果关系,本章参考郑万吉(2022)的研究,通过随机生成实验组的方法对样本进行安慰剂检验。对新实验组进行 1000 次主效应回归所得系数及 p 值如图 8-2 所示,左图为广度检验结果,右图为深度检验结果。由图 8-2 可知,对于开放式创新广度和深度,各次随机生成的实验组中回归系数均在 0 值附近呈正态分布,且与主效应回归系数(0.141 与 0.484)有显著差异。对应 p 值呈正态分布且多大于 0.1,表明结果不具备显著性。因此,可以认为开放式创新对企业 ESG 表现的促进作用较为稳健。

(3)替换变量及更换模型。本章通过对被解释变量 ESG 表现重新赋值,使用最小二乘法和随机效应模型方法再次进行主效应检验,所得结果依然稳健。

8.4.2　创新效率和分析师关注中介作用检验结果

主效应检验中已经验证了企业开放式创新程度对其 ESG 表现的积极作用,下文将进一步探讨开放式创新对企业 ESG 产生影响的路径。

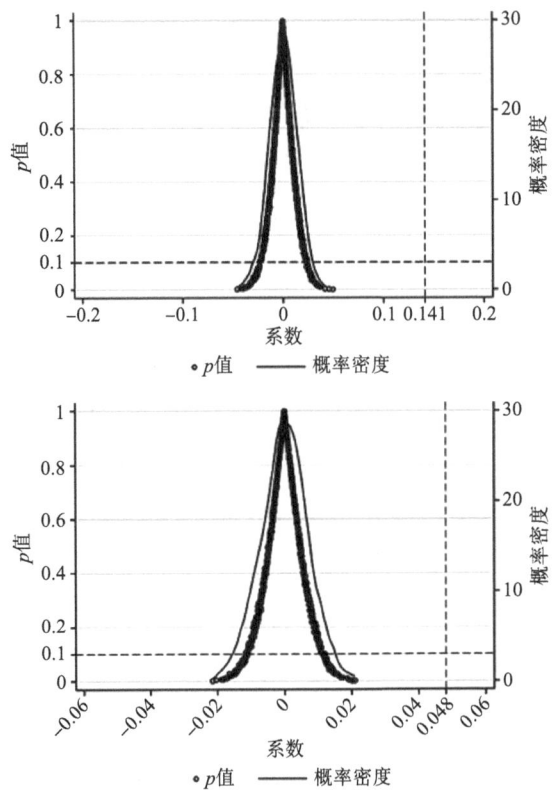

图 8-2 安慰剂检验结果

8.4.2.1 开放式创新、创新效率与企业 ESG 表现

进行开放式创新便于企业获取和整合外部资源，对外部资源的合理利用有利于提高创新效率，进一步提升 ESG 表现。表 8-4 列（2）和列（3）及列（5）和列（6）为企业创新效率中介作用的检验结果。列（2）企业开放式创新广度的系数为 0.026，列（4）企业开放式创新深度的系数为 0.048，且均与企业创新效率呈 1% 水平的显著正相关关系。列（3）和列（6）反映加入中介变量后开放式创新与企业 ESG 表现的关系，结果显示关键解释变量开放式创新、中介变量创新效率均与被解释变量 ESG 表现显著正相关，且开放式创新广度的系数由 0.141 降为 0.103，深度的系数由 0.048 降为 0.037，初步验证了创新效率的中介作用。

表 8-4 企业创新效率的中介作用检验（N = 12280）

变量	(1) ESG	(2) IE	(3) ESG	(4) ESG	(5) IE	(6) ESG
Breadth	0.141***	0.026***	0.103***			
	(9.44)	(31.45)	(6.63)			
Depth				0.048***	0.007***	0.037**
				(6.40)	(15.84)	(4.89)

续表

变量	(1) ESG	(2) IE	(3) ESG	(4) ESG	(5) IE	(6) ESG
IE			1.396***			1.587***
			(8.57)			(10.03)
Controls	Yes	Yes	Yes	Yes	Yes	Yes
R^2	0.177	0.196	0.180	0.174	0.147	0.179
F	221.447***	205.973***	202.549***	215.269***	116.068***	200.220***

本章进一步进行了 Sobel 检验和 Bootstrap 检验以验证创新效率的中介作用，检验结果显示企业创新效率对开放式创新与 ESG 表现的关系存在部分中介效应，分别占主效应的 27.40% 和 32.23%。Bootstrap 检验结果中置信区间均不含 0。说明企业通过在创新过程中与外部单位进行更广泛、深入的合作，能够促进自身创新效率的提高，进而提升企业 ESG 表现，假设 H1a 得到支持。

8.4.2.2 开放式创新、分析师关注与企业 ESG 表现

本章认为，较高的开放式创新程度能够吸引分析师关注，进而提升企业 ESG 表现。表 8-5 为分析师关注度影响机制的检验结果，其中列（2）和列（3）及列（5）和列（6）检验了分析师关注的中介效应。列（2）中，开放式创新广度的系数为 0.135，列（5）开放式创新深度的系数为 0.047，均在 1% 水平下高度显著。列（3）和列（6）分别在基准回归中加入分析师关注度后，企业开放式创新广度、深度及中介变量分析师关注度仍然与被解释变量企业 ESG 表现在 1% 水平下显著正相关，且广度、深度的系数相较基准回归均有所降低，开放式创新广度的系数由 0.141 降为 0.134，深度的系数则由 0.048 降为 0.045，初步验证了分析师关注度的中介作用。

表 8-5　　　　　　　　　分析师关注的中介作用检验（N=12280）

变量	(1) ESG	(2) Analyst	(3) ESG	(4) ESG	(5) Analyst	(6) ESG
Breadth	0.141***	0.0135***	0.134***			
	(9.44)	(9.33)	(8.94)			
Depth				0.048***	0.047***	0.045**
				(6.40)	(6.54)	(6.04)
Analyst			0.053***			0.057***
			(5.65)			(6.05)
Controls	Yes	Yes	Yes	Yes	Yes	Yes
R^2	0.177	0.420	0.179	0.174	0.418	0.176
F	221.447***	845.661***	203.002***	215.269***	837.720***	197.964***

进一步对两组模型分别进行 Sobel 检验和 Bootstrap 检验以验证分析师关注的中介作用，结果表明模型存在部分中介效应，分别约占主效应 7.28% 与 8.28%。Bootstrap 检验中，广度、深度置信区间均不包含 0。说明企业开放式创新程度的提高使其受到更多分析师关注，降低了该企业信息不对称程度，进而促使企业提升其 ESG 评价，这一结果与假设 H1b 一致。

8.4.3 异质性分析

8.4.3.1 基于企业生命周期的异质性分析

企业生命周期是企业发展与成长的动态轨迹，处于生命周期各个阶段的企业生产经营、组织管理等方面会呈现出不同的发展特征。成长期企业资源积累薄弱，通常将有限的资金投入经营活动，而忽视利益相关者的 ESG 诉求。成熟期的企业面临市场饱和、产品同质化等问题，需要调整经营策略以保障可持续发展，因此开放式创新带来的机会与挑战更可能促使企业采取提升 ESG 表现的行动。而衰退期企业盈利能力较差，投资受到限制，通常无力大范围开展 ESG 活动。本章参考谢佩洪和汪春霞 (2017) 的做法，在 Dickinson (2011) 提出的现金流符号组合法基础上，将企业生命周期划分为成长期、成熟期、衰退期三个阶段，检验不同阶段开放式创新对企业 ESG 的影响，回归结果如表 8-6 所示。表中列 (3) 和列 (4) 结果显示，成熟期企业开放式创新广度、深度的系数较高且均在 1% 水平上显著，分别为 0.170 与 0.052。而成长期、衰退期系数较低，且衰退期系数显著性减弱，组间差异检验显示出 5% 水平下的显著差异。说明开放式创新对成熟期企业 ESG 表现的促进作用更强，对成长期、衰退期企业则相对较弱。

表 8-6 企业生命周期异质性分析

变量	成长期		成熟期		衰退期	
	(1)	(2)	(3)	(4)	(5)	(6)
Breadth	0.117***		0.170***		0.132*	
	(5.31)		(7.22)		(3.12)	
Depth		0.043***		0.052***		0.048*
		(3.88)		(4.50)		(2.19)
Controls	Yes	Yes	Yes	Yes	Yes	Yes
N	5201	5201	5323	5323	1752	1752
R^2	0.177	0.420	0.179	0.174	0.418	0.176
F	90.529***	88.847***	96.693***	92.554***	31.807***	31.168***

8.4.3.2 基于融资约束的异质性分析

开放式创新与企业 ESG 表现的关系也可能受到融资约束的影响。企业资金充沛时，管理者更愿意为了企业的可持续发展投资于周期长、成本高的 ESG 活动。相反，企业资金周转不畅时，往往倾向于投资短期项目以快速回笼资金，少有余力顾及 ESG 表现。基于此，本章针对不同融资约束程度下开放式创新对企业 ESG 表现的影响进行检验。选取借鉴潘红波和杨海霞（2022）的研究方法构建的 WW 指数衡量企业融资约束程度，根据该指标中位数对样本企业进行分组，分组回归结果如表 8-7 所示。列（1）和列（2）显示，融资约束程度较高时，开放式创新广度的系数在 5% 水平下显著为正，深度的系数不显著，而列（3）和列（4）显示，融资约束程度较低的情况下，开放式创新广度、开放式创新深度的系数较高且均在 1% 水平显著，且组间差异检验显示出 5% 水平下的显著差异。说明融资约束程度较低时，开放式创新对企业 ESG 表现的促进作用更强。

表 8-7　融资约束异质性分析

变量	融资约束较高		融资约束较低	
	(1)	(2)	(3)	(4)
$Breadth$	0.082**		0.144***	
	(3.12)		(6.63)	
$Depth$		0.017		0.060***
		(1.12)		(5.71)
$Controls$	Yes	Yes	Yes	Yes
N	4811	4811	4812	4812
R^2	0.097	0.096	0.199	0.198
F	20.589***	19.615***	103.591***	102.094***

8.5　研究结论与对策建议

8.5.1　研究结论

本章以 2013—2020 年中国 A 股上市公司为研究样本，基于资源基础观与利益相关者理论的双重视角，实证检验了企业提高开放式创新程度是否以及如何影响其 ESG 表现，得到如下主要结论：第一，提高开放式创新广度与深度，即在创新合作中广泛接触多元化合作伙伴、建立紧密互补的深入合作关系，均有助于提升企业 ESG 表现，推动企业可持续发展。第二，从内部、外部两条路径进行的作用机制分析显示，开放式创新促进了企业创新效率的提高，同时吸引了更多分析师的关注，为提升企业 ESG 表现带来积极影响。第三，异质性分析显示，在成熟期、融资约束程度较低的企业中，提高开放式创新程度对企业 ESG 表现的提升效果更为明显。

8.5.2　政策建议

本章通过分析开放式创新如何作用于非财务绩效 ESG 表现，提出如下政策建议。
第一，企业应充分意识到开放式创新对企业可持续发展的战略价值，积极寻求创新合作机会。创新过程由封闭转向开放是不可阻挡的时代趋势,这种新模式不仅对企业创新本身产生增益,也为企业的ESG表现带来了积极影响,符合高质量发展阶段企业的生产经营目标。然而,当前我国企业整体开放程度较低,形成具有全球竞争力的开放创新生态仍然是一个具有挑战性的战略议题。为此,需要推动更多企业将开放式创新纳入战略范畴,积极嵌入外部网络开展创新搜索,增进网络中各主体间的相互理解与利益共识,从而促成创新合作。

第二,本章研究发现创新效率与分析师关注度在开放式创新与ESG表现的关系中发挥了中介作用。因此,企业需要在开放合作中加强内外部知识的有机融合与技术的优势互补,并通过专家与技术人员间的交流互鉴在企业内部培育创新文化、营造创新氛围,从根本上调动企业的创新主动性,全面驱动创新效率提升。同时,对外界关注采取合理应对方式,赢得利益相关者的信任与支持,将市场压力转化为塑造企业可持续竞争优势的催化剂。政府应采取政策措施强化分析师等外部监督机制的治理效应,并对缺乏监督的企业给予关注,弥补市场力量的不足,促使企业在推动高质量发展中承担更多责任。

第三,企业应结合实际情况,因地制宜地开展开放式创新与ESG实践。制定可持续发展战略时,将企业自身财务状况、发展阶段,以及外部宏观环境等因素尽可能纳入考虑范围,有的放矢地整合与分配资源,使企业创新成果发挥最大效能。政府应更加关注企业ESG实践的难处,为企业提供与其发展阶段与实际需求相适应的政策保障和金融支持,如对面临严重融资约束问题的创新型企业给予适当财政补贴等。

8.6 本章小结

本章首先基于资源基础观和利益相关者理论分析开放式创新对企业ESG表现的影响效应及作用路径。其次,利用2013—2020年沪深A股上市公司数据,分析并检验了开放式创新对企业ESG表现的影响效应及作用路径。得出结论:开放式创新广度、开放式创新深度的提高对企业ESG表现具有积极的促进作用;创新效率、分析师关注在开放式创新影响企业ESG表现的过程中发挥部分中介作用;异质性分析发现,生命周期处于成熟期、融资约束程度较低、经济政策不确定程度较高的企业中,开放式创新与企业ESG表现之间的正相关关系更为明显。最后,替代变量、更换模型等方法对实证结果进行稳健性检验,结果保持一致。本章通过探究开放式创新与企业ESG表现间的关系,为促进企业开放式创新与ESG活动的政策提供理论支持与决策参考。

第 9 章 人工智能应用、开放式创新与制造企业共同富裕

数字经济时代，人工智能作为引领新一轮科技革命和产业变革的关键技术，成为推动我国科技跨越发展和产业优化升级的重要战略资源。微观企业应用人工智能技术不仅能够促进生产效率的提升和资源分配的优化，还能在改善运营效率与增强盈利能力等方面发挥积极作用，这有助于企业实现高质量发展。但不可忽视的是，人工智能是一把"双刃剑"，其在推动产业升级、创造新经济增长点、提升生活便利性的同时，也引发了就业结构失衡、算法偏见等一系列潜在问题，这可能进一步拉大数字鸿沟，加剧贫富差距。共同富裕是中国特色社会主义的本质要求和中国式现代化的重要特征，也是体现企业发展质量的一个重要方面。

鉴于人工智能在企业发展中的广泛应用及其带来的复杂影响，深入研究人工智能对企业共同富裕的影响显得尤为必要。本章基于 2012—2021 年沪深 A 股制造业上市公司数据，实证检验人工智能应用对企业共同富裕的影响，并将开放式创新、技术市场活跃度与市场竞争纳入研究框架，拓展人工智能应用与共同富裕间的机制研究，旨在为数字经济背景下理解人工智能应用、开放式创新与制造企业高质量发展间的关系提供理论支持与实践参考。

9.1 研究背景与研究问题

数字经济时代，人工智能作为引领新一轮科技革命和产业变革的关键技术，成为推动我国科技跨越发展和产业优化升级的重要战略资源。在我国，发展数字技术、壮大数字经济需要以促进全体人民共同富裕的战略理念为前提（蒋余浩，2023）。共同富裕的实质即全体人民共同推动生产力持续增长并共享发展成果和美好生活（刘培林等，2021），实现这一目标需要达到效率与公平、经济增长与收入分配的协调统一。企业作为微观经济主体和收入分配的中心环节，其价值创造活动不应局限于满足股东利益需求，还需兼顾社会整体繁荣和全体人民共同富裕（原理等，2023）。将自身发展与共同富裕目标相结合能够帮助企业增强竞争力，实现与各方利益相关者的共赢发展（梁孝成等，2024）。越来越多的企业着手将人工智能应用于生产与管理流程，在推动效率提升与经济发展的同时，也对社会分配造成了前所未有的冲击，对实现共同富裕构成挑战。因此，基于微观视角考察人工智能应用如何影响企业在实现共同富裕中的参与情况，对促进生产效率与分配公平协同发展具有重要意义。

结合宏观层面的共同富裕理念，并参考梁孝成等（2024）的研究，本章将企业共同富裕的内涵界定为企业在提高生产效率的同时平衡各方利益分配，确保多方共享发展成果。初次分配中企业需承担维护员工、顾客、股东及合作伙伴权益的责任，再分配和三次分配中则应处理好与政府、社区的关系，通过税收遵从、慈善捐赠等方式回馈社会，从而推动实现共同富裕目标。人工智能为企业转向强调合作与整合的开放式创新模式提供了技术基石（Bahoo等，2023），进而发挥技术创新效应驱动经济社会发展（杨祎等，2021）。而实现共同富裕依赖于发展成果的共建共享，为此有必要在现代化进程中广泛吸收各领域劳动者的发展需求和知识积累。因此企业可以借助人工智能技术扩大和深化创新合作，助力实现共同富裕（蔡莉等，2023）。而外部市场作为企业生存与发展的基础，可能对企业发展前景与战略实施效果造成不同程度的影响，使不同市场环境下人工智能与企业共同富裕的关系呈现一定差异。因此，本章基于2012—2021年中国上市公司面板数据开展实证研究，探讨以下几个关键问题：人工智能能否对企业共同富裕发挥积极作用？开放式创新是否在人工智能的微观共同富裕效应中发挥中介传导作用？三者关系是否受到所在地市场因素的调节作用？

本章可能的边际贡献在于：第一，创新性地引入覆盖初次分配、再分配、三次分配的多维度共同富裕评价指标，实证检验人工智能应用对实现企业共同富裕的积极作用，从微观层面为理解共同富裕的驱动因素提供了新视角；第二，将开放式创新（广度和深度）作为传导路径纳入人工智能—共同富裕分析框架，同时考察了外部技术市场活跃度、市场竞争的调节作用，拓展和深化了人工智能作用机制相关研究；第三，理论分析并实证检验了人工智能应用与企业共同富裕的关系在管理者持股、产权性质、外部融资约束与政企关系方面的异质性表现，为企业结合具体情境加强人工智能技术应用提供了理论依据。

9.2 人工智能与共同富裕文献综述

9.2.1 共同富裕的测度与影响因素

共同富裕作为中国特色社会主义的本质要求和中国式现代化的重要特征，旨在使全体人民在物质生活和精神生活上均实现富裕。结合其内涵和特征，已有文献大多基于省级或区域层面数据对共同富裕实现程度进行刻画。如刘培林等（2021）将共同富裕的经济内涵描述为人民共创共享物质财富和精神成果，从总体富裕和发展成果共享两个维度构建了测度指标体系。陈丽君等（2021）认为共同富裕旨在纠正制度性不平等，使全体人民参与经济社会发展并共享其成果，具有发展性、共享性和可持续性三大特征，并以此为一级指标建立了共同富裕的指数模型。Kakwani等（2021）则通过引入一种分解方法量化了劳动力市场绩效和社会政策对共同富裕的贡献，从而对国家共同富裕程度进行衡量。

早期的研究主要从宏观和中观层面对共同富裕的影响因素进行考察。吕重阳等（2023）指出技术进步与创新发展能够驱动生产力提升和分配格局优化，并实证检验了数字创新创业等因素在推动共同富裕方面的积极作用。万广华等（2022）和胡耀宗等（2023）着眼于社会发展程度与趋势，探讨了城镇化、高等教育规模等指标与实现共同富裕之间的联系。此外，王亚飞等（2023）研究了不同的政府行为与政策导向对共同富裕的影响。随着研究的不断深入，微观企业在实现共同富裕中的作用及其影响因素开始引起学者关注。目前这一层面上的研究大多采用单一维度的测度指标，如使用劳动收入份额、薪酬增长和薪酬差距等反映企业共同富裕水平，进而考察产业政策、风险投资等因素对企业共同富裕的影响（王锄州等，2023）。

9.2.2 人工智能与共同富裕的关系研究

尽管现有文献中鲜有对人工智能应用与企业共同富裕之间关系的直接检验，但仍存在部分研究成果能够为本章提供理论基础和参考依据。实现共同富裕需要在提高经济效益的同时保障分配公平，已有文献分别从这两个角度出发对人工智能的经济后果进行了深入探讨，但所得结论存在较大分歧。Koch等（2021）认为这一技术有助于生产效率提升、促进经济增长，通过经验证据证明人工智能应用对生产率提升具有促进作用，且有助于改善企业运营效率、盈利能力等方面的表现。而针对人工智能对收入分配的影响，Acemoglu等（2020）认为人工智能技术革命削弱了非技能劳动者的市场竞争力，引致劳动力市场的失业现象和就业极化效应。Akerman等（2015）指出，人工智能的应用会通过"生产率效应"与"市场规模效应"增加企业劳动力需求，重复性工作岗位的减少被非自动化岗位劳动力需求增加所弥补，总体就业规模保持稳定（Acemoglu等，2018）。高技能岗位增多推动了企业内部治理结构的优化，对于改善收入不平等具有积极意义（陈红等，2022）。

9.2.3 研究评述

通过梳理现有文献可以发现，相关研究仍存在以下待拓展之处。第一，已有共同富裕相关文献大多聚焦于宏观及中观层面，对微观企业共同富裕的探讨相对较少。企业作为兼具经济属性和社会属性的微观市场主体，理应自觉承担法律与社会责任，积极践行共同富裕目标，因此针对微观企业层面共同富裕的研究亟待加强。第二，宏观和中观层面的共同富裕研究主要基于省级或地区层面数据构建评价指标体系，近年来虽然有学者尝试从初次分配的单一维度对企业共同富裕进行测度，但难以准确刻画微观企业共同富裕的实现程度。第三，尽管人工智能在实现共同富裕目标中的作用日益受到学界关注，但相关研究仍显碎片化。因此有必要在明确共同富裕内涵与测度方式的基础上，系统考察人工智能应用对企业共同富裕的影响效应及作用机制，以弥补已有研究的不足。

9.3 理论分析与研究假设

9.3.1 人工智能应用与企业共同富裕

根据技术可供性理论，行为主体在不同情境下能动地与技术主体进行持续交互，可能产生一系列差异化的结果（谢卫红等，2022）。数字技术可供性是这一理论在数字化情境下的拓展，即不同主体能够采用同样的数字技术实现不同的目标（Yoo 等，2010），这种可供性的实现又在很大程度上受行为主体主观能动性的影响（张蔼容等，2023）。作为数字技术代表的人工智能是一种典型的通用目的技术，企业加强人工智能应用将推动其职能和服务向更深层次、更广领域延伸。而根据利益相关者理论，企业生产经营应以利益相关者权益最大化为目标，这一观点为企业在提高效率的同时兼顾公平分配提供了动机，促使企业充分发挥人工智能技术的可供性以满足更多需求，为实现共同富裕提供支持。通过将技术可供性理论与利益相关者理论相结合，本章认为，人工智能在推动财富总量增长和促进公平分配方面均具备显著潜力，能够助力企业在"做大蛋糕"的同时"分好蛋糕"。

从"做大蛋糕"来看，一方面，数字经济时代市场需求向高端化和多元化转变，而人工智能对大规模、非标准化、非结构化信息的分析处理能力为生产结构的调整和新业态的形成提供了技术基础，产生就业创造效应。另一方面，这一技术能够通过自动化生产流程、提升预测精度、加速技术创新等渠道提高企业生产效率（Damioli 等，2021），为实现共同富裕提供物质基础和前提条件。从"分好蛋糕"来看，人工智能可以自动化地匹配劳动力与工作岗位，通过充分发挥劳动者的个体优势为其体力与智力的解放创造条件，从而提高就业质量并缩小收入差距。同时，人机协作使企业信息搜集、整理、联系的效率显著提高，企业更容易受到利益相关者期望与诉求的影响而发展偏向社会负任导向的投资策略和经营理念（Esposito 等，2021），促使企业通过协助完善公共服务体系和社会保障制度为优化收入分配格局贡献力量。

因此，人工智能应用通过提高生产效率、扩大就业规模、改善就业质量、加强社会责任履行，使企业在追求经济效益的同时积极贡献于社会公平与和谐。基于此，提出假设：

H1：人工智能应用有助于促进企业实现共同富裕。

9.3.2 人工智能应用、开放式创新与企业共同富裕

随着数字技术逐步重塑组织价值主张和市场竞争格局，企业的开放式创新正迎来新的战略机遇（Nambisan 等，2018）。开放式创新是一种跨越组织边界，结合内外部创意与资源，并通过多种路径实现商业化的创新模式（Chesbrough 等，2003）。这一模式强调企业通过与外部利益相关者的互动实现创新目标、共享技术成果，涉及跨组织、跨行业的技术人才交流和隐性知识流通，有助于使共同富裕的思想在创新网络中广泛传播。本章认为开放式创新是人工智能应用促进企业共同富裕的重要机制，并从开放式创新广度和开放式创新深度两个方面对此进行考察。其中，开放式创新广度是指企业在创新活动中涉及的合作组织数量，反映了企业外部搜索创新资源与知识的能力；开放式创新深度则是企业与外部组织开展创新合作的频率，反映了合作关系的紧密程度（Laursen 等，2006）。

9.3.2.1 人工智能应用与开放式创新

人工智能通过改善企业信息传递效率、增强信息处理能力，帮助企业在更大的范围内搜寻并建立创新合作关系，有助于提高创新开放广度。企业间客观存在的组织边界导致了

信息孤岛的形成，不利于市场中的信息传递，可能对开展创新合作造成阻碍（戚聿东等，2020）。而人工智能技术能够打破信息壁垒，使企业以较低的成本开展大范围创新搜寻，从而挖掘潜在合作伙伴（Ives等，2016）。此外，借助自动化、智能化的信息处理技术，企业能够快速识别出实现价值创造所需的资源（Zhao等，2015），并基于历史数据预测创新成果的实现可能性，从而高效搜寻和筛选有价值的合作对象及合作方案，以应对合作广度扩大导致外部搜索复杂性上升的问题（Koberg等，2019）。

通过增强企业与合作对象间的信任关系并促进深入合作，人工智能有助于提高创新开放深度。当前情境下，合作伙伴的关系管理问题是开放式创新失败的主要原因之一。构建深入合作关系需要可靠的信任系统（Cricelli等，2023），而人工智能技术智能化、实时化的数据采集和分析能够显著提升合作中的信息透明度和可追溯性，增强组织间协同程度。这种更加稳定的合作关系使企业内部的创新能力和资源得到释放，促成进一步的创新合作。

基于以上分析，提出假设：

H2a：人工智能应用有助于提高企业开放式创新广度。

H2b：人工智能应用有助于提高企业开放式创新深度。

9.3.2.2 开放式创新的中介作用

人工智能赋能的开放式创新通过提升市场价值、改善生产效率为实现共同富裕奠定了物质基础。一方面，企业通过创新合作与外部单位建立网络关系，促进了知识转移和多元化资源获取，有助于突破技术难点、识别自我发展机会，进而推动微观企业价值提升和宏观经济增长（Liu等，2022）。另一方面，基于人工智能的数据分析与决策能力，各类生产要素可以通过创新合作在组织间实现重新配置，令市场中的资源向生产率更高的部门流动（吴非等，2022），同时使在组织外部沉淀的闲散创新资源得到利用，促进生产效率的全面改善（刘新争等，2023）。因此，扩大开放式创新合作范围、深化创新合作程度对于"做大蛋糕"具有积极意义。

同时，开放式创新也通过改善就业质量、缩小发展差距的方式为共同富裕做出了贡献。从企业内部视角出发，根据组织学习理论，开放式创新中的跨界知识共享能够促进组织间的相互学习，使企业通过获取、吸收和利用外部知识提升员工素质并推动自身可持续发展（García-morales等，2012）。从外部视角来看，人工智能赋能的开放式创新加速了科技成果在各个组织间的转化和推广，为自主创新能力较弱的新兴企业提供了发展机会与资源，有助于缩小企业间或产业间的发展差距。因此，提高创新开放程度对于"分好蛋糕"同样具有推动作用。

基于以上分析，本章认为企业借助人工智能技术扩大开放式创新合作范围、加深与外部单位的合作程度能够促进效率与公平的全面发展，推动实现共同富裕。提出以下假设：

H3a：人工智能应用能够通过提高开放式创新广度促进企业共同富裕。

H3b：人工智能应用能够通过提高开放式创新深度促进企业共同富裕。

9.3.3 市场因素的调节作用

依据前文研究假设，企业能够通过应用人工智能技术提高开放式创新的广度和深度，为共同富裕做出贡献。企业作为市场经济的微观主体，技术进步在其研发创新与生产经营决策中的作用在很大程度上受市场因素影响。基于此，本章深入探讨了技术市场活跃度与市场竞争对人工智能、开放式创新与企业共同富裕三者关系的调节作用。

9.3.3.1 技术市场活跃度

技术交易是一种常见的创新模式。该模式下技术拥有方在一定市场规则的基础上把拥有的技术和有关专利使用权让渡给需求方，使各市场主体得以便捷、高效地获取所需技术资源（刘晓燕等，2024）。技术市场是技术交易的平台，也是创新资源在市场机制下的调配中心，能够为新知识的创造、传播以及技术成果的转移和商业化提供途径（García-morales 等，2016）。发达的技术市场意味着高流动性的创新资源和更有效的市场机制，人工智能的信息处理与分析能力能够得到充分发挥，帮助企业以较低的成本定位和获取所需技术。因此活跃的技术市场有利于人工智能更好地发挥作用为各方利益相关者服务，以技术进步促进可持续发展，即技术市场活跃度增强了人工智能应用对共同富裕的影响。

企业间合作研发与基于技术市场的技术交易本质均为利用外部资源的跨组织创新，二者功能可以在一定程度上相互替代。区域技术交易市场发展较为完善时，企业更多地依赖这一创新模式，导致开放式创新广度的作用效果减弱。因此，本章认为技术市场活跃度负向调节开放式创新广度在人工智能应用与企业共同富裕之间的中介效应，即技术市场活跃度越高，开放式创新广度在两者之间的间接关系越弱。据此提出有调节的中介效应模型。而开放式创新深度的作用依托于强信任关系中达成的长期合作，这通常是基于市场机制的技术交易所无法取代的。因此，技术市场活跃度不会显著影响深度的中介作用。基于此提出假设：

H4：技术市场活跃度能够增强人工智能应用对企业共同富裕的促进作用。

H5：技术市场活跃度会削弱开放式创新广度在人工智能应用与企业共同富裕关系间的中介作用。

9.3.3.2 市场竞争的调节作用

市场竞争作为一种治理机制发挥强化外部监督、降低信息不透明度的作用，与企业效益紧密相关（Hart 等，1983）。一方面，竞争者数量减少会导致市场集中度提高，小部分企业占据大量市场份额但仅吸收较少就业，劳动收入份额占比较低，技术进步和创新合作对就业与收入的影响力度有限。卖方的集中还会导致买方承担过高的价格（Schmalensee 等，1989），不利于资源跨组织流动，开放式创新的资源转移和配置优化的作用受到限制。另一方面，高度竞争下资源在市场中的分布较分散，此时与更多外部组织达成合作有利于企业整合多元化创新资源。激烈的竞争环境还能够激活企业的主动性和创新性，使企业构建的创新合作网络关系得到充分地利用。因此，市场竞争正向调节开放式创新广度的中介作用，即市场竞争越激烈，广度在两者之间的间接关系越强。而企业间形成的稳固信任关系受竞争环境的影响程度较低，市场竞争对开放式创新深度的中介作用不会产生显著影响。基于此提出假设：

H6：市场竞争能够增强开放式创新广度在人工智能应用与企业共同富裕关系间的中介作用。

基于以上假设，本章构建人工智能应用对企业共同富裕的影响机制概念模型，如图9-1所示。

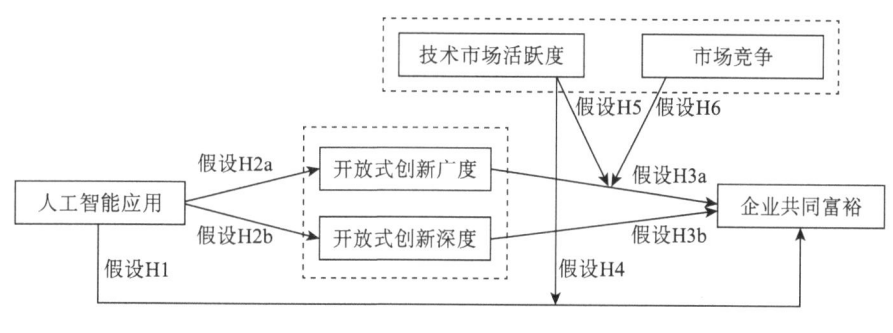

图9-1 概念模型

9.4 研究设计

9.4.1 样本选取和数据来源

本章以2012—2021年沪深A股制造业上市公司为研究样本，对数据进行了如下处理：第一，剔除ST和期间退市的样本；第二，仅保留至少连续5年不存在数据缺失的样本；第三，对所有连续变量在1%和99%水平上进行缩尾处理。共获得2067个A股上市公司的16854个样本数据。相关企业年报数据来自沪深证券交易所官方网站，企业专利数据来自中国研究数据服务平台（CNRDS），共同富裕评级与其他财务数据则来自国泰安（CSMAR）数据库。

9.4.2 变量定义及测量

9.4.2.1 被解释变量

企业共同富裕（CP）。本章参考梁孝成等（2024）的研究，采用国泰安企业共同富裕研究数据库中的共同富裕评级以度量被解释变量企业共同富裕。具体测量方法见3.2.2.1部分。

9.4.2.2 解释变量

人工智能应用（AI）。企业年报是一种具备多类别信息交叉和多元渠道输出特征的非结构化数据，通过年报文本信息可以洞察企业对技术的关注和投入程度。本章借助文本分析的方法,参考吴非等(2021)的研究,选取了人工智能、商业智能、图像理解、投资决策辅助系统等十五个特征词,利用Python语言对A股上市公司披露的年报文本进行搜索与识别,以关键词频数作为企业人工智能应用的原始数据。关键词出现频数越高,说明该企业当年对人工智能的应用程度越高。此外,为避免关键词统计频数右偏倾向对回归结果造成影响,对数据进行对数化处理。

9.4.2.3 中介变量

开放式创新广度(*Breadth*)与开放式创新深度(*Depth*)。Laursen等(2006)将创新开放度分为广度与深度,其中,广度被定义为企业开展合作涉及的组织数量,深度则为企业与各组织合作创新的频率。在此基础上,借鉴Zhao等(2023)的研究,以企业发明专利与实用新型专利申请数据为基础构造广度与深度指标,将开放式创新广度设定为与企业共同申请专利的组织数量,并进行对数化处理;开放式创新深度设定为企业联合申请专利数量与合作组织数量之比,即企业与每个合作组织联合申请专利的平均数,并进行对数化处理。

9.4.2.4 调节变量

技术市场活跃度(*Tech*)。使用技术交易市场成交金额占当地GDP的比重来度量各省份技术交易市场活跃度,具体数据来源于历年《中国科技统计年鉴》。

市场竞争(*RHHI*)。以企业所在行业的赫芬达尔—赫希曼指数(*HHI*)度量该企业所面临的市场集中度,从而反映市场竞争程度。*HHI*越接近1时,说明市场集中度越高,环境竞争压力越小。为使回归结果更加直观易懂,本章使用*HHI*指数的倒数(*RHHI*)作为调节变量进行回归。

9.4.2.5 控制变量

为提高研究精度,参考既有文献纳入了一系列控制变量。包括企业规模(*Size*,企业总资产的对数值)、固定资产占比(*Fixed*)、现金比率(*Cash*)、财务杠杆(*Leverage*)、企业盈利能力(*ROA*,净利润与总资产平均余额之比)、企业年龄(*Age*,对数化处理)、股权集中度(*Top*10,前十大股东持股比例)、地区发展水平(*GDP*,地区生产总值的对数值)、董事会规模(*BS*,对数化处理),具体变量定义可参考表9-1。

表9-1 变量定义

变量类型	变量名称	变量符号	说明
被解释变量	共同富裕	*CP*	根据CSMAR的企业共同富裕评级赋值为1—9
解释变量	人工智能应用	*AI*	ln(企业年报中人工智能关键词词频+1)
中介变量	开放式创新广度	*Breadth*	ln(企业申请专利涉及的合作伙伴数量+1)
	开放式创新深度	*Depth*	ln(企业与每个合作伙伴平均联合申请专利数量+1)
调节变量	技术市场活跃度	*Tech*	各地技术市场技术交易合同金额/地区生产总值
	市场竞争	*RHHI*	对赫芬达尔指数进行负向处理

续表

变量类型	变量名称	变量符号	说明
控制变量	企业规模	$Size$	ln（企业资产总额+1）
	固定资产占比	$Fixed$	企业固定资产净额/资产总额
	现金比率	$Cash$	企业现金及现金等价物期末余额/流动负债
	财务杠杆	$Leverage$	企业负债合计/资产总计
	企业盈利能力	ROA	企业净利润/总资产平均余额
	企业年龄	Age	ln（企业年龄+1）
	股权集中度	$Top10$	前十大股东持股比例
	地区发展水平	GDP	ln（地区生产总值+1）
	董事会规模	BS	ln（董事会人数+1）

9.4.3 模型构建

为检验人工智能应用对企业共同富裕的影响，本章建立如下基准模型：

$$CP_{i,t} = \alpha_0 + \alpha_1 AI_{i,t} + \alpha_2 X_{i,t} + Year_t + Ind_i + \varepsilon_{i,t} \tag{9-1}$$

其中，下标 i 和 t 分别表示企业、年份，被解释变量 $CP_{i,t}$ 为企业共同富裕评级，$AI_{i,t}$ 为企业人工智能应用水平，$X_{i,t}$ 表示一系列控制变量，$Year_t$ 为年份固定效应，Ind_i 为行业固定效应，$\varepsilon_{i,t}$ 为随机扰动项，下同。

为了进一步检验开放式创新在人工智能应用与企业共同富裕之间可能存在的作用机制，在基准模型的基础上构建中介效应模型。具体检验步骤如下：在人工智能应用 $AI_{i,t}$ 对企业共同富裕 $CP_{i,t}$ 的回归系数显著的情况下，分别构建 $AI_{i,t}$ 对开放式创新 $OP_{i,t}$（包括广度 $Breadth_{i,t}$ 与深度 $Depth_{i,t}$）的回归方程，以及 $AI_{i,t}$ 和 $OP_{i,t}$ 对 $CP_{i,t}$ 的回归方程，基于此考察开放式创新在人工智能应用与企业共同富裕之间的中介作用。

$$OP_{i,t} = \beta_0 + \beta_1 AI_{i,t} + \beta_2 X_{i,t} + Year_t + Ind_i + \varepsilon_{i,t} \tag{9-2}$$

$$CP_{i,t} = \gamma_0 + \gamma_1 AI_{i,t} + \gamma_2 OP_{i,t} + \gamma_3 X_{i,t} + Year_t + Ind_i + \varepsilon_{i,t} \tag{9-3}$$

为检验技术市场活跃度（$Tech_{i,t}$）对人工智能应用与企业共同富裕的调节作用，构建包含人工智能应用与技术市场活跃度交互项（$AI_{i,t} \times Tech_{i,t}$）的回归模型，交互项系数显著则技术市场活跃度对基准模型发挥调节效应。

$$CP_{i,t} = \pi_0 + \pi_1 AI_{i,t} + \pi_2 Tech_{i,t} + \pi_3 AI_{i,t} \times Tech_{i,t} + \pi_4 X_{i,t} + Year_t + Ind_i + \varepsilon_{i,t} \tag{9-4}$$

进一步构建有调节的中介效应模型，分别检验技术市场活跃度、市场竞争度对开放式创新中介效应的调节作用，交互项（$OP_{i,t} \times Tech_{i,t}$ 与 $OP_{i,t} \times RHHI_{i,t}$）系数显著则说明调节效应成立。

$$CP_{i,t} = \tau_0 + \tau_1 AI_{i,t} + \tau_2 OP_{i,t} + \tau_3 Tech_{i,t} + \tau_4 OP_{i,t} \times Tech_{i,t} + \tau_5 X_{i,t} + Year_t + Ind_i + \varepsilon_{i,t} \tag{9-5}$$

$$CP_{i,t} = \varphi_0 + \varphi_1 AI_{i,t} + \varphi_2 OP_{i,t} + \varphi_3 RHHI_{i,t} + \varphi_4 OP_{i,t} \times RHHI_{i,t} + \varphi_5 X_{i,t} + Year_t + Ind_i + \varepsilon_{i,t} \tag{9-6}$$

9.5 实证过程与结果分析

9.5.1 描述性统计

描述性统计结果如表9-2所示。CP平均值为4.759,说明50%以上的企业共同富裕评级在BB以上。AI平均值为0.277,标准差为0.618,说明制造企业整体人工智能应用水平仍然较低,且企业间差距较大,样本期内仍有大量企业尚未引入人工智能技术。其余变量的取值均在合理范围内,且VIF值均小于3,说明变量间不存在严重多重共线性问题。

表9-2 描述性统计结果

变量名称	观测值	平均值	标准差	最小值	中位数	最大值
CP	16854	4.759	2.409	1.000	5.000	9.000
AI	16854	0.277	0.618	0.000	0.000	2.996
Breadth	16854	1.086	0.921	0.000	1.099	3.526
Depth	16854	1.450	1.157	0.000	1.540	4.533
Tech	16854	0.022	0.035	0.001	0.011	0.174
RHHI	16854	-0.081	0.060	-0.298	-0.066	-0.019
Size	16854	22.060	1.166	20.009	21.911	25.606
Fixed	16854	0.226	0.132	0.020	0.202	0.615
Cash	16854	0.821	1.250	0.024	0.392	8.038
Leverage	16854	0.391	0.189	0.055	0.382	0.861
ROA	16854	0.046	0.063	-0.200	0.043	0.224
Age	16854	2.041	0.846	0.000	2.197	3.296
Top10	16854	58.205	14.490	23.470	58.910	88.280
GDP	16854	10.658	0.683	8.483	10.704	11.731
BS	16854	2.228	0.165	1.792	2.303	2.639

9.5.2 人工智能应用与企业共同富裕基准回归结果

表9-3为本章基准模型回归结果,采用递进式的回归策略进行检验。第(1)列中不控制其他变量及固定效应,人工智能应用(AI)的回归系数为正且通过了1%的显著性检验;第(2)列加入所有控制变量,相关回归系数仍为正且显著性不变,初步证明了人工智能应用与企业共同富裕的正相关关系;第(3)列控制了行业与年份的双向固定效应,AI回归系数为0.168且在1%的水平上显著,模型拟合优度升高。这意味着,人工智能应用程度越高,越有助于促进企业共同富裕,二者存在显著正相关关系。验证了本章假设H1。

表9-3　人工智能应用与企业共同富裕基准回归结果

Variables	(1) CP	(2) CP	(3) CP
AI	0.277***	0.096***	0.168***
	(9.25)	(3.74)	(6.26)
Size		0.990***	1.034***
		(54.52)	(58.36)
Fixed		-1.274***	-0.837***
		(-10.45)	(-6.49)
Cash		0.030*	-0.010
		(2.00)	(-0.68)
Leverage		1.079***	1.175***
		(9.23)	(10.34)
ROA		10.834***	10.422***
		(38.82)	(38.52)
Age		-0.188***	-0.110***
		(-7.62)	(-4.44)
Top10		0.020***	0.021***
		(15.87)	(17.29)
GDP		-0.113***	0.044
		(-4.91)	(1.81)
BS		-1.486***	-1.599***
		(-15.45)	(-17.11)
Constant	4.682***	-14.004***	-16.754***
	(230.88)	(-30.27)	(-36.25)
Year	No	No	Yes
Industry	No	No	Yes
N	16854	16854	16854
R^2	0.005	0.338	0.399
Adj. R^2	0.005	0.338	0.397
F	85.544	859.835	941.001

注：*、**、***分别表示在10%、5%、1%水平上显著，括号内为t值，本章下同。

9.5.3 内生性检验

共同富裕评级较高的企业通常运营较为稳定、资金相对充裕，更有意愿响应国家战略号召积极推动人工智能技术在企业中的渗透与融合。因此，本章基准模型可能存在反向因果关系偏差。此外，企业发展战略、组织文化、管理层偏好等难以观测的因素也可能造成遗漏变量问题，影响本章主效应检验结果。因此，有必要进行内生性检验以排除有关因素。

9.5.3.1 反向因果关系检验

利用工具变量进行两阶段最小二乘回归是排除反向因果关系问题的主要方法，本章选取以下两个工具变量进行内生性检验：

（1）滞后一期的省级人工智能专利申请数。专利申请总量能够反映区域内人工智能的普及和扩张程度，由于地理位置相毗邻的企业间更容易发生合作交流和人员流动，因此企业所在地上年人工智能专利申请数与其当年人工智能应用水平呈正相关关系，但对企业共同富裕实践不会产生显著影响，因此可作为工具变量。

（2）滞后二期的省级人工智能企业数量。人工智能上市企业数量越多，该技术领域内竞争与合作越频繁，推动各企业加强自身人工智能应用。而上期人工智能企业总数与单个企业共同富裕水平并没有直接联系，因此满足工具变量条件。

表9-4为分别使用以上两个工具变量进行检验的结果。第一阶段工具变量回归系数分别是0.044和0.041，均在1%的水平上显著为正，此外，Cragg-Donald Wald F统计量分别是42.90和16.47，均超过临界值10，通过弱工具变量检验，说明所选工具变量较为合理。第二阶段回归结果显示 AI 回归系数仍在1%的水平上显著为正，说明基准模型所得回归结果可靠。

表9-4 工具变量检验结果

Variables	(1) AI	(2) CP	(3) AI	(4) CP
$L.AI-patent$	0.044*** (6.25)			
$L.AI-firm$			0.041*** (4.28)	
AI		4.150*** (5.15)		6.701*** (3.91)
Controls	Yes	Yes	Yes	Yes
Year/Industry	Yes	Yes	Yes	Yes
N	14565	14565	14565	14565
Kleibergen-Paap rk LM	39.14		18.42	
Cragg-Donald Wald F	42.90		16.47	
Kleibergen-Paap Wald rk F	39.09		18.35	
F	39.093	334.223	18.351	155.211

9.5.3.2 样本自选择问题

（1）PSM检验。首先，根据样本企业当年人工智能应用情况进行分组，若企业当年涉及人工智能应用则归为实验组，反之则为对照组。选取所有控制变量作为协变量，对两组样本进行 1∶3 最近邻匹配，匹配后各控制变量组间差异均低于 10%，说明匹配结果较好。对匹配后的样本进行回归，表 9-5 第（1）列回归结果显示，AI 系数在 1% 的水平上显著为正。表明控制样本自选择效应后，基准回归结果稳健。

（2）Heckman 两阶段检验。为进一步排除样本选择性误差，选取 Heckman 两阶段模型进行内生性检验。第一阶段中，以企业是否涉及人工智能应用（AI_dummy）作为被解释变量，引入外生变量滞后一期的省级人工智能专利申请数（AI_patent）及原有控制变量作为解释变量构建 Probit 模型，计算逆米尔斯比率（IMR）。第二阶段在基准回归模型中加入 IMR 进行检验，以矫正样本选择偏差。表 9-5 第（3）列中 IMR 系数不显著，表明上述回归模型不受明显的样本选择偏误问题困扰。AI 系数仍在 1% 的水平上显著为正，与基准模型接近，进一步验证了本章研究结论。

表 9-5　　PSM 检验和 Heckman 两阶段检验结果

Variables	PSM 检验	Heckman 两阶段模型	
	(1)	(2)	(3)
	CP	AI_dummy	CP
L. AI - patent		0.115***	
		(5.86)	
AI	0.146***		0.175***
	(4.93)		(4.78)
IMR			-0.010
			(-0.24)
Constant	-16.207***	-4.805***	-16.910***
	(-25.76)	(-10.18)	(-33.88)
Controls	Yes	Yes	Yes
Year/Industry	Yes	Yes	Yes
N	9654	14565	14565
Pseudo R^2		0.252	
LR chi^2		4018.40	
R^2	0.408		0.403
F	562.244		764.201

9.5.3.3　其他稳健性检验

（1）安慰剂检验。为了进一步排除由于遗漏重要解释变量导致的内生性问题，提取出样本中所有企业—年度的观测值 AI，并对其进行随机分配以生成一个新的实验组，对此进行基准模型回归。将上述过程重复 1000 次，记录每一次回归中 AI 的系数及 p 值，所得结果如图 9-2 所示。1000 次回归所得系数在 0 值附近呈现正态分布，与基准回归系数 0.168 存在显著差异，且 p 值多大于 0.1，表明结果不具备统计上的显著性。因此本章的估计结果被不可观测的其他局限性因素驱动的可能性不大。

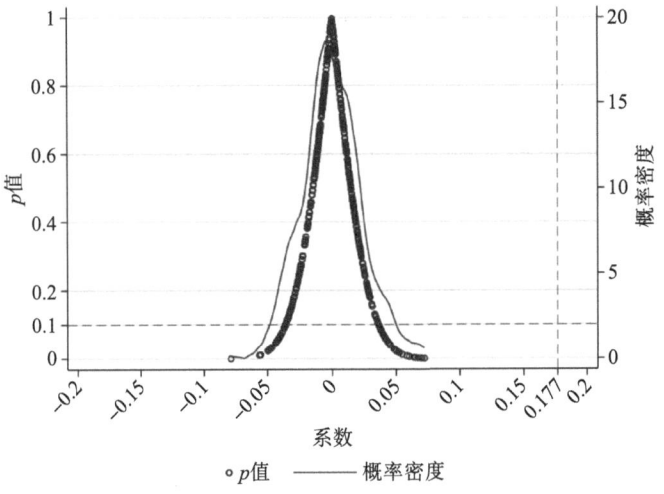

图 9-2 安慰剂检验结果

（2）替换变量及更换模型。首先，控制年报文本的长短差异以消除可能存在的规模效应，将人工智能词频总数分别除以年报中的词汇数与句子数，构造变量 AI_words 与 AI_sentences。其次，构造虚拟变量 AI_dummy，度量企业当年是否存在人工智能应用。回归结果如表 9-6 第（1）—（3）列所示，AI 系数仍显著为正。为控制高维固定效应，表 9-6 第（4）列在基准回归模型的基础上加入了年份和行业固定效应的交乘项，又考虑到被解释变量为非负整数，第（5）列中使用泊松回归模型再次进行检验，回归结果均验证了假设 H1，表明本章研究结论稳健。

表 9-6　　　　　　　　　　替换变量及更换模型回归结果

Variables	(1) CP	(2) CP	(3) CP	(4) CP	(5) CP
AI_words	1922.097*** (5.59)				
AI_sentences		41.920*** (5.67)			
dum_AI			0.226*** (5.63)		
AI				0.171*** (6.18)	0.030*** (5.50)
Constant	-16.909*** (-36.32)	-16.911*** (-36.33)	-16.765*** (-36.27)	-16.773*** (-36.13)	-2.693*** (-28.04)
Controls	Yes	Yes	Yes	Yes	Yes
Year/Industry	Yes	Yes	Yes	Yes	Yes
Year × Industry	No	No	No	Yes	No

续表

Variables	(1) CP	(2) CP	(3) CP	(4) CP	(5) CP
N	16854	16854	16854	16854	16854
Adj. R^2	0.398	0.398	0.397	0.394	
F	928.027	928.156	939.842	926.358	
Pseudo R^2					0.103
Wald chi^2					11679.93

(3) 改变样本范围与延长窗口期。由于东部地区经济发展较为繁荣，可能导致人工智能应用与共同富裕间存在内生性，因此剔除位于东部发达省份的样本再次进行基准回归。又考虑到本章关键解释变量 AI 来源于企业披露的年报文本信息，信息披露质量较低时将导致变量测度出现较大偏误，为排除这一干扰，剔除了证监会年报披露质量考核级别在 B 级以下的样本进行回归，结果分别如表 9-7 第（1）、第（2）列所示，AI 系数仍显著为正，表明本章结论可靠。此外，在基准回归模型的基础上分别将解释变量 AI 滞后一至三期、被解释变量 CP 前置一至三期进行回归。结果中 AI 系数始终保持正显著，表明人工智能应用能够对企业共同富裕发挥持续性影响。受篇幅限制，仅在表 9-7 第（3）、第（4）列报告了滞后及提前一期的回归结果。

表 9-7　　　　　　　　改变样本范围与延长窗口期回归结果

Variables	(1) CP	(2) CP	(3) CP	(4) F. CP
AI	0.195***	0.160***		0.121***
	(3.47)	(5.49)		(3.90)
Constant	-18.982***	-16.961***	-16.961***	-17.252***
	(-21.31)	(-30.59)	(-34.03)	(-33.29)
Controls	Yes	Yes	Yes	Yes
Year/Industry	Yes	Yes	Yes	Yes
N	5302	12142	14565	14565
Adj. R^2	0.413	0.394	0.403	0.361
F	304.002	677.464	838.308	690.977

9.5.4 开放式创新中介效应检验结果

本章首先通过逐步回归考察开放式创新的中介效应。表 9-8 第（1）、第（3）列中以开放式创新广度（Breadth）、开放式创新深度（Depth）作为被解释变量，AI 作为解释变量进行回归，结果中 AI 系数均在 1% 的水平上显著为正，表明人工智能应用会显著提升开放式创新广度、开放式创新深度，假设 H2a、假设 H2b 得到验证。第（2）、第（4）列同时将 AI 和 Breadth、Depth 作为解释变量，结果显示 AI 及中介变量系数均为正且通过了 1% 水平上的显著性检验，因此开放式创新广度、开放式创新深度在人工智能应用与企业共同富裕的关系中承担部分中介作用，初步验证了假设 H3a、假设 H3b。其次进行 Sobel 检验，结果也证明这一中介效应稳健存在，其中开放式创新广度和开放式创新深度的中介效应分别占总效应的 17.92% 和 7.45%。表明企业能够借助人工智能技术扩大创新协作、加深合作关系，从而助力实现共同富裕。

表 9-8　　　　　　　　　　　　　中介效应检验结果

Variables	(1) Breadth	(2) CP	(3) Depth	(4) CP
AI	0.101*** (10.09)	0.137*** (5.15)	0.101*** (7.22)	0.155*** (5.79)
Breadth		0.297*** (14.49)		
Depth				0.124*** (8.39)
Constant	-9.919*** (-57.44)	-13.805*** (-27.48)	-8.199*** (-33.92)	-15.742*** (-33.02)
Controls	Yes	Yes	Yes	Yes
Year/Industry	Yes	Yes	Yes	Yes
N	16854	16854	16854	16854
Adj. R^2	0.423	0.404	0.284	0.399
F	959.275	885.186	330.582	865.393
Sobel 检验	0.030 ($z=8.28$, $p=0.000$)		0.012 ($z=5.47$, $p=0.000$)	

9.5.5 市场因素调节效应检验结果

基于模型（9-4）检验技术市场活跃度（Tech）对人工智能应用与企业共同富裕间关系的调节作用。表 9-9 第（1）列回归结果中，人工智能应用与技术市场活跃度交互项（$AI \times Tech$）系数为 1.266，通过了 10% 水平上的显著性检验，说明技术市场活跃度强化了人工智能应用对企业共同富裕的影响，假设 H4 得到验证。

表 9-9 第（2）、第（3）列为技术市场活跃度对"开放式创新—企业共同富裕"有调节的中介效应检验结果。Tech 系数显著为正，开放式创新广度与技术市场活跃度交互项（$B \times Tech$）指标系数为 -0.980，在 10% 水平上显著，说明技术市场活跃度负向调节了开放式创新广度的中介作用，技术市场活跃度与开放式创新广度存在替代效应。开放式创新深度与技术市场活跃度交互项（$D \times Tech$）系数不显著，说明技术市场活跃度对开放式创新深度在人工智能应用与企业共同富裕间的中介效应没有明显作用。检验结果与前文理论分析一致。

表 9-9 第（4）、第（5）列为市场竞争度（RHHI）对后半段中介路径的调节效应检验结果。第（4）列中开放式创新广度与市场竞争度交互项（B×RHHI）系数在 5% 水平上显著为正，说明市场竞争度正向调节了开放式创新广度与企业共同富裕的关系。而开放式创新深度与市场竞争度交互项（D×RHHI）回归系数不显著，说明该路径下调节效应不成立。这验证了前文的理论分析结果。

表 9-9　　　　　　　　　　　调节效应检验结果

Variables	(1) CP	(2) CP	(3) CP	(4) CP	(5) CP
AI	0.112***	0.132***	0.146***	0.140***	0.157***
	(3.47)	(4.94)	(5.45)	(5.25)	(5.85)
Tech	1.663**	3.163***	2.983***		
	(3.27)	(4.31)	(3.92)		
AI×Tech	1.266*				
	(2.52)				
Breadth		0.315***		0.229***	
		(13.72)		(7.27)	
Depth			0.132***		0.108***
			(8.01)		(4.48)
B×Tech		−0.980*			
		(−2.44)			
D×Tech			−0.439		
			(−1.16)		
RHHI				−0.008*	−0.006
				(−2.07)	(−1.57)
B×RHHI				0.003**	
				(2.85)	
D×RHHI					0.001
					(0.77)
Constant	−16.962***	−14.045***	−15.925***	−13.623***	−15.610***
	(−36.62)	(−27.82)	(−33.33)	(−26.77)	(−32.25)
Controls	Yes	Yes	Yes	Yes	Yes
Year/Industry	Yes	Yes	Yes	Yes	Yes
N	16854	16854	16854	16854	16854
Adj. R^2	0.398	0.405	0.400	0.405	0.399
F	788.360	751.505	735.486	750.081	732.469

为进一步验证假设 H5、假设 H6，参考 Edwards 等（2007）的研究，在 95% 的显著性水平上利用 Bootstrap 方法进行 2000 次重复抽样，对被调节的开放式创新广度中介效应进行检验。首先取调节变量平均值减一个标准差的值、平均值、平均值加一个标准差的值，以分别检验调节变量值在低、中、高水平上的条件间接效应。表 9-10 检验结果显示在三个不同水平上，技术市场活跃度与市场竞争度的条件间接效应均显著，表明有调节的中介效应成立。

随后计算调节变量取低值与取高值时条件间接效应之间的差值，若差异显著，则能够说明中介效应随调节变量取值不同而发生了显著变化。由表 9-10 中检验结果可知，技术市场活跃度（$Tech$）和市场竞争度（$RHHI$）条件间接效应差值的 Bootstrap 检验区间均不含 0，表明开放式创新广度的中介效应在不同取值的技术市场活跃度、市场竞争度调节下存在显著差异。其中，由低技术市场活跃度变为高技术市场活跃度时，被调节的中介效应差异为 0.0059，说明技术市场活跃度显著调节了广度在人工智能应用与企业共同富裕关系间的中介作用；由低市场竞争度变为高市场竞争度时，差异为 -0.0203，说明市场竞争度显著调节了广度在人工智能应用与企业共同富裕关系间的中介作用，假设 H5、假设 H6 得到支持。

表 9-10　　有调节的中介效应的 Bootstrap 检验

调节变量	调节变量值	估计系数	标准误	Bootstrap 置信区间	
				下限	上限
$Tech$	低值	0.0334	0.0041	0.0253	0.0414
	中值	0.0304	0.0036	0.02354	0.0374
	高值	0.0275	0.0036	0.020	0.0345
	差值	0.0059	0.0030	-0.0117	-0.0001
$RHHI$	低值	0.0221	0.0034	0.0155	0.0287
	中值	0.0323	0.0036	0.0252	0.0394
	高值	0.0424	0.0048	0.0330	0.0518
	差值	-0.0203	0.0040	0.0125	0.0282

9.6　异质性分析

9.6.1　管理层持股比例异质性

基于代理理论视角，管理层持股将股东的外部监督转化为管理者的自我约束，有助于缓解第一类代理问题（1976）。然而当其持股比例高到能与其他股东相对抗时，这种激励作用可能转化为"堑壕效应"，加剧管理层为牟取私利损害其他股东权益的短视现象。基于此，本章依据管理层持股比例对样本进行分组回归，检验人工智能应用对企业共同富裕的影响在这一条件下的异质性。表9-11回归结果显示,两组样本中人工智能应用均对企业共同富裕产生了显著的积极影响,管理层持股比例较低时这一作用相对更强（$\beta = 0.205, p < 0.01$）,且bdiff检验显示两组间系数存在明显的组间差异。说明管理层持股比例过高时会导致其自利动机增强,使股权的激励效应受到抑制,削弱主效应的作用效果。

表9-11　　　　　　　　　管理层持股比例与融资约束异质性分析

Variables	管理层持股比例		融资约束程度	
	较低	较高	较低	较高
	CP	CP	CP	CP
AI	0.205***	0.154***	0.129***	0.212***
	(4.80)	(4.49)	(3.47)	(5.49)
Constant	-20.267***	-12.685***	-19.989***	-13.996***
	(-33.75)	(-16.67)	(-30.13)	(-21.35)
Controls	Yes	Yes	Yes	Yes
Year/Industry	Yes	Yes	Yes	Yes
N	8286	8568	8425	8429
Adj. R^2	0.456	0.342	0.405	0.402
F	605.072	339.072	476.722	463.650

9.6.2　融资约束程度异质性

融资约束是制约企业可持续发展的一大难题。为避免陷入融资困境,企业通常会采取措施维持与现有投资者间的良好关系,树立正面形象以求拓展融资渠道。外部约束还迫使企业更积极地寻求创新合作以激活内部发展潜力,追求技术与资源的价值最大化。基于此,本章认为融资约束较高的企业将更加注重维护利益相关者权益和挖掘技术价值,人工智能应用对企业共同富裕的促进作用会更加明显。采用SA指数度量企业融资约束进行分组回归,表9-11结果显示,融资约束程度较高时人工智能应用对企业共同富裕的积极作用更强（$\beta = 0.212, p < 0.01$）,且这一结果通过了组间差异检验,与本章预期结果相一致。

9.6.3　产权性质异质性

国有企业与非国有企业在政企关系、外部监管、融资约束等方面呈现出不同特征。国有企业受政府政策扶持,更容易获得国家政策红利和资源配置,在资源获取、市场占有等方面占据了先天优势（吴非等,2021）。同时,这类企业也肩负着更多社会职能,承担了保障就业、平衡产业布局和税收等政治任务。而非国有企业面临着更严峻的竞争环境,催生了企业的创新变革意识和适应力,使其以更加积极的态度接纳前沿技术并将其应用于自身的可持续发展。本章依据产权性质对样本进行分组回归,检验主效应在不同企业中的异质性。表9-12回归结果显示,非国有企业中人工智能应用对共同富裕具有更明显的促进作用（$\beta = 0.183$，$p < 0.01$），该结果通过了组间差异检验。可能的原因是，国有企业充裕的资源使其较少依赖于新兴技术，且国有的性质决定了这类企业在生产经营中本身便承担着促进共同富裕的责任，不轻易受到技术因素影响。

表 9 – 12　　　　　　　　　产权性质与政府与市场关系异质性检验

Variables	产权性质		政府与市场关系	
	国有企业	非国有企业	较强	较弱
	CP	CP	CP	CP
AI	0.149**	0.183***	0.258***	0.055
	(2.75)	(6.00)	(6.79)	(1.46)
$Constant$	-20.672***	-14.574***	-18.004***	-13.359***
	(-26.70)	(-25.05)	(-27.59)	(-17.25)
$Controls$	Yes	Yes	Yes	Yes
$Year/Industry$	Yes	Yes	Yes	Yes
N	4564	12290	8466	8388
$Adj. R^2$	0.515	0.356	0.413	0.388
F	401.040	548.715	495.409	441.667

9.6.4　政府与市场关系异质性

政府与市场的关系是反映市场化程度的重要指标之一。政府干预一方面为企业提供了便利，另一方面也影响了企业行为与决策，促使企业承担更多带动经济发展的现实任务（Lakonishok 等，1994）。借助政策引导和宏观调控，政府部门能够指引企业遵循与共同富裕目标相匹配的技术发展路径，使其资源配置更符合公平正义的价值取向。因此，本章认为政府与市场关系较密切时，企业应用人工智能技术对共同富裕的促进作用更强。基于此，本章采用《中国分省份市场化指数报告（2021）》中的"政府与市场关系"指数，依据中位数将样本分为两组进行检验。表 9 – 12 回归结果显示，政府与市场关系较强时，人工智能应用对企业共同富裕的积极影响更加显著（$\beta = 0.258$，$p < 0.01$），且这一结果通过了组间差异检验。本章的猜想得到了验证，即市场中的企业受到政府干预会在行动中更多地体现共同富裕的战略理念。

9.7　研究结论与政策建议

9.7.1　研究结论

为探究人工智能应用是否能够促进企业为共同富裕做出切实贡献，本章从微观视角出发，选取 2012—2021 年沪深 A 股上市公司面板数据，理论分析并实证检验了人工智能应用对企业共同富裕的影响及其作用机制。主要结论如下：

第一，人工智能通过帮助企业在推动经济社会发展的同时促进公平分配，对企业共同富裕发挥出显著的驱动作用。且这一结论在一系列内生性和稳健性检验后依然成立，丰富了微观层面共同富裕有关研究。

第二，开放式创新广度与开放式创新深度在人工智能应用与企业共同富裕之间发挥了中介传导作用。借助人工智能技术，企业得以扩大创新合作范围，与合作伙伴构筑深入合作关系，为实现共同富裕做出进一步贡献。技术市场活跃度正向调节了人工智能应用对共同富裕的积极影响，负向调节了开放式创新广度在二者间的中介作用，而市场竞争则对这一中介作用具有正向调节效应。

第三，人工智能应用对企业共同富裕的影响存在异质性。具体而言，在管理层持股比例较低、融资约束较强、非国有性质，以及所在地区政府与市场关系较为密切的企业中，人工智能应用能够展现出更强大的共同富裕驱动力。这对政府部门通过分类施策，引导不同特征和定位的企业参与实现共同富裕具有一定启示意义。

9.7.2 政策建议

第一，企业应加强人工智能技术应用，使人工智能成为企业参与实现共同富裕的有力驱动。人工智能等前沿技术的深度整合能够增强企业创新能力，帮助企业更好地将社会贡献与经济效益相结合以实现可持续发展。因此，企业应当以缜密的战略规划，从价值创造、创新研发等层面推进人工智能技术应用与基础设施建设。为此需加大对该领域技术研发与改进的资源投入，加速企业智能化转型。同时密切关注并妥善平衡各方利益相关者诉求，为企业持续创造和分配财富提供可行之路。

第二，以技术进步带动创新合作，在创新中发挥人工智能技术的共同富裕效应。经济社会发展离不开持续的创新产出，为此需要政府与企业形成合力，充分利用人工智能的驱动作用，共同提升全社会的创新开放水平。企业应关注自身开放程度，加强研发人员之间的交流互动，建立有效的关系治理机制以减少合作中的利益冲突和机会主义行为。而政府部门应建立技术交流平台，并配备相应监管措施和扶持政策，以鼓励更多企业以合作创新的方式参与资源共享。此外，由于技术交易和合作创新能够在一定程度上相互替代，企业应结合技术市场发展程度有所侧重地布局创新战略以避免不必要的资源消耗。政府则需要对市场竞争进行调控，一方面通过反垄断政策、公共采购等措施降低市场集中度以激发企业创新活力，另一方面也应避免过度竞争阻碍企业的生产效率提升和社会责任履行。

第三，为了给人工智能技术营造良好发展环境，政府部门应根据企业内外部不同特性适时调整相应政策，"因企制宜"地引导企业参与共同富裕建设。首先，对于受融资约束较强的企业，政府应给予资金补贴和税收减免等形式的正反馈，激发这类企业为共同富裕做贡献的动力；其次，管理层持股方面，制定政策将企业股权激励限制在合理范围内，防止过高的持股比例导致管理层自利行为，对企业的经济效益和社会效益造成负面影响；再次，重视非国有企业在推动共同富裕过程中的作用，督促国有企业提高对前沿技术的敏感性和接受度；最后，当前阶段要使人工智能技术充分发挥共同富裕效应，仍需政府采取一定措施对市场进行干预，在此过程中逐步提升企业参与共同富裕建设的积极性。

9.8　本章小结

本章首先基于技术可供性理论分析人工智能应用对企业共同富裕的影响效应，并从组织学习能力视角探究开放式创新在此过程中的中介作用。其次，选择 2012—2021 年沪深 A 股制造业上市公司为研究样本进行实证检验，进而发现：企业可以通过应用人工智能技术提升其开放式创新深度和开放式创新广度，从而为共同富裕做出贡献。技术市场活跃度正向调节了人工智能应用对共同富裕的积极影响，负向调节了开放式创新广度在二者间的中介作用，市场竞争则对这一中介作用具有正向调节效应。异质性分析发现，在管理层持股比例较低、融资约束较强以及非国有性质的企业中，人工智能应用能够展现出更强大的共同富裕驱动力。最后，运用 PSM 检验、Heckman 两阶段检验、安慰剂检验等方法检验了实证结果的稳健性，结果保持一致。本章全面分析人工智能应用对企业共同富裕的影响效应，为企业和政府从数字化视角推动企业高质量发展提供参考和借鉴。

第四篇

开放式创新对制造企业综合维度高质量发展的作用机制研究

数字经济背景下,以人工智能、大数据、区块链、云计算、物联网等为代表的新一代数字技术成为我国经济高质量发展的重要驱动力量。随着外部环境动态性、复杂性的日益增强,技术更新换代的速度呈指数级增长,制造企业若仅局限于内部创新,显然难以跟上时代发展的步伐。在此情境下,开放式创新成为企业突破发展瓶颈的关键途径。通过与外部合作伙伴建立广泛且深入的合作关系,企业能够快速整合多元资源,加速创新进程。人工智能凭借其强大的数据分析和智能预测等能力,能够深度嵌入企业开放式创新的各个环节。与此同时,良好的数字营商环境也能够通过有效降低交易成本和优化创新资本配置,为企业通过开放式创新驱动高质量发展提供完备的外部条件。鉴于此,本篇基于前文从盈利能力、共享能力、绿色能力、发展能力、开放能力和抗风险能力六个维度构建的高质量发展综合评价指标体系,实证检验人工智能应用对开放式创新的影响,进一步从双元创新和数字营商环境两个方面,探究开放式创新对制造企业高质量发展的作用机制,有助于深入理解数字经济时代制造企业开放式创新实践,为企业有效通过开放性创新驱动高质量发展提供理论支持与实践参考。

本篇具体包括四章内容。第 10 章为人工智能应用对制造企业开放式创新的影响研究，根据资源基础理论、利益相关者理论与信息不对称理论，探究不同情境下人工智能应用与开放式创新之间的关系。第 11 章为双元创新、数字营商环境与制造企业高质量发展，基于数字经济背景和新发展理念，系统研究双元创新对企业高质量发展的影响，以及数字营商环境对二者关系的调节作用。第 12 章为开放式创新、双元创新与制造企业高质量发展，聚焦于中国企业当前创新驱动发展战略与高质量发展的现实需求，研究开放式创新对企业高质量发展的影响，进一步挖掘双元创新在开放式创新与企业高质量发展间关系的中介作用。第 13 章为数字化转型、开放式创新与制造企业高质量发展，在资源编排视域下，分析数字化转型影响企业高质量发展的内在机理以及不同程度的开放式创新对数字化转型与企业高质量发展之间关系的影响。本篇通过深入探究开放式创新对制造企业高质量发展的作用机制研究，有助于制造企业突破传统创新模式的局限，提高创新能力，促进企业实现从生产制造向服务制造、智能制造等高端价值链环节的转型升级，为我国制造业的高质量发展注入新活力。

第10章　人工智能应用对制造企业开放式创新的影响研究

党的二十届三中全会指出，要完善推动"人工智能"等战略性产业发展政策和治理体系。人工智能正逐渐渗透到社会生产的各个环节，成为推动我国科技跨越式发展、产业优化升级和生产力整体跃升的重要战略资源。同时，随着市场竞争和资源稀缺性的加剧，企业内部的封闭式创新愈发困难，越来越多的企业开始转向开放式创新这一模式。而人工智能这一新兴技术的应用将改变企业内部运作和生产经营活动，作用于创新流程并促进现有成果的优化和新技术的产生，为经济社会发展提供内生驱动力。

为深入探究人工智能与开放式创新的关系，本章以2012—2022年沪深A股制造业上市公司数据为样本，以资源基础观、利益相关者理论、信息不对称理论为理论基础，分析人工智能应用对开放式创新的影响，并检验融资约束、市场竞争、知识产权保护的调节作用，然后探究内部控制和供应链集中度在人工智能应用与开放式创新间的传导作用，最后进一步分析人工智能应用对开放式创新的影响在产权性质、生命周期、行业和地区方面的异质性。

10.1　研究背景及研究问题

10.1.1　研究背景

10.1.1.1　实践背景

党的二十届三中全会通过的《中共中央关于进一步全面深化改革、推进中国式现代化的决定》中指出，要完善推动"新一代信息技术""人工智能"等战略性产业发展政策和治理体系，加强绿色发展、数字经济、人工智能等多边合作平台建设。习近平总书记也在讲话中强调，人工智能是引领这一轮科技革命和产业变革的战略性技术，是推动我国科技跨越发展、产业优化升级、生产力整体跃升的重要战略资源。据普华永道的研究报告预测，人工智能将成为当今世界经济环境中最大的商业机会，所带来的经济收益预计在2030年达到约10.7万亿美元，占全球经济影响的近70%。作为一种备受瞩目的新型通用技术，人工智能正逐渐渗透到社会生产的各个环节并发挥出关键作用，如京东"无人仓"的出现，让整个物流线的仓储调配到终端配送都由人工智能完成，无需人的参与；金融公司通过数据识别提取、分析帮助预测价格走势，可以为客户提供更精准可靠的理财投资等服务；医疗服务机器人在医学领域的应用如辅助医生进行图像分析，大大提高了医疗诊断的准确性和可靠性。由此各领域的自动化技术能够帮助劳动者从大量繁重枯燥、高重复性的工作中解放出来,工作效率得到释放。近年来中国人工智能市场规模同样快速扩大,赋能经济社会发展成效显著,人工智能技术对GDP增长贡献比例呈逐年攀升的趋势。国务院出台的《新一代人工智能发展规划》提出到2025年,中国人工智能核心产业规模将超过4000亿元,带动相关产业规模超过5万亿元。目前全国已经培育了421家国家级的智能制造示范工厂,万余家省级的数字化车间和智能工厂,各地人工智能企业数量逐年攀升(见图10-1),其中技术核心企业数量已超4500家,主要的龙头企业集中在无人机、VR、可穿戴设备等领域。

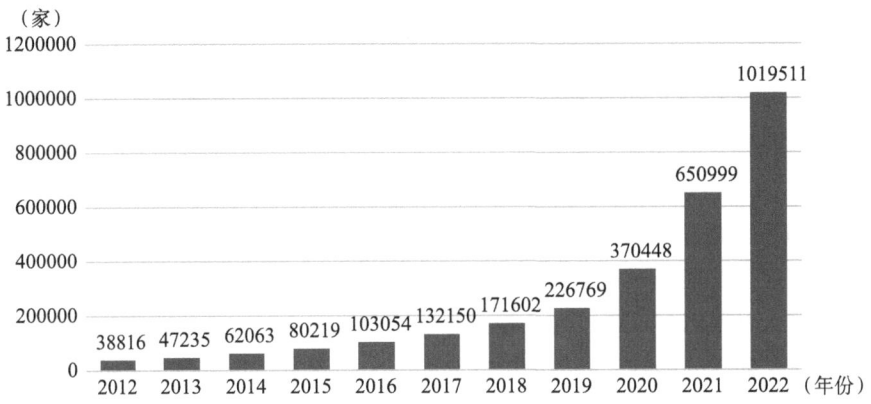

数据来源:天眼查。

图10-1 2012—2022年中国人工智能企业数量

从工业制造领域来看,据世界知识产权组织(WIPO)2024年发布的《生成式人工智能专利态势报告》显示,2014—2023年的十年间,全球共申请了5.4万项生成式人工智能发明专利,其中中国发明人申请的生成式人工智能专利数量和发表的相关科技论文总数均居于全球首位。我国人工智能领域的专利授权数在过去数年间也呈增长态势(见图10-2),关键核心技术方面取得多项突破,在语音识别以及视觉识别上的技术领先于世界水平。

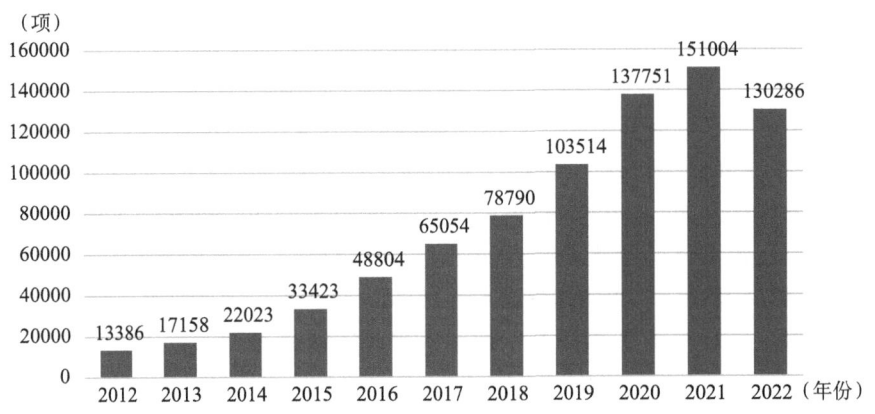

数据来源:国家知识产权局。

图10-2 2012—2022年中国人工智能专利授权数量

党的二十届三中全会强调，要"构建支持全面创新体制机制""深入实施创新驱动发展战略，提升国家创新体系整体效能"。作为创新的主体，企业是科技强国建设的生力军和实现中国式现代化的重要载体。但随着竞争越发激烈、创新资源稀缺性加剧以及市场和技术不确定性增加，企业仅依靠内部资源进行创新变得愈加艰难。因此，突破原有组织边界和传统的创新流程，利用开放式创新来提升自身创新能力成为当下越来越多企业的现实选择（刘东阁等，2024）。开放式创新模式下，企业与顾客、供应商、研究机构及竞争对手等外部利益相关者开展创新合作从而获取市场中不同领域内的信息与企业发展所需的各类资源，以此提升自身市场竞争力。开放式创新模式下，企业与顾客、供应商、研究机构及竞争对手等外部利益相关者开展创新合作从而获取市场中不同领域内的信息与企业发展所需的各类资源，以此提升自身市场竞争力。例如，小米公司采用了业内较激进的开放式创新模式，在其官方网站及合作论坛进行ROM（只读格式存储器）的发布，以最大限度提升企业粉丝和产品用户的参与度，收集产品中存在的问题，通过这一方式激发粉丝群体中技术人员的创新热情，从而收集到外部的反馈意见。公司内部开发人员将花大量时间回复与解决由各途径收集到的问题，而非封闭地进行开发与测试。这一开放式互动模式极大地降低了研发的人员投入，使产品可以更快发布以抢得市场先机。海尔则积极布局全球研发战略，探索开放式创新模式，搭建起特有的"10＋N开放创新体系"和HOPE创新生态平台，成功链接了全球超25万专家以及100多万生态合作伙伴，凭借强大的创新能力实现了海内外市场的成功拓展，并引领全行业向高端化发展。

10.1.1.2 理论背景

1956年达特茅斯会议上人工智能（Artificial Intelligence，AI）这一概念被明确提出，标志着人工智能学科正式诞生。大会上指出人工智能是通过对人类行为的模仿，完成人类工作的智能化活动（曹静和周亚林，2018）。20世纪末，受限于硬件和算法水平，人工智能在瓶颈中缓慢发展。这一时期有众多学者分别从技术和理论层面对人工智能进行了深入探索，并对其给出不同定义。如Winston（1985）基于应用层面，认为人工智能是运用计算机编程的程序，替代需要人工完成的程序化工作；而Nilsson（1998）基于理论层面，认为人工智能是学习、运用知识的科学。虽然人工智能的定义未形成统一，但其本质内涵均为模仿人类行为，做出相应决策与行动，并在未来超越人类能力。随着大数据、机器学习算法、计算机存储和运算取得突破性进展，人工智能不仅在机器人、语音识别、神经网络等细分领域获得斐然的研发成果，基础理论和核心技术日益成熟，而且带动了智能制造、智慧医疗、无人驾驶等行业的快速发展，其概念内涵和外延不断拓展，相关研究正呈现集中爆发态势。在20世纪研究的基础上，近年来学者们又从许多不同的视角对其进行了阐释。部分研究强调人工智能对人类智能的反映，如Huang和Rust（2018）将人工智能定义为展现出人类智能特点的机器，Fiske等（2020）认为人工智能是通过机器人模仿人类的行为动作，最终以计算机程序编码的形式输出学习效果。有研究从技术角度出发，将人工智能视作一种以一系列独特能力为特征的技术，包括自主学习、自动化、自治、扩充、预先规定和决策等（Issa等，2022）。也有学者结合研究背景或具体应用情境对人工智能进行界定，如 Writz 等（2018）将人工智能描述为与顾客进行交互、沟通，并提供服务的具有自主性和可适应性的系统。而 Xu 等（2020）则认为人工智能是一种技术使能的系统，可使用从数字和实体来源收集的数据来评估实时服务场景，为客户提供个性化的建议、替代方案和解决方案。在探讨人工智能定义的有关研究中，Haenlein 和 Kaplan（2019）很好地结合了"人工"与"智能"的概念，将人工智能定义为系统地理解和学习外部数据并不断升级以实现特定目标和任务的能力，得到了较多认可。

随着研究的深入，人工智能的分类也逐渐成为受到学者们广泛讨论的课题。Haenlein 和 Kaplan（2019）在其代表性研究中从进化阶段的角度将人工智能划分为弱人工智能、强人工智能和超级人工智能。其中弱人工智能的功能通常弱于人类水平，仅能用于特定任务或单一领域；强人工智能的功能与人类水平相当，具备自主推理、规划和解决问题的能力；而超级人工智能是强于人类水平的，真正具有自我意识的系统。当前研究和实践中的人工智能大多仍处于弱人工智能层次，仅有部分先进的人工智能技术开始迈入强人工智能阶段。其他研究大多从功能角度对其进行划分，如 Yablonsky（2019）将人工智能系统分为辅助智能、增强智能和自主智能三类，而 Huang 和 Rust（2018）在研究中提出了四种与工作相关的智能，即机械智能、分析智能、直觉智能与感觉智能。

历经数十年的创新与发展，人工智能对个体、企业等不同参与主体的决策与行为产生了深远的影响，相关研究也广泛覆盖各个领域。部分研究在个体层面展开，着眼于微观的就业问题，指出人工智能对就业总量、就业结构和就业收入都会造成可观的影响（Woessner, 2017；Acemoglu 和 Restrepo, 2018；Restrepo, 2020）。也有学者进一步探讨了组织内部员工对人工智能应用的反应，如 Braganza 等（2021）指出由于技术变革所引发的不确定性，人工智能和相关技术的应用将削弱员工心理契约与工作投入、工作信任的正相关关系。更多研究着眼于组织层面，考察人工智能对组织行为与能力、关系管理与企业绩效等变量的影响后果。如 Chen 等（2022）指出 B2B 营销中采用人工智能有助于提高组织的适应性学习能力和生成性学习能力，进而提高其财务绩效、关系质量和营销创新水平。Baabdullah 等（2021）发现 B2B 中小企业的人工智能实践通过改变组织服务方式以及与用户、供应商的互动程度，对服务体验和用户参与带来积极影响，通过改善商业伙伴间的治理与决策促进了联合规划和联合解决问题。楼永等（2021）以制造企业为研究对象，发现工业智能化的应用和发展通过影响企业平均薪酬和薪酬差距，对企业的净资产收益率表现出显著的提升作用。

伴随着科技高速发展与工业化进程加速，人工智能逐步发展为新一轮科技革命与企业可持续创新实践的核心驱动力，机器学习、物联网、自动化等技术促使企业重新规划其创新流程。学者们也对探究人工智能在企业创新领域所具备的潜在价值与其运行方式产生了浓厚的兴趣，在过去十多年间促成了可观的研究成果。例如，Liu 等（2020）认为人工智能技术能够通过加速知识创造与加快知识溢出、提高企业学习能力与吸收能力、增强研发投入与人才投资来促进企业技术创新。杨祎等（2021）在研究中指出将人工智能应用与管理能力有效结合能够促进企业的组织学习、资源的获取和管理以及互补资产的形成，对创新绩效的提升具有积极意义。其他研究主题还包括人工智能与商业模式中的创新（Jorzik 等，2023）、产品创新（Wang 等，2020）、创新过程（Paschen 等，2020）、企业创新与市场绩效（Camiña 等，2020）、供应链管理创新（陈金晓，2023）等。尽管所涉具体研究领域较为分散，但大多数学者得出了类似的结论，认为将创新实践与人工智能相结合有助于增强企业核心竞争力，从而取得竞争优势（吴非和徐斯旸，2022）。Bahoo 等（2023）指出，探索人工智能与开放式创新之间的联系同样是人工智能与创新这一领域中的重点研究方向之一。

10.1.2 研究问题

人工智能与开放式创新在研究中广泛存在共现关系，然而许多学者仅是将二者置于同一框架下进行探讨，指出以人工智能、区块链、云计算等技术为代表的数字经济时代促使企业转向开放式创新模式（王德辉和吴子昂，2020）。也有部分研究着眼于具体案例，考察人工智能的技术分支如何实现在开放式创新过程中的实践应用，如 Yoon 和 Song（2014）在研究中提出了一种基于文本挖掘、词法分析、拓扑地图技术的系统方法，来帮助企业识别潜在的合作伙伴；Lee 等（2018）则构建了一个利用 TF-IDF 和情感分析等文本挖掘技术的推荐系统，用以解决开放式创新社区中的信息过载问题。在此基础上，逐渐开始有学者聚焦于人工智能与开放式创新在理论上的直接联系。Brożek 等（2023）基于系统的文献计量分析，指出人工智能使企业将内部数据与来自互联网的开放数据相结合，并通过应用学习算法来识别模式、加速探索发现、增强集体智慧，为企业开放式创新实践提供支持。Broekhuizen 等（2023）建立了一个利用人工智能应用程序增强或自动化人类智能的理论框架，旨在为组织实施和管理开放式创新协作提供指导。Arias-Pérez 和 Huynh（2023）则在研究中指出人工智能能力较强的企业将更多地参与开放式创新，并重点分析了伙伴可信度、知识隐藏对人工智能与开放式创新关系的交互作用。

从特定情境下的实践应用到具备一般性的理论演绎，已有研究为认识人工智能在企业开放式创新流程中的可行性提供了许多有价值的洞察，但还存在以下几方面值得进一步拓展的空间：第一，现有研究局限于人工智能与开放式创新的理论联系，缺少充足的实证证据支持。亟须基于切实可靠的现实数据，以大样本实证的方法检验人工智能应用与开放式创新之间的因果关系，为现有理论研究提供支撑。第二，聚焦人工智能与开放式创新的研究大多以欧美国家为调查背景，中国情境下的研究成果较少。考虑到中国作为发展中国家的伦理观念、法律保障及技术发展程度与西方发达国家存在一定差异，现有理论能否在中国情境下推广不得而知。有必要结合中国企业的具体情况进行理论分析与实证检验。第三，人工智能应用与开放式创新之间的作用路径与边界条件有待实证检验。人工智能具有广阔的技术前景与理论内涵，可能以不同形式、在不同层次影响开放式创新。同时，数字经济时代下复杂的外部环境和企业自身特征可能在不同程度上增强或抑制人工智能应用与开放式创新的联系。现有研究在这一方向上展开的讨论较少且缺少实证数据，需要进一步探索以加深理解。

人工智能这一新兴技术的应用会改变企业内部运作模式和生产经营活动，促使管理方式和决策流程革新，给企业管理带来新的挑战和机遇。其作用于创新流程能够促进现有技术与成果的进一步优化，并催化新的颠覆式创新的产生，为经济社会发展提供持续的内生驱动力。这种技术是否同样适用于开放式创新模式下的创新管理流程，助力企业开展合作伙伴搜索与创新资源交流，进而实现联合创新成果产出？这有必要开展进一步探讨。

10.2 理论基础与研究假设

本章阐述了与研究相关的理论基础，主要包括资源基础理论、利益相关者理论与信息不对称理论，在此基础上探讨人工智能应用与企业开放式创新之间的关系，进而提出本章假设。

10.2.1 相关理论基础

10.2.1.1 资源基础理论

资源基础理论主要用于研究战略管理领域中企业的可持续竞争优势构建，重点关注资源对企业竞争优势形成和维持的作用，是该领域中的核心理论之一。依据资源基础理论，企业是各类资源的集合，其竞争优势来源于所拥有的独特资源，这些资源一并构成了企业的能力。Penrose（1959）的研究为资源基础理论奠定了基础，其所著的《企业成长理论》中首次将企业定义为资源的集合，企业的管理决策决定了不同情境下生产资源如何得到利用，而资源获取和合理配置有助于实现企业绩效的提升。Barney（1991）在《公司资源和持续竞争优势》中对此进行了进一步阐释，强调资源于企业的关键性作用，认为企业本质上是由存在相关性的异质性资源及这类资源的流通活动所构成的组织。同时又指出仅有价值、稀缺、不可模仿和无法替代特征的资源才具备帮助企业建立竞争优势的能力，即资源基础观的 VRIN 模型。Grant（1991）基于过往研究的理论基础，正式形成了"资源基础理论"，将独特的资源和能力视作企业持续竞争优势的基石。构成竞争优势的资源可以是有形的，如技术、设备、自然资源及其他实物资产，也可以是声誉、企业文化和社会关系等无形资源。这些不同类型的资源能够帮助企业在市场竞争中取得超额利润，从而为其赢得竞争优势。

资源基础理论从企业战略管理角度出发考察资源获取与管理问题，又考虑到了企业决策的复杂性和冲突性，认为企业可以从组织学习、知识管理、外部网络等方面着手构造企业的资源优势。该理论也指出仅占据资源并不能确保企业的成功，企业要在动态的市场环境中保持竞争力还必须拥有协调和整合这些资源的能力。合理的资源配置可以使企业各项能力得到提升，因此企业能够通过结合市场环境调整资源配置从而进一步增强自身核心竞争力。随着新技术的涌现和需求层次的提升，市场中的资源愈发多样化和分散化。在这一背景下，人工智能等前沿数字技术能够通过帮助企业筛选和获取有价值的外部资源、优化内外部资源配置促进企业构建竞争优势。

10.2.1.2 利益相关者理论

利益相关者理论由 Freeman 首次提出，重点强调利益相关者与企业战略目标及绩效间的相互作用（Freeman，1991）。企业的利益相关者除了能够对企业生产经营活动产生直接影响的集体或个人之外，还包括一系列与企业直接或间接相关的外部主体。根据利益相关者与企业的归属关系，可以将其简单归类为内部利益相关者和外部利益相关者两类。进一步地，也可以根据所涉及的权益类型进行划分，归类为以股东为代表的所有权利益相关者，以客户和供应商为代表的经济利益相关者，以及以政府和公众为代表的社会利益相关者（李欣融等，2021）。或基于利益相关者对企业活动发挥影响的方式分为三类，第一类为与企业运营直接相关的利益相关者，如股东、员工、客户、供应商等；第二类为政府这一具备监督和推动功能的利益相关者；第三类为较广泛的社会利益相关者，包括社区、媒体、科研机构等（盛亚和蒋旭弘，2020）。依据利益相关者理论，企业的各项活动均无法完全脱离利益相关者而独立存在。因此企业决策除了追求股东财富最大化外，还应将各领域利益相关者的权益纳入考虑范畴。企业通过与密切相关的利益相关者构筑起信任关系，能够向社会公众展现自身良好的企业形象，从而获取市场声誉、社会关系等社会资本。同时，利益相关者通常是市场中的资源拥有者，可以为企业提供有助于其生存发展的物质资源，稳定的利益相关者关系网络有助于促进实现多方的互利共赢。

企业创新活动中同样涉及众多利益相关者，他们的诉求、资源和关系网络会在很大程度上影响企业的创新流程。随着当前创新的互动性不断增强，企业研发创新越来越离不开利益相关者的支持。从利益相关者处获得的有效创新资源能够为企业创新提供不竭动力，可以成为影响创新成败的关键因素（毕晓方等，2022）。尤其在企业自身缺乏充足创新资源基础的情况下，利用从利益相关者处获取的支持成为企业实现创新研发成果的可行方案。开放式创新即为企业与客户、供应商、政府等多个利益相关者共同参与的创新活动，这些利益相关者为开放式创新战略的实施提供了更好的资金和资源支持。企业通过对各个层面的利益相关者履行社会责任，可以促进内外部知识的转化和利用，构建起企业的开放式创新网络。凭借自身所处的网络和与利益相关者的联系，企业可以顺利地开展创新活动，在开发与利用现有的知识的同时探索和发展新的知识。在这一背景下，人工智能等数字技术能够开拓和稳固与利益相关者的沟通渠道，使企业的信息交流和知识共享能力得到增强，同时为外部利益相关者提供对企业各项经营与管理决策进行有效监督的途径，从而有利于开放式创新的展开。

10.2.1.3 信息不对称理论

Akerlof 和 Michael Spence 等学者最先提出了信息不对称理论，指出市场参与者的交易中存在信息不对称问题，即交易双方对交易事项相关信息的掌握程度不同，导致市场上广泛存在信息不完全和分布不对称的现象，进而影响交易中市场的资源配置（Akerlof，1970；Spence，1973）。存在信息不对称的情况下，各个利益相关者无法针对企业的真实情况做出准确评判，因此难以做出能够使双方利益最大化的战略决策。此时市场价格通常不能反映所交易商品的真实价值，因此市场的有效性和效率相对较低。该理论强调了信息的完整性、真实性和及时性对信息使用者的重要意义，指出在信息分布存在差异的市场中，拥有更丰富信息资源的单位通常能够在交易中获益，从而占据相对优势的立场，而信息贫乏的一方则容易在交易中遭受利益损失，使其被置于不利地位。企业间的信息不对称还会增加交易双方的信息搜寻、风险评估以及监督成本等交易成本，对企业间的资源再分配和技术交流造成不利影响。在此基础上，处于信息劣势的企业可能出于风险规避的目的而放弃部分合作机会，导致丧失部分有益于企业发展的潜在合作者。企业处于相对于利益相关者的信息优势方时则可能为了追求自身利益最大化而做出不利于利益相关者的行为，使得各方开展合作的积极性和收益遭到损害，加剧企业面临的资源约束难题。

开展跨行业、跨地区的创新合作时，企业与其合作者间的信息传递和沟通将面临一系列阻碍，与在企业内部开展自主创新时截然不同。各种差异化因素所造成的信息不对称会对企业开放式创新带来诸多困难和挑战，影响企业的创新成果产出（史淑桃和张武欣，2022）。开放式创新模式下合作主体间只能通过共享与核心技术相关的信息或内容以推进开放式创新合作，导致部分企业可能会利用已知信息进行自主研发并独占创新成果，这种信息不对称将使得其他合作主体的创新效率和经济利益受损。而以人工智能为代表的新兴数字技术通过大幅度提升企业的信息处理和数据挖掘能力，增强创新信息和创新知识流动的规模、效率和融合度，能够帮助企业拓展合作对象，与其他创新主体建立信任稳定的合作关系。此时企业得以更好地掌握市场中的潜在合作者信息，从而以更低的成本和更高的效率获取创新资源，进一步开展创新合作。同时，开放式创新网络中的人工智能技术能够帮助企业回避开放式创新中的负面行为，减少信息不对称导致的市场缺陷，有效降低由于企业内外部的信息不对称造成的创新不确定性损失。因此，人工智能技术有利于减少企业与合作对象间的信息不对称问题，从而降低创新风险、提高创新效率，保证开放式创新实践的有效开展。

10.2.2 人工智能应用与开发式创新

封闭式创新容易受到一系列资源和融资的限制，导致企业创新能力的提升遭到阻碍。而借助人工智能推进合作研究和技术交流的开放式创新模式，能够帮助企业利用和融合外部资源以弥补内部缺陷、实现技术突破，提升自身创新水平。依据 Laursen 和 Salter（2006）的研究，企业的开放式创新水平可以采用创新的开放度来衡量，从开放广度、开放深度两个方面对其进行考察。其中广度反映了企业开展合作创新的范围，广度的提升意味着企业与更多不同创新主体达成了合作关系，能够在更广泛的领域内促成创新产出。深度则体现了企业与其合作伙伴开展创新合作的紧密程度，深度上升意味着企业与其现有合作对象间的关系更为密切、交流更加深入，有望实现更高层次的研究成果。人工智能的高度可供性使其能够作用于企业创新研发与合作交流的各个环节，增强企业搜索、获取、配置和利用资源的能力并帮助企业灵活应对信息不对称问题，为企业开放式创新提供多方位支持，使开放广度、开放深度均得到一定程度的提升。

第一，人工智能增强了企业搜索和获取外部资源，并对其进行合理配置和高效利用的管理能力，有助于企业开放式创新广度和开放式创新深度的提升。开放式创新强调企业等市场主体通过开放、合作和共享获取外部资源，并将其嵌入自身创新研发流程（Laursen 和 Salter，2006；高良谋和马文甲，2014），而人工智能等前沿数字技术为企业获取外部资源提供了机会和途径。开放式创新模式下，企业实现资源获取、转移和再配置的前提是创新资源在市场中的有效流动和充分扩散。依托于智能营销和推荐系统等人工智能技术，传统的组织边界被打破（陈春花等，2022），这使暴露在市场中的创新资源增多且易于被识别，利于其在更大范围内流动和被企业吸收。外部资源在一定程度上缓解了企业所面临的资源困境，使企业能够通过广泛融合各类创新资源实现开放式创新。进一步地，自动化、智能化的信息处理使企业能够准确识别出实现价值创造所必需的关键资源，并基于历史数据预测创新成果的实现可能性，筛选出有益的合作对象与合作方案，帮助企业应对合作范围扩大导致的外部搜索复杂性上升的问题，为企业扩大开放广度提供有力支持（Chi 等，2015；Kobarg，2019）。此外，引入智能管理系统有助于消除组织中的冗余层级，促进组织结构的扁平化和网络化（戚聿东和肖旭，2020），达成与合作对象的实时对接和信息共享，进而实现资源的灵活调配与整合。人工智能技术还能将员工从高重复性的繁杂工作中解放出来，使企业人力资本水平得到提升（胡晟明等，2021；余玲铮等，2021），通过发挥更高的管理能力提高对外部资源的利用效率和挖掘深度，有助于实现更进一步的创新成果产出，从而使开放式创新深度提升。

第二，人工智能有助于提升企业的信息搜集与处理能力，帮助企业应对信息不对称带来的成本与风险问题，助力开放式创新的进一步开展。企业能够运用人工智能实现对海量信息的收集、存储以及对已有信息的分组整理（Agrawal 等，2019；杜传忠等，2024），从而做到对自身财务状况、经营成果以及外部市场环境的全面把握。各部门内部及与外部利益相关者间的信息流通与有效整合使企业免于信息孤岛问题的困扰，因此企业合作中的协同能力和共同决策效率得到改善。而企业在合作创新中面临着信息不对称所导致的一系列外部交易成本，人工智能则能够进一步发挥成本降低效应，通过这一途径对开放式创新产生积极作用。企业借助人工智能不受时空距离约束地收集整合信息，有助于提高合作创新成功率，降低搜寻成本；在生产经营中引入人工智能推动信息结构优化，可以为企业缩减管理成本和服务成本（戚聿东和肖旭，2020）；帮助企业对结构化和非结构化的创新资源进行同质化处理则降低了资源类型差异造成的协调成本（Kawęcki，2021）。同时，人工智能带来的信息优势还为企业应对合作创新中的风险提供了助力。基于人工智能和机器学习算法构建风险预测模型能够对潜在风险做出预警（姜富伟等，2023），使企业得以在扩大合作创新范围的尝试中事先做好风险防范和应对的准备。企业还可以利用数据驱动的决策支持强化内部监督，实现对研发流程的自主检测和自主诊断（倪静洁和郭檬楠，2023），以更科学的风险管理策略规避欺诈行为和主观判断的风险，帮助企业在与合作对象维持良好关系的同时推进创新合作不断深入。因此，企业开放式创新的广度与开放式创新的深度均受到积极影响。

第三，人工智能可以提高企业与供应链中利益相关者的协同能力，驱动供应链的多元化和丰富化，进一步对开放式创新发挥积极作用。当前世界经济呈现出易变性、不确定性、复杂性和模糊性的特征，既有市场不断受到新产业和新模式的冲击（Xia 等，2019）。面对日益多样化、碎片化的业务场景和持续变化的商业环境，要创造更高价值需要推动供应链的系统优化，而多方共同参与价值创造过程尤其对供应链的可塑性和协同能力提出了更高要求。随着人工智能成为越来越多行业的战略性赋能，其在驱动供应链变革方面的作用日益凸显（陈金晓，2023）。企业借助人工智能加强信息获取渠道和交换效率，推动了供应链形态由传统单链形式向生态化网络的重塑（伍静和纪祥裕，2024）。供应链面临的复杂性问题可以通过人工智能得到解决，帮助企业更灵活地应对外界变化和风险。基于高级自主的人工智能系统可以改善供应链中的信息不透明现象，强化供应链的控制能力（Helo 和 Hao，2021）；机器学习等技术则能够使企业做到对产品和服务需求变化的即时把握（Ferreira 等，2016）；与大数据、区块链、数字孪生等其他数字技术结合还可以进一步促进全链条的可预测和可视化。因此，以人工智能为代表的数字技术促使供应链配置更加多元化，从而供应链集中度降低（巫强和姚雨秀，2023）。这意味着企业得以降低对特定供应商与客户的依赖程度，而与这类利益相关者的关系与企业的议价能力密切相关。依赖降低导致的议价能力提升减少了供应链中的垄断现象，有利于提升供应链的整体运营效率和链上成员的总体利益（伍静和纪祥裕，2024）。企业因而得以获得更多合作机会并开展高效协同创新，促使开放式创新广度上升。同时，减少对供应链上下游成员的依赖将增强企业面对外部风险时的韧性，防止供应商供给中断和客户丧失导致的供应链断链，为企业持续创新提供资源与资金保障，有助于提升开放式创新深度。

基于上述分析，可以认为人工智能有助于优化企业内部的资源配置和整合效率，发挥降低成本和风险的作用，同时提升企业整体对信息的把握和利用能力，推动适应外部环境的供应链系统优化，从而在广度、深度两个方面促进了开放式创新水平提升。据此提出本章主要研究假设：

H1a：加强人工智能应用有助于提升企业开放式创新广度。

H1b：加强人工智能应用有助于提升企业开放式创新深度。

10.2.3　企业、行业、地区层面的调节作用

企业的生产经营不可能脱离外部环境而独立运转，新技术的引入、创新研发计划的施行都会在一定程度上受到不同层次影响因素的影响，从而使人工智能对开放式创新的作用效果产生差异。为探究不同情境或条件下人工智能应用与开放式创新间的关系，本章基于企业、行业、地区三个层面，分别选取融资约束、市场竞争与知识产权保护作为调节因素，考察人工智能所发挥的驱动作用是否受影响而发生显著改变。

融资约束是企业筹措资金时所遇到的限制，具体体现为融资成本高、筹资渠道缺乏、资金获取门槛较高等（白景坤和刘畅，2024）。融资需求一定时，融资约束程度越高意味着企业越难获取外部资金，导致其投资支出受到限制（周美华等，2024）。考虑到中国金融市场的现实情境和企业可能的资金来源渠道，外源融资对企业创新意义非凡，严重的融

资约束可能导致企业自主创新受挫（鞠晓生等，2013）。高融资约束背景下，有限的内部资金不足以支撑企业投资于内部创新项目和吸收高技术科研人才，对企业内部的创新研发造成阻碍（Liu 等，2013），且自主创新活动因其投入门槛高和回报周期长的特性，迫使企业必须维持长期稳定的资金资源投入，若由于资金问题导致项目中断或终止，已发生的投入便会成为不可利用的沉没成本（Love 和 Roper，2002）。因此，企业陷入融资困境时，为规避风险、寻求生存与发展机会，将更有动机减少对在内部独立进行的自主创新项目的投资。更多地依靠可行渠道增强外部搜索，通过与其他创新主体达成合作以外部资源弥补自身存在的劣势，即以开放合作的创新模式替代仅依赖自身资源的封闭创新（王砚羽和王澳莹，2024）。而数字经济背景下最前沿的人工智能技术极大地缓解了融资约束对企业的消极作用，使企业即使在困境中也能够保持一定的创新能力（韩青江等，2024）。基于人工智能的信息搜集与资源搜索促进企业在更大范围内与外部创新主体开展交流合作，利用外部资源弥补自身劣势以达成创新目标（李建成等，2024）。同时，资金受到限制时，降低成本的实际需要将进一步驱动企业发挥人工智能的效用，推动生产与管理的自动化、智能化，以减少对人力的依赖和资源的浪费。而融资约束宽松的企业组织结构相对稳定，数字化会受到较大阻碍，新引入的技术很可能难以发挥出决定性的影响（刘政等，2020）。因此，融资约束较为严重的企业中，人工智能将对企业扩大创新合作产生更为明显的促进效应。

基于上述分析，提出研究假设：

H2a：其他条件不变的情况下，融资约束会增强人工智能应用与企业开放式创新广度之间的正相关关系。

H2b：其他条件不变的情况下，融资约束会增强人工智能应用与企业开放式创新深度之间的正相关关系。

作为最重要的行业特征之一，市场竞争被视为企业间资源配置的调节机制，与企业经济效益紧密相关，并深刻地塑造了企业的创新动机和行为（Hart，1983；何玉润等，2015）。企业中人工智能的推广与普及对创新合作的效用也会不可避免地受到市场竞争影响。一方面，数字化浪潮冲击下企业面临着前所未有的激烈竞争环境，顺应环境变化的创新和优化则是企业在竞争中取胜的关键手段，帮助企业实现可持续发展和抢占未来竞争地位双赢的战略目标（胡云飞和戴国强，2024）。市场竞争体现了企业生产经营中所面临外部环境的压力，与企业在市场中的生存与发展存在复杂的相互关系。已有研究认为严峻的行业竞争态势将在一定程度上促使企业增加研发和创新投入，从而产生提升创新效率的效果（聂辉华等，2008；胡令和王靖宇，2020）。企业在竞争压力下也将具备更强的动机开展与其他创新主体的合作研发，利用可获取的资源与商业化途径提升自身创新实力。另一方面，行业中竞争激烈时企业所持有的人工智能技术与能力也能够发挥出更明显的效用。在当前高度活跃且难以预测的市场环境下，引入人工智能等数字技术能够帮助企业更好地适应由于市场边界模糊和进入壁垒消除而导致的竞争加剧局面，减轻这一背景下企业可能遭受的经营风险（Verhoef 等，2021），且企业若要实现由生产性扩张的粗放型增长模式向创新驱动发展模式的平稳转型，则需寻求有效手段全方位提升自身资源配置效率，驱动组织内外部资源向创新效益最大化的方向流动。人工智能则通过提升企业合理配置和高效利用资源的能力，对这一过程发挥了良好的赋能作用（Branstetter，2019）。同时，高度竞争背景下资源在市场中相对分散从而导致了消耗扩张（袁华锡等，2022），而充分发挥人工智能在外部搜索和竞争态势识别上的优势，能够帮助企业克服环境压力高效获取所需创新资源。此外，人工智能在企业沟通与协调方面的优化作用也有助于企业在动态环境中维持较稳定的合作与信赖关系，保障长期创新项目的顺利进行。因此，市场竞争较为激烈时，人工智能将对企业开放式创新产生更显著的积极影响，二者间的正相关关系得到进一步强化。

基于上述分析，提出研究假设：

H3a：其他条件不变的情况下，市场竞争会增强人工智能应用与企业开放式创新广度之间的正相关关系。

H3b：其他条件不变的情况下，市场竞争会增强人工智能应用与企业开放式创新深度之间的正相关关系。

作为外部治理的重要政策工具，知识产权保障自身具备保护性功能，与塑造公平、稳定的营商环境密切相关，同时也是激活企业创新积极性的关键引擎之一（Neves等，2021；张欣和董竹，2023）。我国以形成支持全面创新的基础制度为目标，始终敦促各地政府落实更高层次的法治保障，不断强化企业技术创新主体地位。加强知识产权保护旨在提高创新激励水平、为各类市场主体培育良好创新生态从而调动其创新主动性，能够起到提高技术专有性和保障企业专利收益的作用（刘东阁和庞瑞芝，2023）。数字技术蓬勃发展的背景下，知识产权保护同样被视作壮大数字行业新业态的有效治理手段之一，其影响力也广泛渗透到依托于各项数字技术的创新过程中（方慧和霍启欣，2023）。因此知识产权保护在一定程度上为企业技术创新创造了制度条件，同时也使数字技术本身较强的正外部性和价值外溢性受到抑制（戚聿东等，2022），这将不可避免地导致人工智能与开放式创新间的关系产生变化。一方面，考虑到我国现实背景，尽管严格执行产权保护政策能够为部分发明创造者的知识成果提供保障，但也将引致更严重的技术垄断问题，使市场中的不公平竞争现象进一步恶化。知识产权保护赋予了企业创新主体在一段时间内的专利垄断权（Neves等，2021），此时追求短期利益的管理者将更倾向于将业务核心聚焦于技术垄断领域以获取即时经济回报，相应地排斥可能在未来促成更高水平创新成果的开放合作，从而削弱了人工智能应用对开放式创新的激励作用。另一方面，随着知识产权保护边界的持续扩展，企业获取专利信息和专业知识的门槛不断升高，不同惯例和规范下创新主体之间的知识流动愈发困难，模仿和引进外部技术需要付出更多成本（张慧颖等，2023）。同时，市场环境要求较高知识产权保护水平时，企业将不得不为研发活动的产权保护付出更多资金投入从而与竞争对手、合作对象等外部单位保持同步，而投入的这部分额外成本无法被人工智能等技术手段抵消且难以转化为实际创新成果（籍明明，2024）。最终企业能够通过开放式创新获取的收益缩减，人工智能应用对开放式创新的驱动作用也受到较大限制。

因此，就当前市场发展程度而言，协调知识产权保护和信息共享与传播间的关系还存在较大难度，知识产权保护将对人工智能应用与开放式创新间的关系产生抑制作用。

H4a：其他条件不变的情况下，知识产权保护会削弱人工智能应用与企业开放式创新广度之间的正相关关系。

H4b：其他条件不变的情况下，知识产权保护会削弱人工智能应用与企业开放式创新深度之间的正相关关系。

10.3 研究设计

10.3.1 样本选择与数据来源

考虑到本章研究目的和数据可得性，本章选取2012—2022年沪深A股制造业上市公司作为研究样本。在全球经济日趋复杂的背景下，制造业作为国民经济的支柱产业和实体经济的基础，是国家经济高质量发展的关键所在，也是衡量国家竞争力和国际市场地位的重要标准（Zhong等，2017），关系到全面建设社会主义现代化国家任务的实现。《中国制造2025》将实施数字化转型战略驱动制造强国建设作为增强中国制造企业创新力与竞争力的重大举措。因此，基于当前经济背景考察人工智能等前沿技术在驱动制造企业创新合作中所发挥的实际作用具有现实性和必要性。

本章对数据进行了如下处理：剔除样本期间内ST、*ST或退市的企业和存在变量缺失的样本观测值，对所有连续变量在1%和99%水平上进行缩尾处理，以减弱离群值对回归结果的干扰。共获得2423个A股上市公司的13992个样本数据。其中人工智能应用所需企业年报数据来自沪深证券交易所官方网站，开放式创新所需企业申请专利数据来自中国研究数据服务平台（CNRDS），其他各项财务数据则来自国泰安（CSMAR）数据库。本章数据处理主要运用Stata17.0和Excel软件。

10.3.2 变量定义

10.3.2.1 被解释变量：企业开放式创新

被解释变量为企业开放式创新（OI）。本章参考Laursen和Salter（2006）的研究，从开放程度的视角测度企业开放式创新，分别聚焦于开放式创新广度和开放式创新深度视角进行检验。开放式创新广度被定义为企业开展联合创新涉及的合作伙伴数量，反映了企业在外部进行创新搜索并构建合作研发关系的能力；开放式创新深度则被定义为企业与各组织开展合作创新的频率，反映企业与其他创新主体保持稳定关系并实现持续创新产出的能力。在此基础上，借鉴Zhao等（2023）的研究，以企业发明专利与实用新型专利申请数据为基础构建开放度指标，将广度设定为当年内与企业联合申请专利的组织数量总和并进行对数化处理；开放式创新深度设定为企业联合申请专利数量与合作组织数量之比，即企业与每个合作组织联合申请专利的平均数，并进行对数化处理，以此衡量企业两个方面的开放式创新水平。

10.3.2.2 核心解释变量：人工智能应用

核心解释变量为企业人工智能应用（AI）。参考姚加权等（2024）的方法，基于上市公司年报文本构建企业人工智能应用指标。该项指标首先参考多项业界研究报告和权威组织提供的人工智能词表，人工选取 52 个词语作为种子词，针对每个种子词筛选产出 10 个与该种子词语义程度最相近的词语，将重复词语、与人工智能不相关的词语以及词频过低的词语剔除，最终获得 73 个词语，生成基础的人工智能词典。随后使用"jieba"中文分词模块对上市公司年报文本进行分词处理，将生成的人工智能词典作为预设专有名词词典加入这一分词模块，在此基础上统计上市公司年报中人工智能词语的数量，采用关键词数量加 1 的自然对数作为企业人工智能应用指标。具体人工智能词典如表 10 - 1 所示。

表 10 - 1　　　　　　　　　　人工智能关键词

人工智能	AI 产品	AI 芯片	机器翻译	机器学习
计算机视觉	人机交互	深度学习	神经网络	生物识别
图像识别	数据挖掘	特征识别	语音合成	语音识别
知识图谱	智慧银行	智能保险	人机协同	智能监管
智能教育	智能客服	智能零售	智能农业	智能投顾
增强现实	虚拟现实	智能医疗	智能音箱	智能语音
智能政务	自动驾驶	智能运输	卷积神经网络	声纹识别
特征提取	无人驾驶	智能家居	问答系统	人脸识别
商业智能	智慧金融	循环神经网络	强化学习	智能体
智能养老	大数据营销	大数据风控	大数据分析	大数据处理
支持向量机（SVM）	长短期记忆（LSTM）	机器人流程自动化	自然语言处理	分布式计算
知识表示	智能芯片	可穿戴产品	大数据管理	智能传感器
模式识别	边缘计算	大数据平台	智能计算	智能搜索
物联网	云计算	增强智能	语音交互	智能环保
人机对话	深度神经网络	大数据运营		

此外，姚加权在研究中还采用了四种方法考察上市公司年报中人工智能词频与企业人工智能技术之间的关系，从而验证所构建的企业人工智能水平指标的有效性。具体包括与权威机构发布的高水平人工智能企业目录进行对照，对人工智能的不同指标进行相关性检验，将财务报表中的数字化投资指标与构建的人工智能应用指标进行回归分析，以及寻求具有人工智能业界经验的从业者提供参考意见。结果均表明所构建的指标能够较好地反映企业人工智能水平。

10.3.2.3 调节变量

为了验证人工智能应用影响企业开放式创新的边界条件，本章将引入融资约束（FC）、市场竞争（MC）、知识产权保护（IPR）作为调节变量，对假设 H2、假设 H3 和假设 H4 进行检验。具体变量定义如下所示：

（1）融资约束（FC）。融资约束的测度起源于 Kaplan 和 Zingales（1997），现有文献中企业融资约束的衡量方式主要有三种：一是构建内部现金流模型即欧拉方程，借助现金敏感系数来衡量；二是利息支出占比，如 Feenstra 等（2011）和陈琳等（2012）采用企业利息支出期末值代表企业的外源融资成本；三是综合指数，通常包括 SA 指数、KZ 指数和 WW 指数，鉴于 KZ 指数和 WW 指数在测度的时候可能造成偏误，本章选用 SA 指数来衡量融资约束，即参考 Hadlock 和 Pierce（2010）定义 SA 指数为 $-0.737 \times Size + 0.043 \times Size^2 - 0.04 \times Age$。其中，$Size$ 代表企业总资产的自然对数值，Age 代表企业年龄。

（2）市场竞争（MC）。参考吴翌琳和黄实磊（2021）的研究，本章通过行业层面的勒纳指数来衡量上市公司所面临的市场竞争程度。行业勒纳指数是利用单个上市公司营业收入与单个行业营业收入的比，对个股勒纳指数进行加权得到的数值，该值越大表明这一行业中的企业自主定价能力越强，此时企业所承受市场竞争激烈程度较低。为使实证检验结果更加直接，本章对该指标进行取相反数处理，即测度指标数值越大则市场竞争越激烈。

（3）知识产权保护（IPR）。参考周泽将（2022）等的做法，采用国家知识产权局发布的《全国知识产权发展状况报告》中所公布的知识产权保护指数，以各企业所在省份的知识产权指数测度企业所受知识产权保护程度。该指数涵盖了知识产权的创造、运用及保护等多个维度，其数值越大则代表地区层面上知识产权保护水平越高，从而企业知识产权受到的保护越强。

10.3.2.4 控制变量

为提高研究精度，参考既有文献控制了一系列企业特征变量以及可能影响企业开放式创新的变量（刘东阁等，2024；唐要家等，2022），包括企业规模（$Size$，企业总资产的对数值）、现金比率（$Cash$）、固定资产占比（FA）、财务杠杆（$Leverage$）、企业盈利能力（ROA，净利润与总资产平均余额之比）、股权集中度（$Top10$，前十大股东持股比例）、企业年龄（Age，对数化处理）、董事会规模（BS，对数化处理）、地区发展水平（GDP，地区生产总值的对数值），具体变量定义可参考表 10-2。

表 10-2　变量定义

变量类型	变量名称	变量符号	说明
被解释变量	开放式创新广度	$Breadth$	ln（企业申请专利涉及的合作伙伴数量 +1）
	开放式创新深度	$Depth$	ln（企业与各个合作伙伴平均联合申请专利数量 +1）
解释变量	人工智能应用	AI	ln（企业年报中人工智能关键词词频 +1）
调节变量	融资约束	FC	融资约束 SA 指数
	市场竞争	MC	1 - 行业勒纳指数
	知识产权保护	IPR	国家知识产权局知识产权保护指数

续表

变量类型	变量名称	变量符号	说明
控制变量	企业规模	Size	ln（企业资产总额+1）
	现金比率	Cash	企业现金及现金等价物期末余额/流动负债
	固定资产占比	FA	企业固定资产净额/资产总额
	财务杠杆	Leverage	企业负债合计/资产总计
	企业盈利能力	ROA	企业净利润/总资产平均余额
	股权集中度	Top10	前十大股东持股比例
	企业年龄	Age	ln（企业年龄+1）
	董事会规模	BS	ln（董事会人数+1）
	地区发展水平	GDP	ln（地区生产总值+1）

10.3.3 模型构建

10.3.3.1 基准模型

为检验人工智能应用对企业开放式创新的影响，本章建立如下固定效应模型：

$$Breadth_{i,t} = \alpha_0 + \alpha_1 AI_{i,t} + \alpha_2 X_{i,t} + Year_t + Ind_i + \varepsilon_{i,t} \tag{10-1}$$

$$Depth_{i,t} = \alpha_0 + \alpha_1 AI_{i,t} + \alpha_2 X_{i,t} + Year_t + Ind_i + \varepsilon_{i,t} \tag{10-2}$$

其中，下标 i 和 t 分别表示企业、年份，被解释变量 $Breadth_{i,t}$、$Depth_{i,t}$ 分别为企业开放式创新广度与开放式创新深度，$AI_{i,t}$ 为企业人工智能应用水平，$X_{i,t}$ 表示一系列控制变量。此外，加入年份虚拟变量（$Year$）控制时间固定效应的影响，以及行业虚拟变量（Ind）控制行业固定效应。α_0 为常数项，$\varepsilon_{i,t}$ 为随机扰动项，下同。若 α_1 显著为正，则说明人工智能应用与企业开放式创新之间存在显著正相关关系，则能够验证本章假设 H1。

10.3.3.2 调节效应模型

为检验人工智能应用与企业开放式创新之间的关系强弱是否受到其他外部因素影响，构建如下包含交互项的调节效应回归模型：

$$Breadth_{i,t} = \pi_0 + \pi_1 AI_{i,t} + \pi_2 W_{i,t} + \pi_3 AI_{i,t} \times W_{i,t} + \pi_4 X_{i,t} + Year_t + Ind_i + \varepsilon_{i,t} \tag{10-3}$$

$$Depth_{i,t} = \pi_0 + \pi_1 AI_{i,t} + \pi_2 W_{i,t} + \pi_3 AI_{i,t} \times W_{i,t} + \pi_4 X_{i,t} + Year_t + Ind_i + \varepsilon_{i,t} \tag{10-4}$$

其中，W 表示调节变量，包括融资约束（FC）、市场竞争程度（MC）和知识产权保护程度（IPR），$AI_{i,t} \times W_{i,t}$ 为人工智能应用与各调节变量的交互项，若交互项系数 π_3 显著则该因素对基准模型发挥调节效应，$\pi_3 > 0$ 则存在正向调节效应，$\pi_3 < 0$ 则存在负向调节效应。

10.4 实证过程及结果分析

本章基于前文的样本及其数据，根据实证模型对所有研究假设进行检验。首先，对所用变量进行描述性统计分析，并对主要变量进行相关性分析和多重共线性检验，以确定本章所选取的变量是合理的。其次,利用双向固定效应模型对人工智能应用与企业开放式创新进行回归分析,并进行一系列稳健性检验。然后,对融资约束、市场竞争、知识产权保护的调节效应进行检验。此外,还进行了中介效应检验以考察内部控制和供应链集中度的传导作用,以及异质性分析以探讨企业产权性质、生命周期、是否属于数字经济行业和东部地区对回归结果的影响。

10.4.1 描述性统计

描述性统计结果如表10-3所示。结果显示,企业开放式创新广度平均值为1.077,标准差为0.925,开放式创新深度平均值为1.450,标准差为1.157,与Zhao等(2023)所得结果较为一致。这一结果表明上市公司的开放式创新实践已经取得了一定成果,但平均水平不高,且各企业开放程度较为参差。人工智能平均值为0.744,标准差为1.086,说明制造企业整体人工智能技术应用水平仍然较低,且企业间差距较大,样本期内仍有大量企业尚未引入人工智能技术。

表10-3 描述性统计

变量名称	样本量	平均值	标准差	最小值	中位数	最大值
$Breadth$	13992	1.077	0.925	0.000	1.099	3.526
$Depth$	13992	1.450	1.157	0.000	1.540	4.533
AI	13992	0.744	1.086	0.000	0.000	4.234
$Size$	13992	22.082	1.157	19.998	21.925	25.619
$Cash$	13992	0.797	1.192	0.022	0.387	7.644
FA	13992	0.226	0.133	0.017	0.201	0.621
$Leverage$	13992	0.395	0.191	0.056	0.386	0.873
ROA	13992	0.044	0.065	-0.219	0.042	0.223
$Top10$	13992	57.948	14.514	23.170	58.620	88.500
Age	13992	2.095	0.763	0.693	2.197	3.296
BS	13992	2.227	0.166	1.792	2.303	2.639
GDP	13992	10.658	0.711	8.161	10.704	11.731

10.4.2 人工智能应用与开放式创新回归结果分析

本章通过对企业年报进行文本分析获取人工智能关键词词频作为企业人工智能应用的代理变量,分别以被解释变量开放式创新广度与开放式创新深度,以及企业规模、现金比率、固定资产占比、财务杠杆、企业盈利能力、股权集中度、企业年龄等控制变量构造模型进行回归,对假设H1a、假设H1b进行检验,即检验本章主效应。由于Hausman检验结果显示p值小于0.01,因此本章主效应选取固定效应模型,采用递进式的回归策略进行检验,检验结果如表10-4所示,其中第(1)、第(3)列为以开放式创新广度为被解释变量的检验结果,第(2)、第(4)列为对开放式创新深度的检验结果。表10-4中第

(1)、第(2)列中仅控制年度与行业层面的固定效应,不加入其他控制变量,此时人工智能应用(AI)的回归系数均为正且通过了1%的显著性检验;第(3)、第(4)列加入所有控制变量,第(3)列中 AI 回归系数为 0.101,第(4)列中回归系数为 0.100,均在 1%水平上高度正显著,且模型拟合优度大幅度上升。这意味着,人工智能应用程度越高,越有助于促进企业开放式创新,二者存在显著正相关关系。验证了本章假设 H1a 与假设 H1b。

表 10－4　　人工智能应用与开放式创新基准回归结果

	(1)	(2)	(3)	(4)
	Breadth	Depth	Breadth	Depth
AI	0.177***	0.157***	0.101***	0.100***
	(10.30)	(8.66)	(8.30)	(6.79)
Size			0.470***	0.375***
			(31.33)	(21.50)
Cash			－0.056***	－0.044**
			(－5.36)	(－3.15)
FA			－0.497***	－0.280*
			(－4.67)	(－2.16)
Leverage			－0.306***	－0.137
			(－3.44)	(－1.38)
ROA			0.371*	1.016***
			(2.31)	(4.96)
Top10			－0.004***	－0.001
			(－3.43)	(－1.13)
Age			0.027	－0.076**
			(1.07)	(－2.69)
BS			0.136	0.218*
			(1.87)	(2.48)
GDP			0.082***	0.068**
			(3.93)	(2.97)
Constant	1.011***	1.347***	－10.130***	－7.799***
	(49.30)	(63.53)	(－26.04)	(－16.97)
Year	Yes	Yes	Yes	Yes
Industry	Yes	Yes	Yes	Yes
N	13992	13992	13992	13992
R^2	0.143	0.179	0.437	0.307
F	106.005	75.007	196.908	81.180

注:*、**、***分别表示在 10%、5%、1%水平上显著,括号内为 t 值,本章下同。

10.4.3 稳健性检验

10.4.3.1 PSM 检验

考虑到人工智能应用程度和技术水平不同的企业间在诸多不可观测的特征方面存在差异，而这些差异化的特征可能影响企业的开放式创新战略。因此，本章通过倾向得分匹配法（Propensity Score Matching，即 PSM）对样本进行匹配后再次进行检验，从而控制企业自身特征对本章主效应人工智能应用与开放式创新之间关系的影响，以降低样本自选择问题对检验结果造成的误差。为此，首先根据样本企业当年人工智能应用水平进行分组，若企业当年涉及人工智能应用（即关键词词频数不为 0）则归为实验组，反之则为对照组。随后选取企业规模、现金比率、固定资产占比、财务杠杆、企业盈利能力、股权集中度、企业年龄作为企业特征变量进行 1:3 最近邻匹配，使实验组与控制组的样本在人工智能以外的特征属性方面达到基本一致，从而使两组间的差异仅体现在人工智能应用水平方面。匹配后各控制变量间组间差异均低于 5%，说明匹配后的特征变量已不存在显著差异，满足平行假设，PSM 匹配结果良好。

对匹配后的样本进行回归，表 10-5 第（1）列回归结果显示，人工智能应用对企业开放式创新广度的回归系数为 0.190，第（2）列中人工智能应用对开放式创新深度的回归系数为 0.186，均在 1% 的水平上显著为正。表明控制样本自选择效应后，人工智能应用仍对企业开放式创新存在促进作用。进一步对样本进行 1:1 最近邻匹配后再次检验基准模型，结果如表 10-5 第（3）、第（4）列所示，两个模型中人工智能应用系数仍显著为正，表明基准回归结果稳健。

表 10-5　　　　　　　　　　PSM 检验结果

Variables	(1) Breadth	(2) Depth	(3) Breadth	(4) Depth
AI	0.190***	0.186***	0.197***	0.190***
	(13.71)	(9.76)	(11.06)	(7.75)
Size	0.469***	0.380***	0.471***	0.381***
	(63.95)	(37.77)	(49.95)	(29.31)
Cash	-0.046***	-0.042***	-0.051***	-0.047***
	(-7.19)	(-4.71)	(-6.25)	(-4.12)
FA	-0.454***	-0.214**	-0.399***	-0.181
	(-8.19)	(-2.81)	(-5.57)	(-1.83)
Leverage	-0.265***	-0.112	-0.270***	-0.138
	(-5.60)	(-1.73)	(-4.40)	(-1.62)
ROA	0.380***	1.019***	0.474***	0.953***
	(3.45)	(6.74)	(3.37)	(4.91)

续表

Variables	(1) Breadth	(2) Depth	(3) Breadth	(4) Depth
Top10	-0.004***	-0.002**	-0.004***	-0.003**
	(-7.08)	(-2.70)	(-6.08)	(-3.12)
Age	0.037***	-0.076***	0.036*	-0.079***
	(3.38)	(-5.09)	(2.58)	(-4.13)
BS	0.137***	0.234***	0.144**	0.229***
	(3.56)	(4.41)	(2.89)	(3.33)
GDP	0.084***	0.065***	0.085***	0.071***
	(8.34)	(4.69)	(6.58)	(3.98)
Constant	-10.192***	-7.908***	-10.248***	-7.902***
	(-52.76)	(-29.80)	(-40.80)	(-22.80)
Year	Yes	Yes	Yes	Yes
Industry	Yes	Yes	Yes	Yes
N	13600	13600	8058	8058
R^2	0.433	0.303	0.435	0.306
F	761.345	260.938	456.081	151.313

10.4.3.2 Heckman 两阶段检验

为进一步排除样本选择性误差，选取 Heckman 两阶段模型进行内生性检验。第一阶段中，以企业是否涉及人工智能应用（AI_dummy）作为被解释变量，引入原有的一系列控制变量作为解释变量构建二值 Probit 模型，分析企业是否应用人工智能技术的选择性问题。根据回归结果构造逆米尔斯比率（IMR）。第二阶段在基准回归模型的解释变量中加入逆米尔斯比率进行检验，以矫正样本选择偏差。表 10-6 第（2）、第（3）列回归结果显示 IMR 系数在 1% 的水平上显著为正，说明主效应存在一定自选择问题，采用 Heckman 两阶段模型回归结果有效。此时以开放式创新广度为被解释变量的模型中关键变量人工智能应用系数为 0.072 且仍在 1% 的水平上显著为正，以开放式创新深度为被解释变量的模型中系数为 0.070 且在 1% 水平上显著，均与基准模型接近，进一步验证了本章研究结论。

表 10-6　　　　　　　　　　Heckman 两阶段检验结果

Variables	(1) AI_dummy	(2) Breadth	(3) Depth
AI		0.072***	0.070***
		(6.13)	(4.74)
Size	0.169***	0.472***	0.378***
	(12.70)	(31.47)	(21.57)
Cash	-0.019	-0.057***	-0.045**
	(-1.55)	(-5.46)	(-3.15)

续表

Variables	(1) AI_dummy	(2) Breadth	(3) Depth
FA	-1.420***	-0.530***	-0.320*
	(-14.20)	(-4.97)	(-2.45)
Leverage	-0.070	-0.311***	-0.146
	(-0.81)	(-3.50)	(-1.47)
ROA	0.149	0.359*	0.990***
	(0.75)	(2.23)	(4.85)
Top10	0.001	-0.004***	-0.001
	(1.17)	(-3.42)	(-1.16)
Age	-0.035	0.027	-0.077**
	(-1.76)	(1.09)	(-2.69)
BS	-0.025	0.131	0.225*
	(-0.35)	(1.79)	(2.54)
GDP	-0.113***	0.079***	0.069**
	(-3.74)	(3.65)	(2.90)
IMR		0.073***	0.076***
		(6.11)	(4.91)
Constant	-4.353***	-10.123***	-7.840***
	(-11.15)	(-25.47)	(-16.72)
N	13992	13938	13938
Pseudo. R^2	0.2596		
R^2		0.438	0.308
F		178.850	75.392

10.4.3.3 工具变量法

本章基本假设认为企业能够通过应用人工智能技术提升自身创新合作能力,扩大开放式创新合作范围和加深合作程度,但企业开放式创新和人工智能应用水平之间可能存在反向因果关系,即人工智能促进企业开展开放式创新的同时,企业创新合作的开展也有助于企业获取外部关键资源与信息,从而帮助企业进一步提升自身人工智能技术水平。为检验这一内生性问题,本章选择使用工具变量进行两阶段最小二乘回归,所选工具变量为滞后一期的企业所在地级市人工智能平均水平(IV)。地区层面的平均值能够反映区域内人工智能的普及和扩张程度,由于地理位置相毗邻的企业间更容易发生合作交流和人员流动,因此,企业所在地各企业上年人工智能应用平均水平与该企业当年人工智能应用水平呈正相关关系。而这一平均值对单个企业的开放式创新实践难以产生显著影响,因此满足工具变量条件,可基于此进行工具变量检验。

表10-7为使用两阶段最小二乘模型进行检验的结果。第一阶段工具变量回归系数为0.557,在1%的水平上显著为正,此外,Cragg-Donald WaldF统计量为1019.36,远超过

临界值10，通过弱工具变量检验，说明所选工具变量较为合理。第二阶段回归结果显示，对于开放式创新广度与开放式创新深度，人工智能应用回归系数分别为0.360和0.178，在1%的水平上显著为正，说明基准模型所得回归结果可靠。

表10-7　　　　　　　　　　两阶段最小二乘检验结果

Variables	(1) AI	(2) Breadth	(3) Depth
IV	0.557***		
	(33.98)		
AI		0.360***	0.178***
		(13.30)	(5.39)
Size	0.106***	0.438***	0.366***
	(12.35)	(54.68)	(35.85)
Cash	-0.011	-0.053***	-0.044***
	(-1.46)	(-7.70)	(-4.35)
FA	-1.011***	-0.162*	-0.173*
	(-17.35)	(-2.49)	(-2.05)
Leverage	-0.020	-0.312***	-0.144*
	(-0.36)	(-6.39)	(-2.27)
ROA	-0.024	0.382***	0.990***
	(-0.19)	(3.40)	(6.81)
Top10	-0.003***	-0.003***	-0.001
	(-5.93)	(-5.44)	(-1.73)
Age	-0.073***	0.050***	-0.068***
	(-5.33)	(3.91)	(-4.18)
BS	-0.075	0.162***	0.223***
	(-1.59)	(4.04)	(4.31)
GDP	-0.053***	0.072***	0.064***
	(-4.92)	(7.19)	(5.00)
N	13978	13978	13978
Year	Yes	Yes	Yes
Industry	Yes	Yes	Yes
Kleibergen-Paap rk LM	752.41		
Cragg-Donald Wald F	1099.36		
Kleibergen-Paap Wald rk F	1154.42		
F		764.174	296.361
R^2		0.299	0.166

10.4.3.4 替换变量

为增强研究结果的可靠性,本章通过替换变量的方法进行稳健性检验。

第一,参考吴非和徐斯旸(2022)的研究,调整解释变量的计算口径以重新核验原有的基本关系。针对原有的人工智能词频加总数,进一步考虑年报文本的长短差异,以消除其中可能存在的规模效应。具体而言,针对人工智能的词频总数,将其分别除以年报中的词汇数和句子数,得到变量 AI_W(人工智能词汇数与年报词汇数之比)和变量 AI_S(人工智能词汇数与年报语句数之比)。分别以两个新的解释变量替换原有解释变量 AI 进行主效应回归,表 10-8 结果显示在以开放式创新广度、开放式创新深度为被解释变量的情况下,核心解释变量系数均在 1% 水平上显著为正。表明调整人工智能应用变量的计算口径后研究结果依然稳健。

表 10-8　　　　　　　　调整解释变量计算口径检验结果

Variables	(1) Breadth	(2) Breadth	(3) Depth	(4) Depth
AI_W	44.650***		54.189***	
	(6.95)		(6.91)	
AI_S		0.957***		1.139***
		(7.11)		(6.69)
Size	0.477***	0.477***	0.384***	0.383***
	(31.80)	(31.77)	(22.06)	(21.98)
Cash	-0.057***	-0.057***	-0.045**	-0.045**
	(-5.41)	(-5.40)	(-3.23)	(-3.23)
FA	-0.505***	-0.505***	-0.265*	-0.267*
	(-4.72)	(-4.72)	(-2.05)	(-2.06)
Leverage	-0.309***	-0.312***	-0.150	-0.154
	(-3.44)	(-3.48)	(-1.50)	(-1.54)
ROA	0.284	0.278	0.930***	0.922***
	(1.74)	(1.71)	(4.53)	(4.50)
Top10	-0.004***	-0.004***	-0.001	-0.001
	(-3.47)	(-3.47)	(-1.20)	(-1.20)
Age	0.020	0.020	-0.085**	-0.085**
	(0.79)	(0.79)	(-2.99)	(-2.98)
BS	0.135	0.138	0.218*	0.222*
	(1.83)	(1.87)	(2.49)	(2.53)
GDP	0.082***	0.082***	0.069**	0.069**
	(3.91)	(3.90)	(3.00)	(2.99)
Constant	-10.260***	-10.254***	-7.966***	-7.959***
	(-26.23)	(-26.21)	(-17.32)	(-17.26)

续表

Variables	(1) Breadth	(2) Breadth	(3) Depth	(4) Depth
Year	Yes	Yes	Yes	Yes
Industry	Yes	Yes	Yes	Yes
N	13790	13790	13790	13790
R^2	0.435	0.435	0.308	0.308
F	186.204	186.510	81.869	81.254

第二，进一步通过改变文本分析使用的关键词以构建新的解释变量人工智能应用。参考吴非等（2021）的研究成果，采用在重要政策文件和研究报告基础上，以多项数字化行动报告为蓝本扩充后的数字化转型特征词库中的人工智能技术词汇构建测度指标 AI_2 对基准模型进行检验。所用指标具体包括人工智能、商业智能、图像理解、投资决策辅助系统、智能数据分析、智能机器人、机器学习、深度学习、语义搜索、生物识别技术、人脸识别、语音识别、身份验证、自动驾驶、自然语言处理 15 个特征词。将这一人工智能应用指标代替原有核心解释变量引入基准模型进行检验，表 10 - 9 第（1）、第（2）列结果显示该指标系数分别为 0.109 和 0.104，且均在 1% 水平上显著，再次验证了替换解释变量度量方法后研究结论的稳健性。

第三，本章主效应采用的被解释变量测度指标旨在通过企业联合申请专利涉及的合作伙伴数量考察企业开展创新合作的范围，以及通过企业与外部创新资源合作研发的频率以考察企业创新合作的深入程度，以此反映企业开放式创新水平。而本章采用企业联合申请专利的数量（以 OI_2 表示）替换原有被解释变量，再次检验人工智能应用对企业开放式创新的作用。检验结果如表 10 - 9 第（3）列所示，原有核心解释变量人工智能应用系数显著为正，证明本章主效应假设 H1a、假设 H1b 具有可靠性。

表 10 - 9　　　　　　　　　　替换变量检验结果

Variables	(1) Breadth	(2) Depth	(3) OI_2
AI_2	0.109***	0.104***	
	(11.22)	(7.77)	
AI			0.147***
			(8.84)
Size	0.467***	0.466***	0.670***
	(33.23)	(33.19)	(27.86)
Cash	-0.044***	-0.044***	-0.027*
	(-5.33)	(-5.33)	(-2.08)
FA	-0.459***	-0.458***	-0.560***
	(-4.71)	(-4.71)	(-3.77)

续表

Variables	(1) Breadth	(2) Depth	(3) OI_2
Leverage	-0.266** (-3.28)	-0.269*** (-3.32)	-0.105 (-0.91)
ROA	0.332* (2.19)	0.327* (2.16)	1.132*** (5.01)
Top10	-0.003*** (-3.32)	-0.003*** (-3.31)	-0.000 (-0.08)
Age	0.033 (1.61)	0.033 (1.62)	0.006 (0.19)
BS	0.137* (2.02)	0.139* (2.06)	0.210* (2.08)
GDP	0.083*** (4.20)	0.083*** (4.20)	0.118*** (4.45)
Constant	-10.126*** (-27.76)	-10.118*** (-27.73)	-13.735*** (-22.92)
Year	Yes	Yes	Yes
Industry	Yes	Yes	Yes
N	13992	13992	13992
R^2	0.432	0.432	0.495
F	204.435	205.100	138.100

10.4.3.5 改变样本范围

进一步地,通过改变基准模型中的样本范围进行稳健性检验。

第一,企业引入和发展数字技术的行为及企业价值的发展趋向与全球范围的金融态势息息相关,如2015年股灾、2019年新冠疫情,可能导致企业资金链中断,使技术创新面临停滞,忽略这类宏观因素的影响会使结论存在偏误。因此,本章剔除了2015年和2019年的样本以消除这类大型极端事件冲击的影响。检验结果如表10-10所示。

表10-10　　　　　　　　　剔除极端事件冲击检验结果

Variables	(1) Breadth	(2) Depth
AI	0.098*** (13.88)	0.098*** (10.15)
Size	0.452*** (63.24)	0.374*** (38.04)
Cash	-0.043*** (-6.91)	-0.047*** (-5.55)

续表

Variables	(1) Breadth	(2) Depth
FA	-0.468***	-0.328***
	(-8.85)	(-4.51)
Leverage	-0.248***	-0.117
	(-5.36)	(-1.84)
ROA	0.350**	0.917***
	(3.18)	(6.07)
Top10	-0.003***	-0.001
	(-6.06)	(-1.88)
Age	0.041***	-0.073***
	(3.83)	(-4.98)
BS	0.149***	0.233***
	(3.90)	(4.43)
GDP	0.081***	0.085***
	(8.40)	(6.46)
Constant	-9.864***	-8.019***
	(-53.27)	(-31.49)
Year	Yes	Yes
Industry	Yes	Yes
N	10567	10567
R^2	0.435	0.306
F	767.116	274.878

第二，各直辖市通常受更多国家政策倾斜，存在较强的政治、经济特殊性。该类地区企业的技术应用和价值决定往往与其特殊的地域属性有密切关联，同理也可能导致内生性问题，因此剔除位于各直辖市的样本后再次进行检验。检验结果如表10-11所示。

表 10-11　　　　　　　　　　剔除直辖市样本检验结果

Variables	(1) Breadth	(2) Depth
AI	0.100***	0.095***
	(14.85)	(10.00)
Size	0.435***	0.390***
	(62.60)	(39.55)
Cash	-0.045***	-0.048***
	(-7.25)	(-5.41)

续表

Variables	(1) Breadth	(2) Depth
FA	-0.364***	-0.261***
	(-7.27)	(-3.66)
Leverage	-0.266***	-0.169**
	(-6.02)	(-2.69)
ROA	0.403***	0.996***
	(3.90)	(6.79)
Top10	-0.003***	-0.001
	(-7.11)	(-1.27)
Age	0.053***	-0.059***
	(5.18)	(-4.04)
BS	0.198***	0.243***
	(5.38)	(4.65)
GDP	0.105***	0.073***
	(11.68)	(5.73)
Constant	-9.911***	-8.299***
	(-55.67)	(-32.83)
Year	Yes	Yes
Industry	Yes	Yes
N	11248	11248
R^2	0.421	0.296
F	779.620	294.367

第三，又考虑到本章核心解释变量人工智能应用来源于企业披露的年报文本信息，年报文本透露的信息"言过其实"或是"谨言慎行"都不利于准确地刻画企业的人工智能技术实际水平，信息披露质量较低时将导致变量测度出现较大偏误。为排除这一干扰，最大限度提升文本识别的质量，剔除了证监会年报披露质量考核级别在 B 级以下的样本进行回归。检验结果如表 10-12 所示。

表 10-12　　　　　　　　　剔除低信息质量样本检验结果

Variables	(1) Breadth	(2) Depth
AI	0.095***	0.103***
	(13.49)	(10.54)
Size	0.460***	0.379***
	(58.11)	(34.18)

续表

Variables	(1) Breadth	(2) Depth
Cash	-0.043***	-0.043***
	(-6.71)	(-4.79)
FA	-0.377***	-0.238**
	(-6.67)	(-3.00)
Leverage	-0.263***	-0.038
	(-5.17)	(-0.54)
ROA	0.203	0.920***
	(1.65)	(5.34)
Top10	-0.005***	-0.002***
	(-8.79)	(-3.32)
Age	0.033**	-0.070***
	(2.86)	(-4.29)
BS	0.105**	0.182**
	(2.66)	(3.28)
GDP	0.081***	0.074***
	(8.03)	(5.26)
Constant	-9.823***	-7.851***
	(-49.32)	(-28.17)
Year	Yes	Yes
Industry	Yes	Yes
N	9458	9458
R^2	0.430	0.297
F	698.306	241.190

对样本分别进行以上处理后，由上述表中回归结果可知，人工智能应用对开放式创新广度的回归系数分别为 0.0980、0.100、0.095，对开放式创新深度的回归系数分别为 0.098、0.095、0.103，始终在 1% 的水平上显著为正，表明本章结论可靠。

10.4.3.6 安慰剂检验

为了进一步排除由于遗漏变量等因素对结果造成的影响，采用随机生成实验组的方法进行安慰剂检验。参考 Cornaggia 等（2019）的做法，首先提取出样本中所有企业一年度的人工智能观测值 AI，随后对其进行随机分配以生成一个新的实验组，并以这一新组为样本进行基准模型回归。将上述过程重复 200 次，记录每一次回归所得核心解释变量的系数及 p 值，所得结果如图 10-3 所示。由系数的概率密度曲线可以看出，200 次回归所得人工智能应用系数在 0 值附近呈现正态分布，与基准回归中核心解释变量系数 0.101 和

0.100 存在显著差异。且 200 次回归结果的 p 值大多高于 0.1，表明当次结果不具备统计学上的显著性。因此本章的估计结果被不可观测的其他局限性因素驱动的可能性不大。

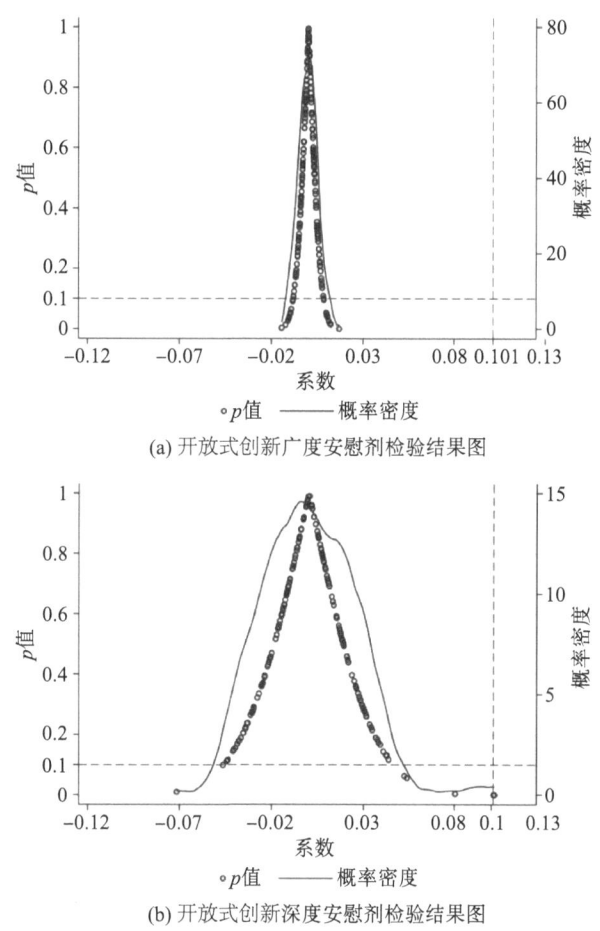

图 10 – 3 安慰剂检验

10.4.4 融资约束、市场竞争与知识产权保护调节效应回归结果分析

前文在理论层面上分析了融资约束、市场竞争与知识产权保护在人工智能应用影响企业开放式创新过程中发挥的调节作用，本章将借助调节效应模型检验该假设是否成立。

表 10 – 13 汇报了在模型中加入调节变量融资约束后人工智能应用对企业开放式创新的作用效果。表中第（1）列为以开放式创新广度为被解释变量，加入融资约束、融资约束与人工智能应用交互项后形成的调节效应模型回归结果；第（2）列为以开放式创新深度为被解释变量形成的调节效应模型回归结果。由第（1）列可知，融资约束与人工智能应用的交互项（$AI \times FC$）回归系数为 0.012，通过了 1% 水平上的显著性检验，说明融资约束正向调节人工智能应用与企业开放式创新广度的关系，即企业受到融资约束较严重

时，更倾向于借助数字技术与外部单位开展创新协作、扩大合作范围，假设 H2a 成立。而第（2）列检验结果显示，融资约束及交互项回归系数均不具有统计上的显著性，说明融资约束对人工智能应用与开放式创新深度之间的关系并未产生显著影响，假设 H2b 未得到验证。这可能是由于创新主体间维持长期合作关系、发掘进一步的创新机会均需要更大量的资金支持，此时融资约束的倒逼作用和人工智能的支持效果并不能完全抵消资金缺乏所带来的负面效果，因此在这一维度上企业人工智能应用对开放式创新的影响并未产生明显差异。

表 10 – 13　　　　　　　　　　融资约束调节效应检验结果

Variables	(1) Breadth	(2) Depth
AI	0.092***	0.097***
	(13.00)	(9.67)
FC	0.020***	-0.007
	(4.57)	(-1.17)
AI × FC	0.012***	0.004
	(5.38)	(1.10)
Size	0.480***	0.373***
	(65.59)	(38.12)
Cash	-0.041***	-0.047***
	(-6.09)	(-4.44)
FA	-0.494***	-0.277***
	(-9.10)	(-3.76)
Leverage	-0.449***	-0.111
	(-8.65)	(-1.58)
ROA	0.768***	0.956***
	(6.51)	(6.03)
Top10	-0.003***	-0.001*
	(-6.47)	(-2.03)
Age	0.019	-0.075***
	(1.61)	(-4.59)
BS	0.142***	0.216***
	(3.73)	(4.18)
GDP	0.084***	0.067***
	(8.80)	(5.26)
Constant	-10.398***	-7.742***
	(-55.47)	(-30.52)

续表

Variables	(1) Breadth	(2) Depth
Year	Yes	Yes
Industry	Yes	Yes
N	13992	13992
R^2	0.440	0.307
F	748.850	252.877

表10-14为在模型中加入市场竞争调节效应后人工智能应用对开放式创新的影响。表中第（1）列为以开放式创新广度为被解释变量，加入市场竞争、市场竞争与人工智能应用交互项后形成的调节效应模型回归结果；第（2）列为以开放式创新深度为被解释变量的调节效应模型回归结果。检验结果显示，市场竞争与人工智能应用交互项（$AI \times MC$）回归系数分别为0.634和0.631，且均通过了1%水平上的显著性检验。说明市场竞争正向调节了人工智能应用对企业开放式创新广度、开放式创新深度的影响，在市场竞争较为激烈的环境下，人工智能对企业拓展创新合作范围、加深与外部创新主体间合作关系发挥出进一步的促进作用，因此假设H3a、假设H3b得到了检验。

表10-14　　　　　　　　　　市场竞争调节效应检验结果

Variables	(1) Breadth	(2) Depth
AI	0.176***	0.175***
	(10.55)	(7.59)
MC	-0.210	0.413
	(-0.60)	(0.86)
$AI \times MC$	0.634***	0.631***
	(4.98)	(3.63)
Size	0.470***	0.376***
	(66.22)	(39.73)
Cash	-0.056***	-0.045***
	(-8.59)	(-4.46)
FA	-0.491***	-0.269***
	(-9.02)	(-3.64)
Leverage	-0.308***	-0.131*
	(-6.56)	(-2.05)
ROA	0.375***	1.041***
	(3.50)	(7.13)
Top10	-0.004***	-0.001*
	(-7.13)	(-2.13)

续表

Variables	(1) Breadth	(2) Depth
Age	0.025*	-0.079***
	(2.11)	(-4.85)
BS	0.139***	0.227***
	(3.66)	(4.39)
GDP	0.080***	0.065***
	(8.27)	(5.06)
Constant	-10.142***	-7.743***
	(-54.16)	(-30.41)
Year	Yes	Yes
Industry	Yes	Yes
N	13992	13992
R^2	0.437	0.308
F	737.114	255.167

表10-15显示了对知识产权保护在人工智能应用与开放式创新间的调节作用进行检验的结果。表中第（1）列为以开放式创新广度为被解释变量，加入知识产权保护、知识产权保护与人工智能应用交互项后形成的调节效应模型回归结果。由第（1）列检验结果可知，知识产权保护（IPR）自身系数显著为正，而知识产权保护与人工智能应用的交互项（AI×IPR）系数在1%的水平上显著为负，可以认为较高的知识产权保护水平对企业利用人工智能扩大创新搜索与合作产生了显著负面影响，即知识产权保护负向调节人工智能应用对开放广度的作用，假设H4a成立。第（2）列结果则显示开放式创新深度作为被解释变量的模型中，知识产权保护对人工智能应用与开放式创新未发挥显著作用，假设H4b未得到验证。这一结果可能是由于开放式创新深度提升的关键在于对合作双方创新资源的持续挖掘和配置优化，而非大范围的知识搜索，因此高水平知识产权保护在这一方面不会明显体现出对企业开放式创新的限制，人工智能应用与深度的关系不受其影响。

表10-15   知识产权保护调节效应检验结果

Variables	(1) Breadth	(2) Depth
AI	0.344***	0.091
	(6.94)	(1.43)
IPR	0.013***	0.003
	(11.47)	(1.74)
AI×IPR	-0.003***	0.000
	(-4.91)	(0.20)

续表

Variables	(1) Breadth	(2) Depth
Size	0.472***	0.374***
	(60.97)	(35.31)
Cash	-0.057***	-0.046***
	(-8.19)	(-4.16)
FA	-0.482***	-0.278***
	(-8.16)	(-3.41)
Leverage	-0.288***	-0.144*
	(-5.65)	(-2.07)
ROA	0.499***	1.210***
	(4.20)	(7.40)
Top10	-0.004***	-0.002*
	(-7.47)	(-2.17)
Age	0.034*	-0.081***
	(2.55)	(-4.48)
BS	0.142***	0.254***
	(3.40)	(4.40)
GDP	-0.071***	0.030
	(-3.85)	(1.21)
Constant	-9.432***	-7.501***
	(-42.89)	(-25.03)
Year	Yes	Yes
Industry	Yes	Yes
N	13992	13992
R^2	0.428	0.273
F	664.493	205.394

10.4.5 内部控制和供应链集中度中介效应回归结果分析

前文已经论证，人工智能有助于提升企业的资源配置水平和信息流通效率、促进供应链的多元化和丰富化，进而推动企业开展更广范围、更深层次的创新合作。本章试图在此基础上，进一步探讨人工智能对企业创新开放发挥作用的具体传导机制。基于前文理论分析，认为人工智能可以通过提升企业内部控制水平、降低外部供应链集中度两条路径影响企业开放式创新广度与开放式创新深度。

一方面，人工智能通过提升企业资源获取能力而使其掌握更多关键资源，人才、技术等高价值资源支持了内部控制系统的构建和运行。而高效的资源配置和信息处理能力使企业更善于识别和应对各类风险,提高了内部控制的准确性和有效性。有效的内部控制水平能够为开放式创新创造一个稳定、有序的创新环境,帮助企业建立起一套科学的创新流程和决策机制,从而全面提升企业开放式创新水平。基于此,使用迪博内部控制指数度量企业内部控制水平(IC),构建逐步回归模型检验内部控制在人工智能应用与开放式创新之间的中介效应。检验结果如表 10 – 16 所示,第(1)列中关键解释变量系数为 0.033,在 1% 水平上显著为正,表明人工智能对企业内部控制产生了积极作用。第(2)、第(3)列中人工智能应用与内部控制系数均为正显著,表明人工智能应用与内部控制共同对企业开放式创新产生了显著影响,初步验证了内部控制作为中介机制所发挥的作用。进一步进行 Sobel 检验,结果同样证明这一中介效应稳健存在,其中开放式创新广度和开放式创新深度的中介效应分别占总效应的 4.6% 和 1.6%。

表 10 – 16　　　　　　　　　内部控制中介效应检验结果

Variables	(1) IC	(2) $Breadth$	(3) $Depth$
AI	0.033***	0.098***	0.102***
	(3.36)	(16.09)	(11.65)
IC		0.031***	0.022***
		(6.81)	(3.52)
$Size$	0.222***	0.453***	0.377***
	(17.09)	(70.34)	(43.44)
$Cash$	-0.067***	-0.042***	-0.045***
	(-7.68)	(-8.01)	(-5.49)
FA	-0.338***	-0.427***	-0.244***
	(-3.66)	(-8.85)	(-3.65)
$Leverage$	-0.557***	-0.258***	-0.147*
	(-6.13)	(-6.27)	(-2.57)
ROA	7.356***	0.161	0.806***
	(29.60)	(1.61)	(5.73)
$Top10$	0.001	-0.003***	-0.001*
	(1.75)	(-6.97)	(-2.20)
Age	-0.167***	0.044***	-0.068***
	(-9.40)	(4.53)	(-5.08)
BS	0.007	0.137***	0.232***
	(0.12)	(4.04)	(4.92)
GDP	0.053**	0.079***	0.074***
	(3.09)	(9.17)	(6.35)
$Constant$	1.130***	-10.029***	-8.077***
	(3.53)	(-61.87)	(-36.12)

续表

Variables	(1) IC	(2) Breadth	(3) Depth
Year	Yes	Yes	Yes
Industry	Yes	Yes	Yes
N	13992	13992	13992
R^2	0.213	0.436	0.301
F	179.592	972.111	345.230

另一方面，人工智能通过自动化与智能化不断提高企业供应链效率与灵活性，促进供应链的多元化与分散化，从而使企业降低对部分特定供应商与客户的依赖程度，供应链集中度逐渐降低。此时企业有机会接触到更多合作机会而开展高效的协同创新，对外部风险也具备了更强的应对能力，因此能够在较稳定的环境下持续推进创新合作的深入开展。因此，认为人工智能可以通过降低企业供应链集中度提升开放式创新广度与开放式创新深度。基于此，本章以前5大供应商、客户采购销售比例之和的均值度量企业供应链集中度（SCC）。首先通过逐步回归检验供应链集中度在人工智能应用与开放式创新之间的中介效应。检验结果如表10-17所示，第（1）列中人工智能应用系数在1%水平上显著为负，证明人工智能起到了降低供应链集中度的作用。第（2）、第（3）列中人工智能应用与供应链集中度系数均在1%水平上显著，且变量符号符合预期，即人工智能应用正向影响开放式创新广度、开放式创新深度，而供应链集中度与开放式创新呈负相关关系，初步验证了供应链集中度的传导作用。进一步进行Sobel检验，结果同样证明这一中介效应稳健存在，且开放式创新广度和开放式创新深度的中介效应分别占总效应的9.5%和5.1%。

表10-17 供应链集中度中介效应检验结果

Variables	(1) SCC	(2) Breadth	(3) Depth
AI	-0.012***	0.090***	0.095***
	(-8.82)	(13.15)	(9.85)
SCC		-0.736***	-0.431***
		(-16.47)	(-6.87)
Size	-0.034***	0.444***	0.361***
	(-23.94)	(60.29)	(36.62)
Cash	0.013***	-0.047***	-0.039***
	(8.10)	(-7.06)	(-3.80)
FA	-0.003	-0.489***	-0.275***
	(-0.32)	(-8.96)	(-3.68)
Leverage	0.018	-0.286***	-0.110
	(1.82)	(-6.07)	(-1.71)

续表

Variables	(1) SCC	(2) Breadth	(3) Depth
ROA	-0.068** (-3.20)	0.330** (3.07)	0.997*** (6.80)
Top10	0.000 (1.09)	-0.004*** (-7.02)	-0.001* (-2.22)
Age	-0.008** (-3.24)	0.021 (1.71)	-0.083*** (-5.09)
BS	-0.030*** (-4.08)	0.115** (3.00)	0.198*** (3.80)
GDP	-0.007*** (-3.76)	0.076*** (7.87)	0.060*** (4.66)
Constant	1.222*** (34.11)	-9.211*** (-47.49)	-7.212*** (-27.49)
Year	Yes	Yes	Yes
Industry	Yes	Yes	Yes
N	13992	13992	13992
R^2	0.230	0.446	0.308
F	161.622	811.804	275.062

10.4.6 异质性检验

为进一步探讨人工智能应用对企业开放式创新的影响在不同特征的企业中表现出的异质性，本章分别以产权性质、生命周期、数字经济行业、东部地区为标准进行分样本回归，得到分样本基准模型估计结果。

10.4.6.1 产权性质异质性

国有企业与非国有企业在政企关系、外部监管、融资约束等方面呈现出不同特征（江轩宇，2016）。国有企业受政府政策扶持，更容易获得国家政策红利和资源配置，在资源获取、市场占有等方面占据了先天优势（吴非等，2021）。本章依据产权性质将样本划分为国有企业和非国有企业并对其进行分组回归，检验主效应在不同企业中的异质性。表10-18回归结果显示，国有企业中人工智能应用对企业开放式创新广度具有更明显的促进作用，此时人工智能应用系数值为0.137，高于非国有企业系数的0.097；而非国有企业中人工智能应用对开放式创新深度产生了更明显的促进作用，此时关键解释变量系数为0.110，高于国有企业组的系数0.081，以上结果均在1%水平上正显著且通过了费舍尔组间差异检验。产生差距的原因可能是国有企业所具备的资源优势为其引入前沿技术以及与外部组织开展合作提供了基础，且更强的稳定性和影响力使国有企业更容易受到外部潜在合作者的关注从而建立起合作关系,有利于实现更广范围下的开放式创新。因此,国有企业中人工智能应用对开放式创新广度的影响效果更强。相反,非国有企业虽然在市场中处于相对劣势地位,但通常具备更高的灵活性和更强的创新动力(Belloc,2014;董晓庆等,2014),更倾向于通过积极引入前沿技术构建自身竞争优势,使其具备了深入挖掘创新资源的能力。同时,非国有企业在拓展合作范围较困难的情况下,为保持持续创新产出,也具备更强的动机维护现有合作关系。因此,非国有企业中人工智能应用对开放式创新深度的作用更强。

表 10-18　　　　　　　　　　产权性质异质性检验结果

Variables	(1) 非国有 Depth	(2) 国有 Breadth	(3) 非国有 Breadth	(4) 国有 Depth
AI	0.097***	0.137***	0.110***	0.081***
	(12.77)	(8.54)	(10.10)	(4.05)
Size	0.446***	0.479***	0.394***	0.332***
	(53.25)	(36.77)	(33.34)	(19.88)
Cash	-0.040***	-0.122***	-0.034**	-0.069**
	(-5.64)	(-6.52)	(-3.08)	(-2.85)
FA	-0.275***	-0.845***	-0.054	-0.435***
	(-4.33)	(-7.92)	(-0.59)	(-3.32)
Leverage	-0.114*	-0.722***	-0.056	-0.300*
	(-2.11)	(-7.66)	(-0.74)	(-2.57)
ROA	0.509***	0.158	0.901***	1.280***
	(4.33)	(0.64)	(5.42)	(4.18)
Top10	-0.006***	0.000	-0.002*	-0.001
	(-9.83)	(0.10)	(-2.25)	(-1.14)
Age	-0.028	0.008	-0.148***	0.015
	(-1.94)	(0.30)	(-7.22)	(0.42)
BS	0.069	0.104	0.153*	0.223*
	(1.59)	(1.27)	(2.55)	(2.12)
GDP	0.085***	0.105***	0.068***	0.073**
	(7.55)	(5.68)	(4.41)	(3.07)
Constant	-9.432***	-10.307***	-8.006***	-6.933***
	(-42.47)	(-30.72)	(-25.62)	(-15.94)
Year	Yes	Yes	Yes	Yes
Industry	Yes	Yes	Yes	Yes
N	9959	4031	9959	4031
R^2	0.407	0.478	0.283	0.366
F	522.128	266.055	198.112	78.716

10.4.6.2 生命周期异质性

企业生命周期理论认为,作为一个有生命状态的组织,企业存在从出生到死亡全过程的生命周期特征(James,1973)。在不同的生命周期阶段,其投资策略、创新意愿和研发能力等都存在明显差异,可能影响企业的研发创新决策。本章参考刘诗源等(2020)使用现金流模式法将企业生命周期划分为成长期、成熟期和衰退期三个阶段进行分组回归。这种划分方法通过经营、投资、筹资三类活动现金流净额的正负组合反映不同生命周期的特征,具有较强的可操作性和客观性。回归结果如表10-19所示,可以发现人工智能应用对开放式创新广度的回归系数在企业处于成长期、衰退期和成熟期时,分别为0.103、0.092和0.113,即处于成熟期的企业人工智能应用对开放式创新广度的促进作用相对弱于成长期和衰退期的企业。而人工智能应用对开放式创新深度的回归系数在成长期、衰退期和成熟期分别为0.091、0.118和0.096,即成熟期的企业中人工智能应用对深度的促进作用相对强于成长期和衰退期企业。

对于开放式创新广度,成熟期的企业已经具备了较为丰富的内部资源,也构建起了固定的关系网络,对外部单位技术与资源的需求较低,更多地依靠固定的资源获取渠道或仅靠自身积累实现自主创新。而初创期和衰退期的企业内部积累不足以支撑自主研发,亟须借助外部资源促进自身创新发展。此时人工智能技术能够发挥弯道超车作用,帮助企业以较低的成本在外部搜索适宜的合作对象与创新资源,广泛开展创新合作,因此人工智能应用与开放式创新广度的正相关关系更强。

对于开放式创新深度,企业处于成熟期时,人工智能所能够发挥的促进作用更强。这一结果可能是因为成熟期的企业具备较高的技术应用能力和资源积累水平,能够充分发挥人工智能技术的作用以维系创新网络中的合作关系和发掘资源潜力,催生更进一步的创新合作成果。而成长期和衰退期的企业缺乏足够的资源基础和技术应用能力,很难维系长久的合作关系,因而此时人工智能应用对开放式创新深度的影响效果相对较弱。

表10-19　　　　　　　　　　生命周期异质性检验结果

Variables	(1) 成长期 Depth	(2) 成熟期 Breadth	(3) 衰退期 Breadth	(4) 成长期 Breadth	(5) 成熟期 Depth	(6) 衰退期 Depth
AI	0.103***	0.092***	0.113***	0.091***	0.118***	0.096***
	(10.18)	(7.53)	(7.34)	(6.63)	(6.98)	(4.34)
Size	0.482***	0.457***	0.449***	0.348***	0.378***	0.421***
	(42.89)	(38.07)	(30.32)	(22.59)	(24.05)	(20.93)
Cash	-0.079***	-0.048***	-0.035**	-0.053**	-0.055***	-0.004
	(-5.82)	(-4.67)	(-3.17)	(-2.73)	(-3.68)	(-0.21)
FA	-0.460***	-0.562***	-0.420**	-0.157	-0.302*	-0.401*
	(-5.34)	(-6.32)	(-3.28)	(-1.38)	(-2.49)	(-2.15)

续表

Variables	(1) 成长期 Depth	(2) 成熟期 Breadth	(3) 衰退期 Breadth	(4) 成长期 Breadth	(5) 成熟期 Depth	(6) 衰退期 Depth
Leverage	-0.455***	-0.313***	-0.276**	-0.095	-0.228*	-0.186
	(-5.81)	(-3.86)	(-3.02)	(-0.89)	(-2.13)	(-1.47)
ROA	0.699***	0.110	0.190	1.270***	0.930***	0.689*
	(3.75)	(0.62)	(0.96)	(5.18)	(3.83)	(2.44)
Top10	-0.004***	-0.003***	-0.002*	-0.001	-0.001	-0.002
	(-4.91)	(-3.77)	(-2.03)	(-1.38)	(-0.73)	(-1.03)
Age	0.036	0.046*	0.059*	-0.094***	-0.036	-0.062
	(1.87)	(2.27)	(2.22)	(-3.78)	(-1.30)	(-1.60)
BS	0.159**	0.127*	0.130	0.305***	0.215*	0.065
	(2.68)	(1.98)	(1.66)	(3.90)	(2.49)	(0.55)
GDP	0.083***	0.097***	0.046*	0.066***	0.068***	0.055
	(5.49)	(6.22)	(2.24)	(3.46)	(3.13)	(1.93)
Constant	-10.350***	-10.078***	-9.559***	-7.301***	-7.970***	-8.392***
	(-35.07)	(-33.65)	(-25.24)	(-18.77)	(-19.32)	(-15.30)
Year	Yes	Yes	Yes	Yes	Yes	Yes
Industry	Yes	Yes	Yes	Yes	Yes	Yes
N	5914	5366	2680	5914	5366	2680
R^2	0.453	0.413	0.450	0.315	0.291	0.322
F	368.977	316.625	173.191	102.589	120.757	71.536

10.4.6.3 数字经济行业

数字经济产业正不断涌现出不同形态的商业模式、技术手段和产品服务，该产业内的企业需要持续进行技术创新以提升产品和服务的质量，进而获取更大的市场份额。因此，企业所处行业是否属于数字经济产业也可能导致人工智能应用对开放式创新水平产生异质性影响。参考陈健生和王问苪（2024）的做法，根据国家统计局颁布的《数字经济及其核心产业统计分类》，将样本划分为数字经济行业与非数字经济行业两组进行分组回归。结果如表10-20所示，非数字经济行业中人工智能应用对企业开放式创新广度的回归系数更高，为0.109；数字经济行业中人工智能应用对开放式创新深度的回归系数更高，为0.136，关键解释变量均在1%水平上显著为正。相对于数字经济行业，非数字经济行业内企业人工智能应用水平整体较低，此时通过扩大合作范围获取外部单位的资源与自身形成互补，有利于使其现有技术能力得到进一步发挥，从而促进创新成果产出。而由于数字经济行业企业本身具备较高人工智能应用水平，广泛开展创新合作能获取到的资源与信息对其自身技术水平与研发能力的提升作用有限，因此人工智能应用对数字经济行业企业开放式创新广度的促进作用相对较弱。同时，这类企业通常具备较为专业化的研发人员和丰富的数字资源，更善于深挖合作对象所提供的技术与资源中的机会，进而推进更深入的创新合作。因此，数字经济行业中，人工智能应用对开放式创新深度的促进作用相对更强。

表 10-20　　　　　　　　　　数字经济行业异质性检验结果

Variables	(1) 非数字经济行业 Breadth	(2) 数字经济行业 Breadth	(3) 非数字经济行业 Depth	(4) 数字经济行业 Depth
AI	0.109***	0.086***	0.099***	0.136***
	(12.86)	(7.20)	(8.86)	(7.26)
Size	0.463***	0.494***	0.352***	0.483***
	(58.58)	(32.64)	(34.66)	(19.55)
Cash	-0.048***	-0.076***	-0.050***	-0.007
	(-6.47)	(-5.74)	(-4.67)	(-0.28)
FA	-0.487***	-0.476***	-0.414***	0.551**
	(-8.10)	(-3.81)	(-5.28)	(2.78)
Leverage	-0.333***	-0.053	-0.201**	0.264
	(-6.52)	(-0.47)	(-2.97)	(1.46)
ROA	0.309**	0.656**	0.930***	1.317***
	(2.62)	(2.66)	(5.92)	(3.58)
Top10	-0.003***	-0.006***	-0.001	-0.001
	(-5.25)	(-5.47)	(-1.38)	(-0.39)
Age	0.017	0.076**	-0.070***	-0.084
	(1.28)	(2.61)	(-4.04)	(-1.91)
BS	0.190***	-0.089	0.231***	0.135
	(4.43)	(-1.13)	(4.07)	(1.10)
GDP	0.093***	-0.024	0.069***	0.009
	(9.09)	(-0.90)	(5.17)	(0.24)
Constant	-10.254***	-8.906***	-7.361***	-9.430***
	(-50.74)	(-21.30)	(-27.83)	(-14.38)
Year	Yes	Yes	Yes	Yes
Industry	Yes	Yes	Yes	Yes
N	12009	1981	12009	1981
R^2	0.416	0.546	0.280	0.371
F	660.327	309.403	227.643	97.477

10.4.6.4　东部地区

我国地域辽阔，不同地区在经济与科技发展水平上会呈现出一定程度的差异性。东部地区优越的地理位置有助于其汇聚创新要素，有利于当地企业共同提升创新能力（黄凯南和魏晓珂，2023）。与之相比，中西部地区的数字基础设施建设较为落后，数字技术应用和创新能力也相对较弱（周浩和李健斌，2023）。基于此，依据企业是否位于东部地区将样本分为两组进行回归。表 10-21 回归结果显示，非东部地区企业中人工智能应用对开放式创新广度具有更明显的促进作用，此时人工智能应用系数值为 0.130，高于东部地区系数的 0.093；而东部地区人工智能应用对开放式创新深度产生了更明显的促进作用，此时回归模型中人工智能应用系数为 0.117，高于非东部地区情况下的系数 0.077，以上结果均在 1% 水平上正显著且通过了费舍尔组间差异检验。产生差异的原因可能是东部地区经济发展程度较高、新兴产业较为发达、整体创新能力较强，处于该地区的强势企业除自主创新外，更倾向于深入挖掘现有合作网络中的创新机会，开展深层次合作，以实现进一步的创新产出。因此人工智能应用对开放式创新深度发挥出更强的促进作用。而中西部地区的企业相对弱势，更倾向于利用人工智能搜索和获取更多对自身有益的创新资源与技术，扩大合作范围，借此提升自身创新能力、缩小与东部地区的创新差异。此时人工智能技术对开放式创新广度产生了更大的边际贡献，即二者间表现出更为明显的正相关关系。

表 10-21　东部地区异质性检验结果

Variables	(1) 非东部地区 Breadth	(2) 东部地区 Breadth	(3) 非东部地区 Depth	(4) 东部地区 Depth
AI	0.130***	0.093***	0.077***	0.117***
	(8.71)	(11.91)	(4.01)	(10.56)
Size	0.419***	0.485***	0.371***	0.375***
	(35.19)	(56.12)	(22.80)	(31.89)
Cash	-0.050***	-0.056***	-0.083***	-0.033**
	(-3.38)	(-7.73)	(-3.94)	(-2.79)
FA	-0.560***	-0.358***	-0.769***	0.031
	(-6.26)	(-5.25)	(-6.44)	(0.33)
Leverage	-0.320***	-0.221***	-0.134	-0.121
	(-4.13)	(-3.80)	(-1.20)	(-1.55)
ROA	0.417*	0.398**	1.105***	0.950***
	(2.20)	(3.08)	(4.30)	(5.34)
Top10	-0.004***	-0.003***	-0.001	-0.001
	(-4.84)	(-4.89)	(-0.55)	(-1.30)
Age	-0.001	0.041**	-0.123***	-0.066***
	(-0.06)	(2.72)	(-4.33)	(-3.31)
BS	0.316***	0.056	0.365***	0.099
	(4.49)	(1.24)	(3.87)	(1.59)
GDP	0.162***	-0.016	0.172***	0.071***
	(8.48)	(-1.13)	(6.47)	(3.73)

续表

Variables	(1) 非东部地区 Breadth	(2) 东部地区 Breadth	(3) 非东部地区 Depth	(4) 东部地区 Depth
Constant	-10.161***	-9.320***	-8.823***	-7.710***
	(-31.71)	(-38.22)	(-19.92)	(-23.04)
Year	Yes	Yes	Yes	Yes
Industry	Yes	Yes	Yes	Yes
N	4446	9544	4446	9544
R^2	0.423	0.466	0.339	0.308
F	227.556	700.424	106.332	202.797

10.5 研究结论与启示

10.5.1 研究结论

人工智能是引领这一轮科技革命和产业变革的战略性技术，具有溢出带动性很强的"头雁"效应，正在对经济发展、社会进步、国际政治经济格局等方面产生重大而深远的影响。习近平总书记多次对促进人工智能等数字技术与实体经济融合进行部署，强调"推动互联网、大数据、人工智能同实体经济深度融合，继续做好信息化和工业化深度融合这篇大文章，推动制造业加速向数字化、网络化、智能化发展"。本章立足于人工智能的发展影响了企业创新模式和创新能力的这一基本事实，以开放式创新为切入点，选择2012—2022年沪深A股制造业上市公司作为研究样本，通过理论分析和实证检验，探讨了人工智能应用对开放式创新广度、开放式创新深度的影响，并分析了融资约束、市场竞争、知识产权保护的调节作用，以及内部控制、供应链集中度的传导机制作用。在此基础上，进一步讨论了人工智能应用对开放式创新的影响在不同产权性质、生命周期、行业、地区企业中的异质性。得出结论如下：

第一，人工智能应用能够显著驱动企业开放式创新广度、开放式创新深度提升。检验结果表明，人工智能应用水平越高，企业开放式创新广度和深度相应也会越高。人工智能可以渗透到企业开放式创新的各个环节，推动企业吸收和融合外部创新资源并实现资源的优化配置，帮助企业提升信息搜索和整合的能力以应对信息不对称风险，以及增强企业与供应链上下游利益相关者的协调性、提升供应链灵活度，从而促进开放式创新广度、开放式创新深度的共同提升。

第二，调节效应检验表明，融资约束、市场竞争、知识产权保护对人工智能应用与开放式创新的关系发挥了调节作用。企业面临较严重的融资约束时，将更倾向于以合作创新替代封闭创新，同时人工智能可以在外部搜索方面发挥出更强的促进作用，因此融资约束对人工智能应用与企业开放式创新广度的关系发挥正向调节作用；激烈的市场竞争会促进企业增加对研发合作的投入，而人工智能能够帮助企业减轻竞争压力可能对其造成的负面影响，因此市场竞争正向调节人工智能应用对开放式创新的影响，知识产权保护虽然在一定程度上为技术创新创造了条件，但也会导致严重的垄断问题，使依托于人工智能等技术手段的信息与资源共享受到限制，因此知识产权保护抑制了人工智能应用对开放式创新广度的促进作用。

第三，进一步分析表明，内部控制与供应链集中度在人工智能应用与开放式创新的关系中发挥了中介传导作用，人工智能应用对开放式创新的影响在不同产权性质、企业生命周期、行业、地区下呈现出异质性。具体而言，国有企业中人工智能应用对开放式创新广度的影响效果更强，非国有企业中人工智能应用对开放式创新深度的作用更强；成熟期企业中人工智能应用对开放式创新广度的促进作用相对弱于成长期和衰退期的企业，对深度的作用则相对较强；相对于数字经济行业，非数字经济行业企业人工智能应用对开放式创新广度的促进作用相对更强，而数字经济行业企业人工智能应用对开放式创新深度的促进作用更强；地区层面上，非东部地区人工智能应用对开放式创新广度具有更明显的促进作用，而东部地区人工智能应用对开放式创新深度产生了更明显的促进作用。

10.5.2 政策启示

本章研究表明，人工智能在企业开放式创新中发挥了重要作用，能够促进开放式创新广度、开放式创新深度共同提升，且这一关系受到融资约束、市场竞争和知识产权保护的调节作用，以及内部控制和供应链集中度的中介传导作用，并在不同产权性质、生命周期、行业、区域的企业中呈现出差异性。本章的研究结论对于企业和政府推进创新驱动发展战略具有一定的现实意义。

第一，企业应加强人工智能技术应用，使人工智能成为企业开放式创新的有力驱动。人工智能等前沿技术的深度整合能够增强企业创新能力，帮助企业更好地扩大创新合作范围和加深合作程度，从而促进实现创新驱动发展。同时本章研究发现，内部控制和供应链集中度作为人工智能效用的中介传导机制也对开放式创新发挥了重要作用。因此，企业应当以缜密的战略规划，从价值创造、创新研发等层面推进人工智能技术应用与基础设施建设，并灵活运用新技术新模式促进内部控制水平和供应链灵活性提升。为此需加大对该领域技术研发与改进的资源投入，将企业智能化转型作为企业发展重点，将企业长远利益放在首位。首先，重视相关专业人才的培养，深度挖掘技术和人才的作用。企业应积极与政府、高校、科研院所等各类组织合作，共同搭建科技园人才库、技术人才联盟等人才交流互动平台，促进数字技术与知识的扩散与交叉，培养具备跨学科知识和创新能力的复合型人才，满足智能化对多样性人才的需求，全方位提升企业技术能力和管理水平；其次，在推进智能化转型的同时把控好前期、中期及后期的研究风险。随着人工智能在企业中的深度融合，企业的经营发展和管理流程将发生变化，通过采集并分析企业的新进设备、人力资源、技术水平和生产流程等内部数据信息，找到可以借助人工智能进行优化的生产步骤，完善整个生产和创新流程，提高企业内外部资源流通效率。促进供应链上下游企业协同发展。最后，积极推进人工智能等数字技术在创新合作中的应用。通过引入智能化的商业管理系统和信息技术平台，在确保企业信息系统和数字安全的基础上，以企业为核心打造智能化生态圈，基于此实现技术、人才、资金等资源的高效共享和优化配置，推进创新合作水平全面提升。

第二，政府部门应充分发挥作用，通过政策手段促进人工智能技术发展和创新合作水平全面提升。人工智能的普及将日渐改变人们的生产生活方式、企业的管理方式和组织形态，对于在全国范围内贯彻创新驱动发展战略具有重大意义，因此政策的制定也应积极鼓励企业提高对人工智能的重视与应用水平。同时，经济社会发展离不开持续的创新产出，在这一方面也需要政府与企业形成合力，充分利用前沿技术的优势作用推动全社会创新开放水平的提升。首先，制定合理政策为企业数字化、智能化提供支持，营造人工智能等数字技术积极发展的良好氛围。政府是促进企业技术进步的重要动力，应充分发挥作用引导企业提升人工智能水平。利用人工智能技术更新政府服务模式，构建线上专业的技术指导与信息咨询平台，提升治理的精准性和主动性。深入调研以完善和实施相应的改革方案，落实促进人工智能嵌入企业生产经营的长期规划，为关键时期的技术问题给予适当帮助，提供财政补贴和税收减免，缓解企业技术引进中可能面临的资金困境。其次，企业等创新主体间的开放式创新也离不开各个政府部门的协同推进，需要各组织机构的共同努力。主导建立技术交流平台，并配备相应监管措施和扶持政策，以鼓励更多企业以合作创新的方式参与资源共享。充分发挥市场对资源的配置功能，营造一个有利于企业开展创新合作的良好外部环境氛围，从源头上促进企业的开放创新。此外，加强宏观管控，使市场竞争、知识产权保护等情境因素发挥出对企业人工智能与创新合作的积极作用。加大对市场的监管力度，完善和落实反垄断法律法规，严厉打击虚假宣传、商业贿赂等不当竞争行为，促进企业间的良性竞争。在增强知识产权保护的同时，防止部分企业的技术性垄断，鼓励企业间的知识流通。简化相关法律程序，明确产权的保护范围、权力行使条件和限制，减少不必要的法律纠纷从而为企业缩减有关成本。

第三，政府与企业部门的管理者应根据企业具体情况适时调整相关政策，"因企制宜"地指引企业借助人工智能等前沿数字技术驱动创新开放。首先，就企业产权性质而言，政府部门应通过建立奖励和考核机制等手段号召国有企业更多地参与到研发创新中，鼓励和引导其向市场中的其他创新主体开放合作，使国有企业内部盈余的创新要素得到更加充分地利用和挖掘。同时为非国有企业提供适当优惠政策和专项资金支持，进一步激发起其创新活性，使非国有企业在大范围技术升级与创新突破中发挥出先驱的作用。其次，企业应明确判断自身生命周期特性，有针对性地采取适宜的技术发展规划与合作创新策略。企业处于成熟期时，可加大培养和发挥人工智能技术优势的资源投入，在构建和维系稳定的合作关系方面作出积极努力，促进取得更高层次的创新研发成果。企业处于发展期和成熟期时，则应适当扩大对外部单位的开放范围，在保障自身存续的基础上借助外部稀缺资源提升创新能力，借此达到实现可持续发展的最终目标。政府部门也应有所侧重地为不同阶段企业提供支持，在为智能化程度较高、创新实力雄厚的成熟企业提供保障的同时，也挖掘富有潜力的成长期新创企业，为其以技术创新为目的的开放合作、资源搜索与获取提供便利。再次，针对行业方面的差异，需发挥数字经济行业企业在前沿技术发展与突破性创新中的关键作用，搭建跨行业协同桥梁，使数字企业通过创新合作的方式拉动传统行业转型，最终实现全行业技术水平和创新能力提升。最后，对于地区方面的差异，应加速提升中西部数字基础设施建设水平，缩小数字技术与创新的区域差距，为此可采取搭建线上信息平台、简化优化行政审批流程等政策措施为企业间跨地区合作创造条件。充分发挥东部地区现有数字经济优势，使发达地区企业在创新合作与技术协同中发挥带头作用。

10.5.3 研究局限与未来展望

本章对于理解人工智能对于开放式创新的促进作用具有积极作用，但仍存在以下几方面的不足，在以后可进行进一步研究：第一，有关变量测度方面。本章关键解释变量为采用文本分析的方法测度的企业人工智能应用水平，利用"爬虫"软件抓取企业年报中的特征词并进行量化处理。虽然目前已有大量的研究采用了该方法，但其科学性和精确性仍存在可改善的空间，在今后的研究中，对相关变量的度量方法和准确度仍需进一步提高。第二，本章研究样本选择了沪深 A 股制造业上市企业，不包括其他行业企业和非上市企业，因此所得研究结论未必适用于制造业之外的上市企业及非上市企业。而这类企业在智能化与创新合作中可能面临着与制造业上市企业截然不同的问题需要解决，因此这一情况下人工智能是否能够促进企业开放式创新、本章所探讨的作用机制是否仍然有效值得深入探讨。第三，本章发现，内部控制和供应链集中度在主效应发挥了部分中介作用，难以完全解释人工智能应用影响开放式创新的作用机理，在未来的研究中，可以深入挖掘其他可能存在的具体作用渠道，进一步完善两者之间的路径探索，探究人工智能应用对开放式创新更为全面的影响因素。

10.6 本章小结

本章首先以资源基础观、利益相关者理论、信息不对称理论为理论基础，分析人工智能应用对开放式创新的影响。其次，以 2012—2022 年沪深 A 股制造业上市公司数据作为研究样本进行实证检验，得出研究结论：第一，人工智能应用能够显著驱动企业开放式创新广度、开放式创新深度提升。第二，调节效应检验表明，融资约束、市场竞争、知识产权保护对人工智能应用与开放式创新的关系发挥了调节作用。第三，进一步分析表明，内部控制与供应链集中度在人工智能应用与开放式创新的关系中发挥了中介传导作用，人工智能应用对开放式创新的影响在不同产权性质、企业生命周期、行业、地区下呈现出异质性。最后，通过探究人工智能应用对开放式创新的影响与作用机制，提出相应的对策与建议，对于推动企业和政府实施创新驱动发展战略具有重要的现实意义和深远的战略影响。

第 11 章　双元创新、数字营商环境与制造企业高质量发展

党的二十大报告明确指出，创新是全面建设社会主义现代化国家新征程上推动高质量发展的第一动力。在这一背景下，数字营商环境作为企业创新活动的重要外部条件，对企业降低创新成本、提高创新效率、促进创新资源有效配置和创新成果快速转化方面产生着至关重要的影响。企业作为宏观经济的微观主体，不仅是实体经济的"基本盘"，也是发展新动能的"转换器"。实施双元创新驱动，成为企业实现高质量发展的现实选择。

本章以沪深 A 股 2017—2021 年制造业上市公司作为研究对象，深入探讨双元创新对企业高质量发展的影响，以及数字营商环境对二者关系的调节作用。通过探究双元创新、数字营商环境与企业高质量发展之间关系的影响，不仅能够帮助企业精准把握创新驱动战略，而且对政府优化营商环境、激发市场活力、驱动高质量发展具有深远影响。

11.1　研究背景与研究问题

党的十八大以来，以习近平同志为核心的党中央明确提出，目前我国经济处于增长速度换挡期，强调以创新驱动引领高质量发展。2022 年《政府工作报告》再次强调，新发展阶段要坚持创新在现代化建设全局中的核心地位，实施创新驱动发展战略。企业作为宏观经济的微观主体，是实体经济的"基本盘"和发展新动能的"转换器"，通过实施双元创新驱动高质量发展成为其现实选择。

关于双元创新，已有文献主要围绕前因变量和结果变量展开探讨。对于前因变量，学者们研究了互动式与非互动式知识搜寻（叶江峰等，2021）、中层管理者正式和非正式网络一致性结构属性（吕鸿江和赵兴华，2023）、社会信任（凌鸿程等，2023）等对双元创新的影响。针对结果变量，学者们主要围绕双元创新对企业可持续发展（李瑞雪等，2022）、跨界技术并购绩效（王宛秋和张潇天，2022）、创新绩效（刘景东等，2023）等的影响展开，发现进行双元创新活动有助于挖掘现有资源和探索新的市场机会，充分利用新知识，增强垄断优势，提高财务绩效和创新绩效。根据生态系统理论，企业创新活动的实施效果会受到外部边界条件的制约（金昕等，2019）。数字经济背景下，营商环境数字化发展是大势所趋。良好的数字营商环境可以减少交易成本和优化创新资本配置（王欣亮等，2022），为企业通过双元创新驱动高质量发展提供完备的外部条件。然而，已有文献主要聚焦传统营商环境展开探讨，关于数字营商环境对企业创新行为和经济后果影响的研

究亟待加强。党的十九大报告指出，驱动经济高质量发展必须坚定不移贯彻创新、协调、绿色、开放、共享的新发展理念。因此新发展理念是高质量发展阶段所要坚持的宗旨（许志勇等，2023）。双元创新过程中企业需要将有限的资源在探索式创新和利用式创新之间进行分配。基于数字经济背景和新发展理念，系统研究双元创新对企业高质量发展的影响，以及数字营商环境对二者关系的调节作用，对于企业和政府精准实施创新驱动战略、赋能高质量发展具有重要意义。

鉴于此，本章以2017—2021年制造业上市公司为样本，首先检验双元创新对企业高质量的影响，进而探析数字营商环境对二者关系的调节作用。本章的研究贡献在于：第一，从盈利能力、共享能力、绿色能力、发展能力、开放能力、抗风险能力六个维度构建企业高质量发展综合评价指标体系，为科学测度企业高质量发展提供了参考。第二，厘清了不同创新类型对企业高质量发展的影响效应，为企业有效实施创新驱动战略、驱动高质量发展提供了理论参考和经验证据。第三，明晰了数字营商环境对双元创新与企业高质量发展关系的调节作用，能够弥补已有文献聚焦传统营商环境进行研究的不足，拓展和丰富了数字营商环境边界效应相关研究成果。

11.2 理论分析与研究假设

11.2.1 双元创新与制造企业高质量发展

资源基础理论指出，企业获得竞争优势、抢占市场先机的关键是其将有形资源和无形资源转换成独特能力的强度。双元创新成果是企业的异质性资源，具有不可模仿、管理复杂等特征，因此是企业发展的关键要素（齐秀辉等，2020）。双元创新包含探索式创新和利用式创新（Turner等，2013）两个维度。探索式创新是指企业为了满足未来潜在需求，通过新知识和新技术生产新的产品。利用式创新是指企业为了满足当前市场需求，通过已有的知识和技术优化现有的产品。在要素驱动阶段，利用式创新更注重短期目标，是企业实现高质量发展的有效抓手；而在创新驱动阶段，探索式创新更注重长期目标，是企业实现高质量发展的主要动力（钱丽等，2022）。因此，探索式创新和利用式创新有助于企业获得核心竞争力，提高企业发展质量。

首先，探索式创新通过新技术挖掘新的市场机会，提高企业的运营效率和灵活性，构建新颖型和效率型商业模式（郭晓川等，2021），有助于企业适应动态变化的市场环境，提高长期产出（Jing等，2016），进而实现高质量发展。其次，企业通过探索式创新产生的创新成果因具有独特性及复杂性，其他企业难以模仿（钱丽等，2022），因此企业会产生差异化优势。核心竞争力的形成会扩大企业的市场规模，为企业带来超额收益，从而推动企业高质量发展。最后，探索式创新通过溢出效应提高企业的知识水平和研发能力（叶祥松和刘敬，2018），新技术的吸收及应用水平得到提高，有益于企业形成竞争优势，从而实现高质量发展。基于以上论证，提出假设H1a：

H1a：探索式创新对企业高质量发展具有积极的促进作用。

相比于探索式创新，利用式创新具有风险低、周期短等特征。企业的利用式创新针对现有领域进行研究，对已有的知识进行重组从而逐步改进产品（金昕等，2019）。企业可以通过利用式创新将从外界获取的知识转化成可持续竞争优势（Yang 等，2021），实现企业高质量发展。首先，利用式创新在短期内可实现技术改进，通过提高技术水平起到了降本增效的作用（Verena 等，2013），有助于企业实现高质量发展。其次，利用式创新会对已有产品进行重新组合，降低成本，提高企业的运营效率（郭韬等，2017），支撑企业高质量发展。最后，利用式创新根据企业成功产品的经验进行学习，可避免失误，效率较高，可以通过提高客户满意度进而提升市场份额（张伟年和陈传明，2014），有助于企业实现高质量发展。基于以上论证，提出假设 H1b：

H1b：利用式创新对企业高质量发展具有积极的促进作用。

11.2.2　双元创新、数字营商环境与制造企业高质量发展

根据生态系统理论，商业生态系统由市场上的多种主体和外部环境组成（Isenberg，2010），企业能否持续发展受到外部环境的影响。在数字技术快速进步的大环境下，数字经济成为驱动经济发展的关键支撑和主要动能（王海等，2023）。在数字经济背景下，营商环境数字化发展是大势所趋。优化数字营商环境有助于激发市场主体活力，释放数字经济潜力（孙莉莉和李锋，2023）。数字营商环境利用数字技术赋能于营商环境建设，完善数字营商环境可以提高企业双元创新水平，进而强化双元创新对企业高质量发展的促进作用。

数字营商环境是现实"物理空间"与虚拟"数字空间"的耦合，基础设施是以"大智移云物"为代表的现代信息技术群（李海舰和李燕，2019）。一方面，优化数字基础设施环境可以实现企业和消费者之间信息的自由传递和沟通，满足各自的信息需求（周伟，2022），使企业更准确地估计消费者的真实偏好、预测消费者行为，精准地定位用户群体进行产品研发，增加消费者偏好与产品功能之间的契合度（尹振东和龚雅娴，2023），实现精准式双元创新，提高企业双元创新效率，实现双元创新成果有效转化，强化双元创新对企业高质量发展的积极影响；同时，改善了信息不对称问题，促使交易市场更为开放透明（韩璐等，2021），激发企业进行双元创新活动的积极性，进而强化双元创新对企业高质量发展的积极影响。另一方面，优化数字基础设施环境可以使信息和知识的传播速度加快，提高外溢速度，有助于企业提升知识吸收能力（陈岩等，2020），提高企业技术水平，提升双元创新能力，进而强化双元创新对企业高质量发展的促进作用。因此提出如下假设：

H2a：数字基础设施环境能够强化探索式创新对企业高质量发展的促进作用。

H2b：数字基础设施环境能够强化利用式创新对企业高质量发展的促进作用。

数字市场环境中的政治环境和经济环境会影响双元创新对企业高质量发展的积极影响。一方面，优化数字市场环境可以减少企业的交易成本和生产经营成本（范合君等，

2022），使企业可以将更多成本用于双元创新活动，提高企业进行双元创新活动的积极性，进而强化双元创新对企业高质量发展的积极作用。另一方面，优化数字市场环境可以有效打破要素壁垒，推动创新要素的空间集聚与扩散（邓慧慧，2022），提高资源配置效率（徐浩等，2022）。良好的资源配置有益于企业实现双元创新成果的转变，进而强化双元创新对企业高质量发展的积极影响。基于以上论证，提出假设 H3a 和假设 3b：

H3a：数字市场环境能够强化探索式创新对企业高质量发展的促进作用。

H3b：数字市场环境能够强化利用式创新对企业高质量发展的促进作用。

数字金融环境的发展通过增加企业融资渠道进而间接影响企业发展（陈春华等，2021）。金融机构的信贷资金支持是提高企业创新水平的重要推动力（Hsu 等，2014）。改善数字金融环境可以降低信息成本提升金融机构效率，消除获取信贷资金时所面临的多重代理问题（王勋等，2022），有益于企业获取开展创新活动所需资金（余官胜，2024），使企业有充足的资金进行双元创新活动，进而推动企业实现高质量发展。另外，改善数字金融环境可以提高企业风险承担水平，激发企业的创新意愿（张云等，2023），使企业有更大的积极性开展风险较大的创新项目，强化了双元创新对企业高质量发展的影响。因此提出假设 H4a 和假设 4b：

H4a：数字金融环境能够强化探索式创新对企业高质量发展的促进作用。

H4b：数字金融环境能够强化利用式创新对企业高质量发展的促进作用。

11.3 研究设计

11.3.1 样本选择与数据来源

本章选择沪深 A 股 2017—2021 年制造业上市公司作为研究样本，对双元创新、数字营商环境和高质量发展之间的关系进行检验。世界银行为了搭建国与国之间高效协同的数字经济治理体系，从 2017 年起就致力于数字营商指标体系的设计工作，并于第二年对 21 个国家完成了评价试运行，因此本章的研究从 2017 年展开。参考以往研究，删除了缺少双元创新数据、企业高质量发展数据以及属于 ST 类公司的样本，最终观测值为 10169 个。

双元创新数据取自 CNRDS 数据库；企业高质量发展基础数据取自国泰安数据库；数字营商环境数据取自《数字中国指数报告》《中国统计年鉴》以及《北京大学数字普惠金融指数》；控制变量数据取自国泰安数据库、《中国统计年鉴》。

11.3.2 变量选择及定义

11.3.2.1 企业高质量发展

企业高质量发展（Hqd）。企业高质量发展指企业塑造持续成长能力和价值创造能力的目标状态和发展范式，涵盖经济价值获取和社会价值实现两个层面的要求，其中，经济价值显著表示经营绩效卓越；社会价值创造表示和利益相关者共享成果，符合绿色发展理念；持续创造价值表示企业发展前景可观且执行开放合作战略，有能力抵抗形势变化带来的风险。因此，参照张涛（2020）及其他学者的测度方法，从经营绩效、共享发展、绿色发展、发展能力、开放能力、抗风险能力六个维度，构建企业高质量发展（Hqd）的综合评价体系，体系中各项指标的定义和说明如表 3-4 所示。

11.3.2.2 双元创新

专利共有三种类型，其中发明专利强调新颖性和创造性，该发明会产生全新的技术，注重技术的创造性，代表着企业的核心竞争力，与探索式创新的特征相契合。而实用新型专利和外观专利强调改善已有技术，与利用式创新的特征相契合（潘子成，2023）。故探索式创新（$ExplorInvo$）用发明专利申请数量加 1 的自然对数衡量，利用式创新（$ExploiInvo$）用实用新型与外观设计专利申请数量之和加 1 的自然对数衡量。

11.3.2.3 数字营商环境

借鉴李志军（2022）、徐浩等（2022）学者的研究，结合世界银行的数字营商评价体系，遵循系统性、科学性、可得性和简明性原则，本章从数字基础设施环境（DIE）、数字市场环境（DME）和数字金融环境（DFE）3 个维度构建中国省份数字营商环境评价指标体系。指标定义及说明如表 11-1 所示，其中数字基础设施环境的二级指标先进行标准化处理后通过简单算术平均合成一级指标。

表 11-1　　　　　　　　　数字营商环境评价指标体系

一级指标	二级指标	指标说明
数字基础设施环境	计算机的使用	每百人使用计算机数
	移动电话普及	移动电话普及率
数字市场环境	数字经济指数	数据来自腾讯研究院发布的《数字中国指数报告》
数字金融环境	数字金融指数	数据来自北京大学数字金融研究中心发布的《北京大学数字普惠金融指数》

11.3.2.4 控制变量

本章借鉴刘和旺等（2020）、姚圣文等（2022）的研究，加入以下控制变量。影响企业发展质量的企业层面的因素主要有：企业规模（$Size$）、现金流量水平（$Cash$）、资本结构（Lev）、成长能力（$Growth$）、股权状况（$Stock$）、企业所有制类型（Soe）、净资产收益率（Roa）。影响企业发展质量的城市层面的因素有经济发展水平（$lnGdp$）。同时，本章控制年份（$Year$）和行业（$Industry$）。变量定义及衡量如表 11-2 所示。

表 11-2　　　　　　　　　变量定义及衡量

变量类型	变量名称	变量符号	变量衡量
被解释变量	企业高质量发展	Hqd	采用熵权法从六个方面构建综合指标
解释变量	探索式创新	$ExplorInvo$	发明专利申请数量取自然对数
	利用式创新	$ExploiInvo$	实用新型与外观设计专利申请数量之和取自然对数

续表

变量类型	变量名称	变量符号	变量衡量
控制变量	现金流量水平	Cash	企业营业活动产生的现金流量净额与营业收入的比值
	资本结构	Lev	企业的资产负债率
	成长能力	Growth	企业营业收入增长率
	股权状况	Stock	前十大股东的股份占比
	企业所有制类型	Soe	国有企业赋值为1，否则为0
	净资产收益率	Roa	净利润与净资产的比值
	企业规模	Size	总资产对数值
	经济发展水平	lnGdp	城市人均GDP对数
	年度	Year	年份虚拟变量
	行业	Industry	行业虚拟变量

11.3.3 模型构建

为检验双元创新与企业高质量发展的关系，本章构建以下模型：

$$Hqd_{i,t} = \alpha_0 + \alpha_1 ExplorInvo_{i,t} + \alpha_2 Controls_{i,t} + \sum Year + \sum Industry + \varepsilon_{i,t} \quad (11-1)$$

$$Hqd_{i,t} = \alpha_0 + \alpha_1 ExploiInvo_{i,t} + \alpha_2 Controls_{i,t} + \sum Year + \sum Industry + \varepsilon_{i,t} \quad (11-2)$$

其中，$Hqd_{i,t}$ 是公司 i 在 t 年的企业高质量发展水平；$ExplorInvo_{i,t}$ 是公司 i 在 t 年的探索式创新水平；$ExploiInvo_{i,t}$ 是公司 i 在 t 年的利用式创新水平；$Controls_{i,t}$ 为控制变量集合；$\sum Year$ 是时间虚拟变量，$\sum Industry$ 是行业虚拟变量；$\varepsilon_{i,t}$ 是随机扰动项。

为了验证数字营商环境对双元创新与企业高质量发展之间关系的调节作用，本章在模型（11-1）、模型（11-2）的基础上构建模型（11-3）、模型（11-4）：

$$Hqd_{i,t} = \alpha_0 + \alpha_1 ExplorInvo_{i,t} + \alpha_2 Digital\ business\ environment_{i,t} + \alpha_3 ExplorInvo_{i,t} \times Digital\ business\ environment_{i,t} + \alpha_4 Controls_{i,t} + \sum Year + \sum Industry + \varepsilon_{i,t} \quad (11-3)$$

$$Hqd_{i,t} = \alpha_0 + \alpha_1 ExploiInvo_{i,t} + \alpha_2 Digital\ business\ environment_{i,t} + \alpha_3 ExploiInvo_{i,t} \times Digital\ business\ environment_{i,t} + \alpha_4 Controls_{i,t} + \sum Year + \sum Industry + \varepsilon_{i,t} \quad (11-4)$$

其中，$Digital\ business\ environment_{i,t}$ 是公司 i 所处地区在第 t 年的数字营商环境水平，用数字基础设施环境、数字市场环境和数字金融环境3个维度分别测度，其他变量的定义与模型（11-1）、模型（11-2）一致。

11.4 实证检验与结果分析

11.4.1 描述性统计与相关性分析

表11-3是描述性统计结果。从表11-3中可以看出：企业高质量发展（Hqd）均值为0.268，标准差为0.137，表明不同样本之间发展质量还不存在较大差异；探索式创新

（ExplorInvo）的均值为 2.320，说明样本企业的探索式创新水平总体比较高；利用式创新（ExploiInvo）最小值为 0.000，最大值为 6.240，反映出样本公司的利用式创新波动范围较大；数字基础设施环境（DIE）均值为 0.000，标准差为 0.940，说明样本企业数字基础设施环境水平存在较大差距；数字市场环境（DME）均值为 0.650，中位数为 0.640，说明中国企业所处的数字市场环境有待进一步优化；数字金融环境（DFE）最小值为 240.200，最大值为 458.970，说明现阶段不同地区间数字金融环境水平发展不平衡。

表 11-3　描述性统计

变量	均值	中位数	标准差	最小值	最大值
Hqd	0.268	0.259	0.137	0.020	0.748
$ExplorInvo$	2.320	2.300	1.450	0.000	6.250
$ExploiInvo$	2.660	2.770	1.550	0.000	6.240
$Cash$	0.100	0.090	0.130	-0.350	0.480
Lev	0.370	0.370	0.180	0.060	0.810
$Growth$	0.180	0.130	0.310	-0.470	1.670
$Stock$	0.600	0.610	0.140	0.260	0.890
Soe	0.220	0.000	0.410	0.000	1.000
Roa	0.060	0.080	0.140	-0.790	0.320
$Size$	9.580	9.510	0.500	8.080	11.960
$\ln Gdp$	11.530	11.590	0.440	10.340	12.220
DIE	0.000	-0.240	0.940	-1.510	2.790
DME	0.650	0.640	0.170	0.350	1.130
DFE	352.380	357.450	49.680	240.200	458.970

11.4.2　双元创新与高质量发展回归结果分析

根据 Hausman 检验结果，本章采用固定效应模型对所提假设进行检验。

表 11-4 是双元创新对企业高质量发展的回归结果：列（1）检验探索式创新（ExplorInvo）对企业高质量发展（Hqd）的影响，估计系数为 0.004，并且在 1% 的水平上显著，表明探索式创新有利于企业高质量发展，假设 H1a 得到验证。列（2）检验利用式创新（ExploiInvo）对企业高质量发展（Hqd）的影响，估计系数为 0.003，并且在 5% 的水平上显著，表明利用式创新有利于企业高质量发展，假设 H1b 得到验证。

表 11-4　双元创新与高质量发展主效应回归结果

变量	(1) Hqd	(2) Hqd
$ExplorInvo$	0.004*** (0.001)	

续表

变量	(1) Hqd	(2) Hqd
ExploiInvo		0.003**
		(0.001)
Cash	0.016	0.016
	(0.010)	(0.010)
Lev	-0.059***	-0.060***
	(0.015)	(0.015)
Growth	-0.005	-0.005
	(0.004)	(0.004)
Stock	-0.004	-0.003
	(0.021)	(0.021)
Soe	0.004	0.004
	(0.009)	(0.009)
Roa	0.010	0.010
	(0.009)	(0.009)
Size	0.056***	0.058***
	(0.010)	(0.010)
lnGdp	0.0003	0.00001
	(0.010)	(0.010)
Year/Industry	控制	控制
常数项	-0.237	-0.255*
	(0.148)	(0.148)
F 值	34.270***	33.820***
R^2	0.057	0.056

注：*、**、***分别表示在10%、5%、1%水平上显著，括号内为异方差稳健标准误，本章下同。

11.4.3 数字营商环境调节效应回归结果分析

表11-5是数字基础设施环境调节作用的回归结果：列（1）是在表11-4列（1）的基础上加入调节变量，检验数字基础设施环境对探索式创新与企业高质量发展关系的调节作用，探索式创新与数字基础设施环境交互项系数为0.002（$p<0.05$），表明数字基础设施环境强化了探索式创新与企业高质量发展的正相关关系，假设H2a得到支持。列（2）是在表11-4列（2）的基础上加入调节变量，检验数字基础设施环境对利用式创新与企业高质量发展关系的调节作用，利用式创新的系数为0.002（$p<0.1$），数字基础设施环境的系数为0.005（$p<0.1$），表明数字基础设施环境对利用式创新与企业高质量发展关系的影响并不显著，假设H2b没有得到支持。原因在于利用式创新相对于探索式创新更加

注重整合、改进已有技术，企业以满足当前市场需求为目标，通过改变内部已有技术进行生产经营活动。因此外部环境对企业的影响较小，数字基础设施环境对改变利用式创新与企业高质量发展之间的关系影响被大大弱化。

表 11–5　　　　　　　　　　数字基础设施环境调节效应回归结果

变量	(1) Hqd	(2) Hqd
$ExplorInvo$	0.004**	
	(0.001)	
$ExploiInvo$		0.002*
		(0.001)
DIE	0.005**	0.005*
	(0.003)	(0.003)
$ExplorInvo \times DIE$	0.002**	
	(0.001)	
$ExploiInvo \times DIE$		0.002**
		(0.001)
$Cash$	0.019*	0.019*
	(0.010)	(0.010)
Lev	-0.060***	-0.061***
	(0.016)	(0.016)
$Growth$	-0.004	-0.004
	(0.004)	(0.004)
$Stock$	-0.011	-0.011
	(0.023)	(0.023)
Soe	0.007	0.008
	(0.009)	(0.009)
Roa	0.009	0.010
	(0.010)	(0.010)
$Size$	0.053***	0.055***
	(0.011)	(0.011)
$\ln Gdp$	-0.007	-0.007
	(0.011)	(0.011)
$Year/Industry$	控制	控制
常数项	-0.118	-0.133
	(0.161)	(0.160)
F 值	27.710***	27.580***
R^2	0.060	0.060

表 11-6 是数字市场环境调节作用的回归结果：列（1）是在表 11-4 列（1）的基础上加入调节变量，检验数字市场环境对探索式创新与企业高质量发展关系的调节作用，探索式创新与数字市场环境交互项系数为 0.011 ($p<0.01$)，表明数字市场环境强化了探索式创新与企业高质量发展的正相关关系，假设 H3a 得到支持。列（2）是在表 11-4 列（2）的基础上加入调节变量，检验数字市场环境对利用式创新与企业高质量发展关系的调节作用，利用式创新与数字市场环境交互项系数为 0.012 ($p<0.01$)，表明数字市场环境强化了利用式创新与企业高质量发展的正相关关系，假设 H3b 得到支持。

表 11-6　　　　　　　　　　数字市场环境调节效应回归结果

变量	(1) Hqd	(2) Hqd
ExplorInvo	0.004***	
	(0.001)	
ExploiInvo		0.003**
		(0.001)
DME	0.061***	0.061***
	(0.006)	(0.006)
ExplorInvo × DME	0.011***	
	(0.003)	
ExploiInvo × DME		0.012***
		(0.003)
Cash	0.016*	0.016*
	(0.010)	(0.009)
Lev	−0.057***	−0.058***
	(0.015)	(0.015)
Growth	−0.004	−0.004
	(0.003)	(0.003)
Stock	−0.024	−0.027
	(0.021)	(0.021)
Soe	0.005	0.005
	(0.009)	(0.009)
Roa	0.013	0.014
	(0.009)	(0.009)
Size	0.057***	0.060***
	(0.010)	(0.010)
lnGdp	−0.015**	−0.020**
	(0.007)	(0.008)
Year/Industry	控制	控制
常数项	−0.016	0.012
	(0.132)	(0.134)
F 值	39.690***	39.880
R^2	0.055	0.056

表 11 -7 是数字金融环境调节作用的回归结果：列（1）是在表 11 -6 列（1）的基础上加入调节变量，检验数字金融环境对探索式创新与企业高质量发展关系的调节作用，探索式创新与数字金融环境交互项系数为 0.020（$p<0.01$），表明数字金融环境强化了探索式创新与企业高质量发展的正相关关系，假设 H4a 得到支持。列（2）是在表 11 -6 列（2）的基础上加入调节变量，检验数字金融环境对利用式创新与企业高质量发展关系的调节作用，利用式创新与数字金融环境交互项系数为 0.022（$p<0.01$），表明数字金融环境强化了利用式创新与企业高质量发展的正相关关系，假设 H4b 得到支持。

表 11 -7　　数字金融环境调节效应回归结果

变量	(1) Hqd	(2) Hqd
$ExplorInvo$	0.004*** (0.001)	
$ExploiInvo$		0.003** (0.001)
DFE	0.117*** (0.011)	0.118*** (0.011)
$ExplorInvo \times DFE$	0.020*** (0.005)	
$ExploiInvo \times DFE$		0.022*** (0.005)
$Cash$	0.016* (0.010)	0.016 (0.009)
Lev	-0.058*** (0.015)	-0.059*** (0.015)
$Growth$	-0.004 (0.003)	-0.004 (0.003)
$Stock$	-0.023 (0.021)	-0.025 (0.021)
Soe	0.005 (0.009)	0.005 (0.009)
Roa	0.013 (0.009)	0.013 (0.009)
$Size$	0.058*** (0.010)	0.061*** (0.010)
$\ln Gdp$	-0.016** (0.007)	-0.020*** (0.008)
$Year/Industry$	控制	控制
常数项	-0.730*** (0.132)	-0.704*** (0.134)
F 值	39.530***	39.680***
R^2	0.055	0.055

11.4.4 稳健性检验

为保证研究结论的可靠性，本章进行了稳健性检验，即倾向得分匹配、工具变量法、安慰剂检验、更换回归模型和替换变量。

11.4.4.1 倾向得分匹配

为了缓解样本自选择偏误，本章使用倾向得分匹配（PSM）对主效应再次进行检验。具体做法为将双元创新数据小于平均数的样本为控制组，大于平均数的样本为实验组。将两组样本按照现金流量水平（$Cash$）、资本结构（Lev）、成长能力（$Growth$）、股权状况（$Stock$）、企业所有制类型（Soe）、净资产收益率（Roa）、企业规模（$Size$）、经济发展水平（$\ln Gdp$）进行1∶1的近邻匹配，使两组样本仅在双元创新水平上有差异。图11-1和图11-2分别呈现了探索式创新和利用式创新匹配前后的核密度函数，从图中可以看出，匹配之后控制组和实验组的核密度分布偏离减小，表明匹配效果较好。

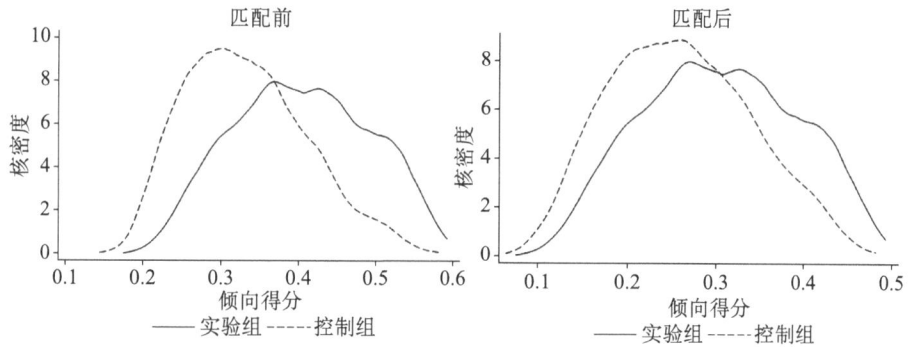

图 11-1 探索式创新核密度函数

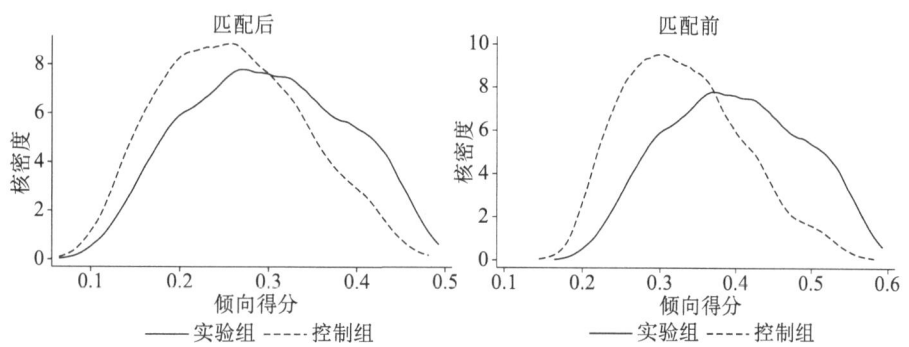

图 11-2 利用式创新核密度函数

倾向得分匹配的回归结果如表11-8所示，列（1）表示探索式创新（$ExplorInvo$）对企业高质量发展（Hqd）有显著的正向影响，列（2）表示利用式创新（$ExploiInvo$）对企业高质量发展（Hqd）有显著的正向影响，且系数与前文结果没有明显差异，表明基准回归结果是稳健的。

表 11-8　　倾向得分匹配回归结果

变量	(1)	(2)
$ExplorInvo$	0.008***	
	(0.002)	
$ExploiInvo$		0.005**
		(0.002)
$Cash$	-0.0002	-0.0004
	(0.016)	(0.016)
Lev	-0.068***	-0.067***
	(0.025)	(0.025)
$Growth$	-0.010*	-0.011*
	(0.006)	(0.010)
$Stock$	-0.009	-0.006
	(0.035)	(0.035)
Soe	0.009	0.009
	(0.015)	(0.015)
Roa	0.026*	0.027*
	(0.015)	(0.015)
$Size$	0.057***	0.062***
	(0.016)	(0.016)
$\ln Gdp$	-0.009	-0.009
	(0.018)	(0.018)
$Year/Industry$	控制	控制
常数项	-0.143	-0.189
	(0.255)	(0.254)
样本量	4816	4816
F 值	11.760***	11.280***
R^2	0.056	0.054

11.4.4.2　工具变量法

双元创新过程需要资金和技术的支持，而发展质量高的企业拥有更充足的资源支持，进而企业更有能力和意愿进行双元创新，本章结果可能因为反向因果关系产生内生性问题。为了检验双元创新与企业高质量发展是否有反向因果关系，本章使用工具变量法进行检验，使用企业所在省份的专利引用数量（$Patent$）作为工具变量。一方面，知识流动可以提高企业对显性知识和隐性知识的应用程度，提升企业的双元创新水平；另一方面，知识流动可以为企业进行双元创新活动提供充足的技术支持，有利于企业顺利开展双元创新活动（郭建杰和谢富纪，2022）。该工具变量是省级层面的变量，属于宏观变量，不能决定具体的某个企业的发展，与企业高质量发展没有直接联系，因此满足工具变量相关性与外生性要求。结果如表 11-9 所示。

表 11-9　　　　　　　两阶段最小二乘法回归结果（N = 10169）

变量	（1）第一阶段	（2）第二阶段	（3）第一阶段	（4）第二阶段
$ExplorInvo$		0.045***		
		(0.013)		
$ExploiInvo$				0.037***
				(0.011)
$Patent$	0.052***		0.064***	
	(0.007)		(0.007)	
$Cash$	-0.416***	0.049***	-0.670***	0.055***
	(0.101)	(0.012)	(0.108)	(0.012)
Lev	0.286***	-0.050***	0.995***	-0.074***
	(0.086)	(0.010)	(0.093)	(0.014)
$Growth$	0.100***	-0.007	-0.074	8.59e-05
	(0.043)	(0.005)	(0.046)	(0.004)
$Stock$	-0.231***	0.099***	0.265***	0.079***
	(0.089)	(0.010)	(0.096)	(0.010)
Soe	0.180***	-0.031***	0.004	-0.023***
	(0.032)	(0.004)	(0.034)	(0.003)
Roa	0.359***	0.068***	0.532***	0.064***
	(0.103)	(0.012)	(0.110)	(0.012)
$Size$	1.344***	-0.026	1.197***	-0.009
	(0.030)	(0.018)	(0.032)	(0.013)
$\ln Gdp$	0.441***	0.009	0.340***	0.017***
	(0.028)	(0.007)	(0.031)	(0.005)
Year/Industry	控制	控制	控制	控制
常数项	-15.888***	0.278	-13.471***	0.055
	(0.425)	(0.211)	(0.458)	(0.148)
F 值	323.610***		310.750***	
Wald chi2		886.830***		902.240***
R^2	0.292	0.040	0.283	0.056

从实证结果可以发现,无论是探索式创新的工具变量还是开发式创新的工具变量,其弱工具变量检验中的 F 值均大于 10,因此拒绝了弱工具变量假设,表明工具变量的选取是合理的。探索式创新($ExplorInvo$)对企业高质量发展(Hqd)仍在 1% 的水平下有正向影响,利用式创新($ExploiInvo$)对企业高质量发展(Hqd)仍在 1% 的水平下有正向影响,说明使用工具变量控制模型的内生性问题后,结果和主效应结果是一致的,主效应结论是稳健的。

11.4.4.3 安慰剂检验

为了检验基准回归结果是否由某些偶然因素驱动,采用随机生成实验组进行安慰剂检验。本章将样本根据中位数平均分为两组,数值小的样本组为控制组,大的样本组为实验组,代入模型(1)、模型(2)分别进行检验。将上述随机过程重复 1000 次。由图 11-3 和图 11-4 可知,这些随机生成的探索式创新($ExplorInvo$)系数及其 t 值基本在 0 附近呈正态分布;由图 11-5 和图 11-6 可知,这些随机生成的利用式创新($ExploiInvo$)系数及其 t 值基本在 0 附近呈正态分布,说明基准回归结果并不是由某些偶然因素引起的。

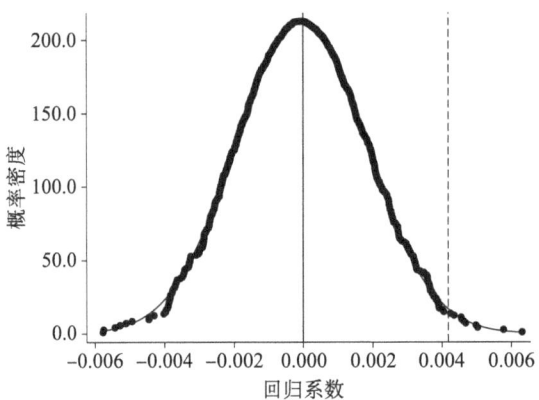

图 11-3 探索式创新安慰剂检验估计系数分布

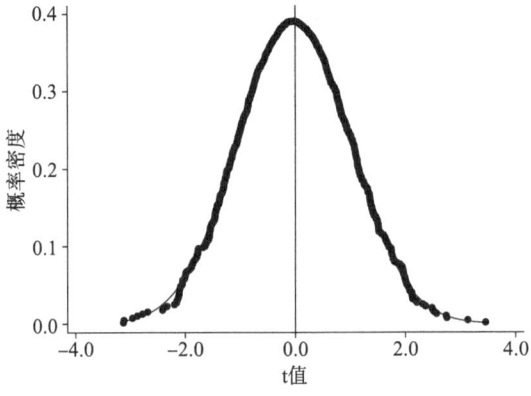

图 11-4 探索式创新安慰剂检验 t 值分布

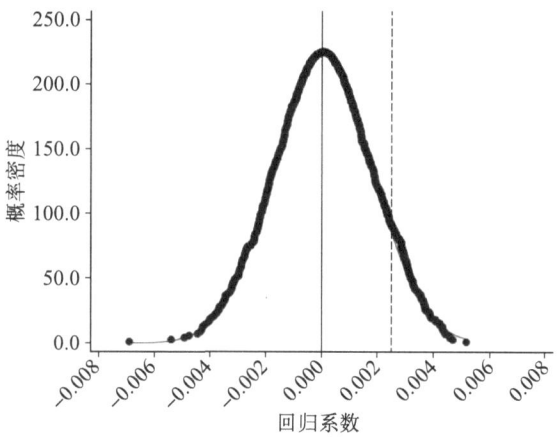

图 11-5 利用式创新安慰剂检验估计系数分布

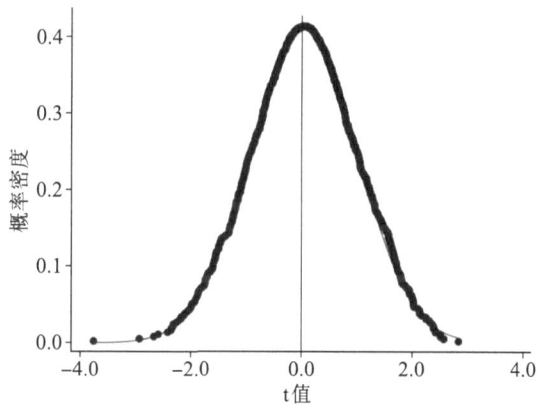

图 11-6 利用式创新安慰剂检验 t 值分布

11.4.4.4 更换回归模型和替换变量

为了检验模型选择对研究结果可能产生的影响,本章使用混合截面模型再次进行回归,结果如表 11-10 列(1)和列(2)所示。可以看出探索式创新和利用式创新对企业高质量发展的影响并未发生根本性改变。考虑主要变量之间的关系可能会受样本测度方式的影响,本章参考刘和旺等(2020)的研究,使用经济增加值(EVA),即税后净营业利润与全部资本成本之间的差额来衡量企业经营状况,替代原被解释变量企业高质量发展(Hqd)进行估计,结果如表 11-10 的列(3)和列(4)所示。可以看出回归系数依旧显著为正(分别为 0.011 和 0.014),表明本章基准模型的研究结论非常稳健。

表 11-10 更换模型及替换变量的回归结果

变量	(1)	(2)	(3)	(4)
ExplorInvo	0.013***		0.011***	
	(0.001)		(0.003)	

续表

变量	(1)	(2)	(3)	(4)
$ExploiInvo$		0.009***		0.014***
		(0.001)		(0.003)
$Cash$	0.049***	0.049***	0.101***	0.103***
	(0.010)	(0.010)	(0.021)	(0.021)
Lev	-0.055***	-0.058***	-0.145***	-0.148***
	(0.009)	(0.009)	(0.033)	(0.033)
$Growth$	-0.005	-0.004	0.029***	0.029***
	(0.004)	(0.004)	(0.008)	(0.008)
$Stock$	0.094***	0.093***	0.020	0.022
	(0.009)	(0.009)	(0.045)	(0.045)
Soe	-0.024***	-0.022***	-0.025	-0.024
	(0.003)	(0.003)	(0.019)	(0.018)
Roa	0.082***	0.082***	1.218***	1.217***
	(0.010)	(0.010)	(0.020)	(0.020)
$Size$	0.022***	0.028***	0.112***	0.110***
	(0.003)	(0.003)	(0.022)	(0.022)
$\ln Gdp$	0.012***	0.014***	0.015	0.014
	(0.003)	(0.003)	(0.022)	(0.021)
$Year/Industry$	控制	控制	控制	控制
常数项	-0.177***	-0.249***	-1.297***	-1.284***
	(0.046)	(0.045)	(0.320)	(0.320)
F 值	44.060***	42.840***	417.280***	419.130***
R^2	0.143	0.139	0.422	0.423

11.5　研究结论与启示

11.5.1　研究结论

本章以沪深 A 股 2017—2021 年制造业上市公司作为研究对象，探讨了双元创新对企业高质量发展的影响以及数字营商环境对两者关系的调节作用。本章的研究发现：（1）双元创新对企业高质量发展具有显著的正向影响，进行了倾向得分匹配、工具变量法、安慰剂检验、更换回归模型、替换变量衡量方式的稳健性检验后，结果依然稳健。（2）双元创新中探索式创新相对于利用式创新更有利于实现企业高质量发展。（3）数字营商环境中，良好的数字市场环境和数字金融环境有利于强化双元创新对企业高质量发展的驱动作用，然而数字基础设施环境有利于强化探索式创新对企业高质量发展的驱动作用,对利用式创新与企业高质量发展关系的影响并不显著。可能的原因在于利用式创新相对于探索式创新更加注重改进企业内部已有技术,外部环境对企业的影响较小,因此数字基础设施环境对改变利用式创新与企业高质量发展之间的关系影响被弱化。

11.5.2 实践启示

基于以上研究结论,本章从企业和政府层面提出如下启示:

(1) 企业需提高双元创新水平,发挥探索式创新和利用式创新的积极影响,实现企业高质量发展。企业要加大研发经费投入,提供更多创新活动的试错机会,提高企业创新积极性从而实现企业高质量发展;保证创新所需人力资源,通过培养或引进高科技人才、寻找高校合作等手段提高技术水平从而提高企业发展质量;根据发展现状采取不同的双元创新战略,注意探索式创新和利用式创新的度的把握,合理规划、分配创新资源,实现资源效用最大化,在探索式创新和利用式创新的动态平衡中充分发挥主体的竞争优势。

(2) 各级政府部门应加大对数字营商环境的建设力度,通过持续优化数字营商环境释放数字经济潜力,为企业通过双元创新活动驱动高质量发展赋能。

一是完善现代化数字基础设施体系。政府应完善国家网络布局,建设区域型数据中心集群,使信息自由传递,改善信息不对称问题,使企业实现精准式双元创新并调动企业进行双元创新活动的积极性;推进5G网络布局建设,提升互联网能级,全面部署基于IPv6的下一代互联网,促进知识的自由流通,提高企业双元创新能力,进而强化双元创新对企业高质量发展的促进作用。

二是优化数字市场环境。政府应大力推动"跨省通办""一网通办"等数字政府服务事项,保障线上政务透明化,提高在线服务水平,降低企业交易成本,提高企业双元创新积极性;政府应发挥主导作用,健全数据开放共享法规政策,建立互通的数据管理运营体制,实现资源的流通、整合和共享,增加双元创新成果转化,强化双元创新对企业高质量发展的积极影响。

三是改善数字金融环境。政府应通过政府补贴、增加专项资金投入等方式支持数字金融发展,引导金融机构为企业双元创新活动提供更多信贷服务,为双元创新活动提供充足的资金保障;政府应强化金融监管机制,规范资金来源与配置、加强资金去向的监督管理,有效引导数字金融为企业风险承担注入动能,激发企业的双元创新意愿,强化双元创新对企业高质量发展的影响。

11.6 本章小结

本章首先探讨了双元创新对企业高质量发展的影响以及数字营商环境对两者关系的调节作用并提出研究假设。其次,以沪深A股2017—2021年制造业上市公司作为研究对象,进行实证分析后得出:一是双元创新对企业高质量发展具有显著的正向影响。二是双元创新中探索式创新相对于利用式创新更有利于实现企业高质量发展。三是数字营商环境中，良好的数字市场环境和数字金融环境有利于强化双元创新对企业高质量发展的驱动作用，然而数字基础设施环境有利于强化探索式创新对企业高质量发展的驱动作用，对利用式创新与企业高质量发展关系的影响并不显著。可能的原因在于利用式创新相对于探索式创新更加注重改进企业内部已有技术，外部环境对企业的影响较小，因此数字基础设施环境对改变利用式创新与企业高质量发展之间的关系影响被弱化。最后，研究进行了倾向得分匹配、工具变量法、安慰剂检验、更换回归模型、替换变量衡量方式的稳健性检验后，结果依然稳健。探究双元创新与企业高质量发展的关系对于企业和政府精准实施创新驱动战略、赋能高质量发展具有重要意义。

第 12 章　开放式创新、双元创新与
制造企业高质量发展

在国际国内双循环和经济社会高质量发展的背景下，开放合作、多方创新在应对挑战方面扮演着重要角色。在机会与挑战并存的数字时代，利用开放式创新的优势，通过双元创新渠道，结合数字化转型模式，有效整合信息资源并实现企业内外协同合作，能够提升我国制造企业抵御风险坚持创新的能力，进而推动企业高质量发展。

本章以 2017—2022 年沪深 A 股制造业上市公司为研究对象，从开放式创新广度和开放式创新深度两个维度，对开放式创新与企业高质量发展之间的影响机制进行研究，同时本章还探究了双元创新和数字化转型在二者关系中的中介以及调节作用，一方面为企业打破组织边界，践行外部合资、战略联盟、技术合伙等开放式创新方式提供路径参考；另一方面为创新驱动和高质量发展背景下政府相关部门加强创新驱动战略提供参考依据。

12.1　研究背景与研究意义

12.1.1　研究背景

12.1.1.1　创新成为驱动企业高质量发展的重要动力

随着中国特色社会主义进入了新时代，我国经济发展也进入了新时代，自党的十九大首次提出高质量发展的表述后，高质量发展成为全面建设社会主义现代化国家的首要任务。目前我国经济发展正从投资驱动向消费驱动深度转型，步入"十四五"发展时期以来，企业更加注重发展质量。中国共产党第二十次全国代表大会的报告中明确指出，坚持以推动高质量发展为主题，把实施扩大内需战略同深化供给侧结构性改革有机结合起来，增强国内大循环内生动力和可靠性，提升国际循环质量和水平，加快建设现代化经济体系，着力提高全要素生产率，推动经济实现质的有效提升和量的合理增长。

创新是民族进步的灵魂，也是国家繁荣的关键。在《中华人民共和国国民经济和社会发展第十四个五年规划和 2035 年远景目标纲要》中，创新被赋予了首要任务的重要地位。近年来，随着创新驱动发展战略的深入实施，我国在优化创新环境、加大创新投入、提升创新产出以及强化创新成效等方面取得了显著成效，为高质量发展提供了强有力的支撑。如图 12-1 所示，2015—2023 年，中国创新指数及其分领域指数呈现出稳步增长态势。2023 年，中国创新指数达到 165.3（以 2015 年为 100），同比增长 6.0%。其中，创新环境指

数、创新投入指数、创新产出指数和创新成效指数分别达到 177.1、155.0、199.7 和 129.4，分别同比增长 10.4%、5.5%、6.5% 和 0.4%。企业作为创新活动的重要主体，在科技创新中扮演了关键角色。创新指数的持续增长，充分体现了我国企业在技术研发中的积极性和科技创新能力的不断提升。如今，越来越多的企业主动投身技术研发，探索科学前沿，拓展技术领域，为创新驱动发展注入了源源不断的动力。可见，创新已经成为创造企业价值的核心手段，也是引领企业实现高质量发展的重要路径。

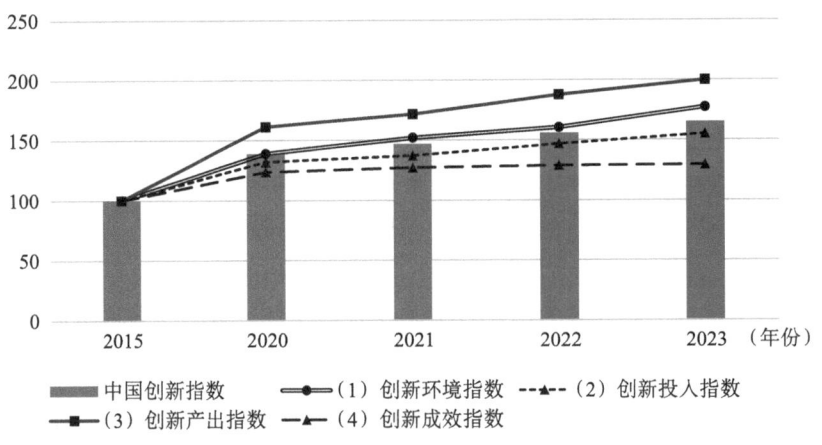

数据来源：国家统计局。

图 12-1 2015—2023 年中国创新指数及分领域指数

随着全球经济一体化和知识经济的深入发展，经济社会各领域都经历着连锁变革，企业想在变化中克服挑战、抓住机遇推进高质量发展，就必须拥有前瞻性的战略视角和持续的创新能力。在传统的封闭式创新模式中，企业的创新活动一般是在企业内部进行的，具有研发成本高、转化率低、失败率高等局限性。而开放式创新则以打破组织边界，利用外部创新资源，与外部主体共享知识和信息、共担创新成本和相关风险等方式，形成降低研发成本、加快研发进程、获取前瞻性创新成果等优势，有利于推进企业转型，进而保持强有力的市场竞争力，实现长远发展目标。同时，开放式创新有助于促进双元创新，一方面，企业可利用开放式创新获取跨界创新的资源，打破现有技术体系和市场格局，在突破式创新上实现飞跃式进步；另一方面，企业利用开放式创新融合外部知识，分担创新风险，提高组织柔性，促进企业渐进式创新方面稳定进步。目前已有不少企业将开放式创新理念化为实践，如宝洁公司的"C&D"模式、施耐德电气的概念验证方案、IBM 的"开放创新"计划、微软的 Azure 云平台服务等，均获益于合作创新模式。由此可见，开放式创新能为企业发展带来不竭动力。

在此背景下，经济发展需要依靠创新推动，企业若想在市场的浪潮中站稳脚跟，就需要在创新驱动的基础上打造发展引擎，培养企业竞争优势，从而引导我国宏观经济以全要素生产率的提升为渠道而不断增长。而开放式创新就是现阶段推动企业全要素生产率提升，实现企业高质量发展的重要途径。目前学者们对开放式创新的影响还未达成一致观点。一方面，开放式创新使企业实现内外部资源整合，降低创新风险，提高创新能力，推动企业高效发展；另一方面，开放式创新帮助企业获取知识资源的同时，增加了知识产权保护的难度和知识管理的复杂性，还可能使企业过度依赖外部创新资源，削弱自身研发创新能力，降低企业全要素生产率。鉴于此，开放式创新如何影响企业高质量发展，以及二者间关系的作用机制亟待深入探讨。

12.1.1.2 数字化转型成为影响企业发展的重要趋势

随着数字技术的不断发展，数字化转型开始成为我国企业变大变强的转型选择（李攀霞和李亚轩，2023）。其概念的系统化框架最初由国际商业机器公司于2011年提出，核心在于利用数字技术重塑客户价值主张，并提升客户的互动和协作体验。在2015年全国两会《政府工作报告》提出的"中国制造2025"计划中，指明了促进制造业数字化、网络化、智能化的发展道路。自2017年起，中国政府在年度政府工作报告中连续四年提及"数字经济"，并在"十四五"规划纲要中明确提出要"以数字化转型整体驱动生产方式、生活方式和治理方式变革"，从而将数字化转型的重要性提升到了国家战略的高度。

数字化转型是指企业运用数字技术来优化和改造传统的业务模式和流程，以提高效率、创造新的价值和增强竞争力。《2021年中国数字企业白皮书》中显示：在2021年有42%的企业将数字化作为支持企业核心业务的重要战略，数字化转型在企业中的战略地位越发重要（简冠群和冯浩文，2023）。研究发现，数字化转型有助于推动企业可持续发展能力，通过创新驱动战略、提供资源支持、塑造企业文化、改善内部治理四条路径，帮助企业在多维度构建核心竞争力，以此加强可持续发展能力（徐怀宁和董必荣，2023）。对于数字化转型的研究，Boland等（2007）的研究在早期的相关研究中具有一定的代表性，该研究就数字技术对创新的影响进行了分析。

长久以来学者们通过对数字化转型进行分析后发现，数字化转型的优势在于通过数字技术、数字工具以及数字平台的应用，自动化精简业务流程，帮助企业实现跨部门、跨区域协作办公，提高企业信息共享效率，提升员工沟通效率及工作效率，进而整体提高企业生产率。数字化转型同时有助于企业更好地了解客户需求，协助企业新产品开发及现有产品更新迭代，加快创新速度，以差异化服务改善用户体验，在提升用户满意度和忠诚度的同时获得市场竞争优势。此外，数字化转型以其广泛的信息收集能力和精准快速的数据提取能力，协助企业及时获悉市场需求、洞见市场变化，为企业决策制定提供支持。学者们研究发现数字化转型为企业带来优势的同时也伴随着潜在的缺点与风险。在数字化转型初期，新系统的实施令企业面临技术困境，技术购买、员工培训、基础设施改进等行为，增加了企业转型成本，组织结构变革和管理模式改进过程可能会使员工产生抵触情绪，影响企业数字化转型进程。有些企业在进行数字化转型过程中，过于注重技术转型，缺乏对用户体验的关注，不能及时有效地建立用户反馈机制和数据分析机制，若无法持续优化和改进将影响数字化转型的长期效果。此外，企业享受着数字化转型对数据分析的便利，同时也面临着信息数据泄露和客户隐私泄露的风险。若信息保存和传递出现漏洞，企业可能会面临法律风险和客户信任危机，影响企业利益。由此可见，学界在企业数字化转型所面临的优势与劣势方面，研究较为充裕，但关于数字化转型如何影响开放式创新与企业高质量发展关系的研究相对比较缺乏。

基于上述研究背景，本章聚焦于中国企业当前创新驱动发展战略与高质量发展的现实需求，首先研究开放式创新对企业高质量发展的影响，在此基础上进一步挖掘双元创新在开放式创新与企业高质量发展间关系的中介作用，最后明晰数字化转型对开放式创新与企业高质量发展关系的调节作用。

12.1.2 研究意义

12.1.2.1 理论意义

第一，本章基于国际大循环、国内国际双循环的背景，对开放式创新与企业高质量发展的关系进行深入探索，有助于丰富开放式创新对企业高质量发展影响的研究成果，进一步为提升企业高质量发展提供理论支持。本章厘清了开放式创新对企业高质量发展影响的内在机理，启发企业采取开放共享的姿态调整创新战略，构建开放式创新网络，搭建创新资源共享平台，从理论上助力企业创新升级与持续发展。

第二，本章从开放式创新深度和开放式创新广度两个维度对开放式创新与企业高质量发展之间的影响机制进行研究，并探究双元创新、数字化转型在二者影响机制中各自发挥的中介以及调节作用，是对已有创新领域研究的拓展和深化。本章将开放式创新及企业高质量发展构建在同一框架之内，以双元创新为中介变量，以数字化转型为调节变量，分别探究双元创新及数字化转型在开放式创新对企业高质量发展的影响机制中所扮演的角色，为创新研究提供新视角和新思路。

12.1.2.2 实践意义

第一，本章关于开放式创新与企业高质量发展二者间关系的研究能够为企业管理者实施开放式创新策略提供实践指导。研究结果帮助企业管理者意识到传统的封闭创新模式下，投资风险大、创新效果不稳定性等局限性，发现开放式创新模式的先进性，引导管理者在制定企业研发策略时，充分考虑资源分布，协调内部和外部资源进行融合式创新。为企业打破组织边界，践行外部合资、战略联盟、技术合伙等开放式创新方式提供路径参考，加速企业将外部资源内化为企业自身优势，并将创新思想变现为经营利润，支持企业长久发展。

第二，本章为企业通过数字化转型提升竞争力与可持续发展能力提供参考思路。数字工具的使用提升了企业对市场变化的敏感度，企业可以更快地根据市场需求调整企业创新发展战略，提供异质性产品和服务，增强企业核心竞争力，进而助力企业高质量发展。

第三，研究得出以开放式创新促进企业高质量发展提升进而推动整体经济发展的作用路径，为创新驱动和高质量发展背景下各级政府加强创新驱动战略提供参考依据。研究结果有助于引导政府关注开放式创新模式，深入了解开放式创新的外部知识资源引入能力对生产效率和创新成果的积极作用，指导政府在宏观层面上优化创新资源的配置，设计合理的创新政策工具，强化落实创新驱动战略。

12.2 理论分析与研究假设

12.2.1 开放式创新与企业高质量发展

企业高质量发展的核心途径在于转换发展驱动、效率变革与战略转型（臧树伟等，2020）。基于资源基础理论，企业为了培养核心竞争力则势必要争取异质性、稀缺性且难以模仿的优质资源，但受市场竞争环境的不确定因素和复杂程度的影响，仅仅依赖企业自身能力无法达到这一目的。在此情境下，开放式创新成为企业实现高质量发展的必然选择。企业必须与外部潜力合作伙伴建立知识或技术创新网络联系，突破组织边界，使创新资源在组织间有效汇聚和流动，实现组织间协同创新（宋晶等，2014）。

根据熊彼特创新理论，持续创新是企业创造核心竞争力的有效途径，也是企业高质量发展的内生动力。企业资源和能力有限性决定了企业自身无法满足创新活动所需要的全部资源，所以选择向外寻求合作、扩展资源获取渠道、拓宽资源获取范围，是企业创新的必要条件，即实施开放式创新。开放式创新引导企业从内外环境中搜寻知识，将对企业有价值的信息加以整合利用，加快自身创新产出或开拓外部市场，企业的开放程度越高，获得的资源数量就越多，推动企业高质量发展。本章基于 Laursen 等（2006）的研究，在开放式创新广度与开放式创新深度两个视角下，讨论开放式创新与企业高质量发展的关系。其中，开放式创新广度是指企业在创新过程中涉及的外部实体合作伙伴的丰富程度；而开放式创新深度则关注企业与这些外部伙伴之间合作的紧密程度。

12.2.1.1 开放式创新广度对企业高质量发展的影响

根据资源基础理论，企业若想获得可持续的经营能力，必须培养优质的异质性资源，拓宽信息来源渠道，构建创新知识体系。首先，拓宽开放式创新广度有助于企业获取创新资源。单一企业掌握的知识往往相对匮乏，资源范围较窄且用途较为局限，无法满足从模糊前端到产品研发以及产品上市全过程的知识支撑需求（梁海山等，2018）。而企业通过与外部组织合作研发，交流创新等开放式创新手段，能够促成多企业网络联接，组建企业资源库，培养异质性资源，弥补知识缺陷，实现资源整合支持产品研发，推进产品更新迭代。其次，扩展创新网络，有利于补充企业自身知识体系，为企业技术能力提升提供新的知识组合支撑，弥补技术短板，促进企业高质量发展。企业通过创新网络，将内外知识整合运用，从模仿学习能力、自主研发能力到组合迭代能力，将技术能力不断发展演绎，提升企业高质量发展水平（Bogers 等，2019）。此外，处于创新网络中心地位的企业，即开放式创新广度更高的企业，信息来源的直接与间接渠道更加丰富，更易于捕捉与企业个体需求匹配的生产经营知识和技术资源信息。拓宽开放式创新广度能加强组织间合作链接，拓展企业信息获取渠道，扩宽信息面，明确研发创新方向，减少创新试错成本，降低创新风险，提升企业创新效率，促进企业高质量发展。

12.2.1.2 开放式创新深度对企业高质量发展的影响

随着技术创新复杂性增强、更新迭代速度加快以及质量要求更为严苛的发展趋势越发明显。企业仅依靠开放式创新广度来扩大合作对象范围、扩展技术创新维度，无法克服企业创新难题。加深与外部主体间合作的开放式创新深度，加快合作交流频次，提升创新成果质量，缩短创新成果研发周期，提高创新效率也是提升企业高质量发展水平必不可少的路径。

首先，企业间频繁且深入的创新合作，有助于加深合作企业间的需求了解，提升企业间合作默契程度，提高创新研发效率，加快产品创新速度，推进创新成果商业化。而这种商业价值的增加，进一步增强企业创新研发意愿，加大企业研发投入，同时调动企业研发人员的主观能动性，使得创新产出，形成正向激励循环，由此提高了创新效率，促进企业高质量发展。其次，挖掘开放式创新深度，有助于进一步凸显创新协同效应，实现企业技术创新，促进企业高质量发展。开放式创新深度的提高意味着企业将外部资源深度内嵌，弥补自身资源短板，提升企业自主创新技术能力，提高创新的成功概率（徐一平和蒋伏心，2021），为企业带来经济效益及社会效益。此外，企业生产活动离不开各种生产要素因合理均衡配置所发挥的巨大效能，然而在企业实际生产经营过程中，资源错配问题普遍存在，企业间形成生产要素均衡合理配置难以实现。挖掘企业创新开放深度，使创新协同平台上的各主体深入合作，实现企业对生产要素的创新拓展，让企业在创新网络中获取内外知识资源、创新理念及人力资本等生产要素，加以优化整合匹配，提高企业生产活动效率，增加成本优势，进而提升企业高质量发展水平。

基于以上分析，本章提出以下假设：

H1a：开放式创新广度对企业高质量发展起到促进作用。

H1b：开放式创新深度对企业高质量发展起到促进作用。

12.2.2 开放式创新与双元创新

双元创新包含突破式创新和渐进式创新两类创新活动。突破式创新是一种全新的、企业未曾掌握的创新，与行业内其他竞争伙伴相比应具有差异性和一定优势地位。这就说明突破式创新是无法直接从市场上学习或从外部购买掌握的，而是需要企业自身融合内部知识与潜在掌握的外部资源，进行自主研发，激发创新价值。渐进式创新是在企业现有技术和产品的基础上，持续优化改进以达到提高产品性能、提升服务质量等目的的创新活动，贯穿于企业创新全过程，是一种被企业广泛采用的创新活动，这种创新不仅涉及技术能力、工艺水平等生产经营活动之中的创新，还涉及企业资源配置、商业模式等一系列管理经营活动的创新。这种小步快跑式的创新虽无法为企业带来颠覆性的变革，但可在风险范围内辅助企业持续进步。因此，本章进一步探究开放式创新与突破式创新、渐进式创新的影响。

12.2.2.1 开放式创新与突破式创新

从资源互补的角度出发，信息时代下的互联网本质就是开放式平台最经典的版本，促进了技术复杂化进步以及交叉学科融合，因而，开放式创新模式便于企业争取互补性资源和人才的价值不容小觑。谢子远和王佳（2020）同样认为，在开放式创新模式中收集外部信息、技术、知识和资金等，能够有效弥补内部资源的匮乏，从而提高企业研发效率，促进创新绩效产出（李蕾和刘荣增，2022）。同时，信息市场虽瞬息万变，但开放式创新模式却能够在一定程度上降低外部资源搜索的风险，帮助企业高效获取更有商业价值的技术资源。因此，开放式创新范围越广，企业获取互补性资源的机会越多，越有利于企业创新绩效的提升。

从竞合激励的角度来看，企业通过开放式创新不断搜集获取外部资源的过程加强了与潜在合作伙伴或竞争对手的交流，有助于企业掌握合作伙伴或竞争对手的行为动向，在技术市场的湍流中找准定位，提升企业对于发展路径选择的科学性。此外，与竞合企业或组织的交互越频繁，外部创新压力越大，对企业内部研发学习的激励作用越强，进而促进企业内部创新动力的提升，增加企业率先创新的概率（谢子远和王佳，2020）。因此，开放式创新广度越高、程度越深入，越有利于提升企业突破性创新绩效。

基于以上分析，本章提出以下假设：

H2a：开放式创新广度对突破式创新有积极的促进作用。

H2b：开放式创新深度对突破式创新有积极的促进作用。

12.2.2.2　开放式创新与渐进式创新

开放式创新作为一种创新模式，其对渐进式创新的影响首先体现在资源整合与协同效应上。这种模式强调打破组织壁垒，实现企业内外部资源的深度整合。通过知识的共享和转移，开放式创新促进了不同领域间的协同合作，为渐进式创新提供了坚实的基础。在这一过程中，企业不仅能够利用内部的技术积累和市场洞察，还能够吸收外部的创新思维和资源，实现产品和服务的持续优化。这种整合提升了企业的创新效率，有利于企业渐进式创新水平的提高。

进一步地，开放式创新对渐进式创新的影响还体现在外部资源的获取与技术积累上。在信息快速更迭的今天，企业通过开放式创新能够迅速捕捉到外部的技术和市场信息，这对于把握市场和技术的发展趋势至关重要。这种快速的信息获取能力，使企业能够及时发现产品和服务中存在的改进空间，从而推动渐进式创新的实施。企业通过扩展开放式创新广度与深度，不仅能够积累技术知识，还能够在不断地技术迭代中，提升产品和服务的质量，实现渐进式的创新。

基于以上分析，本章提出以下假设：

H3a：开放式创新广度对渐进式创新有积极的促进作用。

H3b：开放式创新深度对渐进式创新有积极的促进作用。

12.2.3　双元创新的中介作用

依据资源基础理论，开放式创新帮助企业从外部获取稀缺的、难以复制的异质性资源是驱动企业效率转换和变革的根本动力。但是，资源只有转化为企业动态能力才能从实质上促进企业高质量发展。开放式创新带来的企业间的资源交互行为，有利于弥补企业内部资源有限性及内部自我创新低效的问题，分散创新风险，提高技术突破能力，企业在此基础上实现突破式跃迁新发展轨道的可能性随之提升，进而确保企业在市场中保持创新优势地位，最终促进企业高质量发展水平的提升。

开放式创新与双元创新的目标协同性、资源互补性以及竞争与合作激励机制的共同作用，能够助力制造企业构建竞争优势。一方面，开放式创新通过优化企业的管理经营策略、选择低成本的资源配置模式等方式，直接提升企业高质量发展水平；另一方面，开放式创新所具备的资源互补效应和竞合激励效应能够通过促进突破式创新及渐进式创新产出，提升企业技术异质性，这种创新复合产生效用不仅促进了企业技术优势的多样性成果转化，还从产出层面促进企业高质量发展水平的提升。

由此可见，开放式创新既可以直接推动企业高质量发展，也可通过双元创新的间接效应以高效率与高收益的路径影响企业高质量发展水平。基于以上分析，本章提出以下假设：

H4：双元创新在开放式创新与企业高质量发展之间存在中介效应。

拓宽开放式创新广度使企业更加注重与外部环境间的物质信息交换，这恰好为双元创新所需要的外部信息获取提供信息来源。企业可与多种类型的外部主体，如研究机构、高校、行业内外部企业等，展开跨界合作，进行知识共享。这既有利于丰富企业渐进式创新素材，同时有助于产出突破式创新研发成果，提升企业自主创新能力，激发创新主观能动性，有效促进企业掌握核心技能，突破"卡脖子"难题，减少对技术领先企业的依赖程度，帮助企业形成行业内技术领先优势。

开放式创新广度的提升为双元创新提供了资源和环境，而双元创新提升帮助企业降本增效，提高产品质量与服务质量，为企业赢得更高的市场份额，创造更多的企业绩效。首先，突破式创新产出所具备的异质性和技术先进性，让企业产品更新迭代效率增强，在同质类型的产品中，更加具备吸引消费者的能力，间接提高市场准入门槛，逐步占据主流市场，提升企业盈利能力，促进企业高质量发展水平的提升。其次，渐进式创新的持续性和可控性，帮助企业更好地利用开放式创新带来的资源，有助于企业优化生产流程，提高资源配置效率，避免资源浪费，进一步降本增效，提升企业高质量发展水平。

基于以上分析，本章提出以下假设：

H4a：渐进式创新在开放式创新广度与企业高质量发展之间存在中介效应。

H4b：突破式创新在开放式创新广度与企业高质量发展之间存在中介效应。

挖掘开放式创新深度，就是加强企业在创新活动中与外部主体间的合作密切程度与层次，深度合作能为企业带来多样化的信息和资源，不仅在技术层面指导企业提升，还能从组织结构、商业模式等层面引导企业变革，这与双元创新的需求不谋而合。随着开放式创新的深化，企业能够接触到更为广泛且多元的信息和资源，这些成为渐进式创新的基础材料，并且能够激发创新灵感，促进突破式创新的实现。深入合作的过程中，知识和技术的转移及外溢效应得以加强，这对企业技术革新具有重大意义。通过这种交流和溢出，企业的创新能力和市场竞争力得以提升。此外，开放式创新深度还鼓励企业与其他组织进行协同创新和合作研发，这样的合作能够汇集各方长处，共同开发新产品和技术，进一步推动企业的渐进式创新与突破式创新进程。

在开放式创新深度为双元创新提供便利的同时，双元创新也会进一步影响企业高质量发展。首先，突破式创新能够引领生产函数的转变，开辟市场新需求，保持技术前沿，从而有助于企业开拓市场领域。其次，渐进式创新通过对现有产品或服务进行持续改进，提高生产过程的效率，减少成本支出，进而提高生产效率。最后，双元创新促进企业更合理地配置和利用资源，无论是在现有产品的优化还是在新产品的研发上，都能够使资源得到更高效的应用，进一步促进企业高质量发展。

基于以上分析，本章提出以下假设：

H4c：渐进式创新在开放式创新深度与企业高质量发展之间存在中介效应。

H4d：突破式创新在开放式创新深度与企业高质量发展之间存在中介效应。

12.2.4 数字化转型的调节作用

从动态能力理论视角来看，开放式创新促进企业高质量发展离不开数字化转型的支持。数字化转型是企业利用现代科技和通信工具重塑其价值创造流程，以满足客户需求的过程（杨书燕等，2022）。企业以数字技术创新替代传统技术创新，实现数字技术应用可以拓展企业创新方式，但数字化转型不仅是应用数字技术，它还包括构建开放式网络化创新平台、创新组织管理策略以及提高人力资本水平等多种机制，有效促进企业的创新活动（安同良和闻锐，2020）。由此可见，全面的数字化转型比仅依赖数字技术应用更能有效激发企业创新潜力。在数字经济快速发展的背景下，创新主体之间的关系产生了深刻变革，开放式创新作为一种关键的创新模式，使企业能够有效地整合内部与外部的创新资源，从而提升创新效率。数字化转型在这一过程中发挥了重要作用，它有助于减少企业间的信息不对称和研发过程中的操纵行为，进一步拓宽创新的开放性，促进创新资源的连接和互动（徐怀宁和董必荣，2023），影响开放式创新对企业高质量发展的作用机制。

12.2.4.1 数字化转型对开放式创新广度与企业高质量发展间关系的影响

首先，数字化转型帮助企业搭建云平台，企业间实现数据共享。数字化转型通过区块链技术的运用，有助于开放式创新网络信息共享云平台的搭建，在开放创新网络中构建去中心化的数据库，每个个体在数据库中录入新的信息，促成区块链的延伸，创新网络中的各个主体获取信息数量增多，创新效率得以提升。

其次，数字化转型降低企业创新成本。企业通过开放式创新获得数字要素的加持，使生产技术能力得以提升，生产与服务流程化、自动化、智能化，降低了对简单重复劳动的依赖，提升了企业运转速度、重塑了企业人力资本结构、优化了人力管理成本。通过云计算实现低成本的构建，进一步提升企业对供应链和产品全生命周期的管理能力（倪克金和刘修岩，2021），减少企业创新成本，提升创新效率，促进企业高质量发展。

最后，数字化转型帮助企业快速精准识别目标合作群体，提升合作质量，横向拓宽合作面。企业在进行开放式创新选择合作组织范围时，可通过智能数据分析进行快速筛选，依靠投资决策辅助系统定位合作目标，挖掘潜在合作对象，拓宽合作企业数量。依托人工智能技术加速知识汲取，提升合作创新效率，促使企业创新模式向智能化转变。此外，云计算为企业提供内在开发平台，无需管理和控制相应的网络、存储等基础设施资源，通过浏览器等直接使用在云端上运行的应用，减少企业管理运营负担。

基于此提出以下假设：

H5a：数字化转型强化了开放式创新广度对企业高质量发展的促进作用。

12.2.4.2　数字化转型对开放式创新深度与企业高质量发展间关系的影响

首先，数字化转型促进了开放网络中主体间信息的流通与互动，从而激发了信息共享效应（宋德勇等，2022）。一方面，企业之间通过交流与合作共享外部信息，这不仅促进了知识的溢出，而且通过知识的整合与协同创新，避免了资金流向同质化的创新项目。这种做法实现了研发资金的合理分配和有效运用，进而有助于企业实现整体经济效益的最大化。另一方面，在企业内部，信息共享减少了员工之间的沟通成本，提高了沟通效率（沈国兵和袁征宇，2020）。内外信息共享的结合使企业能更好地统筹和协调生产要素，从而促进了企业高质量发展水平的提升。

其次，数字化转型有助于缩短产品研发周期，加快数字技术创新成果产出，推进创新成果落地应用，推动企业高质量发展水平提升。数字化转型借助人工智能技术，建立了自动监测管理系统，这一系统使企业管理者能够实时、精确且便捷地监控和分析开放式创新过程中生成的数据信息。这种能力支持管理者作出科学的决策，进而提高生产效率和产品质量，推动企业高质量发展达到新的水平。

最后，数字化转型可对数据信息、文本信息深入挖掘，实现数据可视化，降低数据维护成本，有助于企业间开展深入合作创新，巩固合作关系，筑牢共创成果。大数据技术以其庞大存储容量、多样化数据类型、高速数据访问和巨大应用价值，处理企业外部海量、分散和异构的数据，进行关联分析、深入挖掘，推动数据可视化实现价值创造，从而为企业创新注入新动力。同时，大数据的高效运转离不开云计算的支持。云计算提供软硬件基础设施、广泛的网络资源及高效的管理能力，有助于企业创新信息技术服务模式。企业在云计算的加持下为使用者提供一系列信息技术服务，不仅解决了传统数据平台基础设施建设的难题，还降低了信息系统的运维难度和能源损耗成本，进一步提升企业高质量发展水平。

基于此提出以下假设：

H5b：数字化转型强化了开放式创新深度对企业高质量发展的促进作用。

12.3　实证研究设计

12.3.1　样本选择与数据来源

本章选取沪深 A 股 2017—2022 年上市的制造公司作为初始样本。其中企业高质量发展指标数据主要来自 CSMAR 数据库（国泰安数据库），开放式创新和双元创新数据主要通过专利数据库整理收集，数字化转型数据中所需相关企业年报数据则来自深圳证券交易所、上海证券交易所官方网站，控制变量所涉及数据主要来自 CSMAR 数据库（国泰安数据库）和中国统计年鉴。数据获取后，参考过往研究，拟剔除样本期间内 ST、*ST 或退市的企业和存在变量缺失的样本观测值，并对所有连续变量进行前后 1% 分位上的缩尾处理，以减弱离群值对回归结果的干扰。本章数据处理主要运用 Stata16.0 和 Excel 软件。

12.3.2 变量设计和说明

12.3.2.1 被解释变量

企业高质量发展（Hqd）。本研究将高质量发展定义为企业持续创造经济价值和社会价值，不仅具有良好的综合效益，还秉持环境友好理念与社会责任意识。其中，经济价值显著表示经营绩效卓越；社会价值创造表示和利益相关者共享成果，符合绿色发展理念；持续创造价值表示企业发展前景可观且执行开放合作战略，有能力抵抗形势变化带来的风险。因此，结合新发展理念以及企业作为微观经济主体的特征，借鉴已有文献，从盈利能力、共享能力、绿色能力、发展能力、开放能力、抗风险能力六个维度，构建评价指标体系（见表 3-3）。

12.3.2.2 解释变量

开放式创新。本章认为，开放式创新是指企业在创新活动中主动与外部组织进行交互共享，创造内外部创新资源协同、互动和整合，最终实现企业创新产出水平提升和创新效率提高的创新模式。多数学者公认的企业开放式创新水平的测度维度有两个（Peter 和 Andrés，1997）：一方面是开放式创新广度（$Breadth$），即企业在开放式创新活动中获取外部资源的渠道数量或合作主体数量；另一方面是开放式创新深度（$Depth$），即企业在开放式创新活动中与外部实现合作交流的频数。参考现有文献，开放式创新拟从专利联合申请情况的角度进行度量（谢子远和王佳，2020），具体体现为，开放式创新广度由企业联合申请专利涉及的合作伙伴数量衡量，开放式创新深度由企业与合作伙伴联合申请专利数量。

12.3.2.3 中介变量

本章的中介变量为双元创新。根据企业创新的强度，双元创新可划分为突破式创新和渐进式创新，渐进式创新是对现有产品或技术进行微小地改动、能够强化企业现有优势的一种能力，对企业的要求比较低。而突破式创新能够促使现有产品或服务产生颠覆性变化，进而决定突破式创新绩效。Dewar 认为渐进式创新能力是企业在现有资源的基础上，改良已有工艺与产品，维持竞争优势（Dewar 和 Dutton，1986）。

现有文献研究对于双元创新的衡量多采用 Jansen 等（2006）的问卷量表的方式，吕一博等（2020）则采用企业时效滞后一年的专利被引相关数据对突破式创新进行测度，陈旭升与董和琴（2016）则将突破式创新拆解为过程突破式创新和结果突破式创新两个维度，分别采用发明专利数和新产品营收的方式测度。发明专利是指涉及产品、制造方法的全新技术方案，强调了技术或产品的新颖性、实用性和创造性，相比实用新型专利与外观专利,发明专利的技术含金量更高,是相对客观且可靠地评价企业创新能力和技术竞争力的载体。通过前文对文献的梳理总结,考虑到制造业的行业特殊性结合本章的研究选题,本章以剔除联合申请专利数量后企业每年新增的发明专利数来衡量突破式创新,以剔除了联合申请专利数量后,企业每年新增的实用新型专利和外观设计专利数来衡量企业的渐进式创新。

12.3.2.4 控制变量

在分析过程中,为避免制造企业自身特征对实验结果造成偏差影响,本章借鉴路春城等(2023)、廖志超和王建新(2023)的研究,控制了一系列企业特征变量以及可能影响企业发展质量的变量。影响企业发展质量的内部层面的因素主要有:企业规模($Size$)、企业成长能力(RG)。同时考虑企业盈利能力(ROA)、资本结构(DA)、研发投入水平(RD)、股权状况($Top10$)。本章还考虑到企业所在行业以及城市的外部因素影响,又增加了外部控制变量:年份哑变量($Year$)、省份哑变量($Province$)、行业哑变量($Industry$)以及城市变量,城市变量包括营商环境($Envir$)和经济发展水平($\ln Gdp$),具体如表12-1所示。

表12-1 主要变量指标

变量类型	变量名称	变量定义	符号
被解释变量	企业高质量发展	盈利能力、共享能力、绿色能力、发展能力、开放能力、抗风险能力六个维度综合指标	Hqd
解释变量	开放式创新广度	ln(企业合作研发主体数+1)	$Breadth$
	开放式创新深度	ln(企业与合作伙伴合作研发次数+1)	$Depth$
中介变量	突破式创新	ln(新增发明专利数+1)	$Break$
	渐进式创新	ln(新增实用新型专利和外观设计专利数+1)	$Gradul$
调节变量	数字化转型	ln(公司年报文本信息中五个维度词频总和)	DCG
控制变量	企业规模	ln(企业员工人数)	$Size$
	企业成长能力	营业收入增长率	RG
	企业盈利能力	净利润平均总资产	ROA
	资本结构	资产负债率	DA
	研发投入水平	企业研发投入占营业收入的比例	RD
	股权状况	前十大股东持股比例	$Top10$
	营商环境	城市经济竞争力指数	$Envir$
	经济发展水平	ln(地区GDP)	$\ln Gdp$
	年份	年份虚拟变量	$Year$
	省份	省份虚拟变量	$Province$
	行业	行业虚拟变量	$Industry$

(1)企业规模($Size$)。大型企业在规模经济、风险分摊以及资金获取等方面相较于小型企业拥有明显的优势,这些优势使它们在创新能力上更为突出。此外,众多实证研究亦显示企业规模对企业生产率具有显著的影响。本章以企业员工人数的对数衡量企业规模。

（2）企业成长能力（RG）。成长能力强的企业，更易采纳先进技术、改进管理流程、提高员工技能，直接提升生产过程的效率；此外也更加注重研发投入、技术引进和产品创新，间接促进了企业高质量发展水平的提升（廖志超和王建新，2023）。本章以营业收入增长率衡量。

（3）企业盈利能力（ROA）。企业盈利能力在一定程度上揭示了其所承受的融资约束情况。在资金短缺的情况下，企业可能不得不放弃一些盈利潜力大的投资项目，这种选择上的限制会引起资源配置的失衡和生产效率的下降。融资约束问题会限制制造企业固定资产投资，削弱对创新活动的积极性，进而降低企业高质量发展水平（路春城等，2023）。本章以净利润除以平均总资产衡量。

（4）资本结构（DA）。资本结构通过融资成本、债务约束和激励、杠杆效应、风险承担、税收政策及市场条件等因素影响企业高质量发展。债务融资可能降低成本、激励管理层提高效率、放大收益，但也可能增加风险和限制创新。税收优惠和市场环境也会影响资本结构的选择，进而影响企业高质量发展。本章以资产负债率衡量。

（5）研发投入水平（RD）。研发投入提升企业创新效率，吸引高端人才，促进技术进步。研发投入水平越高的企业，产品和服务的创新周期越短，更好满足市场需求，占领市场份额，扩大企业竞争力；吸引培养高端技术人才，有助于技术的积累与提升，进一步提高企业高质量发展。本章以研发投入占营业收入的比例衡量。

（6）股权状况（$Top10$）。优化的股权分布能够激发管理团队和员工的积极性，提高企业运营效率。同时，股权多元化有助于引入外部监督机制，减少代理问题，从而降低内部管理成本。此外，股权融资能够为企业提供更多资金，用于研发和技术创新，进一步提升企业高质量发展（程新生等，2024）。因此，合理的股权设计有利于提高企业高质量发展水平。本章以前十大股东持股比例衡量。

（7）营商环境（$Envir$）。营商环境优化可以通过改善企业资本配置效率、激励企业技术进步、降低制度性交易成本和提高经济开放度等途径，直接提升企业高质量发展（刘新智等，2023）。本章以城市经济竞争力指数衡量。

（8）经济发展水平（$\ln Gdp$）。随着经济发展，技术进步和创新能力增强，推动企业生产效率不断提升。教育水平的提高和人力资本的积累也促进了企业高质量发展（刘和旺，2020）。同时，经济规模的扩大有助于实现规模经济，降低单位成本，提高企业高质量发展水平。本章以GDP的自然对数衡量。

12.3.3 模型构建

本章使用固定效应模型检验开放式创新对企业高质量发展的影响。

（1）开放式创新广度和开放式创新深度对企业高质量发展的影响：

$$Hqd_{i,t} = \alpha_0 + \alpha_1 \ln Breadth_{i,t} + \alpha_2 (controls)_{i,t} + \sum Year + \sum Industry + \sum Province + \varepsilon_{i,t}$$

$$(12-1)$$

$$Hqd_{i,t} = \alpha_0 + \alpha_1 \ln Depth_{i,t} + \alpha_2 (controls)_{i,t} + \sum Year + \sum Industry + \sum Province + \varepsilon_{i,t}$$

$$(12-2)$$

上述模型中，$(controls)_{i,t}$代表所有的控制变量，包括企业规模（$Size$）、企业成长能力（RG）、企业盈利能力（ROA）、资本结构（DA）、研发投入水平（RD）、营商环境（$Envir$）、股权状况（$Top10$）、经济发展水平（$\ln Gdp$）。此外，本章加入了年份哑变量（$Year$）控制时间效应的影响，引入行业哑变量（$Industry$）控制行业效应，引入省份哑变量（$Province$）控制省份效应。α_0为常数项，$\varepsilon_{i,t}$为随机扰动项。模型（12-1）中，$\ln Breadth_{i,t}$表示样本中第i家企业，第t年的开放式创新广度，$Hqd_{i,t}$代表第i个样本企业，第t年的企业高质量发展水平，如果α_1显著为正，说明开放式创新广度与企业高质量发展呈正向关系。模型（12-2）中，$\ln Depth_{i,t}$代表第i个样本企业，第t年的开放式创新深度，如果α_1显著为正，说明开放式创新深度与企业高质量发展呈正向关系。模型（12-1）和模型（12-2）分别用来检验主效应假设 H1a 和假设 H1b。

（2）开放式创新广度对双元创新的影响：

$$\ln Break_{i,t} = \beta_0 + \beta_1 \ln Breadth_{i,t} + \beta_2 (controls)_{i,t} + \sum Year + \sum Industry + \sum Province + \varepsilon_{i,t}$$
(12-3)

$$\ln Gradul_{i,t} = \beta_0 + \beta_1 \ln Breadth_{i,t} + \gamma_2 (controls)_{i,t} + \sum Year + \sum Industry + \sum Province + \varepsilon_{i,t}$$
(12-4)

（3）开放式创新深度对双元创新的影响：

$$\ln Break_{i,t} = \gamma_0 + \gamma_1 \ln Depth_{i,t} + \beta_2 (controls)_{i,t} + \sum Year + \sum Industry + \sum Province + \varepsilon_{i,t}$$
(12-5)

$$\ln Gradul_{i,t} = \gamma_0 + \gamma_1 \ln Depth_{i,t} + \gamma_2 (controls)_{i,t} + \sum Year + \sum Industry + \sum Province + \varepsilon_{i,t}$$
(12-6)

（4）双元创新在开放式创新广度与企业高质量发展之间的中介影响：

$$Hqd_{i,t} = \delta_0 + \delta_1 \ln Breadth_{i,t} + \delta_2 \ln Break_{i,t} + \delta_3 (controls)_{i,t} + \sum Year + \sum Industry + \sum Province + \varepsilon_{i,t}$$
(12-7)

$$Hqd_{i,t} = \delta_0 + \delta_1 \ln Breadth_{i,t} + \lambda_2 \ln Gradul_{i,t} + \lambda_3 (controls)_{i,t} + \sum Year + \sum Industry + \sum Province + \varepsilon_{i,t}$$
(12-8)

（5）双元创新在开放式创新深度与企业高质量发展之间的中介影响：

$$Hqd_{i,t} = \lambda_0 + \lambda_1 \ln Depth_{i,t} + \lambda_2 Break_{i,t} + \lambda_3 (controls)_{i,t} + \sum Year + \sum Industry + \sum Province + \varepsilon_{i,t}$$
(12-9)

$$Hqd_{i,t} = \lambda_0 + \lambda_1 \ln Depth_{i,t} + \lambda_2 \ln Gradul_{i,t} + \lambda_3 (controls)_{i,t} + \sum Year + \sum Industry + \sum Province + \varepsilon_{i,t}$$
(12-10)

上述模型中，i表示企业，t表示年份，$(controls)_{i,t}$代表所有的控制变量；α_0、β_0和γ_0、δ_0、λ_0为常数项；$\varepsilon_{i,t}$为随机扰动项。

本章按照逐步回归法检验分析双元创新的中介效应，步骤如下：

首先，检验回归系数α_0，如果显著且为正值，说明开放式创新对企业高质量发展存在正向促进作用，继续模型（12-3）至模型（12-6）的检验，否则停止。

其次，检验回归系数β_1和λ_1，如果显著且为正值，说明开放式创新对双元创新存在正向促进作用,且存在中介作用,继续模型(12-7)至模型(12-10)的检验。

最后,检验回归系数 β_2 和 λ_2 的显著性,若 δ_2 和 β_1 至少有一个不显著或 λ_2 和 λ_1 至少有一个不显著,则进行 Bootstrap 检验;若 δ_2、β_1 和 λ_2、γ_1 都显著,说明存在中介效应,继续分析。如果 δ_1 不显著而 δ_2 显著,则说明存在完全中介效应,开放式创新只通过对企业突破式创新绩效间接影响企业高质量发展;如果 δ_1、δ_2 和 λ_1、λ_2 都显著,则说明存在部分中介作用,开放式创新通过直接和间接两种途径影响企业高质量发展。

(6) 数字化转型对开放式创新与企业高质量发展关系的调节作用:

$$Hqd_{i,t} = \beta_0 + \beta_1 \ln Breadth_{i,t} + \beta_2 DCG_{i,t} + \beta_3 \ln Breadth_{i,t} \times DCG_{i,t} + \beta_4 (controls)_{i,t} + \sum Year + \sum Industry + \sum Province + \varepsilon_{i,t} \quad (12-11)$$

$$Hqd_{i,t} = \beta_0 + \beta_1 \ln Depth_{i,t} + \beta_2 DCG_{i,t} + \beta_3 \ln Depth_{i,t} \times DCG_{i,t} + \beta_4 (controls)_{i,t} + \sum Year + \sum Industry + \sum Province + \varepsilon_{i,t} \quad (12-12)$$

模型(12-11)中,$DCG_{i,t}$ 代表样本中第 i 家企业,第 t 年的数字化转型水平,β_3 为开放式创新广度与数字化转型交互项的系数,如果 β_3 显著,则说明数字化转型对开放式创新广度与企业高质量发展的关系存在调节效应。模型(12-12)中,β_3 为开放式创新深度与数字化转型交互项的系数,如果 β_3 显著,则说明数字化转型对开放式创新深度与企业高质量发展的关系存在调节效应。

12.4 实证过程及结果分析

12.4.1 描述性统计

描述性统计和相关性分析结果如表12-2所示。描述性统计结果显示,企业高质量发展均值为0.279,标准差为0.145,说明目前各企业的发展水平较为参差。开放式创新广度与开放式创新深度的均值分别为0.750和0.666,标准差分别为0.589和1.242,说明目前企业间开放式创新合作数量及质量还有较大的提升空间。数字化转型均值为1.276,标准差为1.268,说明数字化转型已引起企业关注。相关性分析中,开放式创新广度和开放式创新深度与企业高质量发展的相关系数分别为0.245和0.294,并且通过了0.01水平下的显著性检验,初步支持了假设H1a和假设H1b。并且各变量之间的相关系数都在适度范围内。此外,所有变量的方差膨胀因子(VIF)经过检验均小于4(因篇幅所限未在表中汇报),说明多重共线性问题不存在,适合进行下一步分析。

制造企业高质量发展(Hqd)的均值是0.279,许志勇和杨青伟(2023)以中国A股上市公司为样本对企业高质量发展进行描述性统计得出均值为0.231,制造企业发展水平的均值高于全部行业的平均水平,说明制造企业发展水平较高,同时标准差为0.145,说明在发展水平上,样本企业还具有一定差别。分年份看,如图12-2所示,企业的高质量发展水平在2017—2022年持续提升,表明企业发展质量得到重视。

表 12-2　描述性统计与相关性分析

Variables	Mean	SD	Hqd	Breadth	Depth	DCG	Size	RG	ROA	DA	RD	Envir	Share	lnGdp
Hqd	0.279	0.145	1											
Breadth	0.750	0.589	0.245***	1										
Depth	0.666	1.242	0.294***	0.821***	1									
DCG	1.276	1.268	0.130***	0.133***	0.104***	1								
Size	7.761	1.136	0.786***	0.231***	0.272***	0.103***	1							
RG	0.004	0.089	-0.00200	-0.022**	-0.00900	-0.00600	0	1						
ROA	0.044	0.062	0.142***	0.110***	0.075***	0.026***	0.043***	0.007	1					
DA	0.388	0.186	0.482***	0.054***	0.105***	0.0100	0.476***	0.007	-0.371***	1				
RD	0.048	0.049	-0.285***	0.075***	0.033***	0.176***	-0.205***	0.005	-0.048***	-0.180***	1			
Envir	0.351	0.259	0.032***	0.131***	0.110***	0.244***	-0.030***	-0.009	0.037***	-0.031***	0.152***	1		
Top10	0.585	0.141	0.064***	-0.00500	-0.020**	0.0110	0.052***	0.001	0.248***	-0.130***	-0.034***	0.050***	1	
lnGdp	10.72	0.743	0.018**	0.116***	0.067***	0.180***	-0.038***	-0.002	0.078***	-0.059***	0.076***	0.286***	0.064***	1

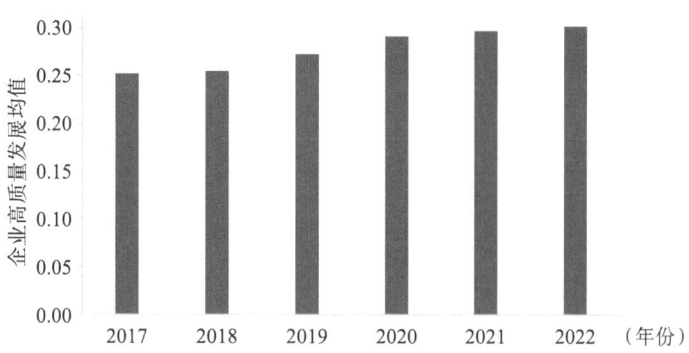

图 12-2 分年份企业高质量发展均值

各地区企业发展水平如图 12-3 所示。企业高质量发展（Hqd）平均水平最大值为东部地区，中部地区和西部地区分别次之。可能是因为东部地区具有地理位置优势，便于企业与外界进行贸易往来和技术交流，同时海外市场资源丰富，对企业的高质量发展有利。此外，东部地区既有区位优势，又有政策优惠扶持，吸引了大量外来资本和人才流入，推动企业快速发展。

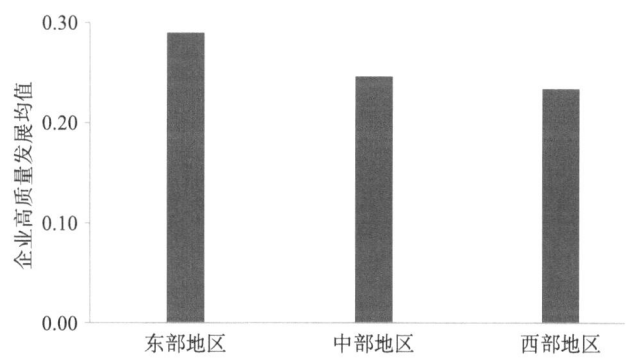

图 12-3 各地区企业高质量发展均值

12.4.2 开放式创新与企业高质量发展回归结果分析

本章通过企业合作研发主体数和企业与合作伙伴合作研发次数分别作为开放式创新广度和开放式创新深度的代理变量，并以被解释变量企业高质量发展，以及企业规模、企业成长能力、企业盈利能力、资本结构、研发投入水平、营商环境、股权状况和经济发展水平等控制变量构造模型进行回归，对假设 H1a 和假设 H1b 进行检验。由于 Hausman 检验结果显示 p 值小于 0.01，因此本章主效应选取固定效应模型进行回归，回归结果如表 12-3 所示。

表 12-3 的第（1）列和第（4）列只检验了开放式创新广度和开放式创新深度与企业高质量发展的关系，第（2）列和第（5）列为加入控制变量后的回归结果，第（3）列和第（6）列为控制年份、行业、省份的多维固定效应回归模型。结果显示在控制影响企业高质量发展的相关因素后，开放式创新广度和开放式创新深度的回归系数分别为 0.080

表 12-3　　　　　　　　开放式创新与企业高质量发展主效应回归结果

Variables	(1) Hqd	(2) Hqd	(3) Hqd	(4) Hqd	(5) Hqd	(6) Hqd
Breadth	0.142***	0.059***	0.080***			
	(13.63)	(7.42)	(9.44)			
Depth				0.057***	0.229***	0.051***
				(11.71)	(6.16)	(12.29)
Size		0.461***	0.556***		0.462***	0.550***
		(55.33)	(105.85)		(55.51)	(104.53)
Growth		0.003	-0.023		0.003	-0.028
		(0.11)	(-0.44)		(0.11)	(-0.55)
Roa		1.846***	3.003***		1.843***	3.002***
		(29.85)	(34.93)		(29.77)	(35.08)
DA		0.652***	1.084***		0.649***	1.080***
		(19.02)	(33.12)		(18.93)	(33.13)
RD		-1.601***	-1.995***		-1.598***	-1.997***
		(-17.71)	(-18.87)		(-17.66)	(-18.99)
Envir		0.326***	0.128***		0.330***	0.128***
		(16.32)	(4.29)		(16.49)	(4.33)
Top10		-0.312***	0.023		-0.318***	0.031
		(-7.00)	(0.65)		(-7.13)	(0.89)
lnGdp		0.175	0.006		0.176***	0.006
		(24.57)	(0.32)		(24.75)	(0.42)
Year	NO	NO	YES	NO	NO	YES
Province	NO	NO	YES	NO	NO	YES
Industry	NO	NO	YES	NO	NO	YES
Constant	8.907***	3.327***	4.056***	8.975***	3.336***	4.120***
	(1056.61)	(33.73)	(24.28)	(1972.87)	(33.75)	(24.73)
Observations	12271	12271	12271	12271	12271	12271
R^2	0.018	0.434	0.743	0.013	0.433	0.745
F	185.73***	865.93***	3035.13***	137.09***	862.58***	3062.34***

注：*、**、***分别表示在10%、5%、1%水平上显著，括号内为t值，本章下同。

($p<0.01$)和 0.051（$p<0.01$），表明开放式创新深度和开放式创新广度均显著促进了企业高质量发展的提升。故假设 H1a 与假设 H1b 均成立，假设 H1a 和假设 H1b 得到验证。

研究结果表明，拓宽开放式创新广度能够使企业处于广泛的社会网络中，促使企业建立与其他企业间的沟通渠道，有助于企业接触其他领域的企业，加深对其他领域知识的理解，并建立知识筛选机制促进技术融合与创新，增加企业生产效能，促进企业高质量发展水平的提升。加强开放式创新深度促使企业间建立高强度社会关系，当企业与合作网络中的其他对象拥有更加紧密的关系和相似的文化时，隐性知识会被更好地捕捉与吸收。此外，加强开放式创新深度也有利于企业不断强化核心技术相关知识厚度，为企业技术进步打下坚实基石，进而促进企业高质量发展水平。

前文的研究已经初步证实了开放式创新对企业高质量发展的积极作用。为确保这一结果的可靠性，文本进行了如下稳健性检验：使用倾向性得分匹配法、工具变量法、解释变量滞后一期、安慰剂检验、替换变量衡量方式。回归结果均与前文研究结论一致。

12.4.3 稳健性检验

12.4.3.1 倾向性得分匹配法

考虑到开放式创新水平较高和较低的企业自身存在多种特征，而这些特征自身可能影响企业高质量发展水平，因此，本章选择倾向性得分匹配法（Propensity Score Matching，简称 PSM），控制企业自身特质对开放式创新广度和开放式创新深度与企业高质量发展之间的关系影响，降低遗漏变量和样本自选择问题带来的误差。首先将样本按照联合申请专利合作伙伴数量和联合申请专利数量由低到高进行排序，选取前 50% 的样本为控制组，后 50% 的样本为实验组。选取企业盈利能力、资本结构、企业规模、研发投入水平、企业成长能力、股权状况作为企业特征变量进行 1∶1 的近邻匹配，使开放式创新水平较高和较低的样本拥有大致相同的特征属性，进而控制两组样本差异仅体现在开放式创新水平不同。当匹配变量的标准偏差绝对值越小时，匹配效果越好。

表 12-4 和表 12-5 分别为开放式创新广度和开放式创新深度的 PSM 检验结果，可以看到匹配变量匹配之后的标准化偏差绝对值都在 5% 以内。同时，由各匹配变量 T 检验的 P 值可以看出 T 值均不再显著，说明匹配过后的特征变量已无显著差异，PSM 有效。

表 12-4　　　　　　　　　　平衡性检验——开放式创新广度

Variables	样本匹配	Mean 处理组	Mean 控制组	标准化偏差（%）	T检验 T值	T检验 P值
Size	Unmatched	8.155	7.598	49.40	25.39	0
	Matched	8.155	8.163	-0.700	-0.290	0.769
Growth	Unmatched	0.002	0.005	-3	-1.290	0.198
	Matched	0.002	0.002	0.200	1.080	0.280
ROA	Unmatched	0.0515	0.0412	16.80	8.400	0
	Matched	0.0515	0.0489	4.200	1.880	0.061
Leverage	Unmatched	0.412	0.378	18.70	9.400	0
	Matched	0.412	0.415	-1.600	-0.660	0.507
RD	Unmatched	0.051	0.0467	8.800	4.280	0
	Matched	0.051	0.0523	-3	-1.080	0.282
Top10	Unmatched	0.578	0.588	-6.700	-3.370	0.001
	Matched	0.578	0.575	2.300	0.960	0.336

表 12-5　　　　　　　　　　平衡性检验—开放式创新深度

Variables	样本匹配	Mean 处理组	Mean 控制组	标准化偏差 (%)	T检验 T值	T检验 P值
Size	Unmatched	8.142	7.628	46.8	26.720	0.000
	Matched	8.142	8.108	3.0	1.370	0.170
Growth	Unmatched	0.002	0.003	-3.3	-1.680	0.092
	Matched	0.002	0.002	0.1	0.030	0.973
ROA	Unmatched	0.052	0.043	15.0	8.390	0.000
	Matched	0.052	0.051	1.2	0.580	0.565
Leverage	Unmatched	0.410	0.380	16.2	9.010	0.000
	Matched	0.410	0.410	-0.1	-0.040	0.965
RD	Unmatched	0.049	0.045	10.0	5.390	0.000
	Matched	0.049	0.049	0.5	0.190	0.853
Top10	Unmatched	0.580	0.588	-5.2	-2.870	0.004
	Matched	0.580	0.579	1.2	0.570	0.570

表 12-6 倾向得分匹配后的样本回归结果显示，开放式创新广度和开放式创新深度的回归系数分别为 0.089 和 0.048 均在 1% 的水平上显著为正，即开放式创新广度和开放式创新深度均对企业高质量发展水平存在正向促进作用，表明主效应结论具有稳健性。图 12-4 和图 12-5 分别绘制了开放式创新广度和开放式创新深度匹配前后的核密度分布函数图，可以看出相比匹配之前，控制组与实验组核密度分布偏离减小，匹配质量较好。

表 12-6　　　　　　　　　　PSM 样本回归结果

Variables	Hqd	Hqd
Breadth	0.089***	
	(7.22)	
Depth		0.048***
		(8.75)
Controls	YES	YES
Constant	4.106***	4.438***
	(17.16)	(19.77)
Observations	5160	6600
R^2	0.761	0.737
F	1374.27***	1524.41***

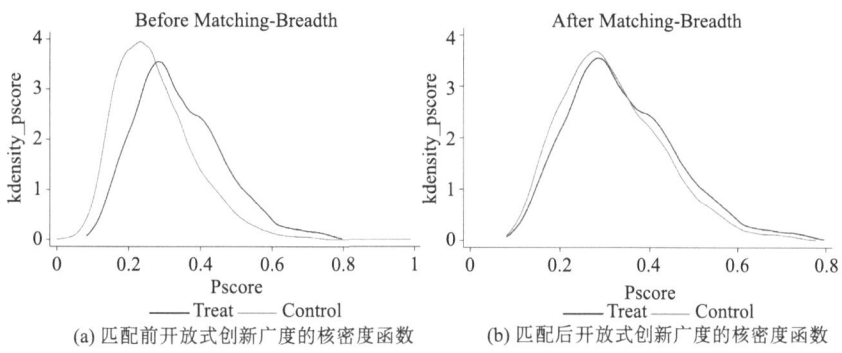

图 12-4　开放式创新广度的核密度函数

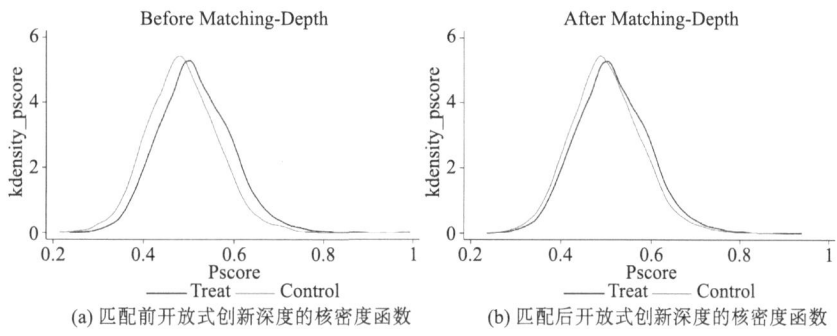

图 12-5　开放式创新深度的核密度函数

12.4.3.2　工具变量法及解释变量滞后一期

前文虽然已经初步得出开放式创新程度越广泛或越深入，企业高质量发展水平越高的结果，但开放式创新与企业高质量发展之间可能存在互为因果关系，即企业开放式创新促进企业高质量发展的同时，企业高质量发展水平的提升也可能会吸引外部优质资源的投入和交互，从而正向影响企业开放式创新程度。高质量发展水平的企业本身可能拥有更好的资源配置效率、技术吸收能力与广阔的资源网络，其自身优势有助于企业吸收外界资源转化，增强创新项目成功率。因此，为了检验是否存在互为因果的内生性问题，本章选择企业新产品开发项目数作为工具变量进行 2SLS 回归，结果如表 12-7 所示。

表 12-7　　　　　　　　　　工具变量法和滞后一期检验结果

Variables	2SLS				Lagged	
	(1)	(2)	(3)	(4)	(5)	(6)
	Breadth – stage 1	Breadth – stage 2	Depth – stage 1	Depth – stage 2	Hqd	Hqd
Breadth		0.864***			0.080***	
		(4.75)			(8.60)	
Depth				0.476***		0.053***
				(4.51)		(12.19)

续表

Variables	2SLS				Lagged	
	(1)	(2)	(3)	(4)	(5)	(6)
	Breadth - stage 1	Breadth - stage 2	Depth - stage 1	Depth - stage 2	Hqd	Hqd
Newproject	0.035***		0.064***			
	(6.87)		(5.90)			
controls	YES	YES	YES	YES	YES	YES
Year	YES	YES	YES	YES	YES	YES
Province	YES	YES	YES	YES	YES	YES
Industry	YES	YES	YES	YES	YES	YES
Constant	-1.568***	4.481***	-3.494***	4.791***	4.217***	4.289***
	(-14.07)	(20.19)	(-14.85)	(16.17)	(24.20)	(24.68)
Observations	12271	12271	12271	12271	10076	10076
R^2	0.107	0.505	0.105	0.450	0.746	0.748
Wald chi2		16928.32***		15235.04***		
F	162.37***		159.20***		2550.35***	2577.49***

由表12-7第（1）列和第（3）列结果可知，企业新产品开发项目数对开放式创新广度和开放式创新深度影响显著，第一阶段弱工具变量检验中的F值分别为162.37和159.20，均大于经验值10，工具变量通过相关性检验，拒绝了弱工具变量的原假设，即选取的工具变量有效。以选定的工具变量对基准模型进行两阶段最小二乘回归，结果如表12-7的第（2）列和第（4）列所示，开放式创新对企业高质量发展在1%的水平下仍有显著的正向影响。可以看出使用工具变量控制模型的内生性问题后，关键结果未发生改变且结果依然显著，所得结果支持原假设，说明模型具有稳健性。

为了进一步弱化可能存在的反向因果问题，且考虑到开放式创新广度和开放式创新深度水平对企业高质量发展的影响可能存在时滞作用（叶建木和陈峰，2015），本章采用了滞后一期的联合申请专利合作伙伴数量和滞后一期的联合申请专利数量作为解释变量，检验开放式创新对企业高质量发展的影响，重新进行回归分析，结果如表12-7第（5）列和第（6）列所示。结果表明，开放式创新广度和开放式创新深度对企业高质量发展均在1%的水平下依然有显著的正向影响（系数为0.080和0.053），进一步说明本章的结果不受反向因果问题的影响。

12.4.3.3 安慰剂检验

鉴于开放式创新程度更高的公司可能存在某些影响企业高质量发展的因素未被考虑在实验模型中，使主效应研究结论失去意义，即为排除开放式创新与企业高质量发展之间的关系，可能受到未被观测到的干扰变量的影响，本章借鉴余威等（2019）的研究，对研究样本进行安慰剂检验。操作步骤如下：(1) 把自变量开放式创新广度（Breadth）和开放式创新深度（Depth）随机分配给样本公司；(2) 将随机分配的解释变量与相对应公司的被解释变量企业高质量发展（Hqd）进行回归；(3) 重复步骤 (1)、步骤 (2) 1000次。图 12-6 和图 12-7 为 1000 次模拟获得的回归系数及其 T 值分布图，横轴分别代表随机匹配后回归结果的相关系数（beta）或 T 值，纵轴表示数值出现的频率和次数。由图 12-6 和图 12-7 可知，这些随机生成的配对中开放式创新广度（Breadth）和开放式创新深度（Depth）系数及其 T 值基本在 0 附近呈正态分布，因而该部分讨论的虚拟关系未得到证实，说明开放式创新广度（Breadth）和开放式创新深度（Depth）对企业高质量发展（Hqd）的影响是较为严谨的因果关系，并未受遗漏变量或其他潜在因素的影响。

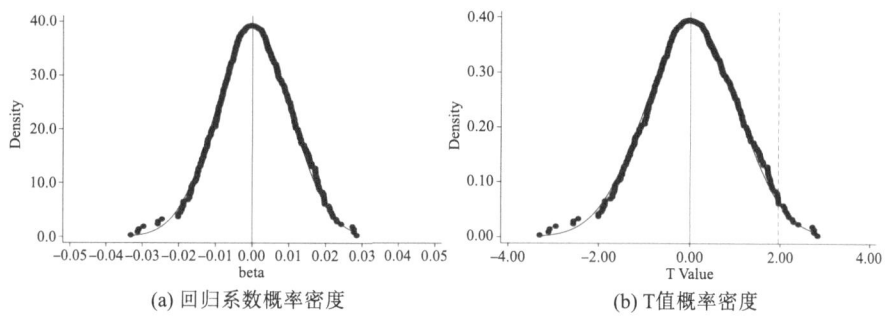

图 12-6 安慰剂检验—开放式创新广度

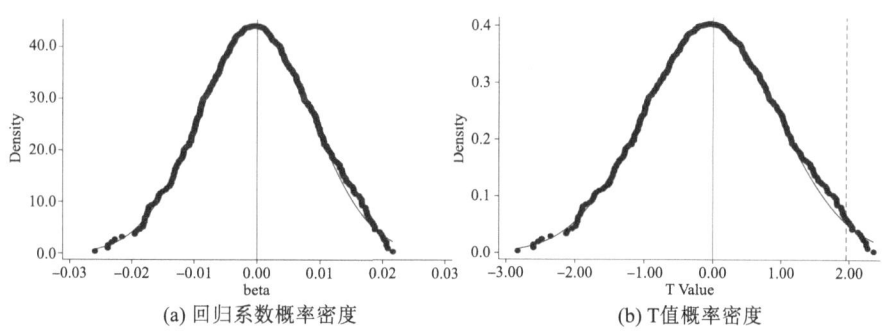

图 12-7 安慰剂检验—开放式创新深度

12.4.3.4 替换变量

本章使用 LP 法对全要素生产率（Tfp）进行测度，作为企业高质量发展的替代变量。同时，为了验证模型是否具备稳健性，本章参考鲁晓东和连玉君（2012）的研究，采用 OP 法和 OLS 法对企业全要素生产率进行重新计算，并再次对模型回归检验，结果如表 12-8 所示。由表 12-8 的结果可知，两种方法均得出和原模型一致的结论，因此模型具有较强的稳健性。

表 12-8　　　　替换变量——开放式创新对企业全要素生产率的影响研究

Variables	(1) Tfp-op	(2) Tfp-op	(3) Tfp-ols	(4) Tfp-ols
Breadth	0.089*** (10.27)		0.093*** (10.35)	
Depth		0.056*** (13.85)		0.060*** (14.36)
Size	0.209*** (38.68)	0.202*** (37.45)	0.714*** (128.52)	0.707*** (127.10)
Growth	-0.018 (-0.34)	-0.024 (-0.46)	-0.009 (-0.16)	-0.015 (-0.28)
Roa	2.939*** (33.32)	2.939*** (33.49)	2.851*** (31.38)	2.849*** (31.52)
Leverage	1.134*** (33.79)	1.130*** (33.80)	1.209*** (34.96)	1.205*** (35.00)
RD	-2.206*** (-20.34)	-2.208*** (-20.47)	-2.195*** (-19.66)	-2.200*** (-19.81)
Envir	0.121*** (3.98)	0.122*** (4.02)	0.101*** (3.23)	0.102*** (3.26)
Top10	0.030 (0.82)	0.039 (0.285)	0.012 (0.33)	0.022 (0.61)
lnGdp	0.007 (0.42)	0.007 (0.45)	0.006 (0.38)	0.006 (0.41)
Year	YES	YES	YES	YES
Province	YES	YES	YES	YES
Industry	YES	YES	YES	YES
Constant	4.306*** (25.13)	4.377*** (25.61)	4.733*** (26.81)	4.809*** (27.34)
Observations	12271	12271	12271	12271
R^2	0.524	0.527	0.797	0.799
F	916.47***	932.46***	4138.82***	4183.06***

12.4.4　双元创新中介效应回归结果分析

本章采用三步回归法，依次检验了双元创新中的突破式创新与渐进式创新在开放式创新与企业高质量发展之间的中介效应。

表 12-9 为突破式创新中介效应的回归结果。首先，以突破式创新为因变量，以开放式创新为自变量进行回归分析，回归结果如表 12-9 中第（2）列和第（5）列所示。开

放式创新广度的回归系数为 0.512 ($p<0.01$),开放式创新深度的回归系数为 0.295 ($p<0.01$)。表明企业开放式创新活动范围越广泛、开放式创新活动越深入,越有利于企业获取更多的互补性资源,提升内部创新能力,对突破式创新的正向促进作用越强,支持了假设 H2a 与假设 H2b。进一步检验突破式创新的中介效应,回归结果如表 12-9 中第(3)列和第(6)列的检验数据所示,突破式创新在模型(12-7)中的回归系数为 0.065($p<0.01$),在模型(12-9)中的回归系数为 0.048($p<0.01$),结合上一步检验,进一步肯定突破式创新的中介效应。在模型(12-7)和模型(12-9)中,回归系数 δ_1 和 δ_2 均显著,说明存在部分中介作用,支持了假设 H4b 与假设 H4d。

表 12-9　　　　　　　　　　　　突破式创新的中介效应回归结果

Variables	(1) Hqd	(2) Break	(3) Hqd	(4) Hqd	(5) Break	(6) Hqd
Breadth	0.080***	0.512***	0.047***			
	(9.44)	(51.83)	(4.99)			
Depth				0.051***	0.295***	0.037***
				(12.29)	(67.45)	(7.96)
Break			0.065***			0.048***
			(8.41)			(5.80)
Size	0.556***	0.116***	0.549***	0.550***	0.090***	0.546***
	(105.85)	(18.84)	(103.22)	(104.53)	(15.42)	(102.86)
Growth	-0.023	0.029	-0.025	-0.028	-0.009	-0.028
	(-0.44)	(0.49)	(-0.48)	(-0.55)	(-0.16)	(-0.54)
Roa	3.003***	-0.020	3.004***	3.002***	0.016	3.001***
	(34.93)	(-0.20)	(35.04)	(35.08)	(0.17)	(35.12)
Leverage	1.084***	0.049	1.081***	1.080***	0.023	1.079***
	(33.12)	(1.28)	(33.11)	(33.13)	(0.64)	(33.14)
RD	-1.995***	0.465***	-2.025***	-1.997***	0.504***	-2.021***
	(-18.87)	(3.77)	(-19.21)	(-18.99)	(4.34)	(-19.23)
Envir	0.128***	0.074**	0.123***	0.128***	0.086***	0.124***
	(4.29)	(2.14)	(4.14)	(4.33)	(2.63)	(4.20)
Top10	0.023	-0.169***	0.034	0.031	-0.135***	0.038
	(0.65)	(-4.11)	(0.97)	(0.89)	(-3.49)	(0.282)
lnGdp	0.006	-0.010	0.007	0.006	-0.009	0.007
	(0.32)	(-0.60)	(0.44)	(0.42)	(-0.58)	(0.65)
Year	YES	YES	YES	YES	YES	YES
Province	YES	YES	YES	YES	YES	YES
Industry	YES	YES	YES	YES	YES	YES

续表

Variables	(1)	(2)	(3)	(4)	(5)	(6)
	Hqd	Break	Hqd	Hqd	Break	Hqd
Constant	4.056***	-0.858***	4.154***	4.120***	-0.499***	4.144***
	(24.28)	(-4.40)	(24.82)	(24.73)	(-2.72)	(24.90)
Observations	12271	12271	12271	12271	12271	12271
R^2	0.743	0.295	0.744	0.745	0.374	0.745
F	3035.13***	471.49***	2754.35***	3062.34***	700.24***	2766.85***

对于突破式创新中介机制存在的原因，首先是突破式创新促使技术进步、增强企业市场竞争力，有利于生产率提升。突破式创新往往带来技术的飞跃性进步，这些技术进步直接提高了现有产品的生产效率和产品质量，同时帮助企业开发新产品、进入新市场，从而增强企业的市场竞争力，吸引更多客户，提高销售收入和利润，进一步提升了企业高质量发展水平。其次是突破式创新可能带来新的生产工艺或管理方法，有助于企业降低生产成本、提高资源利用效率和减少浪费，这也是提高企业高质量发展水平的重要途径。此外，开放式创新鼓励企业不断学习和吸收外部知识，突破式创新的实施则要求企业在学习过程中提升自身的创新能力、问题处理能力以及风险管理与应对能力，有助于企业更好地识别应对市场和技术的不确定性，通过创新来管理风险，保持企业的稳健发展。最后是突破式创新有时会引发企业战略和业务模式的根本性转变，这种转变可能涉及企业的组织结构、运营流程和价值创造方式的全面革新，从而在根本上提升企业高质量发展水平。因此，突破式创新通过上述机制，在开放式创新与企业高质量发展之间起到桥梁作用，将外部创新资源和内部创新能力转化为企业的生产力和竞争力。

表 12-10 为渐进式创新中介效应的回归结果。首先，以渐进式创新为因变量，以开放式创新为自变量进行回归分析，回归结果如表 12-10 中第（2）列和第（5）列所示。结果显示，开放式创新广度的回归系数为 0.253（$p<0.01$），开放式创新深度的回归系数为 0.103（$p<0.01$），表明全面且深入的企业开放式创新活动，更有利于开展企业渐进式创新。支持了假设 H3a 与假设 H3b。继续分析，检验渐进式创新的中介效应，回归结果如表 12-10 中第（3）列和第（6）列的检验数据可知，渐进式创新在模型（12-8）中的回归系数为 0.050（$p<0.01$），在模型（12-10）中的回归系数为 0.049（$p<0.01$），肯定了渐进式创新的中介效应。在模型（12-8）和模型（12-10）中，回归系数 λ_1 和 λ_2 均显著，说明存在部分中介作用，支持了假设 H4a 与假设 H4c。

对于渐进式创新中介机制形成的原因，首先是渐进式创新能为企业带来效率的持续提升。渐进式创新通过对现有产品、服务和流程的持续改进，不仅能够逐渐提升生产和运营效率，降低生产成本，还能提高产品服务质量，满足消费者需求，增强市场竞争力，从而提高企业高质量发展水平。其次是渐进式创新相较于突破式创新风险较低，企业可以在小范围内尝试新想法，及时调整方向，增强创新容错率，分散创新风险。此外，在企业进行渐进式创新过程中，企业员工在持续接触外部要素与技术时，对外部知识不断深入内化，技术学习与应用能力不断增强，这些知识和技能的积累对于提升企业的整体创新能力和生产率具有长期效应。

通过对表12-9和表12-10的分析，可以得出双元创新既在开放式创新广度与企业高质量发展之间起到部分中介作用，也在开放式创新深度与企业高质量发展之间起到部分中介作用。综合来看，开放式创新通过直接和间接两种途径影响企业高质量发展，假设H4成立。

表12-10 渐进式创新的中介效应回归结果

Variables	(1) Hqd	(2) Gradul	(3) Hqd	(4) Hqd	(5) Gradul	(6) Hqd
Breadth	0.080***	0.253***	0.067***			
	(9.44)	(13.69)	(7.94)			
Depth				0.051***	0.103***	0.046***
				(12.29)	(11.81)	(11.59)
Gradul			0.050***			0.049***
			(12.09)			(11.89)
Size	0.556***	0.680***	0.522***	0.550***	0.683***	0.517***
	(105.85)	(59.13)	(88.15)	(104.53)	(58.96)	(87.12)
Growth	-0.023	-0.195*	-0.013	-0.028	-0.219*	-0.017
	(-0.44)	(-1.73)	(-0.25)	(-0.55)	(-1.94)	(-0.34)
Roa	3.003***	0.512***	2.978***	3.002***	0.589***	2.973***
	(34.93)	(2.72)	(34.83)	(35.08)	(3.13)	(34.93)
Leverage	1.084***	0.206***	1.073***	1.080***	0..188***	1.071***
	(33.12)	(2.88)	(32.99)	(33.13)	(2.63)	(33.02)
RD	-1.995***	1.912***	-2.090***	-1.997***	2.006***	-2.095***
	(-18.87)	(8.27)	(-19.84)	(-18.99)	(8.68)	(-19.97)
Envir	0.128***	0.072	0.124***	0.128***	0.088	0.124***
	(4.29)	(0.27)	(4.20)	(4.33)	(1.36)	(4.21)
Top10	0.023	0.000	0.023	0.031	-0.010	0.032
	(0.65)	(0.01)	(0.66)	(0.89)	(-0.13)	(0.91)
lnGdp	0.006	0.020	0.005	0.006	0.020	0.005
	(0.32)	(0.62)	(0.33)	(0.42)	(0.61)	(0.36)
Year	YES	YES	YES	YES	YES	YES
Province	YES	YES	YES	YES	YES	YES
Industry	YES	YES	YES	YES	YES	YES
Constant	4.056***	-3.171***	4.213***	4.120***	-3.068***	4.270***
	(24.28)	(-8.68)	(25.30)	(24.73)	(-8.38)	(25.70)
R^2	0.743	0.500	0.746	0.745	0.498	0.748
F	3035.13***	682.14***	2778.77***	3062.34***	674.25***	2802.05***

此外，本章同时采用 Bootstrap 抽样法（1000 次）检验突破式创新和渐进式创新的中介效应。由表 12-11 的检测结果可知，突破式创新（Break）在开放式创新广度（Breadth）对企业高质量发展的中介效应的 95% 置信区间为 [0.0523, 0.0930]，取值范围不包含 0；渐进式创新（Gradul）在开放式创新广度（Breadth）对企业高质量发展间的中介效应的 95% 置信区间为 [0.0843, 0.1202]，取值范围不包含 0，检验结果进一步支持了 H4a。突破式创新（Break）在开放式创新深度（Depth）对企业高质量发展间的中介效应的 95% 置信区间为 [0.0424, 0.0614]，取值范围不包含 0；渐进式创新（Gradul）在开放式创新深度（Depth）对企业高质量发展间的中介效应的 95% 置信区间为 [0.0548, 0.0708]，取值范围不包含 0，检验结果进一步支持了假设 H4b，假设 H4 得到支持。

表 12-11　　　　　　　　　　　中介效应的 Bootstrap 检验

mediating variables	independent variables	dependent variables：Hqd			
		beta	SE	95% Bias - Corrected CI	
				LLCI	ULCI
Break	Breadth	0.0738	0.0102	0.0523	0.0930
	Depth	0.0521	0.0048	0.0424	0.0614
Gradul	Breadth	0.1022	0.0092	0.0843	0.1202
	Depth	0.0634	0.0003	0.0548	0.0708

12.4.5　数字化转型调节效应回归结果分析

假设 H5a 和假设 H5b 提出数字化转型强化了开放式创新与企业高质量发展之间的正相关关系。在回归之前，对开放式创新和数字化转型的交互项进行中心化处理避免共线性误差。

表 12-12 检验了数字化转型对开放式创新与企业高质量发展关系的调节作用。第（1）列和第（4）列只检验了开放式创新广度和开放式创新深度与企业高质量发展的关系，第（2）列和第（5）列为加入控制变量后的回归结果，第（3）列和第（6）列为控制年份、行业、省份的调节效应模型。结果显示在控制影响企业高质量发展的相关因素后，由第（1）列至第（3）列可知，数字化转型与开放式创新广度的交互项系数为 0.015（$p<0.05$），表明数字化转型对开放式创新广度与企业高质量发展的关系起到正向调节作用，支持了假设 H5a。其原因可能是数字化转型能够驱动企业通过大数据分析识别潜在的创新机会，为企业创新起到导向作用，增加创新项目成功概率，进而提高企业高质量发展。此外，数字化转型带来数字要素的融合，增强企业生产实力，推动企业流程自动化、智能化，加快企业运转效率。借助云计算技术的低成本搭建优势，强化企业供应链和产品生命周期管理能力，有效降低创新成本，提高创新效率，进而积极影响企业高质量发展。

表 12-12　　　　　　　　　　数字化转型的调节效应

Variables	(1) Hqd	(2) Hqd	(3) Hqd	(4) Hqd	(5) Hqd	(6) Hqd
Breadth	0.163***	0.118***	0.073***			
	(0.010)	(0.011)	(0.008)			
Depth				0.072***	0.082***	0.051***
				(0.005)	(0.008)	(0.004)
DCG		0.052***	0.065***		0.060***	0.066***
		(0.005)	(0.004)		(0.006)	(0.004)
Breadth×DCG		0.002	0.015**			
		(0.008)	(0.006)			
Depth×DCG					−0.010**	−0.005*
					(0.004)	(0.003)
Size		0.552***	0.546***		0.548***	0.540***
		(0.007)	(0.005)		(0.007)	(0.005)
RG		−0.028	−0.012		−0.043	−0.014
		(0.124)	(0.051)		(0.123)	(0.051)
ROA		2.695***	2.973***		2.715***	2.969***
		(0.111)	(0.085)		(0.110)	(0.085)
DA		1.214***	1.083***		1.206***	1.081***
		(0.043)	(0.032)		(0.043)	(0.032)
RD		−2.803***	−2.134***		−2.752***	−2.125***
		(0.141)	(0.105)		(0.140)	(0.105)
Envir		0.156***	0.110***		0.153***	0.112***
		(0.024)	(0.029)		(0.024)	(0.029)
Top10		0.031	0.029		0.038	0.034
		(0.045)	(0.035)		(0.045)	(0.035)
lngdp		0.005	0.001		0.008	0.002
		(0.009)	(0.015)		(0.009)	(0.015)
Year	NO	NO	YES	NO	NO	YES
Province	NO	NO	YES	NO	NO	YES
Industry	NO	NO	YES	NO	NO	YES
Constant	8.805***	3.993***	4.113***	9.069***	4.023***	4.169***
	(0.021)	(0.105)	(0.166)	(0.167)	(0.105)	(0.165)
F		1768.018	2551.002		1784.073	2573.555

由表 12-12 第（4）列至第（6）列可知，数字化转型与开放式创新深度的交互项系数为 −0.005（$p<0.1$），说明数字化转型抑制了开放式创新深度与企业高质量发展的关

系，这一结果与假设 H5b 相悖。其背后的原因可能为数字化转型在为企业带来便捷的同时，也可能存在一些弊端。首先，企业由于过度依赖数字工具和数字技术手段，可能会缺乏对创新的思考和探索，降低创新的深度。其次，大数据技术虽有助于企业快速获取外部信息和资源，但也可能因此忽略企业自身的内部能力建设，削弱开放式创新深度。此外，在数字环境下，市场更新迭代迅速，使企业创新偏好更倾向于周期短、风险低、收益稳定的项目，此类项目更易被同质企业复制及模仿，而对于高投资风险但市场潜力巨大的项目，无法得到充分挖掘，创新成果转化受阻，长此以往会影响企业核心竞争能力，抑制企业高质量发展水平。

12.5　研究结论与对策建议

12.5.1　研究结论

本章以沪深 A 股 2017—2022 年上市的制造业公司作为研究对象，通过多维固定效应模型实证研究了开放式创新对企业高质量发展的影响，并引入双元创新和数字化转型这两个关键要素，探索开放式创新与企业高质量发展之间的中介作用和调节作用。通过研究得出以下结论。

(1) 开放式创新广度和开放式创新深度均正向促进企业高质量发展提升。由主效应检验可以看出，开放式创新广度和开放式创新深度对企业高质量发展影响的呈正相关关系。并且在进行倾向得分匹配法、工具变量法、解释变量滞后一期、安慰剂检验和替换变量衡量方式这一系列稳健性检验后，依然支持开放式创新广度和开放式创新深度促进企业高质量发展提升这一结果，且该结果具有稳健性，实验结果可靠。

(2) 突破式创新和渐进式创新在开放式创新与企业高质量发展之间发挥部分中介作用。发现企业开放式创新活动范围越广泛，开放式创新活动越深入，越有利于企业获取更多的互补性资源，提升内部创新能力，促进企业开展突破式创新；全面且深入的企业开放式创新活动，更有利于开展企业渐进式创新，进一步影响企业高质量发展的提升。

(3) 数字化转型对开放式创新广度与企业高质量发展的关系起到正向调节作用，但会抑制开放式创新深度与企业高质量发展的关系。数字化转型程度越高，越有助于帮助企业通过大数据分析识别潜在的创新机会，增加创新项目成功机率，强化了开放式创新广度和开放式创新深度对企业高质量发展的积极影响。

12.5.2　对策建议

在经济高质量发展的当下，企业是构建双循环新格局、推动经济高质量发展的微观主体，企业高质量发展的提升能从根本上推动经济增长方式的转变，而企业实现高质量发展的根本动力和必然路径是创新。拓宽开放式创新广度、延伸开放式创新深度，从多维度密切企业与外界组织的交互联系，促成创新价值产出，同时锻炼了企业生产技术能力和组织管理能力等，激发企业生产效率，进而促进企业高质量发展。基于本章对开放式创新与企业高质量发展间关系，以及双元创新、数字化转型在其中的作用机制所验证的研究结论，本章从企业及政府层面提出以下建议。

12.5.2.1　企业层面的对策建议

一是积极构建开放式创新网络。企业管理层应加强环境监管，抓住发展契机实施开放式创新战略，来提升企业高质量发展。企业应勇于突破组织边界，增加开放式创新广度，积极寻求与外部各类创新主体合作，构建并维持创新合作关系，形成开放式创新网络；拓宽开放式创新深度，利用组织外部的创新资源持续促成价值产出，激发企业开放式创新动力，为全要素生产率提升提供源头活水。

一方面，调整研发资金流向，优化组织管理结构。提升创新研发与外部探索的资金支持，挑选具备丰富经验和出色技术能力的员工组建创新型团队，并与合作伙伴携手确保创新网络的公平与安全，以此推动人才、技术和信息在网络中的顺畅流动，加速创新成果的转化和落地。另一方面，认清企业特质，制定创新研发战略。考虑到开放式创新在不同类型企业中对全要素生产率的影响存在差异，企业应根据自身特点进行科学规划。对于国有企业、资本充裕或处于创业初期的企业，管理层应考虑将企业的研发模式从封闭走向开放，积极寻求合作研发机会，并与外部机构建立紧密的合作关系。在制定企业战略时，应充分考虑融资约束对研发投资的制约，并采取有效措施降低这种影响。此外，企业应注重提升自身创新能力，以实现全要素生产率的提升，既要注重宏观经济环境的优化，也要加强企业内部创新体系建设。

二是拓宽双元创新路径。双元创新作为一种将开放式创新实践转化为企业高质量发展提升的关键机制，应当被企业高度重视。为了在充满不确定性的外部环境中保证企业高质量发展的水平保持在稳定区间，企业应及时地对企业经营策略和发展方向进行调整以适应市场环境的动态变化，而突破式创新和渐进式创新作为两种相辅相成的创新途径，可以帮助企业在不同营商环境下，持续创新产出，稳固企业发展地位。因此，企业应从这两个方面着手，丰富创新途径，提升企业转化效率。

一方面，突破式创新作为企业创新价值链中的关键应被充分重视，企业需强化自主研发的核心技术，以此来提升企业的整体生产效率。实施突破式创新战略，使企业可以全面掌握源自隐性知识的创新成果，并最大化创新收益。此外，增强这种创新能力还能提升隐性知识转换为实际应用的效率和成功率，这样可以更加高效地将创新成果转化为商业产品或服务，为企业创造直接的财务收益。另一方面，企业应充分发掘渐进式创新的优势。在生产活动中，企业应注重创新知识技能的积累，同时反作用于生产活动中，二者交互影响，实现企业创新从量变到质变的转换，改善企业创新效率，促进企业高质量发展。渐进式创新，因其具备较低的研发成本和创新风险，可以持续地帮助企业根据市场需求创新升级，改进产品，促进企业的价值提升。因此，企业在推动全要素生产率增长的过程中，应当均衡地发展突破性创新和渐进式创新，两种创新途径相互补充，实现企业的可持续发展和市场竞争力的提升。

三是践行数字化转型策略。企业应目光长远践行数字化转型策略,在数字经济的洪流中把握机遇,迎风启航。数字化转型通过数据驱动的方法强化企业与用户之间的联系,运用数字工具洞察市场动态,并据此规划经济战略,确立以用户为核心的服务模式,主动识别和吸引潜在消费者,并制定相应的服务方案。企业必须清楚自身在数字化进程中的位置,评估面临的挑战及数字化成效,优化资源配置,并采取有效措施以提升数字化转型的效能。

一方面,运用大数据技术深入洞察市场,进行创新发展决策。企业可以根据客户浏览历史、购买记录、搜索关键词等数据预测消费者购买偏好和行为模式,精准预测市场购买趋势,进而做出更加准确的市场决策,定位企业战略布局。根据开发前期用户反馈信息,及时调整产品开发方向,提供满足市场需求的产品和服务,保证企业领先优势。根据内部信息分析,优化库存管理、物流规划和供应商管理,全方面降低成本,提高供应链的响应速度和灵活性。另一方面,运用区块链技术提高交易透明度,增强交易安全性,促进创新合作关系。使用分布式账本增强交易和数据处理的透明度,所有参与方都可以实时查看和验证交易记录,减少欺诈和错误。运用加密算法保护数据,设定交易多方确认流程,降低数据被篡改的风险。通过共享的数据平台与不同企业进行知识共享,合作创新,追求企业利润最大化。

12.5.2.2 政府层面的对策建议

一是为开放式创新提供交流渠道与后续保障。各级政府部门应持之以恒地贯彻创新驱动发展战略,坚持企业在创新中的主体地位,采取措施为企业及其他创新主体的开放式创新实践提供交流渠道与后续制度保障。

首先,为各主体间的信息流动构建交流渠道,设定保护机制,提供服务保障。通过线上与线下相结合的方式,线上搭建合作创新交流交易平台,线下成立合作交流中心,为开放式创新提供场所支持。搭建平台基础设施,完善信息保护、网络安全防护等机制,严格审核创新主体资质,设定准入门槛,确保主体间交流的稳定性和安全性;制定严密的平台合作机制和操作流程,维护合作参与者的合法权益,确保交易规范化和透明化;与专业机构合作,为平台使用主体提供技术咨询、知识产权评估等专业化服务,保证交易流畅性和高效性。

其次,应完善技术咨询、技术服务和资金补助措施,强化知识产权保护制度,为更多企业参与开放式创新实践提供支持,从而在更大的范围内构建起开放式创新网络。此外,在制定或调整资助政策时应提高针对性,加强对非国有企业开放式创新的扶持力度,最大程度激活市场中各类创新要素的活力,全面实施创新驱动发展战略。

最后,加强对创新人才的培育和引进。为在职人员提供继续教育的机会,针对所处行业最新知识技能开展义务培训活动,培养劳动者的创新性思维及批判性思维,提高劳动者的创新能力及市场应变能力,进而推动企业持续创新。在自身创新人才不足的行业和地区实施人才引进战略,制定激励政策,吸引高层次人才向该地区流动。

二是差异化政策助力企业创新。政府推动企业创新时,通常需要判断企业特质与需求,采取差异化措施。政府可根据市场动态,发放政府创新补贴,及时跟进企业发展动向,分类分阶段设补。属于不同成长阶段、不同产权性质、不同企业规模的企业,其创新产出的影响程度不尽相同,因此建议政府对企业要分阶段扶持、创新技术要分类补贴。

首先,关注企业生命周期,提供资金补贴与外部支持。政府可以根据企业所处的不同生命周期阶段设立相应的专项基金,以满足企业在各个阶段的特定需求;实施差别化的税收政策,降低企业的经营成本;实施贷款贴息政策,降低企业的贷款利率,减轻企业的财务压力;引导社会资本投资,通过风险补偿、担保等方式,吸引银行和其他金融机构以及民间资本向企业投资,特别是对创新型和高科技企业。通过以上方式为企业的创新活动提供财务援助以及外部政策和法规的支持,确保企业在创新道路上能够得到必要的资金保障和良好的发展环境。

其次,关注企业性质,出台相关政策引导。针对国有企业,提倡混合所有制改革,注入外部资本,激发企业创新驱动力,改革管理模式,提高决策效率和市场反应速度。针对外资企业,建立相关政策保障外资企业得到公平的市场准入和竞争环境,鼓励外资企业在本地进行研发和创新,并引导其与本地企业建立合作关系,促进技术转移和知识共享。

最后,关注企业规模,提供差异化服务。对于中小型企业,建立中小企业创新基金,支持其技术研发和创新项目,建立创新孵化器并提供财政补贴和税收优惠,为初创企业提供办公空间和资金支持,降低创新成本,提高项目成功率。对于大型企业,鼓励其采用开放式创新模式,通过专利授权、技术转让等方式获取外部创新资源。同时促进成熟企业与研究机构和高校进行合作创新,推动产学研一体化发展。

三是构建数字生态系统。政府要积极带动企业实现数字化转型,加大不同类型企业的数字化力度,借助政府自身的经验和技术,构建数字生态系统,完善数字基础设施建设,引导各类型的企业之间相互交流,推动数字化转型的发展。

一方面,增强对数字前沿技术研发的支持。数字化转型初期需要大量资本要素投入,成熟的数字技术可以帮助企业乃至全行业降本增效,提质发展,但其弊端是研发周期较长,短期内难以获得实质性的效益提升,这会降低企业转型动力。因此,政府应通过国有资本帮助企业实现数字化转型初期到成熟期的平稳过渡,主导融资、引入外部知识资源攻克云计算、区块链、人工智能等数字技术研发难题,掌握核心技术,驱动企业数字化转型。另一方面,完善数字基础设施建设。各级政府各部门之间应协同合作,或可与企业合作加强对数字基础设施的投资,共同构建数据中心、数据共享平台、5G基站等新一代信息基础设施,同时推进水电交通运输网络智能化升级改造,打通数字技术应用渠道。建立健全的网络安全体系,确保数字基础设施稳定运行,防止数据泄露与网络攻击。

12.6 本章小结

本章首先基于熊彼特创新理论对开放式创新与企业高质量发展进行理论分析,并探究了开放式创新影响企业高质量发展的作用机制。其次,在前文数据收集和模型构建的基础上，对开放式创新与企业高质量发展的影响关系，以及双元创新对二者关系的中介效应和数字化转型对二者关系的调节效应进行实证分析。得到开放式创新广度和深度正向影响企业高质量发展，双元创新、对二者间关系起到部分中介作用，数字化转型正向调节开放式创新广度与企业高质量发展间关系、负向调节开放式创新深度与企业高质量发展间关系的结论。最后，采用倾向得分匹配法、工具变量法和安慰剂检验等方式对主效应进行稳健性分析，结果保持一致。本章对开放式创新与企业高质量发展的关系进行深入探索，有助于丰富开放式创新对企业高质量发展的研究成果，进一步为提升企业高质量发展提供理论支持与实践指导。

第 13 章　数字化转型、开放式创新与制造企业高质量发展

数字强国、制造强国是我国实现高质量发展的重大战略任务。在这一背景下，数字化转型对企业至关重要，其不仅能够通过优化组织架构和重塑价值创造方式来提升运营效率和市场竞争力，还能解决技术突破、成本控制等核心问题，在重构全球供应链和提升产业链效率方面发挥着关键作用。如何实现高质量发展、寻求新的经济增长点成为制造企业的重要命题。

本章以沪深 A 股 2015—2021 年制造业上市公司为研究对象，基于资源编排与开放式创新理论，分析数字化转型对企业高质量发展的影响，探究开放式创新对数字化转型与企业高质量发展关系的作用机制。理论层面揭示了数字化转型驱动企业高质量发展的内在机理，拓展了资源编排理论的应用情境，实践层面为制造企业通过数字化转型突破"低端锁定"困局，利用开放式创新驱动高质量发展提供借鉴参考。

13.1　研究背景与研究问题

党的二十大报告提出，高质量发展是实现中国式现代化的本质要求，是全面建设社会主义现代化国家的首要任务。微观主体有活力，高质量发展才有源头活水。制造企业作为国计民生的重要支柱，其高质量发展是建设现代化经济体系的主阵地。但现阶段制造业面临劳动力加速外流、生产效益遭受挤压等多重困难，资源短缺、技术水平不足、质量效益不高等问题亟待解决。与此同时，新一轮科技革命和数字化浪潮使得制造企业的发展范式发生深刻变革（Nambisan 等，2019），面临较重的技术更迭压力和更高要求的市场响应能力（杨震宁等，2021）。为持续创造竞争优势，制造业需开发超越传统发展范式的战略路径，探索全新的组织管理与价值创造模式（Meyer 等，2023）。由此，制造企业如何实现高质量发展、寻求新的经济增长点成为理论与实践界关注的重要命题。

企业高质量发展指企业塑造持续成长能力和价值创造能力的目标状态和发展范式，涵盖经济价值获取和社会价值实现两个层面的要求（黄速建等，2018；肖红军，2020）。数字经济背景下，数字化转型有助于企业利用数字技术优化组织架构、改进业务模式和重塑价值创造方式（Vialal，2019），为制造业高质量发展带来了新契机。然而，数字化转型是一把"双刃剑"。一方面，数字化转型能够发挥数字技术泛生性、开放性与普惠性优势，解决制造企业面临的技术突破困难、组织运营成本沉重和销售渠道不畅等问题，有助于重

构制造业全球供应链（王静，2022）。另一方面，数字化转型初期企业需要投入大量资金搭建数字基础设施，数字化改造负担的固定成本较高，抬升了平均信息决策成本（刘政等，2020），产生"数字悖论"现象（Hajli，2015）。因此数字化转型究竟促进还是阻碍了制造企业高质量发展，成为亟待澄清的重要理论问题。

从本质上看，数字化转型赋能企业高质量发展可视作一个资源编排过程。根据资源编排理论，有效整合、捆绑和利用资源是企业获取竞争优势的关键（Sirmon等，2007）。若能通过数字化转型提高各类资源的交换、组合和集成效率，便可发挥数字价值创造源对企业发展的驱动作用，通过资源编排驱动企业成长（Von等，2018）。数字时代，数字技术的开源特性显著提高了知识信息的流动速度和价值共创的合作广度（李雪松等，2022），自我封闭隔绝的发展模式已必不可取，以开放式创新加快资源成果转化逐渐得到企业重视。开放式创新强调突破组织内部资源界限，利用广泛的外部合作网络实现创新发展（Laursen和Salter，2006），成为影响数字化转型经济效果的重要因素。探索适宜中国本土制造企业的开放式创新模式，在商业生态系统中建立高质量的知识技术链接，才能充分释放数字化转型对企业高质量发展的积极作用。现有研究虽然指出企业数字化转型可以通过管理和配置资源赋能价值创造（张媛等，2022），但对于数字化转型驱动企业高质量发展中资源编排的作用路径及其边界条件却缺乏深入研究。因此在资源编排视域下，数字化转型影响企业高质量发展的内在机理是什么？不同程度的开放式创新如何影响数字化转型与企业高质量发展之间的关系？这些成为亟待破解的重要科学问题。

针对以上现实与理论瓶颈，同时响应国家"数字强国、制造强国"重大战略需求，本章选取2015—2021年沪深A股制造业上市公司为研究对象开展大样本实证研究。本章的研究成果能够为我国制造企业依靠数字化转型突破"低端锁定"困局，积极融入开放式创新网络，最终实现企业高质量发展提供理论指导和现实依据。

13.2　理论分析与研究假设

13.2.1　数字化转型与企业高质量发展

根据资源编排理论，合理构建、整合并利用资源是企业获取持续竞争优势的关键（Sirmon等，2011）。在数字化转型过程中，企业对资源的吸纳、组合与运用从简单到复杂、从孤立到融合（戚聿东和蔡呈伟，2020），有利于充分释放资源价值以提高企业战略行动能力，提升企业发展质量与市场竞争力。数字经济时代，企业信息获取成本和组织代理成本不断变化，知识条件与资源边界也随之改变（刘政等，2020）。数字技术具有数据同质性、可重新编程性和可供性等本质特征（Yoo等，2012）。依靠数字技术，数字化转型能够推动在线化、智能化与生态化（曹裕等，2023），加快要素聚合、生产制造与组织运营效率，进而触发企业战略、商业模式和组织结构全方位变革（Hanelt等，2021），促进企业高质量发展。

从要素聚合来看，数字化转型是企业全方位要素同数字技术的深度融合（戚聿东和蔡呈伟，2020）。加快数字化转型能够帮助企业利用数字技术的开放性、无限收敛性与自我迭代性（Yoo 等，2012），在资源获取、稳固及开拓过程中发挥数字要素组合的聚合协同效应，促进原有资源和新进资源的有机融合，支撑企业高质量发展。从生产制造来看，数字化转型不仅能使企业在激烈的市场竞争环境中拥有更高的生产柔性和供应链协同能力，还能生成快速响应客户需求的研发设计能力，通过数据挖掘和资源利用实现敏捷制造（甄杰等，2023）。从组织运营方式来看，数字化转型有助于企业优化组织管理流程（Goldfarb 和 Tucker，2019），激活员工自主创新意识，同时提升信息监督与信息审计效率、增强风险防控能力（Lateef 和 Omotayo，2019），从而合理开拓组织资源促进企业高质量发展。经过一系列资源编排行动，数字化转型能够盘活传统资源与数字资源，提高企业资源集成运用能力和价值创造能力（Carnes 等，2017；苏敬勤等，2022），从内至外升级企业效能，驱动企业高质量发展。基于上述分析，本章提出如下假设：

H1：数字化转型能够促进企业高质量发展。

13.2.2 资源编排能力的中介作用

资源编排行动贯穿企业数字化转型驱动企业高质量发展全程，包括资源建构（structuring）、资源集束（bundling）和资源撬动（leveraging）3 个子过程（Sirmon 等，2011）。其中，资源建构指识别、获取和积累资源，从而构建资源组合以提高企业吸收能力；资源集束是在资源组合的基础上，通过对资源的整合利用形成高效的配置能力；资源撬动则是指调动、平衡与部署不同资源，制订资源行动计划以创造价值，增强企业在商业生态中的网络能力。下面分别从资源建构、资源集束、资源撬动三个方面，阐述数字化转型对企业高质量发展的作用逻辑。

从资源建构行动过程来看，数字化转型有助于提升企业的吸收能力，为企业高质量发展打造坚实的技术和知识基础（甄杰等，2023）。吸收能力是企业识别获取、消化与应用知识的能力（Huang 等，2017）。较高水平的吸收能力意味着企业可以快速识别和获取对自身发展有价值的资源，持续优化企业的知识积累和知识结构。在此过程中，制造企业可以通过获取式、积累式与剥离式资源建构，形成资源组合能力优势以及时响应环境规制，促进转型升级（解学梅和韩宇航，2022）。资源建构行动使得异质性知识信息接入企业内部并激发传递效应，有助于企业吸收不同领域的异质性技术，进而促进企业成长（王国红和黄昊，2021；赵炎等，2023）。

一方面，由于数字技术具有高强度的"技术穿透力"（Boland，2007），数字化转型能够通过加快资源识别、资源获取等资源建构行动使外部资源跨越组织边界进入企业内部，发挥资源短时重构效应（苏敬勤等，2022）。通过融合内外部资源，数字化转型构建了新的资源基础，促进了生产要素的吸收转化和升级迭代，从而构建起自身快速适应环境变化的能力，助力企业高质量发展。另一方面，数字化转型加速了企业智能化和研发信息化进程，有利于企业组合管理既有资源和内外部知识信息实现系统性创新（Mubarak 等，

2021）。在帮助企业形成柔性开发和技术复用能力的基础上，数字化转型增强了企业研发合作及外部技术获取的有效性（Naqshbandi 等，2018），进而提升了吸收能力以促进企业高质量发展。据此，本章提出如下假设：

H1a：数字化转型可以通过提高吸收能力促进企业高质量发展。

从资源集束行动角度来看，数字化转型能够提高企业的配置能力，解决企业在高质量发展过程中的资源整合利用问题。配置能力指企业利用已有资源或灵活调整现有资产结构以创造新机会的结构化能力（Kogout 和 Zender，1992），代表了企业在资产存量水平之上促进技术资产商业化应用的"流量能力"（Eisenhart 和 Martin，2000）。配置能力越强，企业的运作效率、组织敏捷性与发展动力越强，越能促进企业高质量发展。

第一，数字化转型通过资源整合提升了企业运作效率。在数字化转型过程中，数字基础设施和具体业务应用的紧密融合有效减少了不必要的生产成本与时间成本浪费，使企业在原有资源基础上获取更大的产出绩效（Loebbecke 和 Picot，2015），进而促进企业成长。第二，数字化转型通过资源协同使企业做出符合动态能力的资源分配决策（Heaton 等，2023）。在流程数字化的基础上，数字化转型提升了组织敏捷性（吕铁和李载驰，2020），有助于降低企业适应市场环境变动的内部运营管理和调整难度（Goldfarb 和 Tucker，2019），提高企业发展质量。第三，数字化转型通过资源利用为企业输入了源源不断的发展动力，依靠高效的内外部数据资源共享降低了信息不对称程度，改善了公司治理水平（肖土盛等，2022）。一定程度上帮助企业突破了制度压力、资源条件和产业环境等因素的制约（Broekhuizen 等，2021），赋能企业高质量发展。由此，本章提出如下假设：

H1b：数字化转型可以通过提高配置能力促进企业高质量发展。

从资源撬动行动过程来看，数字化转型有利于增强企业的网络能力，通过调动、平衡与部署资源驱动企业高质量发展。网络能力是企业发展和维护与关键供应商、顾客和其他组织的关系以及处理和利用这些关系的能力，反映企业在处理各种复杂网络关系的综合能力（Walter 等，2006）。数字时代，制造过程的连通性与信息嵌入密度不断增加，制造企业为创造竞争优势需要重点加强各职能部门之间的互动并管理公司界限之外的关系（Meyer AD 等，2023）。

第一，数字化转型通过资源调动激活了数字特征，促进了各部门各流程中生产要素的虚拟聚合与重组（Yoo 等，2012），在增加收入、优化风险、创新和转变商业模式方面体现出卓越优势（Sunil 等，2022），成为驱动企业高质量发展的重要途径。第二，数字化转型依靠资源平衡催生了去中心化、去中介化的网格组织（戚聿东和肖旭，2020），挑战了组织传统的权力结构（Adner 等，2019），为平衡内外部利益相关者关系、赋能企业高质量发展奠定了组织基础。第三，数字化转型通过资源部署为开拓新型商业网络关系提供了可能，能够通过降低内部生产成本和外部交易成本提升产业链关联水平（张虎等，2023），加强对合作伙伴间关系的维护、管理和深化。有利于共建广泛认可的价值观和准则，从"赢者通吃"逻辑走向"共享赋能"逻辑（陈劲等，2022），推动产业内企业实现高质量共同发展。基于此，本章提出如下假设：

H1c：数字化转型可以通过提高网络能力促进企业高质量发展。

13.2.3 开放式创新的门槛效应

根据资源编排理论，数字化转型驱动企业高质量发展可概括为统筹传统与数字资源，构建资源组合、将资源集束以形成关键能力并撬动市场机会以创造价值的综合过程（马鸿佳等，2023）。然而随着竞争环境日趋复杂，企业在数字化转型的资源编排实践中面临复杂多变的挑战。数字化转型要求企业获取高质量和先进的创新知识（韩兆安等，2022），及时吸收、利用和部署内外部资源，将未被满足或潜在的需求转化为商业机会并创造新价值，才能促进企业高质量发展。开放式创新突破了封闭孤立的传统创新模式，为数字化转型带来了丰富的数据、技术和商业资源，与能否发挥数字化转型对企业高质量发展的积极作用密切相关。

为探索适宜中国情境的开放式创新模式，分析不同水平开放式创新条件下数字化转型对企业高质量发展的差异化影响。借鉴已有研究，本章将开放式创新分为开放式创新广度与开放式创新深度两个维度进行讨论（Laursen 和 Salter，2006）。其中，开放式创新广度指企业利用外部资源进行创新的广泛程度，如与多少外部企业共同开展创新活动；开放式创新深度指企业与外部组织合作创新的紧密程度，如与合作企业进行联合创新的专利数量（Jeon 等，2011）。

13.2.3.1 开放式创新广度的门槛效应

由于不同组织间具有差异化的背景、专长和知识，提高开放式创新广度有利于扩大知识搜寻范围，为企业带来异质性、多样化、独特性的知识资源，提高创新的灵活度、新颖度和效率（Ahuja 和 Katila，2004）。开放式创新广度需跨越一定界限，数字化转型的资源编排行动才能顺利推进，进而释放数字化转型对企业高质量发展的积极影响。

第一，在资源建构过程中，企业开放式创新广度越大，越有利于企业通过数字化转型吸收先进创新理念和技术以推动高质量发展。全行业的数字化转型带来了分散、开放且以网络为中心的创新模式（陈冬梅，2020），耦合性和专用性知识增强了技术创新活动的外部依存特征。因而在资源建构中，资源的获取和积累需通过提高开放式创新广度克服知识技术碎片化分布的障碍，在更加广阔的知识网络中吸取外部有效信息丰富自身知识结构。

第二，在资源集束过程中，提高开放式创新广度有利于企业对现有技术能力进行深入挖掘和延伸，从而合理配置数字资源能力以促进企业高质量发展（杜晴等，2022）。数字化条件下，产品生命周期的缩短加剧了技术创新的时间压力和成本压力（杨震宁等，2021）。在资源集束行动中，扩大开放式创新广度才能帮助企业加快产品服务、制造流程方面的数字创新与升级改造效率，有效应对市场需求变化、降低企业运营风险，从而获取最大化收益，提高企业绩效。

第三，在资源撬动过程中，开放式创新广度越大，越有利于企业通过数字化转型建立、管理和维护优质的商业关系网络（杨震宁等，2021），支持企业高质量发展。数字技术的应用催生了数字生态系统，形成共生关系、提升创新质效成为企业进行数字化转型以开发机会、创造价值的核心动力（郭润萍等，2021）。因此在资源撬动行动中，应建立广泛的开放式创新网络，共享必要的知识资源、进行价值共创与创新，进而获取持续性竞争优势、促进企业高质量发展。

综上所述，提高开放式创新广度能够帮助企业整合内外部创新资源，有效降低创新成本并促进创新成果快速转化为商业价值（Chesbrough，2006），为数字化转型促进企业高质量发展的资源编排行动提供了技术基础和组织准备。但当开放式创新广度过低时，企业吸收、转化和应用先进知识资源的资源编排行动受阻，则会制约数字化转型对企业高质量发展的驱动效应。由此，本章提出如下假设：

H2a：数字化转型对企业高质量发展的影响存在开放式创新广度的门槛效应。企业开放式创新广度越高，越有利于释放数字化转型对企业高质量发展的促进作用；开放式创新广度过低，则不利于发挥数字化转型对企业高质量发展的推动作用。

13.2.3.2 开放式创新深度的门槛效应

首先，在资源建构过程中，开放式创新深度过大会使企业陷入过度搜索困境，降低吸收能力。制造企业的组织管理制度和能力在匹配数字化转型的技术架构先进性上有一定滞后性（戚聿东和蔡呈伟，2020）。过度搜索显著提升了企业在资源吸收过程中对数据信息的辨析与监管难度，数字化转型带来的收益被开放式创新深度过高带来的衍生管理成本所抵减，致使其绩效驱动和质量提升效果受限，不利于发挥数字化转型对企业高质量发展的积极效应。

其次，在资源集束过程中，一味增强开放式创新深度将使企业产生路径依赖，削弱资源配置的灵活性与自主性。数字化转型提升企业发展质量的资源编排过程具有长期性与不确定性，需要企业不断强化组织敏捷性（Ashrafi 等，2019）。但开放式创新深度过高易造成组织惯性和能力刚性，使企业过分依赖现有合作者提供的知识资源，对于异质性知识整合不足，不利于企业动态调整创新网络与资源配置，从而削弱数字化转型对企业高质量发展的驱动作用。

最后，在资源撬动过程中，企业过度嵌入开放式创新网络会加剧组织间竞合关系的风险成本，弱化企业网络能力与数字化转型"共享赋能"的生态效益。当开放式创新深度过高时，信息和技术泄漏风险将明显扩大（Jiang 等，2020），网络侵权成本更低、知识产权风险增大，导致合作伙伴间产生信任危机。因此开放式创新深度过高不利于企业在商业关系网络中调动部署资源，从而抑制数字化转型对企业高质量发展的积极效应。

综上所述，开放式创新深度过高将阻碍数字化转型的资源编排行动，不利于企业高质量发展。而当企业开放式创新深度适中时，不仅能够管理维护恰当的商业合作关系，兼顾自主创新与合作创新优势，同时也有助于企业保持核心资源的不可替代性，保障企业的持续竞争优势和独立自主地位，从而为数字化转型驱动企业高质量发展提供安全有效的资源环境。由此，本章提出如下假设：

H2b：数字化转型对企业高质量发展的影响存在开放式创新深度的门槛效应。企业开放式创新深度适中，有利于发挥数字化转型对企业高质量发展的促进作用；开放式创新深

度过高,则会抑制数字化转型对企业高质量发展的促进作用。

据上述假设,本章绘制概念模型如图 13-1 所示。

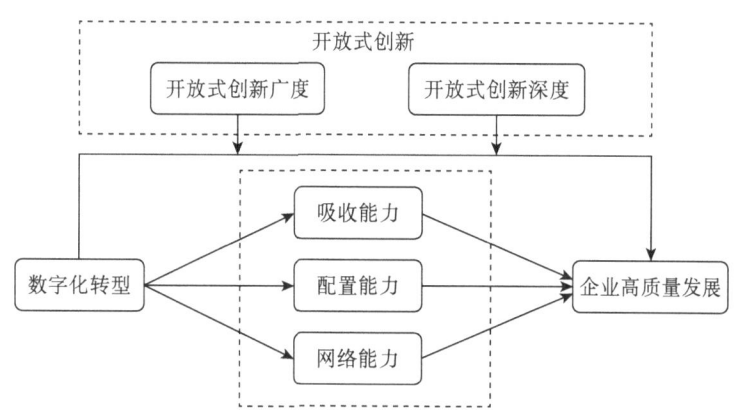

图 13-1 数字化转型与企业高质量发展概念模型

13.3 实证研究设计

13.3.1 样本选择与数据来源

在新一轮科技革命和产业数字化战役的双轮驱动下,制造业成为数字化浪潮的主战场。由于制造业构成经济社会发展的物质基础和实体经济主体,其高质量发展是支撑我国经济高质量发展的关键所在。如何通过数字化转型培育发展新动能、赋能制造企业高质量发展,助力其突破"低端锁定"困局成为新时期的重要命题。因此,本章选择沪深 A 股 2015—2021 年制造业上市公司,研究数字化转型对企业高质量发展的影响及其内在机理。由于我国于 2015 年首次提出实施国家大数据战略,开始在顶层设计层面绘制数字经济蓝图,因此本章以 2015 年为研究起点。

参考已有文献,本章通过以下步骤对样本数据进行预处理:①剔除数字化转型或企业高质量发展数据缺失的公司;②剔除其他变量严重缺失的公司;③剔除属于 *ST 和 ST 类的公司;④对所有变量数据在 95% 水平上进行 Winsorize 缩尾处理。通过清洗样本数据,最后得到 14128 个基础观测样本。其中,数字化转型数据来自制造业上市公司年报并通过文本分析获得。开放式创新数据主要来源于国家知识产权局,通过程序爬取和手工补充相结合的方式整理。企业高质量发展基础数据及其余控制变量均来源于 CSMAR 数据库。

13.3.2 变量设计和说明

13.3.2.1 被解释变量

企业高质量发展 (Hqd)。本研究将高质量发展定义为企业持续创造经济价值和社会价值,不仅具有良好的综合效益,还秉持环境友好理念与社会责任意识。其中,经济价值显著表示经营绩效卓越；社会价值创造表示和利益相关者共享成果，符合绿色发展理念；持续创造价值表示企业发展前景可观且执行开放合作战略，有能力抵抗形势变化带来的风险。因此，结合新发展理念以及企业作为微观经济主体的特征，借鉴已有文献，从盈利能力、共享能力、绿色能力、发展能力、开放能力、抗风险能力六个维度，构建评价指标体系（见表3-3）。

13.3.2.2 解释变量

数字化转型（Dig）。基于袁淳等（2021）、肖土盛等（2022）学者的研究，本章采用年报文本分析法构建数字化转型指标以衡量制造企业数字化转型程度。具体步骤为：第一步，利用数字经济相关政策文件提取数字化关键词，经 Python 分词处理及人工识别进行筛选整理后得到 197 个数字化转型相关术语，构建企业数字化转型词典。第二步，对年报中"管理层讨论与分析"（MD&A）部分进行文本分析，得到数字化转型词典中 197 个词汇在年报中出现的频率。第三步，计算企业数字化转型词频总和除以年报中 MD&A 语段长度的比值。为方便表述，将该比值乘以 100 最终得到企业数字化转型（Dig）这一指标。数字化转型（Dig）指标值越大，表示企业数字化程度越高。

13.3.2.3 中介变量

吸收能力（$lnInvent$）。本章用企业当年发明专利数量加 1 的自然对数测度吸收能力（Ahuja 和 Katila，2004）。申请发明专利是企业在消化吸收内外部知识的基础上形成的具体成果，代表了企业将知识资源转化为创新产出的禀赋差异（杜晴等，2022）。申请发明专利数量越多的企业其发明创造与学习应用能力越敏捷，对各类知识的吸收转化能力也越强，因而适宜用来衡量企业的吸收能力的大小。

配置能力（Tat）。本章采用总资产周转率（销售收入除以平均资产总额）衡量企业的配置能力。借鉴已有研究（Ang 等，2000；刘艳霞，2022），总资产周转率不仅体现了企业生产周期的长短以及销售速度的快慢，更集中反映了企业供给质量与需求满足的适配程度，与企业的效率变革及转型升级进程密切相关。总资产周转率越高，核心企业的投入产出速率就越快，其资源管理及资产配置的能力也就越强，以此表征企业配置能力的强弱。

网络能力（Net）。本章选取共同富裕评级指数来衡量企业的网络能力。网络能力反映企业发展、维护、处理和利用与组织内外部利益相关方各种复杂关系的综合能力（Walter 等，2006）。共同富裕评级指数由员工薪酬与保障评分，消费者、股东、供应链上下游企业以及其他合作伙伴共享评分等维度合成，能够准确刻画企业规划构建以及运作管理商业网络的能力。评级指数值越大，说明网络能力越强。

13.3.2.4 门槛变量

开放式创新广度（$Breadth$）。本章用样本企业在观察年度与之发生合作创新关系的组织数量总和加一的自然对数衡量企业开放式创新广度（Laursen 等，2006；贾西猛等，2022）。开放式创新广度指标值越大，企业合作创新的专利成果越多，表明企业利用外部资源所涉及的创新网络越广泛。

开放式创新深度（$Depth$）。本章以样本企业在观察年度与合作单位联合申请的专利数量总和加一的自然对数衡量企业开放式创新深度（Laursen 等，2006；Jeon 等，2011）。开放式创新深度指标值越大，样本企业与其他组织开展合作创新的频率越高，表示企业与外部合作者的关系越紧密。

13.3.2.5 控制变量

企业本身特征是影响数字化转型和企业高质量发展关系的基本因素，为了避免其他变量给回归结果造成不一致影响，借鉴袁淳等（2021）、肖土盛等（2022）的研究，本章控制了以下可能影响企业高质量发展的变量，包括财务杠杆（Leverage）、托宾 Q（Tobinq）、净资产收益率（Roe）、前十大股东持股率（Top10）、公司规模（Fsize）、企业年龄（Age）、研发人员占比（Rd）、产权性质（Equity）。此外，本章还加入了年份变量（Year）和行业变量（Industry）来控制时间效应和行业效应的影响。变量定义及衡量如表 13 – 1 所示。

表 13 – 1　变量定义及衡量

变量类型	变量名称	变量符号	变量衡量
被解释变量	企业高质量发展	Hqd	盈利能力、共享能力、绿色能力、发展能力、开放能力、抗风险能力六个维度综合指标
解释变量	数字化转型	Dig	借鉴袁淳（2021），以 MD&A 部分数字化词频计算
中介变量	吸收能力	$\ln Invent$	发明专利数量加 1 的自然对数
	配置能力	Tat	销售收入/平均资产总额
	网络能力	Net	共同富裕评级指数
门槛变量	开放式创新广度	$Breadth$	ln（企业合作创新涉及单位数量 +1）
	开放式创新深度	$Depth$	ln（企业与合作单位联合申请的专利数量 +1）
控制变量	财务杠杆	$Leverage$	负债总额/资产总额
	托宾 Q	$Tobinq$	市值/资产总额
	净资产收益率	Roe	净利润/平均净资产
	前十大股东持股率	$Top10$	前十大股东持股数量/总股数
	公司规模	$Fsize$	总资产的自然对数
	公司年龄	Age	公司成立年限
	研发人员占比	Rd	研发人员数量/员工人数
控制变量	产权性质	$Equity$	编码方式为 0 = 非国企、1 = 国企
	年度	$Year$	年度虚拟变量
	行业	$Industry$	行业虚拟变量

13.3.3　模型构建

为检验数字化转型对企业高质量发展的影响，本章设定如下基准回归模型，如式（13 – 1）所示：

$$Hqd_{i,t} = \alpha_0 + \alpha_1 Dig_{i,t} + \alpha_2 Controls_{i,t} + \sum Year + \sum Industry + \varepsilon_{i,t} \tag{13 – 1}$$

在公式（13-1）中，$Dig_{i,t}$ 代表第 i 家样本公司第 t 年的数字化转型程度；$Hqd_{i,t}$ 代表第 i 家样本公司第 t 年的高质量发展水平。$Controls_{i,t}$ 为第 i 家公司第 t 年的控制变量集合。

为分别检验吸收能力（$\ln Invent$）、配置能力（Tat）与网络能力（Net）对数字化转型和企业高质量发展的中介效应，本章参考 Baron 等（1986）提出的检验中介效应逐步法，在基准回归模型的基础上建立如公式（13-2）至公式（13-7）所示的计量模型：

$$\ln Invent_{i,t} = \beta_0 + \beta_1 Dig_{i,t} + \beta_2 Controls_{i,t} + \sum Year + \sum Industry + \varepsilon_{i,t} \quad (13-2)$$

$$Hqd_{i,t} = \beta_0 + \beta_1 Dig_{i,t} + \beta_2 \ln Invent_{i,t} + \beta_3 Controls_{i,t} + \sum Year + \sum Industry + \varepsilon_{i,t} \quad (13-3)$$

$$Tat_{i,t} = \theta_0 + \theta_1 Dig_{i,t} + \theta_2 Controls_{i,t} + \sum Year + \sum Industry + \varepsilon_{i,t} \quad (13-4)$$

$$Hqd_{i,t} = \theta_0 + \theta_1 Dig_{i,t} + \theta_2 Tat_{i,t} + \theta_3 Controls_{i,t} + \sum Year + \sum Industry + \varepsilon_{i,t} \quad (13-5)$$

$$Net_{i,t} = \varphi_0 + \varphi_1 Dig_{i,t} + \varphi_2 Controls_{i,t} + \sum Year + \sum Industry + \varepsilon_{i,t} \quad (13-6)$$

$$Hqd_{i,t} = \varphi_0 + \varphi_1 Dig_{i,t} + \varphi_2 Net_{i,t} + \varphi_3 Controls_{i,t} + \sum Year + \sum Industry + \varepsilon_{i,t} \quad (13-7)$$

公式（13-2）与公式（13-3）中，$\ln Invent_{i,t}$ 代表第 i 家样本公司第 t 年的吸收能力；公式（13-4）与公式（13-5）中，$Tat_{i,t}$ 代表第 i 家样本公司第 t 年的配置能力；公式（13-6）与公式（13-7）中，$Net_{i,t}$ 代表第 i 家样本公司第 t 年的网络能力。控制变量选取均与公式（13-1）一致。

为探究开放式创新广度（$Breadth$）与开放式创新深度（$Depth$）对数字化转型和企业高质量发展关系的门槛效应，本研究应用 Hansen（1999）开发的门槛效应模型进行检验。该模型不仅能够精确估计出存在的门槛阈值，还能对所估计门槛值的正确性进行验证，克服了分组检验与交叉模型无法同时保证门槛值准确度与真实性的缺点。现有门槛效应模型最多检验三个门槛值，因未测算时门槛数量不定，为防止遗漏，本章首先将门槛数量为一至三的情况所对应的模型全部列出，进行实际检验后再选取合适的门槛效应模型，具体如公式（13-8）至公式（13-13）所示。

$$Hqd_{i,t} = \mu_1 Dig_{i,t} \times I(Breadth_{i,t} \leq \gamma_0) + \mu_2 Dig_{i,t} \times I(Breadth_{i,t} > \gamma_0) + \mu_3 Controls_{i,t} + \sum Year + \sum Industry + \varepsilon_{i,t} \quad (13-8)$$

$$Hqd_{i,t} = \mu_1 Dig_{i,t} \times I(Breadth_{i,t} \leq \gamma_1) + \mu_2 Dig_{i,t} \times I(\gamma_1 < Breadth_{i,t} \leq \gamma_2) + \mu_3 Dig_{i,t} \times I(Breadth_{i,t} > \gamma_2) + \mu_4 Controls + \sum Year + \sum Industry + \varepsilon_{i,t} \quad (13-9)$$

$$Hqd_{i,t} = \mu_1 Dig_{i,t} \times I(Breadth_{i,t} \leq \gamma_1) + \mu_2 Dig_{i,t} \times I(\gamma_1 < Breadth_{i,t} \leq \gamma_2) + \mu_3 Dig_{i,t} \times I(\gamma_2 < Breadth_{i,t} \leq \gamma_3) + \mu_4 Dig_{i,t} \times I(Breadth_{i,t} > \gamma_3) + \mu_5 Controls_{i,t} + \sum Year + \sum Industry + \varepsilon_{i,t} \quad (13-10)$$

$$Hqd_{i,t} = \psi_1 Dig_{i,t} \times I(Depth_{i,t} \leq \gamma_0) + \psi_2 Dig_{i,t} \times I(Depth_{i,t} > \gamma_0) + \psi_3 Controls_{i,t} + \sum Year + \sum Industry + \varepsilon_{i,t} \quad (13-11)$$

$$Hqd_{i,t} = \psi_1 Dig_{i,t} \times I(Depth_{i,t} \leq \gamma_1) + \psi_2 Dig \times I(\gamma_1 < Depth_{i,t} \leq \gamma_2) + \psi_3 Dig_{i,t} \times I(Depth_{i,t} > \gamma_2) + \psi_4 Controls + \sum Year + \sum Industry + \varepsilon_{i,t} \quad (13-12)$$

$$Hqd_{i,t} = \psi_1 Dig_{i,t} \times I(Depth_{i,t} \leq \gamma_1) + \psi_2 Dig_{i,t} \times I(\gamma_1 < Depth_{i,t} \leq \gamma_2) + \psi_3 Dig_{i,t} \times I(\gamma_2 < Depth_{i,t} \leq \gamma_3) + \psi_4 Dig_{i,t} \times I(Depth_{i,t} > \gamma_3) + \psi_5 Controls_{i,t} + \sum Year + \sum Industry + \varepsilon_{i,t} \quad (13-13)$$

其中，$Breadth_{i,t}$ 代表第 i 家样本公司第 t 年的开放式创新广度，$Depth_{i,t}$ 代表第 i 家样

本公司第 t 年的开放式创新深度,其余变量定义与公式(13-1)相同。公式(13-8)与公式(13-11)对应单门槛模型,公式(13-9)与公式(13-12)对应双门槛模型,公式(13-10)与公式(13-13)对应三门槛模型。各模型中的 $I(.)$ 为指示函数,括号内 γ 代表了估计的门槛值,当括号内判断成立时,函数值为1,否则为0。

13.4 实证过程及结果分析

13.4.1 描述性统计

表13-2汇报了主要变量的描述性统计结果。样本企业高质量发展(Hqd)均值为0.25,标准差为0.14,说明制造企业高质量发展水平存在一定差异。样本公司数字化转型程度的均值为0.93,最大值与最小值差值达7.39,反映出样本公司数字化转型程度差距较大。样本公司开放式创新广度均值为0.78,标准差为0.53,开放式创新深度均值为0.70,标准差为1.14,说明现阶段制造业不同公司间开放式创新深度差异明显,波动范围较大。

表13-2　　　　　　　　　　描述性统计

Variables	N	Mean	S.D	Max	Min	25%	50%	75%
Hqd	14128	0.25	0.14	0.82	0.02	0.24	0.37	0.65
Dig	14128	0.93	0.78	7.50	0.11	0.41	0.67	1.17
$\ln Invent$	14128	1.12	1.21	7.97	0.00	0.00	0.00	1.79
Tat	14128	0.62	0.37	2.08	0.12	0.39	0.55	0.75
Net	14128	4.75	2.40	9.00	1.00	3.00	5.00	7.00
$Breadth$	14128	0.78	0.53	2.71	0.00	0.69	0.70	0.78
$Depth$	14128	0.70	1.14	5.13	0.00	0.00	0.00	0.70
$Leverage$	14128	0.38	0.19	0.83	0.06	0.23	0.36	0.51
$Tobinq$	14128	2.18	1.49	8.35	0.88	1.35	1.76	2.44
Roe	14128	0.05	0.94	0.33	-0.54	0.03	0.07	0.12
$Top10$	14128	60.20	15.09	96.55	25.72	49.43	61.19	71.37
$Fsize$	14128	20.28	1.47	24.12	16.65	19.34	20.16	21.13
Age	14128	18.11	5.48	32.00	7.00	14.00	18.00	22
Rd	14128	14.69	10.19	55.65	0.12	8.29	12.53	18.00
$Equity$	14128	0.60	0.24	1.00	0.00	0.00	0.00	1.00

13.4.2 数字化转型与企业高质量发展回归结果分析

表13-3报告了数字化转型对企业高质量发展的固定效应面板模型回归结果。表13-3列(1)为企业高质量发展(Hqd)与数字化转型(Dig)单独进行回归,在不控制任何

条件的情况下数字化转型（Dig）系数为 0.0639（$p<0.01$）；列（2）显示在加入控制变量后核心解释变量系数仍显著为正（估计系数 0.0494，$p<0.01$）；列（3）为固定时间效应及行业效应的回归结果，表明数字化转型（Dig）系数仍显著为正（估计系数 0.0514，$p<0.01$）。此外，本章还以数字化转型相关词汇出现次数加 1 的对数（ln Dig_number）替代原有指标衡量企业数字化转型程度，重新代入公式（13-1）进行回归以验证回归结果的稳健性。列（4）至列（6）依次为企业高质量发展（Hqd）与数字化转型替代指标（ln Dig_number）单独进行回归、加入控制变量、控制年份和行业效应的回归结果。在逐步控制可能影响企业高质量发展的相关因素后，核心解释变量系数基本与列（1）至列（3）一致，表明数字化转型有利于促进制造企业高质量发展，假设 H1 得到支持。这与刘艳霞（2022）、肖土盛等（2022）的研究结论类似，数字化转型能够通过"资源建构—资源集束—资源撬动"等一系列资源编排行动促进企业对内外部资源的吸纳、整合与运用，提高战略行动能力和价值创造能力，进而驱动企业高质量发展。

表 13-3　　数字化转型与企业高质量发展主效应回归结果

Variables	(1)	(2)	(3)	(4)	(5)	(6)
Dig	0.0639***	0.0494***	0.0514***			
	(3.89)	(3.01)	(3.13)			
ln Dig_number				0.0830***	0.0704***	0.0677***
				(6.45)	(5.20)	(5.00)
Leverage		-0.9643***	-0.9339***		-0.9668***	-0.9371***
		(-14.31)	(-13.85)		(-14.36)	(-13.91)
Tobinq		0.0356***	0.0449***		0.0360***	0.0447***
		(7.18)	(8.51)		(7.29)	(8.47)
Roe		0.0587***	0.0585***		0.0594***	0.0561***
		(10.24)	(10.22)		(10.36)	(10.33)
Top10		0.0092***	0.0092***		0.0096***	0.0093***
		(9.04)	(5.34)		(9.49)	(9.18)
Fsize		0.0871***	0.0871***		0.0818***	0.0841***
		(6.28)	(6.28)		(5.88)	(6.05)
Age		0.0500***	0.0384***		0.0291***	0.0342***
		(12.14)	(9.77)		(8.18)	(8.39)
Rd		-0.0058***	-0.0057***		-0.0058***	-0.0058***
		(-3.69)	(-3.63)		(-3.64)	(-3.68)
Equity		-0.0059	-0.0046		-0.0067	-0.0060
		(-0.27)	(-0.20)		(-0.30)	(-0.27)
Year/Industry	NO	NO	Yes	NO	NO	Yes

续表

Variables	(1)	(2)	(3)	(4)	(5)	(6)
Constant	25.27***	24.08***	24.86***	25.06***	24.91***	24.77***
	(1574.00)	(209.41)	(323.28)	(602.28)	(336.35)	(312.64)
F	16.33***	15.46***	16.84***	16.25***	16.70***	16.74***
Adj. R^2	0.014	0.116	0.192	0.025	0.051	0.057
N	14128	14128	14128	14128	14128	14128

注：*、**、***分别表示在10%、5%、1%水平上显著，括号内为t值，本章下同。

13.4.3 资源编排中介效应回归结果分析

根据前文的理论推导，数字化转型可能通过提高吸收能力、增强配置能力与拓展网络能力这三条路径驱动企业高质量发展。本章应用逐步回归法检验数字化转型影响企业高质量发展的中介机制，表13-4汇报了中介效应的层次回归结果。

该部分首先检验企业通过数字化转型提高吸收能力以促进高质量发展这一路径。代入公式后得到的回归结果如表13-4第（1）至（3）列所示。由表13-4第（2）列可知，数字化转型（Dig）对吸收能力（lnInvent）的回归系数显著为正（系数0.0973，$p<0.01$），表明数字化转型有助于提高企业自身的吸收能力。表13-4第（3）列显示，吸收能力（lnInvent）对企业高质量发展的回归系数在5%水平下显著为正（估计系数0.0181），同时数字化转型（Dig）的回归系数与基准模型式（13-1）中的系数相比，在显著性水平不变的情况下由0.0514下降至0.0496。说明吸收能力（lnInvent）对数字化转型与高质量发展间的关系起到了部分中介作用，即数字化转型能够通过提高吸收能力有效获取内外部知识并加以应用，给企业提质增效奠定坚实的技术条件与知识资源基础，进而驱动企业高质量发展，由此假设H1a得到支持。

其次，检验制造企业通过数字化转型增强配置能力来驱动企业高质量发展这一路径，回归结果如表13-4第（1）（4）（5）列所示。第（4）列中数字化转型（Dig）对配置能力（Tat）的回归系数在5%水平下显著为正（估计系数0.0190），表明数字化转型（Dig）能够增强企业的配置能力。第（5）列中配置能力（Tat）对企业高质量发展的回归系数显著为正（估计系数0.5537，$p<0.01$），且数字化转型（Dig）系数与第（1）列中的回归系数相比由0.0514下降至0.0409，同时显著性水平由1%放宽至5%。以上结果证实，数字化转型能够通过提升配置能力（Tat）促进企业高质量发展，支持了假设H1b。其原因在于，企业进行数字化转型能够优化自身运营管理流程，提高信息处理能力和组织能力，从而增强企业对内外部资产的配置效能并有效缓和周转效率低下问题，最终提高企业高质量发展水平。

再次，验证网络能力对数字化转型与企业高质量发展间的中介效应，回归结果见表13-4列（1）、列（6）与列（7）。列（6）表明，数字化转型（Dig）在5%水平下对企业网络能力（Net）有显著正向影响（估计系数0.3457）。第（7）列结果显示，网络能力

表 13-4　中介效应检验结果

Variables	(1) Hqd	(2) lnInvent	(3) Hqd	(4) Tat	(5) Hqd	(6) Net	(7) Hqd	(8) Hqd
Dig	0.0514*** (3.13)	0.0973*** (5.26)	0.0496*** (3.02)	0.0190*** (3.88)	0.0409** (2.52)	0.3457*** (11.82)	0.0472*** (3.04)	0.0382** (2.36)
lnInvent			0.0181** (1.99)					0.0167* (1.86)
Tat					0.5537*** (16.38)			0.4793*** (13.42)
Net							0.1469*** (33.91)	0.0105*** (6.28)
Leverage	-0.9339*** (-13.85)	0.1606** (2.12)	-0.9368*** (-13.89)	-0.0633*** (-3.14)	-0.8989*** (-13.51)	-8.0364*** (-18.54)	-1.1242*** (-17.58)	-0.8205*** (-12.13)
Tobinq	0.0449*** (8.51)	0.0152** (2.56)	0.0446*** (8.45)	0.0109*** (6.90)	0.0389*** (7.45)	0.0302 (0.89)	0.0440*** (8.82)	0.0392*** (7.52)
Roe	0.0585*** (10.22)	0.0079 (1.23)	0.0583*** (10.20)	-0.0057*** (-3.33)	0.0616*** (10.91)	-0.4525 (-1.23)	0.0534*** (9.87)	0.0615*** (10.91)
Top10	0.0092*** (5.34)	0.0080*** (6.96)	0.0092*** (9.00)	0.0020*** (6.46)	0.0085*** (8.42)	0.0270*** (4.13)	0.0091*** (8.97)	0.0082*** (8.18)
Fsize	0.0871*** (6.28)	0.0020 (0.12)	0.0866*** (6.24)	-0.0332*** (-8.00)	0.1050*** (7.64)	-0.4276*** (-4.79)	0.0946*** (6.85)	0.1071*** (7.80)

续表

Variables	(1) Hqd	(2) lnInvent	(3) Hqd	(4) Tat	(5) Hqd	(6) Net	(7) Hqd	(8) Hqd
Age	0.0384***	−0.0325***	0.0390***	0.0020*	0.0373***	0.3651***	0.0676***	0.0345***
	(9.77)	(12.39)	(9.89)	(1.73)	(9.61)	(13.78)	(17.74)	(8.81)
Rd	−0.0057***	0.0007	−0.0057***	−0.0017***	−0.0047***	−0.0148	−0.0051***	−0.0048***
	(−3.63)	(0.40)	(−3.64)	(−3.58)	(−3.07)	(−1.46)	(−3.40)	(−3.07)
Equity	−0.0046	0.0299	−0.0052	−0.0174**	0.0050	−0.097	0.0175	0.0042
	(−0.20)	(1.17)	(−0.23)	(−2.57)	(0.22)	(−0.67)	(0.82)	(0.19)
Year/Industry	Yes	Yes	Yes	Yes	Yes	Yes	Yes	Yes
Constant	24.86***	1.44***	24.83***	0.58***	24.54***	48.69***	23.70***	24.05***
	(323.28)	(16.64)	(318.40)	(25.22)	(313.26)	(98.77)	(295.15)	(221.52)
F	16.84***	12.01***	16.33***	20.04***	16.18***	20.58***	17.11***	15.51***
Adj. R^2	0.147	0.233	0.201	0.230	0.169	0.174	0.186	0.164
N	14128	14128	14128	14128	14128	14128	14128	14128

（Net）对企业高质量发展的回归系数显著为正（估计系数 0.1469，$p<0.01$），此外数字化转型（Dig）的回归系数与第（1）列相比由 0.0514 下降至 0.0472。结合上述回归结果，网络能力（Net）在数字化转型促进企业高质量发展中起部分中介作用，支持了假设 H1c。企业加快数字化转型有利于组织从繁杂的传统业务流程中脱身，借助数字化和智能化手段辅助企业统筹平衡各项工作，兼顾员工和股东利益分配、供应链关系维护以及消费者权益保护等各方利益，从而促进企业在全方位全流程实现转型升级，驱动企业高质量发展。

接下来，为从整体上分析吸收能力、配置能力与网络能力影响数字化转型与企业高质量发展关系的联合中介效应，本章将上述三个变量同时放入模型进行回归，结果如表 13-4 列（8）所示。列（8）中，吸收能力（lnInvent）、配置能力（Tat）与网络能力（Net）的回归系数均显著为正，且对比列（1）基准模型的回归结果，数字化转型（Dig）的系数由 0.0514 降低为 0.0382，显著性水平也由 1% 变为 5%。进一步证明了数字化转型能够通过提升企业的吸收能力、配置能力与网络能力促进高质量发展，支持了假设 H1a、假设 H1b 与假设 H1c。

最后，为进一步验证中介机制，本章采用 Bootstrap 抽样检验法（1000 次）比较这三种能力的中介作用。由表 13-5 可知，吸收能力的间接效应值为 0.035，占主效应比重为 0.23，95% 置信区间为 [0.027, 0.042]；配置能力的间接效应值为 0.023，占主效应比重为 0.16，95% 置信区间为 [0.014, 0.031]；网络能力的间接效应值为 0.093，占主效应比重为 0.61，95% 置信区间为 [0.078, 0.107]。上述三种能力的中介效应置信区间均不包含 0，证明 H1a、H1b 与 H1c 成立，即吸收能力、配置能力与网络能力在数字化转型驱动企业高质量发展过程中均发挥部分中介作用。此外，对比以上三种能力的间接效应值，可知网络能力的中介作用最强，吸收能力次之，配置能力最弱。可能的原因在于，数字化转型涉及全方位触达并重塑企业底层商业逻辑，需要企业综合运用各类资源构建高质量商业网络，维护利益相关者权益，不断建立和巩固与各类合作伙伴的战略同盟关系。因此推进数字化转型更有利于企业通过拓展网络能力构建良好的商业生态，加快知识资源的交换循环与开发利用，从而实现质效革新和高质量发展。此结果论证了"增强国内大循环内生动力和可靠性"的科学性与实践指引价值，为"构建以国内大循环为主体"战略构想的实施提供了经验证据支持。

表 13-5　　　　　　　　　　　中介作用的 Bootstrap 分析

路径	效应	效应值	标准误	95% CI 下限	95% CI 上限	占总效应比重
数字化转型→吸收能力→企业高质量发展	总效应	0.147	0.014	0.119	0.174	
	直接效应	0.112	0.013	0.086	0.138	0.23
	间接效应	0.035	0.004	0.027	0.042	
数字化转型→配置能力→企业高质量发展	总效应	0.147	0.014	0.119	0.174	
	直接效应	0.124	0.014	0.096	0.152	0.16
	间接效应	0.023	0.004	0.014	0.031	

续表

路径	效应	效应值	标准误	95% CI		占总效应比重
				下限	上限	
数字化转型→网络能力→企业高质量发展	总效应	0.147	0.014	0.119	0.174	
	直接效应	0.054	0.012	0.031	0.076	0.61
	间接效应	0.093	0.008	0.078	0.107	

13.4.4 开放式创新门槛效应检验

由于数字化转型对企业高质量发展的影响可能会随企业开放式创新水平处于不同阶段而表现出差异化效果。为检验开放式创新水平对主效应可能存在的门槛效应,本章运用 Stata16.0 统计软件,分别以开放式创新广度和开放式创新深度作为门槛变量,基于门槛模型对面板数据集具有单门槛、双门槛或三门槛的情况进行估计。经重复抽样 1000 次计算判别指标对应的 P 值,认定是否具有门槛阈值,抽样结果如表 13-6 和表 13-7 所示。

表 13-6　　　　　　　　　开放式创新广度门槛效应检验结果

门槛数	门槛值	F 值	P 值	临界值			BS 次数	95% 置信区间
				10%	5%	1%		
单门槛	0.6931	3.13	0.009	1.851	2.219	3.048	1000	[0.6711, 0.7138]
双门槛	0.7768	-1.29	1.000	3.924	5.650	10.077	1000	[0.7542, 0.7915]
三门槛	1.0986	0.23	0.727	1.204	1.735	2.661	1000	[0.8778, 1.3863]

由表 13-6 可以看出,开放式创新广度(Breadth)进行单门槛检验时对应的 P 值为 0.009,表明至少存在一个门槛;而双门槛及三门槛检验的 P 值均大于 0.100,即不存在两个及其以上的门槛。同理,表 13-7 也显示以开放式创新深度(Depth)作为门限变量具备的门槛效应仅在门槛数单一时显著成立。因此,开放式创新广度和开放式创新深度均适合采用单一门槛效应模型进行估计,即分别适用于代入式(13-8)与式(13-11)做回归分析。最终计算得出开放式创新广度门槛值为 0.6931,开放式创新深度门槛值为 2.4849。

表 13-7　　　　　　　　　开放式创新深度门槛效应检验结果

门槛数	门槛值	F 值	P 值	临界值			BS 次数	95% 置信区间
				10%	5%	1%		
单门槛	2.4849	4.85	0.006	0.065	0.052	0.030	1000	[2.3979, 2.5650]
双门槛	3.8502	-0.28	0.720	-0.068	-0.055	-0.032	1000	[3.8067, 3.9120]
三门槛	——	-0.11	0.267	-0.065	-0.052	-0.030	1000	——

由单门槛效应模型得到门槛值后,本章进一步进行门槛模型参数估计,估计结果如表 13-8 第(1)列与第(4)列所示。表 13-8 列(1)显示在企业开放式创新广度处于不同区制水平时,数字化转型对企业高质量发展的作用也不同。结果表明,当开放式创新广

度（Breadth）高于门槛值时，数字化转型（Dig）对企业高质量发展（Hqd）的促进效应有明显跃升，从无显著影响变为在1%水平下有显著正向作用（估计系数0.1212）。这说明开放式创新广度（Breadth）需达到一定临界值，数字化转型才能表现出对企业高质量发展的积极促进效应，由此本章的假设H2a得到验证。究其原因，由于不同组织的专业优势各异，提高开放式创新广度有利于不同技术领域的知识进行交叉渗透，产生更加多样化的研发组合及商业应用（应瑛等，2023），从而为数字化转型促进企业高质量发展提供良好的技术支持。但开放式创新广度过低时，企业合作组织的技术覆盖领域不足，知识库内容库异质性欠缺，导致企业难以有效吸收外部知识溢出以实现创新多元化应用，从而无法发挥数字化转型对企业高质量发展的驱动作用。

表 13-8　　　　　　　　开放式创新门槛效应模型估计与分组估计结果

Variables	(1) Hqd	(2) $Breadth \leq \gamma_0$	(3) $Breadth > \gamma_0$	(4) Hqd	(5) $Depth \leq \gamma_0$	(6) $Depth > \gamma_0$
Dig ($Breadth \leq \gamma_0$)	0.0543 (1.21)					
Dig ($Breadth > \gamma_0$)	0.1212*** (3.04)					
Dig		0.0627 (0.184)	0.0441** (2.46)		0.0534*** (3.03)	-0.0824* (-1.82)
Dig ($Depth \leq \gamma_0$)				0.1040** (2.58)		
Dig ($Depth > \gamma_0$)				0.0808 (1.44)		
Controls	Yes	Yes	Yes	Yes	Yes	Yes
Year/Industry	Yes	Yes	Yes	Yes	Yes	Yes
Constant	24.81*** (208.84)	24.70*** (113.50)	24.82*** (125.37)	24.72*** (182.97)	24.99*** (305.41)	23.70*** (94.15)
F	21.01***	7.91***	16.00***	20.87***	15.05***	15.92***
Adj. R^2	0.157	0.391	0.252	0.142	0.235	0.011
N	14128	2539	11589	14128	12770	1358

表13-8列（4）表明，随着企业开放式创新深度越过门槛值，数字化转型对企业高质量发展表现出差异化影响。门槛模型回归结果表明，当开放式创新深度（Depth）处在高于门限值的区制水平时，数字化转型（Dig）对企业高质量发展（Hqd）的积极影响受到抑制，从在5%水平下有显著正向作用（估计系数0.1040）变为无显著影响。这说明当企业的开放式创新深度（Depth）过高时，数字化转型无法发挥出对高质量发展的促进效应，由此本章的假设H2b得到验证。原因在于，适度的开放式创新深度代表企业与外部组织保持程度恰当的合作关系，这一方面意味着企业在与合作组织谈判或进行利益分配时掌

握较强的议价能力，保证独立自主地位；另一方面意味着核心企业能够触达较多的合作创新网络节点，获取更为丰富的创新资源和知识技术（李雪松等，2022）。但开放式创新深度过高则会导致企业产生过度搜索与路径依赖，资源接触丰富度与自主创新大幅降低。因此仅当开放式创新深度适当时，企业技术架构的灵活性与组织管理架构的协同性才得以保障，促进企业通过数字化转型实现高质量发展。

为验证结果的稳健性，本章对门槛效应模型进行了分组估计。表13-8列（2）和列（3）为以开放式创新广度（$Breadth$）门槛值为界限的分样本回归结果，结果表明仅有在开放式创新广度（$Breadth$）高于门槛值时，数字化转型（Dig）才能促进企业高质量发展（Hqd）（估计系数0.0441，$p<0.05$），支持了H2a。表13-8列（5）和列（6）为以开放式创新深度（$Depth$）门槛值为分组界限的子样本回归结果，列（5）显示在开放式创新深度（$Depth$）低于门槛值的子样本中，数字化转型（Dig）在1%水平下显著促进企业高质量发展（Hqd）（估计系数0.0534）；然而当开放式创新深度（$Depth$）跨越门槛值时，数字化转型（Dig）却对企业高质量发展（Hqd）表现出负向影响（估计系数-0.0824，$p<0.1$），分组回归结果进一步验证了假设H2a和假设H2b。

13.4.5 稳健性检验

前文验证了企业能够通过数字化转型促进企业高质量发展这一主假设。为保障回归结果的可信度，本章进行了一系列稳健性检验，包括倾向得分匹配法、熵平衡法、Heckman两阶段处理效应模型、工具变量法、解释变量滞后一期、安慰剂检验、替换变量衡量方式、替换回归模型等，回归结果均与前文主效应的研究结论一致。

13.4.5.1 倾向得分匹配法（PSM）与熵平衡法（Entropy Balancing）

考虑到数字化转型程度不同的企业自身基本条件可能存在差别，且是否采用数字战略提升发展质量也是企业自主选择的结果。为弱化样本自选择带来的偏误，采用倾向得分匹配法（PSM）及熵平衡法（Entropy Balancing）进行稳健性检验。

在倾向得分匹配法（PSM）中，将数字化转型程度按照数值高低排序，前50%数字转型程度较低的样本为控制组，后50%数字转型程度较高的样本为实验组。将两组样本按照控制变量进行1∶3近邻匹配，使数字化转型程度较高和较低的样本在可观察到的公司特征上基本相同，进而使两组样本间的差异仅体现为数字化转型程度的影响。进行倾向得分匹配后的回归结果如表13-9第（1）列所示。列（1）显示，数字化转型（Dig）对企业高质量发展（Hqd）在1%水平下有显著正向影响（估计系数0.0526）。

表13-9　内生性检验

Variables	(1) PSM	(2) Entropy Balancing	(3) Heckman-stage 1	(4) Heckman-stage 2	(5) 2SLS-stage 1	(6) 2SLS-stage 2	(7) Lag by one phase
lnDig	0.0526*** (2.90)	0.0745*** (3.69)		0.0494*** (2.73)		0.7236*** (6.09)	0.0453** (2.19)

续表

Variables	(1) PSM	(2) Entropy Balancing	(3) Heckman-stage 1	(4) Heckman-stage 2	(5) 2SLS-stage 1	(6) 2SLS-stage 2	(7) Lag by one phase
Elecosale - IV			0.1894*** (16.67)				
Softinfr - IV					0.0043*** (14.11)		
Controls	Yes	Yes	Yes	Yes	Yes	Yes	Yes
imr				-0.0016 (0.894)			
Year/Industry	Yes	Yes	Yes	Yes	Yes	Yes	Yes
Constant	24.10*** (193.59)	21.39*** (82.26)	-1.27*** (-5.38)	24.08*** (209.01)	0.35*** (9.71)	24.94*** (319.12)	24.23*** (234.54)
F	14.18***	63.10***		15.39***	226.11***		16.02***
LR chi2			1120.88***				
Wald chi2						439.51***	
Adj. R^2	0.228	0.144	0.067	0.202	0.184	0.188	0.089
N	10397	14128	14128	14128	14128	14128	12109

在熵平衡法（Entropy Balancing）中，参考 Hainmueller（2012）的做法，以控制变量作为协变量，在进行因果效应估计时采用熵平衡法产生的权重对样本观测值加权，使得加权样本中控制组与处理组的协变量样本矩达到平衡。从表 13-9 第（2）列为熵平衡法的回归结果，可看出数字化转型（Dig）对企业高质量发展（Hqd）有显著正向影响（估计系数 0.0745，$p < 0.01$）。通过以上两种处理方式，数字化转型（Dig）的系数均未发生明显变化，证明本章的研究结果不受已知可观测变量导致的样本自选择问题的干扰。

13.4.5.2 Heckman 两阶段法

鉴于企业是否决定通过数字化转型以实现高质量发展的影响因素众多，除上述倾向得分匹配及熵平衡中提及的可识别特征之外还可能存在部分不可观测变量，从而造成样本选择偏差。为弱化样本选择偏差可能造成的影响，提高回归结果可信度，本章用 Heckman 处理效应模型进行稳健性分析。一阶段 Probit 回归中，本章选取样本企业所在地区的电子商务成交额（Elecosale - IV）作为排他性约束变量。选取该变量的原因在于，电子商务以大数据、云计算等新一代数字技术为基础支撑，同时倒逼企业加快数字化转型，因而电子商务活跃程度越强的地区越容易吸引并刺激当地企业积极推进数字化转型。但该变量与某单独企业高质量发展无直接关系，满足排他性约束变量须具备较强解释能力与外生性的要求。

表 13-9 列（3）和列（4）为 Heckman 两阶段法回归结果。回归结果显示，在考虑不可观测变量的影响后，数字化转型（Dig）对企业高质量发展（Hqd）仍有显著正向影响（估计系数 0.0474，$p<0.01$）。结论与前文一致，证明本章的研究结果未受不可观测变量导致的样本选择问题的影响，进一步支持了假设 H1。此外，处理效应模型第一阶段生成的逆米尔斯比率（imr）在第二阶段回归中并不显著，说明不可观测变量没有对回归结果产生干扰。

13.4.5.3 工具变量法及解释变量滞后一期

由于数字化转型与企业高质量发展之间可能具有潜在的反向因果关系，即企业高质量发展可能反过来作用于数字化转型程度的高低，导致结果因存在内生性问题而出现偏差。为了缓解反向因果问题对结果的干扰，本章采用工具变量法进行两阶段最小二乘估计，使用公司所在省份的信息传输、软件和信息技术服务业从业人员数量（$Softinfr-IV$）作为工具变量。选择这一变量的原因在于，由于企业进行数字化转型离不开技术人员的支持，公司所在地区的信息传输、软件和信息技术服务业从业人员越多，越可能实现越高程度的数字化转型。但地区信息传输、软件和信息技术服务业从业人员数量与企业高质量发展没有直接联系，符合工具变量相关性与外生性要求。

从实证结果来看，信息传输、软件和信息技术服务业从业人员数量（$Softinfr-IV$）在弱工具变量检验中对应的 F 统计量为 19.9002，远超判断标准值 10，说明此工具变量有效。两阶段最小二乘回归结果如表 13-9 列（5）和列（6）所示，列（6）显示，在第二阶段中数字化转型（Dig）的回归系数为 0.7236（$p<0.01$）。说明使用工具变量控制模型的内生性问题后，关键结果未发生改变，进一步说明本章结果不受反向因果问题的影响。为进一步弱化可能存在的反向因果问题，本章使用滞后一期的数字化转型评价值作为解释变量，检验其对企业高质量发展的影响，回归结果如表 13-9 中第（7）列所示。由列（7）可知，数字化转型对企业高质量发展依然有显著正向影响（估计系数 0.0453，$p<0.05$），由此 H1 获得充分支持。

13.4.5.4 安慰剂检验

鉴于数字化转型程度较高的公司可能存在某些影响企业高质量发展的特质未被研究捕获，使数字化转型影响企业高质量发展的处理效应失去研究意义。为排除数字化转型与企业高质量发展间关系可能受到的人为设定或遗漏变量问题，本章借鉴已有研究，对研究样本的数字化转型与企业高质量发展变量进行随机配对，采用安慰剂检验讨论无法观测到的干扰变量对主效应的影响，安慰剂检验结果如图 13-2 所示。由图 13-2 可知，这些随机生成的配对中数字化转型（Dig）的系数及其 t 值基本在 0 附近呈正态分布，因而该部分讨论的虚拟关系未得到证实，说明数字化转型（Dig）对企业高质量发展（Hqd）的影响是较为严谨的因果关系，并未受遗漏变量或其他潜在因素的影响。

13.4.5.5 替换变量与替换模型

为排除遗漏变量与衡量偏误，该部分替换变量以验证结果的稳定性。参考陈丽姗和傅元海（2019）、刘艳霞（2022）的做法，选用全要素生产率（TFP）与经济增加值（EVA）

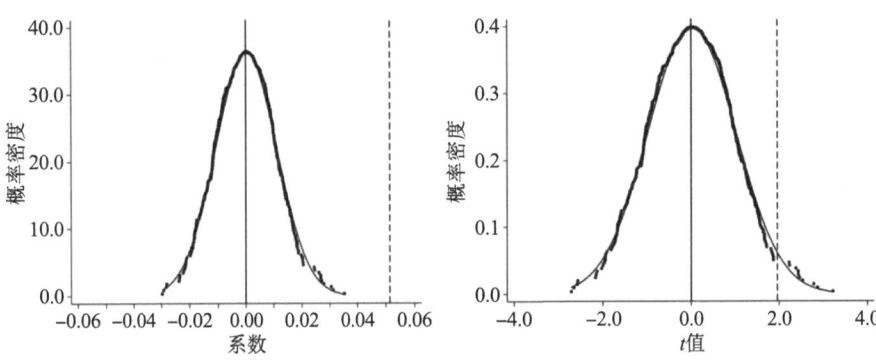

图 13-2 安慰剂检验

为替代指标,替换原被解释变量高质量发展(Hqd)进行回归,结果如表 13-10 列(1)与列(2)所示。可以看出进行两组变量替换后,数字化转型对企业高质量发展的影响并未发生显著改变,数字化转型(Dig)的回归系数与基准模型结果基本一致,证明了本章的研究结论具有稳健性。

表 13-10 替换变量与替换模型

Variables	(1) TFP	(2) EVA	(3) ROBUST	(4) BOOTSTRAP	(5) RE	(6) OLS
lnDig	0.0504**	0.0417**	0.0514***	0.0514***	0.0810***	0.1577***
	(2.02)	(2.46)	(2.73)	(3.01)	(5.69)	(11.63)
Controls	Yes	Yes	Yes	Yes	Yes	Yes
Year/Industry	Yes	Yes	Yes	Yes	Yes	Yes
Constant	16.36***	-0.220***	24.86***	24.86***	22.98***	20.816***
	(39.16)	(-2.78)	(226.86)	(238.82)	(105.33)	(118.69)
F	1.34***	7.16***	11.54***			136.36***
Wald chi2				352.76***	993.84	
Adj. R^2	0.098	0.181	0.054	0.202	0.134	0.135
N	14128	14128	14128	14128	14128	14128

为检验变换模型后研究结果是否具有稳健性,本章使用修正怀特异方差标准误模型,减弱潜在异方差问题的干扰,结果如表 13-10 列(3)所示。另外,本章利用 Bootstrap 技术,即采取偏差校正的非参数百分位法检验对回归模型,回归结果如表 13-10 列(4)所示。本章还使用了随机效应模型(RE)和最小二乘(OLS)回归验证数字化转型与企业高质量发展间的关系,结果如表 13-10 列(5)和列(6)所示。表 13-10 列(3)至列(6)均显示,数字化转型(Dig)对企业高质量发展(Hqd)有显著正向影响,证明主效应回归结果非常稳健。

13.5 研究结论与启示

13.5.1 研究结论

本章基于资源编排理论，构建了数字化转型、开放式创新与企业高质量发展的理论模型，并以沪深 A 股 2015—2021 年制造业上市公司为样本，实证检验了数字化转型对企业高质量发展的影响和作用路径，考察了开放式创新对数字化转型与企业高质量发展关系的门槛效应。研究结果表明：(1) 数字化转型能够促进企业高质量发展，在进行倾向得分匹配、熵平衡、Heckman 两阶段等一系列稳健性检验后结论仍然成立。(2) 数字化转型通过提高企业的吸收能力、配置能力与网络能力促进企业高质量发展。其中，网络能力的中介效应最强，吸收能力次之，配置能力最弱。(3) 数字化转型对企业高质量发展的影响存在开放式创新的门槛效应。开放式创新广度越高，越有利于释放数字化转型对企业高质量发展的促进作用；开放式创新广度过低，则不利于发挥数字化转型对企业高质量发展的促进作用。开放式创新深度适中，有利于发挥数字化转型对企业高质量发展的驱动作用；开放式创新深度过高，则会抑制数字化转型对企业高质量发展的驱动效应。

13.5.2 研究启示

根据上述研究结论，本章提出如下启示：第一，推动制造企业数字化转型，赋能高质量发展，逐步推进管理数字化、业务数字化。制造企业应积极更新数字基础设施，加速新兴数字技术嵌入，深化产品服务、生产运营流程的数字化改造，加快上云用数赋智行动，以数字化转型驱动企业高质量发展。第二，合理编排资源，发挥数字化转型在"资源建构—资源集束—资源撬动"行动中的积极作用。开展系列数字化行动，加快融入数字生态，如基于区块链、物联网等新兴数字技术与设备积极对接供应链核心企业、园区产业集群等生态资源，利用工业互联网开展协同创新；应用云计算、大数据分析技术协助优化企业决策运营体系，完善配套程序。增强企业的吸收能力、配置能力与网络能力，提高对资源的整合利用能力和对市场机会的识别转化能力，为企业高质量发展奠定关键资源与能力基础。第三，拓宽开放式创新合作范围，同时保持适当的合作紧密程度。企业应坚持自主创新与合作创新两条腿走路，确保企业的独立自主地位和核心资源不可替代，为释放数字化转型对企业高质量发展的积极效应提供安全有效的资源网络与创新环境。

13.5.3 研究局限与未来展望

尽管本章研究了数字化转型对企业高质量发展的影响，对数字化转型、开放式创新与企业高质量发展间的动态关系进行了有益探讨，但仍存在一些不足之处有待未来研究完善。一方面，本章选取制造业上市公司为样本分析数字化转型与企业高质量发展间的关系，属于数字经济发展框架中产业数字化这一维度的研究范畴。未来研究可拓展至其他行业或非上市公司，围绕数字产业化、资产数字化及数字化治理等领域展开多维度研究。另一方面，本章主要关注企业本身的开放式创新水平作为边界条件对数字化转型与企业高质量发展之间关系的影响。未来研究可在纵向追踪企业数字化转型程度与开放式创新水平发展变化的基础上，探索外部环境要素对数字化转型、开放式创新与企业高质量发展关系的联合影响。

13.6 本章小结

本章首先基于资源编排理论对数字化转型对企业高质量发展进行理论分析并探究开放式创新对数字化转型与企业高质量发展关系的作用机制。其次，实证检验了数字化转型对企业高质量发展的影响，检验结果表明，第一，数字化转型能够驱动企业高质量发展。第二，数字化转型通过提升吸收能力、配置能力与网络能力促进企业高质量发展。第三，数字化转型对企业高质量发展的影响存在开放式创新的门槛效应。开放式创新广度越大，越有利于释放数字化转型对企业高质量发展的促进作用；开放式创新深度过高，则会抑制数字化转型对企业高质量发展的推动作用。最后，通过 Heckman 两阶段处理效应模型、工具变量法和安慰剂检验等方法进行稳健性检验，回归结果均与前文主效应的研究结论一致。本章揭示了数字化转型驱动企业高质量发展的内在机理，提出了有利于中国制造企业高质量发展的开放式创新模式，拓展了资源编排理论的应用情境。

第五篇

研究结论与对策建议

第 14 章 研究结论

14.1 开放式创新驱动因素研究结论

本研究通过对开放式创新概念演变和测量方法的系统梳理，发现开放式创新已从最初单一定义，发展为一个涵盖知识流动、组织边界和商业模式等多维度的复杂概念体系。测量方面，主要存在开放式创新的广度与深度、内向与外向以及整体测量三种主要方法，这些理论基础为分析开放式创新区域差异提供了支撑。

研究结果表明，我国东、中、西部地区在开放式创新实践中呈现显著差异。东部地区在创新资源获取、知识整合能力等方面具有明显优势，企业创新活力充沛，创新网络完善，产学研协同效应显著，已形成良好的开放式创新生态系统；中部地区表现出较强的追赶态势，在政策支持和产业转型升级的推动下，创新资源配置效率不断提升，但在创新深度和持续性上仍有提升空间；而西部地区面临创新资源相对匮乏、创新网络不够完善等挑战，虽近年来国家对该地区创新投入不断加大，但西部地区的创新效率和成果转化能力仍需进一步提升。

造成这种区域发展不平衡的主要原因是多方面的。首先是历史积累的创新资源禀赋差异。东部地区长期以来在人才、资金、技术等创新要素上具有集聚优势，形成了较强的创新基础。其次是产业基础和创新环境的区域差异。东部地区产业结构更为合理，创新服务体系更加完善，而中西部地区在这些方面仍存在明显短板。此外，开放式创新政策的区域实施效果差异加剧了这种区域差异化态势，东部地区在政策执行和创新制度建设方面更具经验，政策效果更为显著。这些差异的交互效应导致了区域开放式创新发展的差异化格局。

开放式创新作为一个多维度的复杂概念体系，其驱动机制可通过四个核心理论解释：技术创新理论强调通过资源配置优化促进创新循环；资源基础观突出异质性资源对竞争优势的重要性；动态能力理论关注企业的环境适应与资源整合能力；资源编排理论则提出"构建—捆绑—撬动"框架优化资源配置。这些理论视角相互补充，揭示了开放式创新对企业高质量发展的促进机制，为企业实施创新战略提供了理论指导。

基于上述理论基础，本研究运用 fsQCA 方法对开放式创新的影响因素进行组态分析。研究结果识别出了八种不同的组态路径，其中包括五种导向高开放式创新水平的有效组态和三种导向非高开放式创新水平的组态。这些组态展现了开放式创新实现的多元路径特征，反映了不同条件组合对创新水平的独特影响。

在促进高水平开放式创新的组态中，全能平衡型组态以知识管理能力、战略柔性、环境动态性和环境复杂性的共同存在为特征，但不需要高水平的信息技术能力，这表明企业在平衡各种能力的同时，更注重知识管理和战略适应。技术与组织能力联合驱动型组态则强调知识管理能力、信息技术能力和变革型领导风格的协同作用，表明在相对稳定的环境中也能实现高水平开放式创新。交易型领导风格主导的环境驱动型组态呈现出两种形式：一种是依赖交易型领导风格、战略柔性和环境复杂性的组合；另一种则强调信息技术能力、交易型领导风格与环境因素的结合。技术驱动型组态主要依靠知识管理能力、信息技术能力和变革型领导风格的组合，在环境相对稳定的情况下推动开放式创新。

相对地，导向非高水平开放式创新的组态也呈现出三种典型类型。综合缺失型表现为多个关键因素的同时缺失，包括信息技术能力、领导能力、战略柔性和环境动态性。组织能力与环境共同缺失型虽然具备知识管理能力，但在组织能力和环境适应性方面存在明显不足。技术能力缺失型虽然具备一定的环境动态性和战略柔性，但在核心技术能力方面的缺失制约了开放式创新的发展。

这些发现不仅验证了前述理论框架的实践价值，更揭示了开放式创新是一个多维度、多路径的复杂过程，不同组织可能通过不同的要素组合实现高水平开放式创新。同时，这些结果也强调了技术能力、组织能力和环境因素之间的复杂交互关系，为企业实施开放式创新战略提供了多元化的路径选择。组态分析方法不仅深化了我们对开放式创新理论的理解，也为企业在实践中选择适合自身条件的创新策略提供了重要参考。

14.2 开放式创新对制造企业单一维度高质量发展研究结论

本研究对开放式创新的影响效应研究聚焦于三个关键结果变量：全要素生产率、ESG表现及共同富裕贡献。基于对中国A股上市公司的实证研究，本研究发现开放式创新在人工智能技术支持下通过不同机制影响这些方面，形成了一个完整的企业价值创造与社会贡献框架。

在全要素生产率方面，研究发现开放式创新通过以下机制产生影响。首先，通过扩展开放式创新的广度使企业能够嵌入更广泛的外部创新网络，这有助于优化资源配置、促进技术进步、降低研发不确定性与试错成本；其次，通过强化开放深度稳固了网络中合作关系，有效抑制了机会主义行为，促进了隐性知识交换。特别是在人工智能技术支持下，企业能够更有效地提升资源整合、学习吸收及创新变革等维度的动态能力，进而促进全要素生产率的提升。这种影响存在明显的企业异质性，相比民营企业，国有企业获得的创新效果更强；融资约束较低的企业能更好地发挥开放式创新的作用；成长期企业表现出更强的效率提升。

在ESG表现方面，开放式创新通过内外部双重路径产生影响。内部路径体现为提高企业创新效率，优化资源配置结构，推动绿色技术创新，从而改善环境绩效；外部路径则表现为吸引更多分析师关注，增强信息透明度，提升利益相关者参与度，促进社会责任履行。这种双重路径的作用机制受到企业特征和外部环境的显著调节。成熟期企业由于具备较强的资源整合能力和稳定的利益相关者网络，能够更好地将开放式创新转化为ESG绩效。融资约束程度较低的企业拥有充足资源支持创新活动，从而获得更显著的ESG提升效果。而在面临高经济政策不确定性时，开放式创新通过降低信息不对称、分散创新风险，帮助企业维持稳定的ESG表现。

在推动共同富裕方面，人工智能赋能的开放式创新展现出独特价值。研究表明，人工智能通过提升企业创新效率和ESG表现，在推动经济社会发展的同时促进公平分配。具体而言，人工智能技术帮助企业扩大创新合作范围，深化合作伙伴关系，为实现共同富裕提供了技术支撑。这一影响机制受到多重因素调节：技术市场活跃度正向调节了人工智能应用的积极影响；市场竞争加强了开放式创新的中介作用。同时，这种影响存在显著异质性：在管理层持股比例较低、融资约束较强、非国有性质，以及所在地区政府与市场关系较为密切的企业中，人工智能赋能的开放式创新能够展现出更强大的共同富裕驱动力。

14.3 开放式创新对制造企业综合维度高质量发展研究结论

开放式创新通过双元创新对企业高质量发展产生显著影响。其中，探索性创新通过"激励效应"和"溢出效应"推动企业发展，既能通过技术先进性直接形成竞争优势，又能通过提升科研能力积累隐性知识；开放式创新则通过"强化效应"和"积累效应"促进企业发展，在改进现有运营流程的同时实现知识技术的跨领域应用。知识产权保护显著调节了双元创新对企业高质量发展的影响。良好的知识产权保护通过抑制专利技术的负外部性和促进专利信息的扩散，不仅保障了创新收益，激发了创新积极性，还促进了技术传播，同时缓解了企业创新融资约束，为双元创新提供了有力的制度保障。

开放式创新通过动态能力对企业全要素生产率产生显著影响。具体而言，开放式创新通过与外部创新源的合作，在资源整合、学习吸收和变革创新三个维度提升了企业的动态能力。其中，开放式创新广度的提升使企业能够嵌入更广泛的创新网络，优化资源配置并降低研发不确定性；开放式创新深度的加强则通过深化合作关系，抑制机会主义行为并促进隐性知识交换。这种能力提升在国有企业、融资约束较低以及处于成长期的企业中表现得更为显著。数字化转型进一步通过提升企业的吸收能力、配置能力与网络能力促进企业高质量发展，其中网络能力的中介效应最强。

从发展历程来看，数字化创新研究经历了从信息系统和基础设施，到组织变革和企业战略，再到数字化商业模式、数字创业和数字治理的演进过程。数字化创新主要通过节约成本费用与提升劳动效率两条路径推动企业高质量发展，这一效应受到数字金融水平的调节。作为数字化转型的核心技术支撑，人工智能应用通过要素结构优化和技术水平提升两个维度促进企业创新发展：在要素结构方面，打破传统要素孤岛，优化劳动力配置并搭建创新平台；在技术水平方面，提升技术信息可得性，拓展创新空间，通过技术倒逼机制促进企业持续创新。

数字营商环境通过优化创新网络和资源配置调节了开放式创新的影响机制。良好的数字市场环境和数字金融环境能够强化开放式创新中双元创新的整体效应，帮助企业更好地整合外部创新资源、降低创新合作成本；而数字基础设施环境主要增强了探索式创新的外部协同效应。从区域发展来看，数字化创新的效果存在明显的营商环境门槛效应，东部地区由于较好的营商环境获得了更显著的创新驱动效应，而中西部地区的创新效果相对较弱。因此，企业在实施开放式创新战略时，应当加大研发投入、拓展创新网络，在探索式和利用式创新之间寻求动态平衡；同时政府应当通过完善数字基础设施、优化数字市场环境、改善数字金融环境等措施，构建良好的数字化生态体系。

第 15 章　驱动制造企业开放式创新与高质量发展的对策建议

15.1　驱动制造企业开放式创新的对策建议

15.1.1　提升制造业资源要素配置效率，发挥多组态协同效应

推进企业开放式创新是一项复杂工程，企业和政府需摒弃单一维度思想，发展组态思维。制造企业应以技术、组织和环境的综合视角来优化自身资源要素配置组合，发挥多组态协同效应。不同制造企业应根据自身要素现状，探索与企业资源条件最为符合的构型组合。政府部门应根据不同区域的产业特点和资源禀赋，有针对性地支持企业发展不同的组态模式。

对于全能平衡型组态构型的制造企业，能首先感知到环境的变化，并根据环境变化调整组织行为以适应环境，这需要企业具备良好的战略柔性水平。动态复杂的环境还意味着新知识、新资源的不断涌现，企业应动态地吸收这些外部资源并不断充实自身。这需要企业具备良好的知识管理能力为提升其开放式创新能力提供条件。

因此，此类企业应重点完善两个关键体系建设，一是构建全方位的知识管理体系。企业通过设立专业的知识管理部门，统筹企业知识资产。通过开发分层级知识库系统，实现知识的系统化存储与高效调用等；二是全面提升企业的战略柔性水平。通过建立市场预警系统，及时捕捉市场变化信号，优化决策机制，提高战略调整的效率，完善柔性生产体系，快速响应市场需求变化等。此外，企业应关注两个体系的协同运作，实现知识管理能力与战略柔性的互促共进，不断增强企业在复杂环境中的适应能力和创新活力。

对于技术与组织能力联合驱动组态构型制造企业，需要同时强化信息技术能力和变革型领导能力。在信息技术方面，要建设企业级信息管理平台，整合各类信息系统，推进数字化转型；在组织能力方面，要培养符合企业组态构型的领导者，建立创新激励机制，营造创新文化氛围。

对于选择交易型领导主导的环境驱动组态构型的制造企业，要着重建立明确的目标考核体系和奖惩机制，设计详细的工作标准和操作规范。同时，要在组织内部深刻树立权变主义思想，通过建立环境复杂性评估模型来实行相应的领导风格。这种管理方式既能保证组织规范运行，又可以根据环境变化灵活调整，从而提升企业的适应能力和创新活力。

15.1.2 聚焦制造业关键能力技术突破，激发开放式创新新动能

在开放式创新背景下，制造企业必须突破关键技术瓶颈，构建持续创新优势。不同企业需要根据自身组态特征，构建相应的技术创新体系。这种创新体系的构建既要立足企业技术特点，又要充分整合外部创新资源，形成开放式技术突破新路径。

不同组态企业应采取差异化的技术突破策略。全能平衡型组态企业应着重提升知识管理能力，通过构建开放式创新平台，来完善知识获取、转化和应用机制，激发企业的创新潜能；技术驱动型组态企业则需要同时强化知识管理能力和信息技术能力，打造数字化创新平台，加速技术突破，增强企业的创新动力；环境驱动型组态企业要通过提升信息技术能力，建立开放式技术引进与吸收体系，弥补自身知识管理能力的不足。

知识管理能力作为制造业技术突破的战略性资源，在开放式创新中发挥核心作用。它既是技术突破的关键驱动力，也是构建持续竞争优势的基础支撑。在多数创新组态中，知识管理能力可直接推动技术创新，也可为其他创新要素提供支持。通过系统性的知识获取、整合、应用和创造，企业能够加速技术创新进程，提升突破成功率。

信息技术能力在开放式创新中发挥着关键作用。一方面，企业可借助信息技术搜索和整合外部创新资源，拓展技术突破的可能路径；另一方面，信息技术能力能促进企业内部创新资源的高效配置，提升创新效率。通过数字化管理与监督，企业可以实现创新全流程的精准把控，加速技术突破进程。

知识管理能力与信息技术能力的协同，为制造业关键技术突破提供了强大支撑。这种协同既能助力企业捕捉外部创新机会，获取前沿技术资源，又能促进创新资源的内部转化和应用。通过部门间的高效协同和快速响应，企业可以更好地评估和实现技术创新的商业价值，形成持续的创新动能。

15.1.3 推进数字技术赋能创新，提升制造业转型升级效能

开放式创新作为一个涉及企业方方面面的系统性工程，需要大量资源投入和科学的管理机制保障。企业领导者作为资源编排的核心决策者，其领导风格和管理能力直接影响创新效果。组态分析表明，不同环境下领导风格的选择对开放式创新具有显著影响，因此企业必须通过科学的管理人员选聘机制，选择适配环境特征的领导者，增强创新韧性。

领导风格主要可分为交易型和变革型两类。交易型领导风格强调领导者与员工之间的契约关系，通过明确的权变奖励和例外管理来推动创新；变革型领导风格则依靠领导者的个人魅力、价值观和号召力来激发创新活力。在制造企业开放式创新实践中，这两种领导风格都展现出独特价值：交易型领导通过清晰的任务界定和奖惩机制，为员工创新提供明确指引；变革型领导则通过愿景引导和个性化关怀，增强员工的创新认同感，减轻其对创新所带来环境改变的顾虑。

环境特征与领导风格的匹配至关重要。在稳定环境中，变革型领导风格能够更好发挥作用。领导者可以通过构建长期发展蓝图激发员工内在动力，通过个性化关怀培养创新能

力，通过智力激发鼓励突破常规思维。这种领导方式有利于培育持续的创新文化，建立组织的长期创新能力。而在复杂多变的环境中，交易型领导风格则展现出独特优势，其清晰的目标导向和即时的奖惩机制能够帮助组织快速把握创新机遇，提升环境适应能力。

基于这种领导风格与环境特征的匹配关系，企业需要建立科学的管理人员评估体系。首先，要构建多维度的领导者能力评估模型，涵盖专业能力、管理能力、创新思维和环境适应力等维度。其次，要根据企业所处环境特征，在选聘过程中重点关注候选人的领导风格倾向。对于处于稳定发展阶段的企业，可优先考虑具有变革型领导特质的管理人才；而面临市场剧烈变动的企业，则可优先选择具备交易型领导能力的管理者。

在具体的选聘机制设计中，企业应当注重以下几个方面：第一，构建完善的领导者评估流程，将创新管理能力作为核心评估指标之一，通过结构化面试、情景模拟等方式全面评估候选人的创新领导力。第二，设计科学的评估工具，采用心理测评、案例分析、沙盘模拟等多元化评估手段，深入了解候选人的领导风格。第三，建立动态的人才储备机制，通过内部培养与外部引进相结合的方式，对不同类型的管理人才进行储备，确保企业在不同发展阶段都能选用合适的管理人才。第四，完善选聘后的适应性评估机制，定期评估管理者的领导效果，确保其领导风格与企业环境动态匹配。保证制造企业的领导风格始终适应市场环境，为企业开放式创新增强环境韧性。

15.2 通过开放式创新驱动制造企业高质量发展的对策建议

15.2.1 通过开放式创新促进制造企业高端化

开放式创新已成为推动制造企业高端化发展的关键路径。在全球产业链向高端化、智能化加速升级的背景下，企业必须突破传统封闭式创新模式局限，通过开放式创新整合全球创新资源，加速向高端制造转型。这种转型不仅体现在技术升级上，更体现在创新模式变革上。

企业要通过开放式创新构建高水平的创新资源体系。首先，突破关键核心技术，实现从传统制造向智能制造、精密制造的跨越式发展。这不仅需要持续加大研发投入，更要建立与高端制造相匹配的创新管理体系。其次，企业需要加大创新研发和外部搜寻的资源投入，建立专业化的开放式创新管理团队，推进数字化转型赋能的高端制造升级。最后，与合作伙伴共建创新生态，促进创新要素高效流动。这种开放式创新模式能够帮助企业快速实现从传统制造向智能制造、精密制造的跨越式发展。

高端制造业的发展离不开高素质创新人才队伍的支撑。随着制造业向价值链高端攀升，对人才的专业化、国际化和创新能力提出了更高要求。企业应注重内外部知识的系统性整合与技术的优势互补，构建高端人才培养体系。引进业内专家、培养企业内部的技术人员、营造开放式创新氛围，全面提升制造企业开放式创新文化，将有利于企业从内部推进高端制造目标。企业应重点培养具备跨学科知识背景、精密制造工艺能力和前沿技术研发能力的复合型人才，同时加强与国际一流研究机构和高校的人才交流合作，打造适应高端制造需求的创新人才梯队。

15.2.2 通过开放式创新促进制造企业智能化

开放式创新为制造企业智能化转型提供了系统性解决方案。在新发展格局下，数字化、智能化是制造企业高质量发展的必由之路。随着新一代信息技术与先进制造技术的深度融合，智能制造正在重塑全球制造业的竞争格局。开放式创新模式通过打破传统封闭式创新的局限，使企业能够充分利用外部创新资源，加速智能化转型进程。这种创新模式不仅有助于企业快速获取和整合人工智能、工业互联网、大数据等前沿技术，还能促进跨界协同和资源优化配置，形成数字化转型的强大合力。

在数字经济时代，数智化基础设施是开放式创新的关键支撑。企业应打造数智化基础设施，实现政商"云连接"。通过开放式创新平台，政府可以将数字技术植入行政许可、市场监管、公共服务等政务服务场景，企业则能实时了解相关政策并提升办事效率。这种数智化基础设施不仅能提升企业的运营效率，更是开放式创新驱动智能化转型的重要支撑。同时，通过与设备供应商、技术服务商等合作伙伴的协同创新，企业能更快地完成智能化改造升级。

数字化人才是企业智能化转型的内生动力。制造业数字化转型需要大量具备跨界融合能力的复合型人才，这些人才不仅要精通传统制造工艺和生产流程，还要具备人工智能、大数据分析、工业互联网等新兴技术应用能力。企业要深入实施数字人才战略，通过内部培育与外部引进相结合的方式，加快建设数字化创新人才队伍。一方面制定完善的数字化人才引进和评估制度，另一方面加强内部培训，全面提升员工数字化素养和创新能力。

数字化创新协作研发是企业实现智能化转型的重要路径。在数字经济时代，创新资源呈现出高度分散化、专业化的特点，单个企业难以独立掌握全部所需的创新要素。通过开放式创新，企业可以整合各方优势资源，开展数据共享、平台协同、算法优化等深度协作。企业应积极推进与高校、科研院所的紧密合作，共同推进数字化前沿技术研究和创新项目开发，同时发展数字伙伴关系，建立战略联盟，实现核心生产要素与重要资源的互联互通，打造全方位的数字化创新合作平台。

15.2.3 通过开放式创新促进制造企业绿色化

"'绿水青山'就是'金山银山'"。开放式创新不仅有助于制造企业高端化与智能化，更是推动制造企业绿色化发展的重要抓手。开放创新程度显著影响制造业ESG表现，企业应充分意识到开放式创新对企业可持续发展的战略价值，积极寻求创新合作机会。创新过程由封闭转向开放是不可阻挡的时代趋势，这种新模式不仅对企业创新本身产生增益，也为企业的ESG表现带来了积极影响，符合高质量发展阶段企业的生产经营目标。然而，当前我国企业整体开放程度较低，形成具有全球竞争力的开放创新生态仍然是一个具有挑战性的战略议题。为此，需要推动更多企业将开放式创新纳入战略范畴，积极嵌入外部网络开展创新搜索，增进网络中各主体间的相互理解与利益共识，从而促成创新合作。

首先，在全球价值链深度重构和"双碳"目标引领的背景下，制造企业面临着绿色转型和技术创新的双重挑战。单一企业难以独立突破绿色技术壁垒，需要通过开放式创新整合全球绿色技术资源，加快清洁生产、节能减排等关键技术的突破。企业需要在开放合作中重点加强环境友好型技术的引进与吸收，推进绿色工艺创新与低碳技术研发，通过与环保技术领先企业、清洁能源研究机构的深度合作，构建绿色创新网络。这种以绿色发展为导向的开放式创新，不仅能够提升企业的环境绩效，还能通过节能降耗带来经济效益，从根本上调动制造企业践行绿色创新的主动性，推动绿色制造和可持续发展的深度融合。

其次，企业应立足实际，科学开展开放式创新与ESG实践的深度融合。在制定可持续发展战略时，应当系统考虑企业财务状况、发展阶段和宏观环境等关键因素，将ESG理念贯穿于创新全过程。对于环境（E）维度，企业要通过开放式创新引进和开发绿色技术，推进清洁生产和循环经济；在社会（S）维度，要加强与社区、供应商等利益相关方的创新协作，共同打造负责任的价值链；在治理（G）维度，则需要建立透明高效的创新管理机制，确保创新活动的合规性和可持续性。通过创新资源的精准配置与高效利用，企业可以在降低环境影响的同时提升经济效益。同时，企业需要建立健全外部关系管理机制，通过开放式创新平台增进与利益相关者的互信关系，共同探索可持续发展解决方案，将外部压力转化为企业可持续发展的内生动力。这种将ESG与开放式创新相结合的实践模式，能够帮助企业在应对可持续发展挑战的同时，培育新的竞争优势。

最后，开放式创新为企业绿色化转型提供了人才支撑。通过引进环保领域专家与培养具备绿色发展理念的技术人才，企业能够在内部培育可持续发展文化，将绿色创新理念融入企业DNA。企业需要加强内外部知识的有机融合与技术的优势互补，通过专家与技术人员间的交流互鉴，营造绿色创新氛围，全面提升创新效率。

15.3 促进制造业开放式创新和高质量发展有效衔接

15.3.1 深化开放式创新网络建设，夯实制造业高质量发展基础

开放式创新不是单一因素的创新，而是多元化的网络创新。基于TOE理论框架，多元化的网络创新主要体现在技术、组织和环境三个维度。在技术层面，需要企业构建开放共享的技术创新平台，促进核心技术、关键工艺的协同攻关与创新突破；在组织层面，要打破传统封闭的组织边界，建立灵活高效的创新协作机制，实现创新要素的优化配置与高效流动；在环境层面，需要营造开放包容的创新生态，完善产学研深度融合的创新体系，强化知识产权保护。这种多维度的创新网络建设对企业的创新管理能力和政府的政策支持提出了更高要求，需要通过系统性思维来加以实现。

制造企业应从单一封闭的创新模式逐步迈向广泛的开放式创新实践，凝聚外部多元主

体力量，打造高效互信的创新网络。在技术组态方面，企业需要根据自身技术能力和创新目标，选择合适的技术创新路径。技术领先型企业可以通过建立联合实验室等方式推动前沿技术突破，而技术追随型企业则可以通过技术引进和消化吸收来提升创新能力。在组织组态方面，企业要根据自身规模和资源禀赋构建差异化的创新管理体系。大型企业可以建立多层次的创新协作网络，而中小企业则可以通过专业化分工和柔性协作提升创新效率。在环境组态方面，企业要充分考虑所处区域的创新环境特征，选择适合的创新合作模式。一方面，通过积极筹措研发经费和外部探索资源，组建具有开放式创新管理能力的核心团队，与高质量研发合作伙伴建立深度互信关系，通过交流寻找高质量发展新机会。另一方面，企业应结合发展阶段和资源基础进行差异化创新布局。这种多组态视角下的创新布局，使企业能够更精准地把握创新机会，提高创新效率。当制造企业处于成长期时，以拓展创新开放广度为主，积极建立资源交互网络；处于成熟期时，则应着重提升知识吸收和内化能力。此外，企业要以全球竞争为导向，积极嵌入跨国创新网络与供应链体系，通过与国际领先企业或科研团队共建实验室、联合项目等方式，实现关键技术领域的突破，为制造业迈向高端化奠定坚实基础。在此过程中，不同组态企业要根据自身特点选择合适的国际化创新策略，实现组态特征与创新路径的最优匹配。

15.3.2　塑造与培育动态能力，加速开放式创新价值转化

外部环境不确定性是影响企业开放式创新影响效应的重点。其中，经济政策不确定性作为外部环境不确定性的重要层面，对开放式创新的影响不可忽视。在此背景下，企业需要采取"渐进式创新+突破式创新"相结合的双轨发展策略。渐进式创新能够帮助企业在不确定环境中稳步提升现有产品和服务的性能，降低创新风险；而突破式创新则为企业带来新的增长机会。开放式创新的企业在经济政策不确定性程度加大时，会通过增加ESG投资来获得利益相关者的信任，降低经营风险。和中小规模企业、市场开放程度高地区企业与非国有企业相比，大规模企业、市场开放程度低地区的企业和国有企业进行开放式创新对ESG表现的促进作用更强。

企业要在不确定性不断增强的外部环境中进行开放式创新，必须高度重视并培育自身的动态能力，将开放式创新实践转化为可持续的高质量发展动能。首先，企业应提高内外部研发活动的统筹管理能力，建立即时性的信息共享与监测系统，实时对所处环境进行感知。并通过渐进式创新持续优化现有技术和产品，在保持稳定经营的基础上，逐步探索突破性技术创新的机会。其次，需要大力挖掘并吸纳知识型、技能型与创新型人才，特别是国有企业与高技术企业要充分利用资源优势，通过竞合激励关系提升内部开放性创新学习的动态能力。在人才培养方面，既要注重培养能够进行渐进式改进的专业技术人才，也要储备具有颠覆性创新能力的研发人才。再次，企业应在推广开放式创新成果的过程中，注重转化路径与商业模式创新，着力构建自组织的学习机制与柔性管理体系。最后，企业在发展过程中还要注重ESG实践，正确认识开放式创新对ESG表现的积极影响，通过外部合作与内部管理的双向联动，不断推进制造企业价值创造能力。

15.3.3 推进数字技术赋能创新，提升制造业转型升级效能

作为数字化转型的核心技术支撑，人工智能应用通过双元创新路径促进企业创新发展。在探索式创新方面，人工智能应用助力企业突破现有技术局限，通过发明专利的形式实现重大技术突破；在利用式创新方面，人工智能优化现有产品和服务，通过实用新型与外观设计专利提升产品性能和质量。研究表明，这种创新驱动效应呈现出显著的企业异质性：高科技行业企业、成长期企业以及中西部地区企业获得更强的促进作用。

人工智能应用通过要素结构优化和技术水平提升两个维度深化企业创新能力。在要素结构方面，人工智能应用打破传统要素孤岛，优化劳动力配置并搭建创新平台，实现知识要素的高效整合与共享；在技术水平方面，人工智能应用提升技术信息可得性，拓展创新空间，通过技术倒逼机制促进企业持续创新。这种双重机制的协同作用，有效提升了企业的技术预测和决策能力，为制造业转型升级提供了强大动力支撑。

针对不同类型企业的差异化特征，应采取精准的数字化赋能策略。对于非高科技行业企业，重点提供资金支持和技术指导，实施税收优惠政策；对于成熟期企业，加大人工智能应用培训和推广力度，提升技术认知和应用水平；对于东部地区企业，继续发挥其示范引领作用，巩固技术和管理优势。同时，通过设立创新专项基金、搭建创新研发平台、完善知识产权保护等措施，强化双元创新支持力度，确保人工智能应用能够通过创新渠道有效推动企业高质量发展。

15.4 强化政府制度支撑，形成协同推进的良性营商生态

15.4.1 促进企业开放式创新的政策供给

为支持制造企业提升资源要素配置效率，发挥多组态协同效应，政府部门应转变传统的单一维度支持思维，构建基于组态视角的政策供给体系。首先，政府需要建立分层分类的政策供给机制，设立制造企业创新组态评估中心，通过企业创新组态画像系统对不同类型企业进行精准识别和分类。同时构建区域产业创新资源图谱，全面梳理各区域产业特点和资源禀赋，为差异化政策制定提供依据。建立创新政策组合配置系统，根据企业组态特征，智能匹配最优政策组合。为确保政策供给的动态优化，还应建立政策效果跟踪评估体系，定期评估不同组态企业对政策的响应效果，通过政策协同优化机制及时调整政策组合，并构建政策反馈快速响应通道，持续优化政策供给。

在资源供给层面，政府应针对不同组态特征的企业提供差异化支持。对于全能平衡型组态企业，设立企业知识管理提升专项，支持企业建设知识管理部门和知识库系统；推出战略柔性培育计划，助力企业建立市场预警系统和柔性生产体系；建立产业知识共享平台，促进企业间知识流动和创新协同；设立创新能力协同提升基金，支持企业知识管理与

战略柔性的协同发展。对于技术与组织能力联合驱动组态企业，实施数字化转型赋能工程，支持企业建设信息管理平台；设立创新领导力培育基金，支持企业培养变革型领导人才；建立创新组织能力评估体系，为企业提供组织创新诊断服务。对于环境驱动组态企业，设立管理体系优化专项，支持企业建立科学的目标考核和奖惩机制；建立产业环境监测预警平台，为企业提供环境复杂性评估服务；实施组织适应能力提升计划，提升企业环境应变能力。

为确保政策效果，政府还需要构建协同保障机制。首先，完善资源整合机制，建立区域创新资源协调中心，统筹各类创新资源的优化配置，设立跨区域创新合作机制，促进创新资源的广域流动，构建产业链创新联盟，推动上下游企业创新资源共享。其次，优化服务传递机制，建立一站式创新服务平台，提供政策咨询、资源对接等综合服务，设立创新服务券制度，支持企业购买专业创新服务。最后，建立效果评估机制，构建政策实施效果评估体系，建立创新资源配置效率监测机制，设立政策优化反馈机制，持续完善政策供给体系，确保政策效果有效传导到企业创新实践中。

15.4.2 促进企业高质量发展的政策供给

促进制造业高质量发展是一个多维度的系统工程，需要在高端化、智能化和绿色化三个方向协同推进。为实现这一目标，政府部门应当构建全方位的政策供给体系，通过差异化的政策工具组合，形成推动制造业转型升级的合力。基于开放式创新视角，政策供给应当着重关注创新资源整合、创新主体协同以及创新生态构建等关键环节。

在高端化发展方面，政府应重点关注突破"卡脖子"技术和培育世界级先进制造业集群。通过构建多层次创新生态系统，可以有效促进区域创新能力提升和产业集群发展。各区域政府应当推进从自主研发向合作研发、联合专利申请的开放式创新模式转型，打造"专精特新"产品优势，构建集群式发展模式，形成多层次、多维度的创新合作体系。政府应重点支持高端装备制造、新一代信息技术、新材料等战略性新兴产业发展，通过建设国家级创新平台、完善产学研协同创新机制、加强知识产权保护等措施，推动制造业向全球价值链高端跃升。同时，通过培育"专精特新"企业群体，打造具有国际竞争力的产业集群，形成高端制造业发展新优势。

在智能化发展方面，政府应着力构建创新支撑体系。各级政府部门应当坚持创新驱动发展战略，加快建设创新要素交流平台，健全知识产权保护制度，保障创新合作的高效性和公平性。同时要建立健全技术服务支撑体系和资金扶持政策，为企业开放式创新实践提供有力保障，推动形成更大范围的创新网络体系，为制造企业智能化转型注入强劲动力。通过政府引导、企业主体、多方协同的开放式创新模式，加速推进制造业智能化转型升级。

在绿色化发展方面，政府需要构建双向推进机制。一方面要完善以分析师为代表的外部监督机制，加强对监督薄弱领域的政策支持；另一方面要针对性地完善政策保障和金融支持体系，重点加大对绿色创新型企业的财政扶持力度。通过政策引导与市场机制的有机结合，推动更多企业将开放式创新纳入绿色发展战略，形成具有全球竞争力的绿色创新生态。

15.4.3 链接开放式创新与高质量发展的政策供给

开放式创新与高质量发展的有效衔接需要政府搭建系统性的政策桥梁。为确保二者的良性互动、相互促进，政府应当构建专门的链接机制，通过政策设计实现创新模式与发展目标的有机统一。这需要从创新链条的贯通、创新成果的转化、创新能力的提升以及创新风险的防控等多个维度进行系统性布局。

首先，构建创新链条贯通机制。政府应着力打通从基础研究到产业化应用的全链条创新通道，建立创新项目库与产业需求库的对接平台，实现创新供给与市场需求的精准匹配。设立创新成果转化引导基金，对具有产业化前景的创新项目提供重点扶持。建立创新项目孵化加速体系，为处于不同发展阶段的创新项目提供相应的支持服务。通过政策引导，促进创新要素在基础研究、技术开发、成果转化、产业应用等环节间的顺畅流动，确保创新链条的完整性和连续性。

其次，完善创新成果转化机制。针对创新成果转化过程中的重点难点，政府应建立专门的政策支持体系。设立技术产权交易平台，规范技术转让定价机制，降低技术交易成本。建立科技成果评价体系，为创新成果的市场价值提供专业评估。设立成果转化风险补偿基金，分担企业在技术转化过程中的风险。同时，建立科技经纪人制度，培养专业化的技术转移人才队伍，为创新成果转化提供专业服务支持，打通创新成果转化的"最后一公里"。

再次，建立创新能力提升机制。针对企业创新能力提升的关键环节，政府应构建系统性的支持政策。设立创新能力诊断中心，为企业提供创新能力评估和提升建议。建立创新方法培训体系，提升企业创新的系统性和科学性。设立创新管理咨询服务平台，帮助企业建立现代化的创新管理体系。通过构建资金支持、加强人员培训、提供税收优惠等政策引导，推动企业创新能力的整体提升，实现从量变到质变的跨越式发展。

最后，构建创新风险防控机制。针对开放式创新过程中面临的各类风险，政府应建立多层次的风险防控体系。一是设立创新风险预警平台，对技术风险、市场风险、管理风险等进行动态监测和预警。二是建立创新保险制度，为企业创新活动提供风险保障。三是设立创新失败容错机制，为企业创新探索提供政策支持。四是建立创新风险补偿基金，帮助企业应对创新过程中的突发风险。通过完善的风险防控机制，增强企业创新的持续性和稳定性，为企业通过有效开放式创新驱动高质量发展营造良好的创新生态。

15.4.4 协同促进全链路良性营商环境建设

在数字经济时代，数字营商环境能为制造企业利用开放式创新驱动高质量发展营造良好生态。优化数字营商环境，既是推动企业进行开放式创新的"刚需"，也是促进企业高质量发展的重要抓手。因此，构建适应制造企业发展的数字营商环境，并形成可复制、可推广的营商环境建设路径尤为重要。各级地方政府是数字营商环境建设与优化的责任主体和执行主体，利用"有形之手"积极推进营商环境制度建设，帮助企业打通以开放式创新驱动企业高质量发展的"断点"和"堵点"，进而着重推动有为政府和有效市场的建设。

第一，完善数智化基础设施建设。数智化基础设施能够以关键底座之力支撑引领数字营商环境发展。数字营商环境基础设施是政商沟通的"桥梁"，建议政府利用互联网平台和移动终端，将数字技术植入行政许可、市场监管、公共服务等政务服务场景，能够实现政商"云连接"。一方面，制造企业可以实时向政府部门了解相关政策并咨询办事流程，提升企业的办事效率。另一方面，政府可以基于制造企业反馈的问题，优化服务流程，提升政府的服务质量和效率。数智化基础设施能够有效提升企业的办事效率及政府的服务质量，是制造业高质量发展的重要支撑。

第二，提升数字化政务服务效能。政务服务在线化是推动政府治理体系和治理能力现代化的重要举措。线上政务不仅有助于加强制造企业与政府部门间的联系，还便于企业向政府及时反馈重要信息。一方面，制造企业通过线上平台完成各种政务事务的申请和办理，能够降低企业交易成本，为企业的经营发展提质增效；另一方面，线上政务服务协助政府更好地掌握社会需求和资源分布情况，实现精准治理。政务服务在线化能够有效提升企业与政府的资源利用率，是制造企业高质量发展的重要支点。

第三，确保数据合规化运行。持续推动数字营商环境建设的前提是强化关键数据资源的保护能力并提升数据安全预警和溯源能力，推动数据合规化运行。数据运行合规化能够保障制造企业隐私数据与政府机密数据。一方面，数字政府利用数字技术对数据要素获取、整合和运用进行全方位、深层次和实时监控，为制造企业共享数据提供保障。另一方面，制造企业利用数字技术推行远程监管、移动监管和预警防控为特征的非现场监管，确保流动的数据要素安全可靠。数据运行合规化能够增强数据运行的安全性，是制造企业高质量发展的重要保障。

第四，推进平台信息交互化。数字营商环境平台信息交互化旨在实现政企之间信息的流通、整合和共享。平台信息交互化能够满足政企双方信息需求，有助于发挥政企各自在数字营商环境建设中的优势。一方面，企业能够监督政府行政事务办理过程中"不合规"的程序，为制造企业的经营发展提供公平的政务环境；另一方面，政府不仅可以公开透明地展示业务处理流程和结果，还能加强对企业的违规操作的监督，使营商环境建设由政府主导转向政企共商共建共治。平台信息交互化能够实现政企之间信息的自由传递和沟通，是制造企业高质量发展的重要依托。

参考文献

[1] Acemoglu D, Pascual R. The race between man and machine: implications of technology for growth, factor shares, and employment [J]. American Economic Review, Department of Economics, 2018, 108 (6): 1488-1542.

[2] Acemoglu D, Restrepo P. Modeling automation [J]. AEA Papers and Proceedings, 2018, 108 (1): 48-53.

[3] Acemoglu D, Restrepo P. Robots and jobs: evidence from us labor markets [J]. Journal of Political Economy, 2020, 128 (6): 2188-2244.

[4] Adner R, Puranam P, Zhu F. What is Different about Digital Strategy? From Quantitative to Qualitative Change. Strategy Science, 2019, 4 (4): 253-261.

[5] Agrawal A, Gans J, Goldfarb A. Prediction, judgment, and complexity: a theory of decision-making and artificial intelligence [M]. Chicago: University of Chicago Press, 2019 (3): 89-110.

[6] Ahmad M, Ping J, Majeed A, et al. The dynamic impact of natural resources, technological innovations and economic growth on ecological footprint: An advanced panel data estimation [J]. Resources Policy, 2020 (69): 101817.

[7] Ahuja G, Katila R. Where do resources come from? The role of idiosyncratic situations [J]. Strategic management journal, 2004, 25 (8-9): 887-907.

[8] Akerlof G A. The market for lemons: quality uncertainty and the market mechanism [J]. The Quarterly Journal of Economics, 1970, 84 (3): 488-500.

[9] Akerman A, Gaarder I, MOGSTAD M. The skill complementarity of broadband internet [J]. Quarterly Journal of Economics, 2015, 130 (4): 1781-1824.

[10] Allen W D, Berg C, Markey-Towler B, et al. Blockchain and the evolution of institutional technologies: Implications for innovation policy [J]. Research Policy, 2020, 49 (1): 103865-103865.

[11] Amina B. Is sustainability reporting (ESG) associated with performance? Evidence from the European banking sector [J]. Management of Environmental Quality: An International Journal, 2019, 30 (1): 98-115.

[12] Ang J S, Cole R A, Lin J W. Agency costs and ownership structure [J]. The Journal of Finance, 2000, 55 (1): 81-106.

［13］Arend R J, Lévesque M. Is the resource – based view a practical organizational theory？［J］. Organization Science, 2010, 21（4）: 913 – 930.

［14］Arias – pérez J, Huynh T. Flipping the odds of AI – driven open innovation: the effectiveness of partner trustworthiness in counteracting interorganizational knowledge hiding［J］. Industrial Marketing Management, 2023, 111（5）: 30 – 40.

［15］Arora A, Cohen W M, Walsh J P. The acquisition and commercialization of invention in American manufacturing: incidence and impact［J］. Research Policy, 2016, 45（6）: 1113 – 1128.

［16］Ashrafi, A, Ravasan A Z, Trkman P, Afshari, S. The Role of Business Analytics Capabilities in Bolstering Firms' Agility and Performance. International Journal of Information Management, 2019, 47（4）: 1 – 15.

［17］Atuahene S A, Xusheng Q. A multidimensional analysis of corporate governance mechanisms and their impact on sustainable economic development: A case study of Ghana's financial sector［J］. Heliyon, 2024, 10（3）: 1 – 12.

［18］Azadegan A, Patel P C, Zangoueinezhad A, et al. The effect of environmental complexity and environmental dynamism on lean practices［J］. Journal of Operations Management, 2013, 31（04）: 193 – 212.

［19］Baabdullah A M, Alalwan A A, Slade E L, et al. SMEs and artificial intelligence（AI）: antecedents and consequences of AI – based B2B practices［J］. Industrial Marketing Management, 2021, 98: 255 – 270.

［20］Bahoo S, Cucculelli M, Qamar D. Artificial intelligence and corporate innovation: a review and research agenda［J］. Technological Forecasting and Social Change, 2023, 188（3）: 122264.

［21］Baraibar – Diez E, Odriozola M D, Fernandez Sanchez J L. Sustainable compensation policies and its effect on environmental, social, and governance scores［J］. Corporate Social Responsibility and Environmental Management, 2019, 26（6）: 1457 – 1472.

［22］Baraibar – diez E, Odriozola M D, Fernández Sánchez J L. Sustainable compensation policies and its effect on environmental, social, and governance scores［J］. Corporate social responsibility and environmental management, 2019, 26（6）: 1457 – 1472.

［23］Barney J B. Firm Resources and Sustained Competitive Advantage［J］. Advances in Strategic Management, 1991, 17（1）: 3 – 10.

［24］Barney J. Firm resources and sustained competitive advantage［J］. Journal of Management, 1991, 17（1）: 99 – 120.

［25］Bass BM. Leadership and Performance beyond Expectations［M］. Collier Macmillan, 1985.

［26］Battisti E, Nirino N, Leonidou E, et al. Corporate venture capital and CSR performance: An extended resource based view's perspective [J]. Journal of Business Research, 2022, 139: 1058-1066.

[27] Belloc F. Innovation in state-owned enterprises: reconsidering the conventional wisdom [J]. Journal of Economic Issues, 2014, 48 (3): 821-847.

[28] Bharadwaj A. S. A resource-based perspective on information technology capacity and firm performance: an empirical investigation [J]. MIS Quarterly, 2000, 24 (1): 169-196.

[29] Birger W. A Resource-Based View of the Firm [J]. Strategic Management Journal, 1984, 5 (2): 171-180.

[30] Bogers M, Chesbrough H, Heaton S, et al. 2019. Strategic management of open innovation: A dynamic capabilities perspective [J]. California Management Review, 62 (1): 77-94.

[31] Boland, R. J, Lyytinen, K, Yoo, Y. Wakes of Innovation in Project Networks: The Case of Digital 3D Representations in Architecture, Engineering, and Construction. Organization Science, 2007, 18 (4): 631-647.

[32] Braganza A, Chen W, Canhoto A, et al. Productive employment and decent work: the impact of AI adoption on psychological contracts, job engagement and employee trust [J]. Journal of Business Research, 2021, 131: 485-494.

[33] Branstetter L G, Drev M, Kwon N. Get with the program: software-driven innovation in traditional manufacturing [J]. Management Science, 2019, 65 (2): 541-558.

[34] Broekhuizen T L J, Broekhuis M, Gijsenberg M J, et al. Introduction to the special issue-Digital business models: A multi-disciplinary and multi-stakeholder perspective [J]. Journal of Business Research, 2021, 122: 847-852.

[35] Broekhuizen T, Dekker H, DE Faria P, et al. AI for managing open innovation: opportunities, challenges, and a research agenda [J]. Journal of Business Research, 2023, 167: 114196.

[36] Brożek A K S. Use of artificial intelligence in terms of open innovation process and management [J]. Sustainability, 2023, 15 (9): 7205.

[37] Cai Y, Pan C H, Statman M. Why do countries matter so much in corporate social performance? [J]. Journal of corporate finance, 2016, 41: 591-609.

[38] Camiña E, Díaz-chao Á, Torrent-sellens J. Automation technologies: long-term effects for Spanish industrial firms [J]. Technological Forecasting and Social Change, 2020, 151: 1-20.

[39] Carnes C M, Chirico F, Hitt M A, et al. Resource orchestration for innovation: Structuring and bundling resources in growth-and maturity-stage firms [J]. Long range planning, 2017, 50 (4): 472-486.

[40] Casprini E, De Massis A, Di Minin A, et al. How family firms execute open innovation strategies: the Loccioni case [J]. Journal of Knowledge Management, 2017, 21 (6): 1459-1485.

[41] Chen L, Jiang M, Jia F, et al. Artificial intelligence adoption in business-to-business marketing: toward a conceptual framework [J]. Journal of Business & Industrial Marketing, 2021, 37 (5): 1025-1044.

[42] Chen Y. Partial adjustment toward target R&D intensity [J]. R&D Management, 2018, 48 (5): 591-602.

[43] Cheng C C J, Huizingh E K R E. When is open innovation beneficial? The role of strategic orientation [J]. Journal of product innovation management, 2014, 31 (6): 1235-1253.

[44] Cheng C C J, Yang C, Sheu C. Effects of open innovation and knowledge-based dynamic capabilities on radical innovation: an empirical study [J]. Journal of Engineering and Technology Management, 2016, 41: 79-91.

[45] Chesbrough H W. Open innovation: the new imperative for creating and profiting from technology [M]. Boston: Harvard Business School Press, 2003.

[46] Chesbrough H W. The era of open innovation [J]. Managing innovation and change, 2006, 127 (3): 34-41.

[47] Chesbrough H, Crowther A K. Beyond high tech: early adopters of open innovation in other industries [J]. R&D Management, 2006, 36 (3): 229-236.

[48] Chesbrough H, Kardon A C. Beyond high tech: early adopters of open innovation in other industries [J]. R&D Management, 2006, 36 (3): 229-236.

[49] Chesbrough H, Schwartz K. Innovating business models with co-development partnerships [J]. Research Technology Management, 2007, 50 (1): 55-59.

[50] Chesbrough H. New frontiers in open innovation [M]. Oxford University Press, 2014.

[51] Chesbrough H. Open innovation: Researching a new paradigm [J]. Oxford University Press google schola, 2006, 2: 15-25.

[52] Cooper S M T E & H B. Artificial intelligence focus and firm performance [J]. Journal of the Academy of Marketing Science, 2022, 50 (6): 1176-1197.

[53] Cornaggia J, Li J Y. The value of access to finance: evidence from M&As [J]. Journal of Financial Economics, 2019, 131 (1): 232-250.

[54] CricellI L, MaurielIO R, StrazzulLO S. Preventing open innovation failures: a managerial framework [J]. Technovation, 2023, 127: 102833.

[55] Cucari N, Esposito D F S, Orlando B. Diversity of board of directors and environmental social governance: Evidence from Italian listed companies [J]. Corporate social responsibility

and environmental management, 2018, 25 (3): 250-266.

[56] Cucari N, Esposito DE Falco S, Orlando B. Diversity of board of directors and environmental social governance: evidence from Italian listed companies [J]. Corporate social responsibility and environmental management, 2018, 25 (3): 250-266.

[57] Curado C, Bontis N. The knowledge-based view of the firm and its theoretical precursor [J]. International Journal of Learning and Intellectual Capital, 2006, 3 (4): 367-381.

[58] Czarnitzki D, Thorwarth S. The contribution of in-house and external design activities to product market performance [J]. Journal of Product Innovation Management, 2012, 29 (5): 878-895.

[59] Damioli G, Van Roy V, Vertesy D. The impact of artificial intelligence on labor productivity [J]. Eurasian Business Review, 2021, 11 (1): 1-25.

[60] De Crescenzo V, Ribeiro-Soriano D E, Covin J G. Exploring the viability of equity crowdfunding as a fundraising instrument: A configurational analysis of contingency factors that lead to crowdfunding success and failure [J]. Journal of Business Research, 2020, 115: 348-356.

[61] Dewar R D, Dutton J E. The adoption of radical and incremental innovation: an empirical analysis [J]. Management Science, 1986, 32 (11): 1422-1433.

[62] Dickinson V. Cash Flow Patterns as a Proxy for Firm Life Cycle [J]. Accounting Review, 2011, 86 (6): 1969-1994.

[63] Dicuonzo G, Donofrio F, Ranaldo S, et al. The effect of innovation on environmental, social and governance (ESG) practices [J]. Meditari accountancy research, 2022, 30 (4): 1191-1209.

[64] Dul J, Van D L E, Kuik R A. statistical significance test for necessary condition analysis [J]. Organizational Research Methods, 2020, 23: 385-395.

[65] Dul J. Necessary condition analysis (NCA): Logic and methodology of "necessary but not sufficient" causality [J]. Organizational Research Methods, 2016, 19: 10-52.

[66] Edwards J R, Lambert L S. Methods for integrating moderation and mediation: a general analytical framework using moderated path analysis [J]. Psychological Methods, 2007, 12 (1): 1-22.

[67] Eisenhardt K M, Martin J A. Dynamic capabilities: what are they? [J]. Strategic management journal, 2000, 21 (10-11): 1105-1121.

[68] Enrico B, Niccolò N, Erasmia L, et al. Corporate venture capital and CSR performance: An extended resource based view's perspective [J]. Journal of Business Research, 2022, 139: 1058-1066.

[69] Esposito DE Falco S, Scandurra G, Thomas A. How stakeholders affect the pursuit of the environmental, social, and governance. Evidence from innovative small and medium enterpri-

ses [J]. Corporate Social Responsibility and Environmental Management, 2021, 28 (5): 1528 - 1539.

[70] Feenstra R C, LI Z, YU M. Exports and credit constraints under incomplete information: theory and evidence from China [J]. NBER Working Papers, 2011, 96 (4): 729 - 744.

[71] Ferreira K J, Lee B H A, Simchi - levi D. Analytics for an online retailer: demand forecasting and price optimization [J]. Manufacturing and Service Operations Management, 2016, 18 (1): 69 - 88.

[72] Fiske A, Henningsen P, Buyx A. The implications of embodied artificial intelligence in mental healthcare for digital wellbeing [J]. Ethics of Digital Well - Being, 2020, 140: 207 - 219.

[73] Fiss P C. Building better causal theories: A fuzzy set approach to typologies in organization research [J]. Academy of Management Journal, 2011, 54 (2): 393 - 420.

[74] Frankel R, Li X. Characteristics of a firm's information environment and the information asymmetry between insiders and outsiders [J]. Journal of Accounting & Economics, 2004, 37 (2): 229 - 259.

[75] Freeman C. Networks of innovators: a synthesis of research issues [J]. Research Policy, 1991, 20 (5): 499 - 514.

[76] Freeman R E. The new story of business: Towards a more responsible capitalism [J]. Business and Society Review, 2017, 122 (3): 449 - 465.

[77] García - morales V J, Jiménez - barrionuevo M M, Gutiérrez - Gutiérrez L. Transformational leadership influence on organizational performance through organizational learning and innovation [J]. Journal of Business Research, 2012, 65 (7): 1040 - 1050.

[78] Gassmann O, Enkel E. Towards a theory of open innovation: three core process archetypes [C]. Lisbon: Rroceedings of the R&D Management Conference, 2004.

[79] Goldfarb A, Tucker C. Digital economics [J]. Journal of economic literature, 2019, 57 (1): 3 - 43.

[80] Gong Y P, Huang J C, Farh J L. Employee learning orientation, transformational leadership, and employee creativity: The mediating role of employee creative self - efficacy [J]. Academy of Management Journal, 2009, 52 (4): 765 - 778.

[81] Gong Y, Li J, Xie J, et al. Will "green" parents have "green" children? The relationship between parents' and early adolescents' green consumption values [J]. Journal of business ethics, 2022, 179 (2): 369 - 385.

[82] Gordon S, Tarafdar M., Cook R, et al. Improving the front end of innovation with information technology [J]. Research - Technology Management, 2008, 51 (3): 50 - 58.

[83] Grant R M. The resource - based theory of competitive advantage: implications for strategy formulation [J]. California management review, 1991, 33 (3): 114 - 135.

[84] Hadlock C J, Pierce J R. New Evidence on Measuring Financial Constraints: Moving Beyond the KZ Index [J]. Review of Financial Studies, 2010, 23 (5): 1909-1940.

[85] Haenlein M, Kaplan A. A brief history of artificial intelligence: on the past, present, and future of artificial intelligence [J]. California Management Review, 2019, 61 (4): 5-14.

[86] Hainmueller J. Entropy balancing for causal effects: A multivariate reweighting method to produce balanced samples in observational studies [J]. Political analysis, 2012, 20 (1): 25-46.

[87] Hammond M M, Neff N L, Farr J L, et al. Predictors of individual-level innovation at work: A meta-analysis [J]. Psychology of Aesthetics, Creativity, and the Arts, 2011, 5 (1), 90-105.

[88] Hanelt A, Bohnsack R, Marz D, et al. A systematic review of the literature on digital transformation: Insights and implications for strategy and organizational change [J]. Journal of Management Studies, 2021, 58 (5): 1159-1197.

[89] Hansen B E. Threshold Effects in Non-Dynamic Panels: Estimation, Testing, and Inference [J]. Journal of Econometrics, 1999, 3 (2): 345-368.

[90] Hart O D. The market mechanism as an incentive scheme [J]. The Bell Journal of Economics, 1983: 366-382.

[91] Heaton S, Teece D, Agronin E. Dynamic capabilities and governance: An empirical investigation of financial performance of the higher education sector [J]. Strategic Management Journal, 2023, 44 (2): 520-548.

[92] Helo P, Hao Y. Artificial intelligence in operations management and supply chain management: an exploratory case study [J]. Production Planning & Control, 2021, 33 (16): 1573-1590.

[93] Hsu P H, Xuan T, Yan X. Financial development and innovation: Cross-country evidence [J]. Journal of Financial Economics, 2014, 112 (1): 116-135.

[94] Huang M H, Rust R T. Artificial intelligence in service [J]. Journal of Service Research, 2018, 21 (2): 155-172.

[95] Huang M, Bhattacherjee A, Wong C S. Gatekeepers' innovative use of IT: An absorptive capacity model at the unit level [J]. Information & Management, 2018, 55 (2): 235-244.

[96] Hughes P, Hodgkinson I R, Elliott K, et al. Strategy, operations, and profitability: the role of resource orchestration [J]. International Journal of Operations & Production Management, 2018, 38 (4): 1125-1143.

[97] Ignacio C C, Jaime G O, Aurora M G, et al. The Mediating Role of Knowledge Creation Processes in the Relationship Between Social Media and Open Innovation [J]. Journal of the Knowledge Economy, 2022, 14 (2): 1275-1297.

[98] Isenberg D J. How to start an entrepreneurial revolution [J]. Harvard Business Review, 2010, 88 (6): 30-42.

[99] Issa H, Jabbouri R, Palmer M. An artificial intelligence (AI) -readiness and adoption framework for Agri Tech firms [J]. Technological Forecasting and Social Change, 2022, 182: 121874.

[100] Ives B, Rodriguez J A, Palese B. Enhancing customer service through the internet of things and digital data streams [J]. MIS Quarterly Executive, 2016, 15 (4): 279-297.

[101] Jacqueminet A, Durand R. Ups and downs: The role of legitimacy judgment cues in practice implementation [J]. Academy of Management Journal, 2020, 63 (5): 1485-1507.

[102] James B G. The theory of the corporate life cycle [J]. Long Range Planning, 1973, 6 (2): 68-74.

[103] Jansen J J P, Van Den Bosch F A J, Volberda H W. Exploratory innovation, exploitative innovation, and performance: Effects of organizational antecedents and environmental moderators [J]. Management science, 2006, 52 (11): 1661-1674.

[104] Jensen M C, Meckling W H. Theory of the firm: managerial behavior, agency costs and ownership structure [J]. Journal of Financial Economics, 1976, 3 (4): 305-360.

[105] Jensen M C. Maximization, stakeholder theory, and the corporate objective [J]. Business Ethics Quarterly, 2002, 12 (2): 235-256.

[106] Jeon J, Lee C, Park Y. How to use patent information to search potential technology partners in open innovation [J]. 2011, 16 (5): 385-393.

[107] Jiang Y, Yang Y, Zhao Y, et al. Partners' centrality diversity and firm innovation performance: evidence from China [J]. Industrial Marketing Management, 2020, 88: 22-34.

[108] Jiao M, Du D, Shi W, et al. Dynamic Absorptive Capability and Innovation Performance: Evidence from Chinese Cities [J]. Sustainability, 2021, 13 (20): 11460-11460.

[109] Jing A Z, Fiona E, Alan G, et al. The interactive effects of entrepreneurial orientation and capability based HRM on firm performance: The mediating role of innovation ambidexterity [J]. Industrial Marketing Management, 2016, 59: 131-143.

[110] Jones T M. Instrumental stakeholder theory: A synthesis of ethics and economics [J]. Academy of management review, 1995, 20 (2): 404-437.

[111] Jorzik P, Yigit A, Kanbach D K, et al. Artificial intelligence-enabled business model innovation: Competencies and roles of top management [J]. IEEE transactions on engineering management, 2023, 71: 7044-7056.

[112] Kakwani N, Wang X, Xue N, et al. Growth and common prosperity in China [J]. China & World Economy, 2022, 30 (1): 28-57.

[113] Kaplan S N, Zingales L. Do investment-cash flow sensitivities provide useful measures of financing constraints? [J]. The Quarterly Journal of Economics, 1997, 112 (1): 169-

215.

［114］Kawęcki N. Organizing for innovation in a digitized world［J］. Nowoczesne Systemy Zarządzania, 2021, 16 (3): 81-92.

［115］Klenow P J, Rodriguez-Clare A. The neoclassical revival in growth economics: Has it gone too far?［J］. NBER macroeconomics annual, 1997, 12: 73-103.

［116］Kobarg S, Stumpf-wollersheim J, Welpe I M. More is not always better: effects of collaboration breadth and depth on radical and incremental innovation performance at the project level［J］. Research Policy, 2019, 48 (1): 1-10.

［117］Koch M, Manuylov I, Smolka M. Robots and firms［J］. The Economic Journal, 2021, 131 (638): 2553-2584.

［118］Kogut B, Zander U, Knowledge of the Firm, Combinative Capabilities, and the Replication of Technology［J］. Organization Science, 1992, 3 (3): 383-397.

［119］Kuzior A, Sira M, Brożek P. Use of artificial intelligence in terms of open innovation process and management［J］. Sustainability, 2023, 15 (9): 7205.

［120］L Lateef A, Omotayo F O. Information audit as an important tool in organizational management: A review of literature［J］. Business Information Review, 2019, 36 (1): 15-22.

［121］Lai Y L, Lin F J. The effects of knowledge management and technology innovation on new product development performance an empirical study of Taiwanese machine tools industry［J］. Procedia-Social and Behavioral Sciences, 2012, 40: 157-164.

［122］Lakonishok J, Shleifer A, VISHNY R W. Contrarian investment, extrapolation, and risk［J］. The Journal of Finance, 1994, 49 (5): 1541-1578.

［123］Laursen K, Salter A. Open for innovation: the role of openness in explaining innovation performance among UK manufacturing firms［J］. Strategic management journal, 2006, 27 (2): 131-150.

［124］Lee H, Choi K, Yoo D, et al. Recommending valuable ideas in an open innovation community: a text mining approach to information overload problem［J］. Industrial Management & Data Systems, 2018, 118 (4): 683-699.

［125］Levinsohn J, Petrin A. Estimating Production Functions Using Inputs to Control for Unobservables［J］. The Review of Economic Studies, 2003, 70 (2): 317-341.

［126］Lichtenthaler U. Intellectual property and open innovation: An empirical analysis［J］. International Journal of Technology Management, 2011, 52 (34): 372-391.

［127］Lichtenthaler U. Open Innovation in Practice: An Analysis of Strategic Approaches to Technology Transactions［J］. IEEE Transactions on Engineering Management, 2008, 55 (1): 148-157.

［128］Lichtenthaler U. Open Innovation: Past Research Current Debates, and Future Directions［J］. Academy of Management Perspectives, 2011, 25 (1): 75-93.

[129] Liu F, Lai K, He C. Open innovation and market value: an extended resource-based view [J]. IEEE Transactions on Engineering Management, 2022, 71 (3): 2022-2035.

[130] Liu J, Chang H, Forrest J Y L, et al. Influence of artificial intelligence on technological innovation: evidence from the panel data of China's manufacturing sectors [J]. Technological Forecasting and Social Change, 2020, 158: 120142.

[131] Liu Q, Tang J, Tian G G. Does political capital create value in the IPO market? evidence from China [J]. Journal of Corporate Finance, 2013, 23: 395-413.

[132] Loebbecke C, Picot A. Reflections on societal and business model transformation arising from digitization and big data analytics: A research agenda [J]. The journal of strategic information systems, 2015, 24 (3): 149-157.

[133] Love J H, Roper S. Internal versus external R&D: a study of R&D choice with sample selection [J]. International Journal of the Economics of Business, 2002, 9 (2): 239-255.

[134] Mark Easterby-Smith, Crossan M, Nicolini D. Organizational Learning: Debates Past, Present And Future [J]. Journal of Management Studies, 2010, 37 (6): 783-796.

[135] Martino, Roberto. Convergence and growth. Labour productivity dynamics in the European Union [J]. Journal of Macroeconomics, 2015 (46): 186-200.

[136] McCleskey J A. Situational, transformational, and transactional leadership and leadership development [J]. Journal of Business Studies Quarterly, 2014, 5 (4): 117-130.

[137] Mcwilliams A, Siegel D S. Creating and Capturing Value: Strategic Corporate Social Responsibility, Resource-Based Theory, and Sustainable Competitive Advantage [J]. Journal of Management, 2011, 37 (5): 1480-1495.

[138] Meyer A. D, Ferdows K, Vereecke A, Putting Manufacturing on the Offensive [J]. Production and Operations Management, 2023, 32 (1): 227-236.

[139] Mikalef P, Boura M, Lekakos G, et al. Big data analytics capabilities and innovation: The mediating role of dynamic capabilities and moderating effect of the environment [J]. British Journal of Management, 2019, 30 (2): 272-298.

[140] Miller D, Friesen P H. Strategy making and environment: the third link [J]. Strategic Management Journal, 1983, 4 (3): 221-235.

[141] Mithas S, Chen Z L, Saldanha T J V, et al. How will artificial intelligence and Industry 4.0 emerging technologies transform operations management? [J]. Production and Operations Management, 2022, 31 (12): 4475-4487.

[142] Mubarak M F, Tiwari S, Petraite M, et al. How Industry 4.0 technologies and open innovation can improve green innovation performance? [J]. Management of Environmental Quality: An International Journal, 2021, 32 (5): 1007-1022.

[143] Nambisan S, Siegel D, Kenney M. On open innovation, platforms, and entrepreneurship [J]. Strategic Entrepreneurship Journal, 2018, 12 (3): 354-368.

[144] Naqshbandi M, Tabche I. The Interplay of Leadership, Absorptive Capacity, and Organizational Learning Culture in Open Innovation: Testing a Moderated Mediation Model [J]. Technological Forecasting and Social Change, 2018, 133 (8): 156-167.

[145] Naqshbandi M. M. Managerial ties and open innovation: examining the role of absorptive capacity [J]. Management Decision, 2016, 54 (9): 2256-2276.

[146] Nekhili M, Boukadhaba A, Nagati H. The ESG-financial performance relationship: does the type of employee board representation matter? [J]. Corporate governance: an international review, 2021, 29 (2): 134-161.

[147] Neves P C, Afonso O, Silva D, et al. The link between intellectual property rights, innovation, and growth: a meta-analysis [J]. Economic Modelling, 2021, 97: 196-209.

[148] Nilsson N J. Artificial intelligence: a new synthesis [M]. Morgan Kaufmann Publishers, 1998.

[149] Nonaka I. A dynamic theory of organizational knowledge creation [J]. Organization Science, 1994, 5 (1): 14-37.

[150] Papa A, Dezi L, Gregori G L, et al. Improving innovation performance through knowledge acquisition: the moderating role of employee retention and human resource management practices [J]. Journal of Knowledge Management, 2020, 24 (3): 589-605.

[151] Pappas I O, Woodside A G. Fuzzy-set Qualitative Comparative Analysis (fsQCA): Guidelines for research practice in information systems and marketing [J]. International Journal of Information Management, 2021, 58 (3): 102310.

[152] Paschen U, Pitt C, Kietzmann J. Artificial intelligence: building blocks and an innovation typology [J]. Business Horizons, 2020, 63 (2): 147-155.

[153] Patrickson B. What do blockchain technologies imply for digital creative industries? [J]. Creativity and Innovation Management, 2021, 30 (3): 585-595.

[154] Penrose E T. The theory of the growth of the firm. [M]. Oxford University Press, 1959.

[155] Pereira V, Bamel U. Extending the resource and knowledge based view: A critical analysis into its theoretical evolution and future research directions [J]. Journal of Business Research, 2021, 132: 557-570.

[156] Peteraf M A. The Cornerstones of Competitive Advantage: A Resource-Based View [J]. Strategic Management Journal, 1993, 14 (3): 179-191.

[157] Powell W W, Smith-Doerr K L. Interorganizational Collaboration and the Locus of Innovation: Networks of Learning in Biotechnology [J]. Administrative Science Quarterly, 1996, 41 (1): 116-145.

[158] Quaddus M, Xu J. Adoption and diffusion of knowledge management systems: Field studies of factors and variables [J]. Knowledge-Based Systems, 2005, 18 (2-3): 107-

115.

[159] Queiroz M, Tallon P P, Sharma R, et al. The role of IT application orchestration capability in improving agility and performance [J]. The Journal of Strategic Information Systems, 2018, 27 (1): 4-21.

[160] Ragin, C. C. Redesigning Social Inquiry: Fuzzy Sets and Beyond [M]. Chicago: University of Chicago Press, 2008.

[161] Rai A, Constantinides P, Sarker S. Next Generation Digital Platforms: Toward Human-AI Hybrids [J]. MIS Quarterly, 2019, 43 (1): 3-9.

[162] Restrepo D A. Robots and jobs: evidence from US labor markets [J]. Journal of Political Economy, 2020, 128 (6), 2188-2244.

[163] Roh T, Lee K, Yang J Y. How do intellectual property rights and government support drive a firm's green innovation? The mediating role of open innovation [J]. Journal of Cleaner Production, 2021, 317: 128422.

[164] Ross J W, Beath C M, Goodhue D L. Develop long term competitiveness through IT assets [J]. Sloan Management Review, 1996, 38 (1): 31-42.

[165] Sadiq M, Moslehpour M, Qiu R, et al. Sharing economy benefits and sustainable development goals: Empirical evidence from the transportation industry of Vietnam [J]. Journal of Innovation & Knowledge, 2023, 8 (1): 100290.

[166] Salvatore F D E, Giuseppe S, Antonio T. How stakeholders affect the pursuit of the Environmental, Social, and Governance. Evidence from innovative small and medium enterprises [J]. Corporate Social Responsibility and Environmental Management, 2021, 28 (5): 1528-1539.

[167] Sanchez R. Strategic flexibility in product competition [J]. Strategic Management Journal, 1995, 16 (S1): 135-159.

[168] Schmalensee R. Inter-industry studies of structure and performance [C]. Handbook of Industrial Organization, Schmalensee and Willig eds., North Holland, 1989.

[169] Schmeiss J, Hoelzle K, Tech R P G. Designing governance mechanisms in platform ecosystems: Addressing the paradox of openness through blockchain technology [J]. California Management Review, 2019, 62 (1): 121-143.

[170] Schumpeter J A, The Theory of Economic Development [M]. Harvard Economic Studies, 1912.

[171] Sheng S, Zhou K, LI J. The effects of business and political ties on firm performance: Evidence from China [J]. Journal of Marketing, 2011, 75 (1): 1-15.

[172] Shimizu K, Hitt M A. Strategic flexibility: Organizational preparedness to reverse ineffective strategic decisions [J]. Academy of Management Executive, 2004, 18 (4): 44-59.

[173] Sirmon D G, Hitt M A, Ireland R D, et al. Resource orchestration to create competi-

tive advantage: Breadth, depth, and life cycle effects [J]. Journal of management, 2011, 37 (5): 1390-1412.

[174] Sirmon D G, Hitt M A, Ireland R D. Managing firm resources in dynamic environments to create value: Looking inside the black box [J]. Academy of management review, 2007, 32 (1): 273-292.

[175] Spence M. Job market signaling [J]. Quarterly Journal of Economics, 1973, 87 (3): 355-374.

[176] Stulz R M, Doidge C, Karolyi A. Why Do Countries Matter So Much for Corporate Governance? [J]. NBER Working Papers, 2004, 86 (1): 1-39.

[177] Sullivan D, Marvel M. How Entrepreneurs' Knowledge and Network Ties Relate to the Number of Employees in New SMEs [J]. Journal of Small Business Management, 2011, 49 (2): 185-206.

[178] Tan Y, Zhu Z. The effect of ESG rating events on corporate green innovation in China: The mediating role of financial constraints and managers' environmental awareness [J]. Technology in Society, 2022, 68: 101906.

[179] Tanriverdi H. Information technology relatedness, knowledge management capability and performance of multi-business firms [J]. MTS Quarterly, 2005, 29 (2): 311-334.

[180] Teece D J, Rumelt R, Dosi G, et al. Understanding corporate coherence: Theory and evidence [J]. Journal of economic behavior & organization, 1994, 23 (1): 1-30.

[181] Teece D J., Pisano G., Shuen A. Dynamic capabilities and strategic Management [J]. Strategic Management Journal. 1997, 18 (7): 509-533.

[182] Teece D J. Business models and dynamic capabilities [J]. Long range planning, 2018, 51 (1): 40-49.

[183] Teece D J. Explicating dynamic capabilities: The nature and micro-foundations of sustainable enterprise performance [J]. Strategic Management Journal. 2007, 28 (13): 1319-1350.

[184] Turner N, Swart J, Maylor H. Mechanisms for managing ambidexterity: A review and research agenda [J]. International Journal of Management Reviews, 2013, 15 (3): 317-332.

[185] Varadarajan R. Customer information resources advantage, marketing strategy and business performance: A market resources based view [J]. Industrial Marketing Management, 2020, 89: 89-97.

[186] Vecchio P D, Secundo G, Garzoni A. Digital Open Innovation for Sustainability: Evidence From Italian Big Energy Corporations [J]. IEEE Transactions on Engineering Management, 2024, 71: 8430-8443.

[187] Venturelli A, Caputo A, Pizzi S, et al. A dynamic framework for sustainable open

innovation in the food industry [J]. British food journal, 2022, 124 (6): 1895 - 1911.

[188] Verena M, Nina R, Andreas B, et al. Success patterns of exploratory and exploitative innovation [J]. Journal of Management, 2013, 39 (6): 1606 - 1636.

[189] Verhoef P C, Broekhuizen T, BART Y, et al. Digital transformation: a multidisciplinary reflection and research agenda [J]. Journal of Business Research, 2021, 122: 889 - 901.

[190] Walter A, Auer M, Ritter T. The impact of network capabilities and entrepreneurial orientation on university spin - off performance [J]. Journal of business venturing, 2006, 21 (4): 541 - 567.

[191] Wang J, Xue Y, Yang J. Boundary - spanning search and firms' green innovation: The moderating role of resource orchestration capability [J]. Business Strategy and the Environment, 2020, 29 (2): 361 - 374.

[192] Wang X, Zeng D, Dai H, et al. Making the right business decision: forecasting the binary NPD strategy in Chinese automotive industry with machine learning methods [J]. Technological Forecasting and Social Change, 2020, 155: 120032.

[193] Wang Y Q, Guo B, Yin YJ. Open innovation search in manufacturing firms: the role of organizational slack and absorptive capacity [J]. Journal of Knowledge Management, 2017, 21 (3): 656 - 674.

[194] Weber O. Environmental, social and governance reporting in China [J]. Business strategy and the environment, 2014, 23 (5): 303 - 317.

[195] West J, Gallagher S. Challenges of open innovation: the paradox of firm investment in open - source software [J]. R&D Management, 2006, 36 (3): 319 - 331.

[196] Winston P H. AI business: a perspective [J]. Manufacturing Engineering, 1985, 94 (3): 75 - 78.

[197] Wirtz J, Patterson P G, Kunz W H, et al. Brave new world: service robots in the frontline [J]. Journal of Service Management, 2018, 29 (5): 907 - 931.

[198] Woessner W D F S and N. German robots - the impact of industrial robots on workers [J]. C. E. P. R. Discussion Papers, 2017, 30: 1 - 64.

[199] Wong W C, Batten J A, Ahmad A H, et al. Does ESG certification add firm value? [J]. Finance research letters, 2021, 39: 1 - 18.

[200] Xia Y, Xiao T, Zhang G. Service investment and channel structure decisions in competing supply chains [J]. Service Science, 2019, 11 (1): 57 - 74.

[201] Xie J, Nozawa W, Yagi M, et al. Do environmental, social, and governance activities improve corporate financial performance? [J]. Business strategy and the environment, 2019, 28 (2): 286 - 300.

[202] Xu Y, Shieh C H, Van Esch P, et al. AI customer service: task complexity, problem - solving ability, and usage intention [J]. Australasian Marketing Journal, 2020, 28 (4):

189-199.

［203］Yablonsky S A. Multidimensional data-driven artificial intelligence innovation.［J］. Proceedings of ISPIM Conferences, 2019, 9 (12): 1-16.

［204］Yang M, Wang J, Zhang X. Boundary-spanning search and sustainable competitive advantage: The mediating roles of exploratory and exploitative innovations［J］. Journal of Business Research, 2021, 127: 290-299.

［205］Yoo Y, Boland Jr R J, Lyytinen K, et al. Organizing for innovation in the digitized world［J］. Organization science, 2012, 23 (5): 1398-1408.

［206］Yoo Y, Henfridsson O, Lyytinen K. The new organizing logic of digital innovation: an agenda for information systems research［J］. Information Systems Research, 2010, 21 (4): 724-735.

［207］Yoon B, Song B. A systematic approach of partner selection for open innovation ［J］. Industrial Management & Data Systems, 2014, 114 (7): 1068-1093.

［208］Zajac K E J. How Organizational resources affect strategic change and performance in turbulent environments: Theory and evidence［J］. Organization Science, 2001, 12 (5): 632-657.

［209］Zhao J, Chi M, Zhu Z, et al. From digital business strategy to e-business value creation: A three-stage process model［J］. International Journal of Networking and Virtual Organisations, 2015, 15 (2-3): 215-241.

［210］Zhong R Y, Xu X, Klotz E. Intelligent manufacturing in the context of industry 4.0: a review［J］. Engineering, 2017, 3 (5): 616-630.

［211］Zhou K Z, Fang W. Technological capability, strategic flexibility, and product innovation［J］. Strategic Management Journal, 2010, 31 (5): 547-561.

［212］Zhou S. Environmental, social and governance reporting in China［J］. Social and Environmental Accountability Journal, 2016, 36 (1): 92-93.

［213］Zobel A K, Hagedoorn J. Implications of Open Innovation for Organizational Boundaries and the Governance of Contractual Relations［J］. Academy of Management Perspectives, 2020, 34 (3): 1-56.

［214］安淑新. 促进经济高质量发展的路径研究：一个文献综述［J］. 当代经济管理, 2018, 40 (09): 11-17.

［215］安同良, 闻锐. 中国企业数字化转型对创新的影响机制及实证［J］. 现代经济探讨, 2022 (05): 1-14.

［216］白景坤, 刘畅. 战略性新兴产业政策与技术重叠——基于企业生态位视角［J］. 经济管理, 2024, 46 (7): 20-35.

［217］毕晓方, 刘晟勇, 傅绍正, 等. 盈余平滑影响企业突破式创新吗——外部利益相关者评价的视角［J］. 会计研究, 2022 (12): 91-102.

[218] 蔡昉. 中国经济改革效应分析——劳动力重新配置的视角 [J]. 经济研究, 2017, 52 (7): 4-17.

[219] 蔡莉, 张玉利, 陈劲, 等. 中国式现代化的动力机制: 创新与企业家精神——学习贯彻二十大精神笔谈 [J]. 外国经济与管理, 2023, 45 (1): 3-22.

[220] 蔡双立, 马洪梅. 开放悖论, 主导设计情景与双元创新绩效 [J]. 经济经纬, 2022 (6): 98-107.

[221] 曹静, 周亚林. 人工智能对经济的影响研究进展 [J]. 经济学动态, 2018 (1): 103-115.

[222] 曹勇, 张诗瑶. 辩证分析专利池对技术创新的影响: 理论述评 [J]. 情报杂志, 2012, 31 (11): 128-135.

[223] 曹裕, 李想, 胡韩莉, 等. 数字化如何推动制造企业绿色转型?——资源编排理论视角下的探索性案例研究 [J]. 管理世界, 2023, 39 (3): 96-112+126.

[224] 陈春花, 朱丽, 刘超, 等. 协同共生论: 数字时代的新管理范式 [J]. 外国经济与管理, 2022, 44 (1): 68-83.

[225] 陈春华, 曹伟, 曹雅楠, 等. 数字金融发展与企业"脱虚向实" [J]. 财经研究, 2021, 47 (09): 78-92.

[226] 陈冬梅, 王俐珍, 陈安霓. 数字化与战略管理理论——回顾、挑战与展望. 管理世界, 2020, 36 (5): 220-236+20.

[227] 陈红, 张梦云, 王稳华, 等. 数字化转型能推动企业人力资本结构调整吗? [J]. 统计与信息论坛, 2022, 37 (9): 35-47.

[228] 陈健生, 王问荛. 市场分割抑制了企业技术创新吗 [J]. 当代财经, 2024: 1-14.

[229] 陈金晓. 人工智能驱动供应链变革——平台重构、生态重塑与优势重建 [J]. 当代经济管理, 2023, 45 (5): 50-63.

[230] 陈劲, 陈钰芬. 开放创新体系与企业技术创新资源配置 [J]. 科研管理, 2006 (03): 1-8.

[231] 陈劲, 刘振. 开放式创新模式下技术超学习对创新绩效的影响 [J]. 管理工程学报, 2011, 25 (04): 1-7.

[232] 陈劲, 阳镇. 融通创新视角下关键核心技术的突破: 理论框架与实现路径 [J]. 社会科学, 2021 (05): 58-69.

[233] 陈劲, 张月遥, 阳镇. 共同富裕战略下企业创新范式的转型与重构. 科学学与科学技术管理, 2022, 43 (2): 49-67.

[234] 陈丽君, 郁建兴, 徐铱娜. 共同富裕指数模型的构建 [J]. 治理研究, 2021, 37 (4): 5-16+2.

[235] 陈丽姗, 傅元海. 融资约束条件下技术创新影响企业高质量发展的动态特征 [J]. 中国软科学, 2019 (12): 108-128.

［236］陈琳, 何欢浪, 罗长远. 融资约束与中小企业的出口行为: 广度和深度［J］. 财经研究, 2012, 38（10）: 134-144.

［237］陈太义, 王燕, 赵晓松. 营商环境、企业信心与企业高质量发展——来自2018年中国企业综合调查（CEGS）的经验证据［J］. 宏观质量研究, 2020, 8（2）: 110-128.

［238］陈旭升, 董和琴. 知识共创、网络嵌入与突破性创新绩效研究——来自中国制造业的实证研究［J］. 科技进步与对策, 2016, 33（22）: 137-145.

［239］陈岩, 张李叶子, 李飞, 张之源. 智能服务对数字化时代企业创新的影响［J］. 科研管理, 2020, 41（09）: 51-64.

［240］陈钰芬, 陈劲. 开放度对企业技术创新绩效的影响［J］. 科学学研究, 2008（02）: 419-426.

［241］陈钰芬. 开放式创新: 提升中国企业自主创新能力［J］. 科学学与科学技术管理, 2009, 30（04）: 81-86.

［242］陈钰芬. 企业开放式创新的动态模式研究［J］. 科研管理, 2009, 30（05）: 1-11.

［243］程新生, 刘振华, 修浩鑫. 增值税减税能否提高制造业企业全要素生产率？——基于增值税税率下调事件的经验研究［J］. 北京工商大学学报（社会科学版）, 2024, 39（01）: 65-77.

［244］池睿, 张剑渝, 徐英. 平台互补性资产对企业双向开放式创新的影响效应分析［J］. 经济问题, 2022（05）: 64-74.

［245］邓慧慧, 刘宇佳, 王强. 中国数字技术城市网络的空间结构研究——兼论网络型城市群建设［J］. 中国工业经济, 2022（09）: 121-139.

［246］董晓庆, 赵坚, 袁朋伟. 国有企业创新效率损失研究［J］. 中国工业经济, 2014（02）: 97-108.

［247］董志愿, 张曾莲. 政府审计对企业高质量发展的影响——基于审计署央企审计结果公告的实证分析［J］. 审计与经济研究, 2021, 36（01）: 1-10.

［248］杜传忠, 曹效喜, 刘书彤. 人工智能与高新技术企业竞争力: 机制与效应［J］. 商业经济与管理, 2024（02）: 30-49.

［249］杜晴, 范从来, 胡恒强. 不同生命周期企业并购是否促进创新产出？——基于吸收能力中介效应的研究［J］. 经济体制改革, 2022（05）: 99-105.

［250］杜运周, 贾良定. 组态视角与定性比较分析（QCA）: 管理学研究的一条新道路［J］. 管理世界, 2017（06）: 155-167.

［251］杜运周, 李佳馨, 刘秋辰等. 复杂动态视角下的组态理论与QCA方法: 研究进展与未来方向［J］. 管理世界, 2021, 37（03）: 180-197+12-13.

［252］杜运周, 刘秋辰, 程建青. 什么样的营商环境生态产生城市高创业活跃度？——基于制度组态的分析［J］. 管理世界, 2020, 36（09）: 141-155.

［253］范合君, 吴婷, 何思锦. "互联网+政务服务"平台如何优化城市营商环

境?——基于互动治理的视角[J].管理世界,2022,38(10):126-153.

[254] 方慧,霍启欣.数字服务贸易开放与企业创新质量的"倒U型"关系:兼议技术吸收能力和知识产权保护的调节作用[J].世界经济研究,2023(02):3-18+134.

[255] 冯彩玲,张丽华.变革/交易型领导对员工创新行为的跨层次影响[J].科学学与科学技术管理,2014,35(08):172-180.

[256] 傅颖,徐琪,林嵩.在位企业流程数字化对创新绩效的影响——组织惰性的调节作用[J].研究与发展管理,2021,33(01):78-89.

[257] 高慧,丁秀好.开放情境下企业技术创新路径研究——基于知识搜寻视角的双案例分析[J].当代经济管理,2022,44(01):36-43.

[258] 高良谋,马文甲.开放式创新:内涵、框架与中国情境[J].管理世界,2014(06):157-169.

[259] 龚一萍.企业动态能力的度量及评价指标体系[J].华东经济管理,2011,25(09):150-154.

[260] 郭建杰,谢富纪.知识流动对企业创新的影响研究——以ICT产业为例[J].科技管理研究,2022,42(19):137-144.

[261] 郭润萍,韩梦圆,邵婷婷,冯子晴.生态视角下数字化转型企业的机会开发机理——基于海尔和苏宁的双案例研究[J].外国经济与管理,2021,43(09):43-67.

[262] 郭韬,邢璐,黄瑶.创新网络知识转移对企业创新绩效的影响——双元创新的中介作用[J].科技进步与对策,2017,34(15):114-119.

[263] 郭晓川,刘虹,张晓英.双元创新选择、市场竞争强度与商业模式迭代——基于高新技术制造企业的实证研究[J].软科学,2021,35(10):9-14.

[264] 韩璐,陈松,梁玲玲.数字经济、创新环境与城市创新能力[J].科研管理,2021,42(04):35-45.

[265] 韩青江,李旭升,陈雁云.人工智能与实体经济"脱虚向实"——来自宏观和微观双视角的证据[J].产业经济评论,2024(06):5-26.

[266] 韩兆安,吴海珍,赵景峰.数字经济驱动创新发展——知识流动的中介作用[J].科学学研究,2022,40(11):2055-2064+2101.

[267] 何玉润,林慧婷,王茂林.产品市场竞争、高管激励与企业创新——基于中国上市公司的经验证据[J].财贸经济,2015(02):125-135.

[268] 胡晟明,王林辉,朱利莹.工业机器人应用存在人力资本提升效应吗?[J].财经研究,2021,47(06):61-75+91.

[269] 胡令,王靖宇.产品市场竞争与企业创新效率——基于准自然实验的研究[J].现代经济探讨,2020(09):98-106.

[270] 胡耀宗,姚昊.高等教育扩张、人力资本传导与实现共同富裕[J].华东师范大学学报(教育科学版),2023,41(10):116-130.

[271] 胡云飞,戴国强.数字化转型、市场竞争与企业绿色创新[J].统计与决策,

2024, 40 (07): 161-166.

[272] 黄勃, 李海彤, 江萍, 等. 战略联盟, 要素流动与企业全要素生产率提升 [J]. 管理世界, 2022, 38 (10): 195-211.

[273] 黄凯南, 魏晓珂. 企业技术前沿接近度如何影响合作创新? [J]. 社会科学辑刊, 2023 (05): 172-180.

[274] 黄群慧. 论构建新发展格局的有效投资 [J]. 中共中央党校（国家行政学院）学报, 2021, 25 (03): 54-63.

[275] 黄速建, 肖红军, 王欣. 论国有企业高质量发展 [J]. 中国工业经济, 2018, 367 (10): 19-41.

[276] 黄蕴洁, 刘冬荣. 知识管理对企业核心能力影响的实证研究 [J]. 科学学研究, 2010, 28 (07): 1052-1059.

[277] 霍春辉, 吕梦晓, 龚映梅. 服务转型与产品创新对制造企业高质量发展的互补效应研究 [J]. 广东财经大学学报, 2021, 36 (01): 73-84.

[278] 吉海颖, 戚桂杰, 梁乙凯. 行动比声音更有力量吗? ——开放式创新社区用户交互与用户创意更新持续贡献行为研究 [J]. 管理评论, 2022, 34 (04): 80-89.

[279] 籍明明. 数字金融、知识产权保护与企业技术创新能力 [J]. 中国软科学, 2024 (07): 147-156.

[280] 贾丽桓, 肖翔. 资本市场开放与企业高质量发展——基于代理成本与创新激励视角 [J]. 现代经济探讨, 2021 (12): 105-115+132.

[281] 贾西猛, 李丽萍, 王涛, 等. 企业数字化转型对开放式创新的影响 [J]. 科学学与科学技术管理, 2022, 43 (11): 19-36.

[282] 简冠群, 冯浩文. 国有企业数字化转型路径及价值效益——分类改革下的多案例研究 [J]. 财会月刊, 2023, 44 (05): 109-116.

[283] 江轩宇. 政府放权与国有企业创新——基于地方国企金字塔结构视角的研究 [J]. 管理世界, 2016 (09): 120-135.

[284] 姜富伟, 林奕皓, 马甜. "去刚兑"背景下的企业债券违约风险: 机器学习预警和经济机制探究 [J]. 金融研究, 2023 (10): 85-103.

[285] 蒋余浩. 数字经济、参与式发展和技术路线可选择性——共同富裕战略的初步思考 [J]. 开放时代, 2023 (05): 49-61+6.

[286] 解学梅, 韩宇航. 本土制造业企业如何在绿色创新中实现"华丽转型"? ——基于注意力基础观的多案例研究 [J]. 管理世界, 2022, 38 (03): 76-106.

[287] 解学梅, 朱琪玮. 企业绿色创新实践如何破解"和谐共生"难题? [J]. 管理世界, 2021, 37 (01): 128-149+9.

[288] 金碚. 关于"高质量发展"的经济学研究 [J]. 中国工业经济, 2018 (04): 5-18.

[289] 金昕, 陈松, 邵俊岗. 双元创新战略、组织动态能力对企业绩效的多维度影响

[J]. 预测, 2019, 38 (01): 30-36.

[290] 鞠晓生, 卢荻, 虞义华. 融资约束、营运资本管理与企业创新可持续性 [J]. 经济研究, 2013, 48 (01): 4-16.

[291] 雷星晖, 单志汶, 苏涛永, 等. 谦卑型领导行为对员工创造力的影响研究 [J]. 管理科学, 2015, 28 (02): 115-125.

[292] 李海舰, 李燕. 企业组织形态演进研究——从工业经济时代到智能经济时代 [J]. 经济管理, 2019, 41 (10): 22-36.

[293] 李慧聪, 汪敏达, 张庆芝. 研发背景高管、职业成长路径与高技术企业成长性研究 [J]. 管理科学, 2019, 32 (05): 23-36.

[294] 李佳霖, 张倩肖, 董嘉昌. 金融发展、企业多元化战略与高质量发展 [J]. 经济管理, 2021, 43 (02): 88-105.

[295] 李建成, 李亦舟, 谢丽萍. 数字化时代的熊彼特：企业家精神与技术扩散 [J]. 技术经济, 2024, 43 (09): 45-55.

[296] 李瑾. 我国A股市场ESG风险溢价与额外收益研究 [J]. 证券市场导报, 2021 (06): 24-33.

[297] 李蕾, 刘荣增. 产业融合与制造业高质量发展：基于协同创新的中介效应 [J]. 经济经纬, 2022, 39 (02): 78-87.

[298] 李攀霞, 李亚轩. 数字经济背景下的实体商超转型发展 [J]. 全国流通经济, 2023 (03): 16-19.

[299] 李瑞雪, 彭灿, 吕潮林. 双元创新协同性与企业可持续发展：竞争优势的中介作用 [J]. 科研管理, 2022, 43 (04): 139-148.

[300] 李甜甜, 李金甜. 绿色治理如何赋能高质量发展：基于ESG履责和全要素生产率关系的解释 [J]. 会计研究, 2023 (06): 78-98.

[301] 李婉红, 王帆. 数字创新、战略柔性与企业智能化转型——考虑环境复杂性的调节效应 [J]. 科学学研究, 2023, 41 (03): 521-533.

[302] 李欣融, 毛义君, 雷家骕. 企业科技向善：研究述评与展望 [J]. 中国科技论坛, 2021 (07): 115-124.

[303] 李雪松, 党琳, 赵宸宇. 数字化转型、融入全球创新网络与创新绩效 [J]. 中国工业经济, 2022 (10): 43-61.

[304] 李永发, 肖洋, 孔恒洋. 数字化时代商业模式与顾客旅程如何带来积极顾客体验——基于NCA与fsQCA混合方法分析 [J]. 广东财经大学学报, 2024, 39 (05): 23-37.

[305] 李志军. 我国城市营商环境的评价指标体系构建及其南北差异分析 [J]. 改革, 2022 (02): 36-47.

[306] 梁海山, 魏江, 万新明. 企业技术创新能力体系变迁及其绩效影响机制——海尔开放式创新新范式 [J]. 管理评论, 2018, 30 (07): 281-291.

[307] 梁玲玲, 李烨, 陈松. 数智赋能对企业开放式创新的影响: 数智双元能力和资源复合效率的中介作用 [J]. 技术经济, 2022, 41 (06): 59-69.

[308] 梁孝成, 吕康银, 陈思. 数字经济发展对企业共同富裕的影响: 促进还是抑制? [J]. 现代财经 (天津财经大学学报), 2024, 44 (01): 18-33.

[309] 梁乙凯, 戚桂杰, 周蕊. 开放式创新平台组织采纳关键因素研究 [J]. 科技进步与对策, 2017, 34 (06): 1-6.

[310] 廖筠, 赵雪伟, 轩辕明雪. 数字化转型对企业创新开放度的影响: 基于面板 Tobit 模型 [J]. 上海商学院学报, 2024, 25 (01): 3-27.

[311] 廖志超, 王建新. 数字化转型对企业高质量发展的影响 [J]. 统计与决策, 2023, 39 (22): 162-167.

[312] 林亚清, 赵曙明. 政治网络战略、制度支持与战略柔性: 恶性竞争的调节作用 [J]. 管理世界, 2013 (04): 82-93.

[313] 凌鸿程, 阳镇, 陈劲. "破旧立新"还是"推陈出新"? ——信任环境下的企业双元创新的重新审视 [J]. 科学学与科学技术管理, 2023, 44 (06): 65-85.

[314] 刘东阁, 景国文, 管海锋. 企业数字化与开放式创新——渠道识别、影响因素分析与异质性检验 [J]. 华东经济管理, 2024, 38 (06): 44-55.

[315] 刘东阁, 庞瑞芝. 数字化转型能改善企业创新"低端锁定"困境吗——基于知识溢出的视角 [J]. 山西财经大学学报, 2023, 45 (05): 84-98.

[316] 刘和旺, 刘池, 郑世林. 《环境空气质量标准 (2012)》的实施能否助推中国企业高质量发展? [J]. 中国软科学, 2020 (10): 45-55.

[317] 刘景东, 许琦, 伍慧敏. 网络情境下企业双元能力的动态适应与创新绩效 [J]. 管理工程学报, 2023, 37 (03): 16-25.

[318] 刘静岩, 王玉, 林莉. 开放式创新社区中用户参与创新对企业社区创新绩效的影响——社会网络视角 [J]. 科技进步与对策, 2020, 37 (06): 128-136.

[319] 刘力钢, 董莹. 大数据情境下民营企业政治关联、跨界搜寻与技术创新 [J]. 吉首大学学报 (社会科学版), 2018, 39 (06): 19-25.

[320] 刘培林, 钱滔, 黄先海, 等. 共同富裕的内涵、实现路径与测度方法 [J]. 管理世界, 2021, 37 (08): 117-129.

[321] 刘诗源, 林志帆, 冷志鹏. 税收激励提高企业创新水平了吗? ——基于企业生命周期理论的检验 [J]. 经济研究, 2020, 55 (06): 105-121.

[322] 刘晓燕, 庞雅如, 单晓红, 等. 合作研发与技术交易谁更有利于技术融合: 以人工智能多层专利网络为例 [J]. 科技进步与对策, 2024, 41 (05): 10-18.

[323] 刘新争. 企业数字化转型中的"生产率悖论"——来自制造业上市公司的经验证据 [J]. 经济学家, 2023 (11): 37-47.

[324] 刘新智, 黎佩雨, 周韩梅. 营商环境优化提升了企业全要素生产率吗? ——基于中国 A 股上市公司的经验证据 [J]. 投资研究, 2023, 42 (10): 62-78.

[325] 刘艳霞. 数字经济赋能企业高质量发展——基于企业全要素生产率的经验证据. 改革, 2022 (09): 35-53.

[326] 刘政, 姚雨秀, 张国胜, 等. 企业数字化、专用知识与组织授权 [J]. 中国工业经济, 2020 (09): 156-174.

[327] 楼永, 王偲琪, 郝凤霞. 工业智能化对企业绩效的影响——基于薪酬视角的中介效应研究 [J]. 工业技术经济, 2021, 40 (03): 3-12.

[328] 鲁若愚, 周阳, 丁奕文, 等. 企业创新网络: 溯源、演化与研究展望 [J]. 管理世界, 2021, 37 (01): 217-233+14.

[329] 鲁晓东, 连玉君. 中国工业企业全要素生产率估计: 1999-2007 [J]. 经济学 (季刊), 2012, 11 (02): 541-558.

[330] 路春城, 王翠翠, 姜常梅. 政府补贴、创新投入与制造业企业全要素生产率 [J]. 经济与管理评论, 2023, 39 (01): 50-61.

[331] 吕鸿江, 赵兴华. 中层管理者正式与非正式网络一致性、组织文化与双元创新: 在混沌边缘的结构与情境融合 [J]. 管理工程学报, 2023, 37 (03): 1-15.

[332] 吕铁, 李载驰. 中小制造企业数字化转型——基于数字技术双重特征的分析 [J]. 学术月刊, 2022, 54 (10): 59-69.

[333] 吕一博, 朱雨晴, 鲍丽宁. 内向型开放式创新与突破性创新绩效——网络位置的调节效应 [J]. 管理科学, 2020, 33 (05): 86-100.

[334] 吕重阳, 傅联英, 韩蓄. 数字创新创业实现共同富裕的机理和证据 [J]. 研究与发展管理, 2023, 35 (01): 12-26.

[335] 马鸿佳, 王亚婧, 苏中锋. 数字化转型背景下中小制造企业如何编排资源利用数字机会——基于资源编排理论的 fsQCA 研究 [J]. 南开管理评论, 2024, 27 (04): 90-100+208.

[336] 马文甲, 高良谋. 开放度与创新绩效的关系研究——动态能力的调节作用 [J]. 科研管理, 2016, 37 (02): 47-54.

[337] 马喜芳, 钟根元, 芮正云. 变革型领导与交易型领导——创业敌对情境下员工心理授权与创造力的比较研究 [J]. 软科学, 2024, 38 (09): 125-132.

[338] 马晓飞, 杜中文. 制度环境、产学研合作与企业开放式创新路径——基于中美两国 19 家企业的多值集定性比较分析 [J]. 科技管理研究, 2023, 43 (03): 139-146.

[339] 马宗国, 曹璐. 制造企业高质量发展评价体系构建与测度——2015-2018 年 1881 家上市公司数据分析 [J]. 科技进步与对策, 2020, 37 (17): 126-133.

[340] 倪静洁, 郭檬楠. 工业机器人应用如何影响企业内部控制质量? [J]. 经济与管理研究, 2023, 44 (06): 19-37.

[341] 倪克金, 刘修岩. 数字化转型与企业成长: 理论逻辑与中国实践 [J]. 经济管理, 2021 (12): 79-97.

[342] 聂辉华, 谭松涛, 王宇锋. 创新、企业规模和市场竞争: 基于中国企业层面的

面板数据分析 [J]. 世界经济, 2008 (07): 57-66.

[343] 潘红波, 杨海霞. 竞争者融资约束对企业并购行为的影响研究 [J]. 中国工业经济, 2022 (07): 19.

[344] 潘子成, 易志高. 内部薪酬差距、高管团队社会资本与企业双元创新 [J]. 管理工程学报, 2023, 37 (03): 26-41.

[345] 戚聿东, 蔡呈伟. 数字化对制造业企业绩效的多重影响及其机理研究 [J]. 学习与探索, 2020 (07): 108-119.

[346] 戚聿东, 杜博, 叶胜然. 知识产权与技术标准协同驱动数字产业创新: 机理与路径 [J]. 中国工业经济. 2022 (02): 5-24.

[347] 戚聿东, 肖旭. 数字经济时代的企业管理变革 [J]. 管理世界, 2020, 36 (06): 135-152+250.

[348] 齐秀辉, 王毅丰, 孙政凌. 双元创新、企业家冒险倾向与企业绩效研究 [J]. 科技进步与对策, 2020, 37 (16): 104-110.

[349] 钱丽, 魏圆圆, 肖仁桥. 营商环境对中国省域经济高质量发展的非线性影响——双元创新的调节效应 [J]. 科技进步与对策, 2022, 39 (08): 39-47.

[350] 曲立, 王璐, 季桓永. 中国区域制造业高质量发展测度分析 [J]. 数量经济技术经济研究, 2021, 38 (09): 45-61.

[351] 瞿孙平, 石宏伟, 俞林. 中小型制造企业知识搜索方向及其耦合协同度研究——基于对江苏省400家中小企业调查数据分析 [J]. 价格理论与实践, 2022 (04): 173-176+208.

[352] 任保平, 文丰安. 新时代中国高质量发展的判断标准、决定因素与实现途径 [J]. 改革, 2018 (04): 5-16.

[353] 任晓猛, 钱滔, 潘士远, 等. 新时代推进民营经济高质量发展: 问题、思路与举措 [J]. 管理世界, 2022, 38 (08): 40-54.

[354] 任之光, 高鹏斌. 双向开放式创新及其协同、商业模式和企业创新绩效的关系研究 [J]. 管理评论, 2020, 32 (08): 116-130.

[355] 沈国兵, 袁征宇. 企业互联网化对中国企业创新及出口的影响 [J]. 经济研究, 2020 (01): 33-48.

[356] 盛亚, 蒋旭弘. 利益相关者网络视角的企业社会创新过程——案例研究 [J]. 科研管理, 2020, 41 (08): 160-170.

[357] 史淑桃, 张武欣. 融资约束对创新持续性的影响研究——基于创新开放度的调节效应 [J]. 当代金融研究, 2022, 5 (02): 24-37.

[358] 宋德勇, 朱文博, 丁海. 企业数字化能否促进绿色技术创新?——基于重污染行业上市公司的考察 [J]. 财经研究, 2022 (04): 34-48.

[359] 宋端雅, 李金生. 领导风格演进、环境动态性与团队创新绩效——从单元到双元视角 [J]. 企业经济, 2018, 37 (05): 95-100.

[360] 宋晶, 陈菊红, 孙永磊. 双元战略导向对合作创新绩效的影响研究——网络嵌入性的调节作用 [J]. 科学学与科学技术管理, 2014, 35 (06): 102-109.

[361] 苏敬勤, 孙悦, 高昕. 连续数字化转型背景下的数字化能力演化机理——基于资源编排视角 [J]. 科学学研究, 2022, 40 (10): 1853-1863.

[362] 孙桂生, 唐少清, 陶金元, 等. 企业家精神、创新文化与高质量发展的内在逻辑分析 [J]. 中国软科学, 2024 (S1): 454-461.

[363] 孙莉莉, 李锋. 我国数字营商环境建设论略: 突出问题与优化措施 [J]. 东北师大学报 (哲学社会科学版), 2023 (02): 116-124.

[364] 锁箭, 杨梅, 李先军. 大变局下的小微企业高质量发展: 路径选择和政策建议 [J]. 当代经济管理, 2021, 43 (10): 9-16.

[365] 锁箭, 张霓, 白梦湘. 中小企业开放式创新真的有效吗？——基于共同专利的视角 [J]. 首都经济贸易大学学报, 2021, 23 (03): 101-112.

[366] 唐要家, 王钰, 唐春晖. 数字经济、市场结构与创新绩效 [J]. 中国工业经济, 2022 (10): 62-80.

[367] 田丹, 丁宝. 企业高质量发展的测度及作用机制研究: 基于组织韧性的视角 [J]. 中国软科学, 2023 (09): 154-170.

[368] 万广华, 江葳蕤, 赵梦雪. 城镇化的共同富裕效应 [J]. 中国农村经济, 2022 (04): 2-22.

[369] 万骁乐, 毕力文, 邱鲁连. 供应链压力、战略柔性与制造企业开放式绿色创新——基于 TOE 框架的组态分析 [J]. 中国软科学, 2022 (10): 99-113.

[370] 王德辉, 吴子昂. 数字经济促进我国制造业转型升级的机制与对策研究 [J]. 长白学刊, 2020 (06): 92-99.

[371] 王国红, 黄昊. 协同价值创造情境中科技新创企业的资源编排与成长机理研究 [J]. 管理学报, 2021, 18 (06): 884-894.

[372] 王海, 闫卓毓, 郭冠宇, 尹俊雅. 数字基础设施政策与企业数字化转型: "赋能" 还是 "负能"？[J]. 数量经济技术经济研究, 2023, 40 (05): 5-23.

[373] 王宏起, 李雨晴, 李晓莉, 等. 数字创新能力对战略性新兴产业突破性创新的影响研究——环境动态性的调节作用 [J]. 管理评论, 2024, 36 (05): 89-100.

[374] 王会文, 吴春琼. 数字化转型、开放式创新与实体经济高质量发展 [J]. 技术经济与管理研究, 2023 (08): 56-61.

[375] 王雎, 曾涛. 开放式创新: 基于价值创新的认知性框架 [J]. 南开管理评论, 2011, 14 (02): 114-125.

[376] 王铷州, 董明晴. 产业政策支持的微观共同富裕效应——来自企业内部分配的证据 [J]. 山西财经大学学报, 2023, 45 (06): 113-126.

[377] 王宛秋, 张潇天. 双元创新倾向对跨界技术并购绩效的影响研究 [J]. 科研管理, 2022, 43 (06): 142-151.

［378］王欣．新时代推动民营企业高质量发展：制度演进、现实刻画和未来进路［J］．产业经济评论，2022（04）：5-25.

［379］王欣亮，杜壮壮，刘飞．大数据发展、营商环境与区域创新绩效［J］．科研管理，2022，43（04）：46-55.

［380］王新春，戚桂杰，梁乙凯，等．开放式创新社区组织知识创造能力提升研究［J］．情报杂志，2016，35（03）：203-207+202.

［381］王勋，黄益平，苟琴，等．数字技术如何改变金融机构：中国经验与国际启示［J］．国际经济评论，2022，（01）：70-85+6.

［382］王亚飞，黄欢欢，石铭，等．新型基础设施建设对共同富裕的影响机理及实证检验［J］．中国人口·资源与环境，2023，33（9）：192-203.

［383］王砚羽，王澳莹．开放式创新、制度环境与企业数字化转型——基于中国制造业上市公司的实证检验［J］．科学学与科学技术管理，2025（02）：1-24.

［384］温忠麟，张雷，侯杰泰，等．中介效应检验程序及其应用［J］．心理学报，2004，36（05）：614-620.

［385］巫强，姚雨秀．企业数字化转型与供应链配置：集中化还是多元化［J］．中国工业经济，2023（08）：99-117.

［386］吴非，胡慧芷，林慧妍，等．企业数字化转型与资本市场表现——来自股票流动性的经验证据［J］．管理世界，2021，37（07）：130-144+10.

［387］吴非，徐斯旸．人工智能技术应用与上市企业市场价值［J］．现代经济探讨，2022（11）：77-92.

［388］吴翌琳，黄实磊．融资效率对企业双元创新投资的影响研究——兼论产品市场竞争的作用［J］．会计研究，2021（12）：121-135.

［389］伍静，纪祥裕．数字经济发展与企业协同创新——基于创新链升级与供应链优化视角［J］．首都经济贸易大学学报，2024，26（02）：3-18.

［390］席龙胜，王岩．企业ESG信息披露与股价崩盘风险［J］．经济问题，2022（08）：57-64.

［391］夏冰，吴能全．国资监管体制变迁下公司治理水平对混合所有制企业高质量发展影响研究——基于资本属性视角［J］．预测，2020，39（04）：1-7.

［392］夏恩君，王素娟，张明，等．企业开放式创新社区网络创新绩效内部影响因素分析——NK模型视角［J］．科技进步与对策，2014，31（18）：80-84.

［393］夏恩君，宋剑锋．开放式创新研究的演化路径和热点领域分析——基于科学知识图谱视角［J］．科研管理，2015，36（7）：28-37.

［394］肖红军．面向"十四五"的国有企业高质量发展［J］．经济体制改革，2020，224（05）：22-29.

［395］谢红军，吕雪．负责任的国际投资：ESG与中国OFDI［J］．经济研究，2022，57（03）：83-99.

[396] 谢佩洪, 汪春霞. 管理层权力、企业生命周期与投资效率——基于中国制造业上市公司的经验研究 [J]. 南开管理评论, 2017, 20 (01): 57-66.

[397] 谢卫红, 曾思敏, 彭铁鹏, 等. 技术可供性: 概念内涵、理论框架及展望 [J]. 科技管理研究, 2022, 42 (05): 210-218.

[398] 谢子远, 王佳. 开放式创新对企业研发效率的影响——基于高技术产业面板数据的实证研究 [J]. 科研管理, 2020, 41 (09): 22-32.

[399] 徐浩, 祝志勇, 张皓成, 等. 中国数字营商环境评价的理论逻辑、比较分析及政策建议 [J]. 经济学家, 2022 (12): 106-115.

[400] 徐怀宁, 董必荣. 数字化转型如何推动企业可持续发展——基于企业核心竞争力塑造的视角 [J]. 当代经济管理, 2023, 45 (07): 44-53.

[401] 徐茜. 开放式创新下科技人才流动的知识与社会路径 [J]. 科学学研究, 2020, 38 (08): 1397-1407.

[402] 徐欣, 唐清泉. 财务分析师跟踪与企业R&D活动——来自中国证券市场的研究 [J]. 金融研究, 2010 (12): 173-189.

[403] 徐一平, 蒋伏心. 开放式创新背景下制造业创新绩效提升路径——技术标准与政府支持视角的研究 [J]. 管理现代化, 2021, 41 (03): 25-31.

[404] 许志勇, 韩炳, 彭芸, 等. 企业金融化、技术创新与企业高质量发展 [J]. 科研管理, 2023, 44 (06): 74-84.

[405] 许治, 王雨楠, 吴辉凡. 大数据能力对组织双元创新的影响——基于组织学习与环境复杂性的作用 [J]. 科学学与科学技术管理, 2022, 43 (09): 40-53.

[406] 杨金坤. 企业社会责任信息披露与创新绩效——基于"强制披露时代"中国上市公司的实证研究 [J]. 科学学与科学技术管理, 2021, 42 (01): 57-75.

[407] 杨书燕, 宋铁波, 吴小节. 数字化转型研究知识结构与热点趋势 [J]. 科技进步与对策, 2022, 39 (15): 150-160.

[408] 杨武. 基于开放式创新的知识产权管理理论研究 [J]. 科学学研究, 2006 (02): 311-314.

[409] 杨晔, 武传浩, 谈毅. 风险投资与企业内共同富裕——基于劳动收入份额的视角 [J]. 经济管理, 2023, 45 (08): 167-183.

[410] 杨祎, 刘嫣然, 李垣. 替代或互补: 人工智能应用管理对创新的影响 [J]. 科研管理, 2021, 42 (04): 46-54.

[411] 杨震宁, 侯一凡, 李德辉, 等. 中国企业"双循环"中开放式创新网络的平衡效应——基于数字赋能与组织柔性的考察 [J]. 管理世界, 2021, 37 (11): 184-205+12.

[412] 姚加权, 张锟澎, 郭李鹏, 等. 人工智能如何提升企业生产效率?——基于劳动力技能结构调整的视角 [J]. 管理世界, 2024, 40 (02): 101-116+133+117-122.

[413] 叶建木, 陈峰. 融资约束、研发投入与企业绩效——基于主板和创业板高新技术

上市企业的比较分析［J］．财会月刊，2015（12）：24-28.

［414］叶江峰，陈珊，郝斌．互动式/非互动式知识搜寻对企业双元创新的差异化影响：知识距离的调节效应［J］．管理评论，2021，33（05）：305-318.

［415］叶祥松，刘敬．异质性研发、政府支持与中国科技创新困境［J］．经济研究，2018，53（09）：116-132.

［416］殷国鹏，陈禹．企业信息技术能力及其对信息化成功影响的实证研究——基于RBV理论视角［J］．南开管理评论，2009，12（04）：152-160.

［417］殷晶晶，陈欢，李丹．数字普惠金融、企业家精神与全要素生产率［J］．管理现代化，2023，43（03）：64-71.

［418］尹振东，龚雅娴．数字化赋能企业高质量发展［N］．中国社会科学报，2023-02-22（003）．

［419］应瑛，俞洁璐，范志刚，等．企业战略性知识披露与持续创新独占［J］．科学学研究，2023，41（10）：1875-1886.

［420］于飞，蔡翔，董亮．研发模式对企业创新的影响——知识基础的调节作用［J］．管理科学，2017，30（03）：97-109.

［421］余官胜．数字金融发展、企业研发投入与创新——基于上市公司样本的实证研究［J］．经济学报，2024，11（01）：110-137.

［422］余玲铮，魏下海，孙中伟，等．工业机器人、工作任务与非常规能力溢价——来自制造业"企业—工人"匹配调查的证据［J］．管理世界，2021，37（01）：47-59+4.

［423］余威，陈秋平，李梦丹．EMBA背景的董事长更擅长投资吗？——基于中国上市公司投资效率视角的检验［J］．外国经济与管理，2019，41（02）：99-111.

［424］余泳泽，胡山．中国经济高质量发展的现实困境与基本路径：文献综述［J］．宏观质量研究，2018，6（04）：1-17.

［425］喻登科，陈淑婷．信息技术与企业绩效：知识管理能力与商业模式创新的链式中介作用［J］．科技进步与对策，2024，41（08）：117-128.

［426］袁淳，肖土盛，耿春晓，等．数字化转型与企业分工：专业化还是纵向一体化［J］．中国工业经济，2021（09）：137-155.

［427］袁华锡，封亦代，余泳泽．制造业集聚促进抑或阻碍绿色发展绩效？——来自长江经济带的证据［J］．经济地理，2022，42（06）：121-131.

［428］原理，赵向阳．面向中国式现代化：以共同富裕为导向的企业责任［J］．财经问题研究，2023（07）：104-115.

［429］韵江，宁鑫．CEO研究经历缘何能驱动企业战略变革？［J］．经济管理，2024，46（01）：132-150.

［430］臧树伟，陈红花，梅亮．能力演化、制度供给与企业突破性创新［J］．科学学研究，2021，39（05）：930-939.

［431］张蔼容，胡珑瑛．数字化转型能促进企业韧性提升吗？——资源配置的中介作

用 [J]. 研究与发展管理, 2023, 35 (05): 1-15.

[432] 张丹, 毕慧敏, 张喜艳. 环境规制是否推动制造企业高质量发展？[J]. 管理评论, 2023, 35 (12): 63-72.

[433] 张昊, 刘德佳. 数字化发展对先进制造企业服务创新的影响研究——基于企业动态能力视角 [J]. 中国软科学, 2023 (03): 150-161.

[434] 张虎, 高子桓, 韩爱华. 企业数字化转型赋能产业链关联: 理论与经验证据 [J]. 数量经济技术经济研究, 2023, 40 (05): 46-67.

[435] 张慧颖, 陈玺光, 李振东. 独占策略对开放式创新的非对称影响研究 [J]. 科研管理, 2023, 44 (11): 104-113.

[436] 张敬明. 实体金融化、创新投入与企业社会责任 [J]. 财会通讯, 2018 (36): 94-98.

[437] 张军扩, 侯永志, 刘培林, 等. 高质量发展的目标要求和战略路径 [J]. 管理世界, 2019, 35 (07): 1-7.

[438] 张柳钦, 李建生, 孙伟增. 制度创新、营商环境与城市创业活力——来自中国自由贸易试验区的证据 [J]. 数量经济技术经济研究, 2023, 40 (10): 93-114.

[439] 张明, 陈伟宏, 蓝海林. 中国企业"凭什么"完全并购境外高新技术企业——基于94个案例的模糊集定性比较分析 (fsQCA) [J]. 中国工业经济, 2019 (04): 117-135.

[440] 张明, 杜运周. 组织与管理研究中QCA方法的应用: 定位、策略和方向 [J]. 管理学报, 2019, 16 (09): 1312-1323.

[441] 张青, 华志兵. 资源编排理论及其研究进展述评 [J]. 经济管理, 2020, 42 (09): 193-208.

[442] 张庆华, 彭晓英, 杨姝. 开放式创新环境下的企业知识服务体系研究 [J]. 科技管理研究, 2014 (19): 133-136.

[443] 张顺, 费威, 佟烁. 数字经济平台的有效治理机制——以跨境电商平台监管为例 [J]. 商业研究, 2020 (04): 49-55.

[444] 张涛. 高质量发展的理论阐释及测度方法研究 [J]. 数量经济技术经济研究, 2020, 37 (05): 23-43.

[445] 张伟年, 陈传明. 探索式创新、开发式创新与企业绩效 [J]. 现代管理科学, 2014 (03): 64-66+72.

[446] 张欣, 董竹. 数字化转型与企业技术创新——机制识别、保障条件分析与异质性检验 [J]. 经济评论, 2023 (01): 3-18.

[447] 张鑫宇, 张明志. 要素错配、自主创新与制造业高质量发展 [J]. 科学学研究, 2022, 40 (06): 1117-1127.

[448] 张颖, 顾远东, 高杰. 服务化与产品创新: 环境不确定性的调节效应 [J]. 科研管理, 2020, 41 (04): 140-150.

[449] 张云, 方霞, 杨振宇. 数字金融、企业风险承担与技术创新 [J]. 系统工程理论与实践, 2023, 43 (08): 2284-2303.

[450] 张振刚, 陈志明, 李云健. 开放式创新、吸收能力与创新绩效关系研究 [J]. 科研管理, 2015, 36 (03): 49-56.

[451] 张振刚, 李云健, 陈志明. 双向开放式创新与企业竞争优势的关系 [J]. 管理学报, 2014, 11 (08): 1184-1190.

[452] 张振刚, 王华岭, 陈志明, 高晓波. 企业内向型开放式创新对根本性创新绩效的影响 [J]. 管理学报, 2017, 14 (10): 1465-1474.

[453] 赵凤, 王铁男, 王宇. 开放式创新中的外部技术获取与产品多元化: 动态能力的调节作用研究 [J]. 管理评论, 2016, 28 (06): 76-85+99.

[454] 赵红. 中国企业的开放式创新: 制度环境, "竞合"关系与创新绩效 [J]. 管理世界, 2020, 36 (02): 22.

[455] 赵红丹, 郭利敏, 罗瑾琏. 双元领导的双刃剑效应——基于认知紧张与工作活力双路径 [J]. 管理评论, 2021, 33 (08): 211-223.

[456] 赵剑波, 史丹, 邓洲. 高质量发展的内涵研究 [J]. 经济与管理研究, 2019, 40 (11): 15-31.

[457] 赵炎, 齐念念, 阎瑞雪, 等. 结构嵌入、吸收能力与企业持续性创新——来自高新技术企业联盟创新网络的证据 [J]. 管理工程学报, 2023, 37 (04): 85-98.

[458] 赵燕, 梁中. 差异化战略与企业高质量发展——内控机制的风险应对及阈值管理 [J]. 中国流通经济, 2022, 36 (11): 92-102.

[459] 甄杰, 谢宗晓, 董坤祥. 企业数字化转型中吸收能力影响组织敏捷性机理探究——IT创新和流程创新的链式中介作用 [J]. 中央财经大学学报, 2023 (01): 105-114.

[460] 郑飞, 李腾, 刘晗. 政府补贴对企业高质量发展的影响研究 [J]. 经济经纬, 2022, 39 (05): 140-150.

[461] 郑万吉. 跨国数字并购与企业竞争力 [J]. 新经济, 2022 (11): 76-79.

[462] 周飞. 战略柔性、智力资本与双向开放式创新 [J]. 科研管理, 2019, 40 (12): 85-93.

[463] 周浩, 李健斌. 中国数字经济创新活动的特征事实与分析——来自专利的证据 [J]. 暨南学报 (哲学社会科学版), 2023, 45 (09): 54-68.

[464] 周美华, 李睿宁, 曹健, 等. CEO冒险精神与现金持有 [J]. 会计研究, 2024 (03): 109-123.

[465] 周伟. 数据赋能: 数字营商环境建设的理论逻辑与优化路径 [J]. 求实, 2022 (04): 30-42+110.

[466] 周燕, 钱慧池, 王楠. 隐性知识共享对知识型员工越轨创新的影响机制研究——角色宽度自我效能感与工作繁荣的链式中介作用 [J]. 科技进步与对策, 2023, 40 (11): 151-160.

[467] 周泽将,汪顺,张悦. 知识产权保护与企业创新信息困境 [J]. 中国工业经济,2022 (06): 136-154.

[468] 周志方,代益香. 供应商环境行政处罚对企业风险的影响研究 [J]. 管理学报,2024,21 (03): 435-444.

[469] 周志龙,邓茜,沈笑寒,等. 企业高质量发展评价的理论模型研究——基于良品铺子的案例分析 [J]. 宏观质量研究,2021,9 (01): 80-95.

[470] 朱叶,孙明贵. 知识产权战略赋能企业高质量发展了吗?——基于知识产权示范城市的准自然实验 [J]. 科学学与科学技术管理,2024,45 (04): 68-83.